CORRESPONDANCE INÉDITE

DU PRINCE

FRANÇOIS-XAVIER DE SAXE

CONNU EN FRANCE SOUS LE NOM DE

COMTE DE LUSACE

PRÉCÉDÉE D'UNE NOTICE SUR SA VIE

PAR

Arsène THÉVENOT

MEMBRE ET LAURÉAT DE PLUSIEURS ACADÉMIES.

Scripta manent.

PARIS

LIBRAIRIE HISTORIQUE ET ARCHÉOLOGIQUE DE J.-B. DUMOULIN

13, Quai des Augustins.

M DCCC LXXIV

CORRESPONDANCE INÉDITE

DU PRINCE

FRANÇOIS-XAVIER DE SAXE

Avant-Propos.

Bien que le prince Xavier de Saxe n'ait jamais joué dans le monde un rôle politique et militaire bien considérable, il vécut vingt ans dans l'intimité la plus parfaite de la cour de France, et fut — à défaut du héros — le témoin de la plupart des évènements importants qui marquèrent la fin du siècle dernier. Il entretint toute sa vie une correspondance très-active, non-seulement avec tous les membres de sa famille, mais encore avec la plupart des cours souveraines de l'Europe.[1] Aussi, cette volumineuse correspondance offre-t-elle un reflet assez fidèle de la politique générale à cette époque, et beaucoup de détails privés sur la cour de France, de 1760 à 1790. Il nous a donc paru qu'il ne serait pas tout-à-fait sans intérêt de faire connaître aujourd'hui

---

1. La correspondance du prince Xavier était tenue et enregistrée avec beaucoup de soin ; toutes les lettres envoyées ou reçues portaient un numéro d'ordre spécial pour chaque série de correspondants habituels, avec ces mentions en marge : *Reçu le   ; répondu le   .*

cette correspondance, encore complètement inédite, qui montre combien alors l'Allemagne en général et la Saxe en particulier, étaient loin de se prêter à favoriser les tendances de la Prusse, qui déjà menaçait d'absorber tous les petits états germaniques au profit de son ambition. L'Autriche, la France et la Russie s'étaient un instant unies contre la Prusse, dans un but de protection européenne, pendant cette fameuse guerre de Sept-Ans dont la Silésie fut le commencement, et dont — plus tard — la Pologne tout entière devait être la fin.

Bientôt les deux principaux belligérants firent la paix et s'entendirent avec la Prusse pour décider le démembrement et le partage de la malheureuse Pologne, que la France fut impuissante à protéger seule. Aujourd'hui l'Europe continentale subit encore les conséquences fatales de ce crime de lèse-nation : L'Allemagne est prussienne, l'Autriche est abaissée, et la Russie, au premier jour, sera forcée de reconnaître ou de combattre la prédominance de sa complice de 1772. Seule, la France, toujours chevaleresque, veille encore debout quoique mutilée, prête à intervenir en faveur du droit qu'elle n'a jamais laissé volontairement primer par la force.

Mais revenons à notre correspondance du prince de Saxe. On sait que les papiers abandonnés par le prince au château de Pont-sur-Seine, en 1790, furent réunis aux archives du département de l'Aube, le 29 messidor, an VI.[1] Ce précieux dépôt, qui forme encore aujourd'hui la partie la plus riche de nos trésors paléographi-

---

1. Ces papiers remplissaient 20 grandes caisses et pesaient 2,500 kilogrammes.

ques; fut d'abord relégué dans les combles de l'ancienne préfecture où il fut abandonné sans ordre et sans soin. Après la construction de la préfecture nouvelle, le déménagement fut confié à des soldats requis à cet effet, et ceux-ci, faisant la chaîne, se jetaient les liasses qui dans le parcours laissaient échapper une partie de leur contenu et souvent roulaient tout entières dans le ruisseau.

Ce fut seulement en 1840, que M. Vallet de Viriville, archiviste de l'Aube, pressentant l'importance de ces documents, commença à s'en occuper et les signala pour la première fois dans ses ARCHIVES HISTORIQUES.

En 1853, M. Guignard, successeur de M. Vallet de Viriville, entreprit d'en faire le classement général. D'après ce travail, les pièces furent divisées en huit sections de la manière suivante :

1re SECTION. — Guerre de Sept-Ans ;

2e SECTION. — Gouvernement de la Saxe sous l'administration du prince Xavier ;

3e SECTION. — Correspondance ;

4e SECTION. — Miscellanées ;

5e SECTION. — Pièces concernant la Pologne ;

6e SECTION. — Spécifications, meubles, livres, tableaux ;

7e SECTION. — Pièces concernant le seigneurie de Zabelitz ;

8e SECTION. — Comptabilité particulière de la maison du prince et administration de ses biens,

En 1864, le gouvernement saxon demanda et obtint la remise d'une partie des papiers du prince Xavier, ayant trait principalement à l'administration de la Saxe. Quant à la correspondance proprement dite, qui est incontestablement la partie la plus intéressante de ce fonds, elle est demeurée à peu près intacte; mais, en raison même de son importance, cette partie n'avait pas encore été classée, et était demeurée jusqu'alors complètement inexplorées.

Ce fut pendant les tristes loisirs que me firent les évènements de 1870-1871, que cherchant à oublier le présent en m'occupant du passé, j'entrepris, sur les conseils et avec l'obligeant concours de M. d'Arbois de Jubainville, archiviste de l'Aube, de faire le classement et le dépouillement de cette volumineuse correspondance. Toutes les lettres réunies par noms d'auteurs et placées par ordre de date, furent divisées de la manière suivante en trois catégories ou sections, selon la qualité du correspondant et l'objet principal de la lettre :

1º CORRESPONDANCE INTIME. — Lettre de parents et d'amis, ayant principalement pour objet des affaires de famille, de politesse ou de sentiment. Cette série forme 22 liasses et renferme environ 15,000 lettres émanant de 75 correspondants.

2º CORRESPONDANCE POLITIQUE ET MILITAIRE. — Lettres de souverains, de ministres, d'agents diplomatiques et d'officiers d'armée. Cette série compte 12 liasses et environ 5,000 lettres de 165 auteurs;

3º CORRESPONDANCES DIVERSES. — Lettres des officiers civils et serviteurs attachés à la maison du prince Xavier, ayant trait à l'administration de ses biens; lettres de particuliers divers, offres, demandes, remerciements, etc. Cette série, dans laquelle se trouve une grande partie de la correspondance allemande et de la correspondance italienne, se compose de 46 liasses et comprend environ 30,000 lettres de 600 correspondants. Soit un total général de 80 liasses, 50,000 lettres et 840 correspondants.

Indépendamment de ces lettres, les mêmes archives renferment les minutes de la correspondance générale du prince Xavier, dont une partie en feuilles volantes et une partie composée de grands registres in-folios. Ces minutes, parmi lesquelles se trouvent de nombreux autographes de la main même du prince, forment 6 fortes liasses, qui embrassent la période de 1744 à 1790, sauf quelques lacunes.

Enfin, on trouve encore dans divers cartons des titres, rapports et mémoires qui offrent un véritable intérêt, soit au point de vue historique ou anecdotique, soit au point de vue biographique. Nous citerons notamment parmi ces manuscrits, une RELATION détaillée de la maladie du prince, en 1744-1745 ; un DISCOURS sans date, mais qui appartient évidemment à l'époque de l'administration du prince Xavier, sur la nécessité d'une alliance étroite à contracter par la Saxe avec la France, dans le but de s'opposer, à l'avenir, aux envahissements de la Prusse en Allemagne, enfin une curieuse RELATION du voyage, entrepris par le Prince dans le midi de la France, en 1776.

On comprend que dans l'analyse d'une correspondance aussi étendue et aussi variée, nous avons dû nécessairement négliger bien des détails, et nous borner à des mentions succinctes et à quelques extraits seulement des lettres les plus importantes et les plus curieuses, soit par leur objet même, soit simplement par les noms de leurs auteurs.

Nous signalerons principalement dans la correspondance intime, les lettres de l'abbé de Barruel, précepteur des enfants du prince; celles des princesses Christine et Élisabeth, ses sœurs; celles de la comtesse Spinucci, sa femme (texte italien); et surtout celles de ses nombreuses maîtresses, pendant ses campagnes en Allemagne. Dans la correspondance politique, les lettres de Bonneau, chargé d'affaires du prince à Varsovie, du comte de Brühl, ministre du roi de Pologne; du comte de Fleming, son ambassadeur à Vienne; du général de Fontenay, son envoyé extraordinaire à Paris; du général de Martanges, chargé des intérêts du prince Xavier à Paris; et de l'agent Rivière, son correspondant. Enfin dans la correspondance diverse, les lettres de ses agents ou serviteurs Coudray, Favier, du Laurens, Nick, Pomier, Régnier et Saiffert.

Arsène THÉVENOT

Troyes, le 24 décembre 1873.

NOTICE

HISTORIQUE ET BIOGRAPHIQUE

SUR LE PRINCE

FRANÇOIS-XAVIER DE SAXE.

NOTICE HISTORIQUE ET BIOGRAPHIQUE

SUR LE PRINCE

FRANÇOIS-XAVIER DE SAXE.

FRANÇOIS - XAVIER - LOUIS - AUGUSTE - ALBERT BENNON, Prince de Saxe, connu en France sous le nom de COMTE DE LUSACE [1], naquit à Dresde le 25 août 1730. Il était le second fils et le quatrième enfant de Frédéric-Auguste, électeur de Saxe, qui, en 1734, succéda à son père sur le trône de Pologne sous le nom d'Auguste III. Il fut élevé à Dresde et eut d'abord pour gouverneur le baron de Forel, commandeur de l'ordre de Malte, qui fut ensuite remplacé, en 1748, par le comte de Bellegarde, officier français au service de la Saxe. Il ne paraît pas que le jeune Prince ait fait des progrès bien sensibles, sous ses divers maîtres, dans les études littéraires ; son style, comme son écriture, est toujours demeuré lourd et peu correct. Il avait peu de goût pour les sciences abstraites et pour les travaux de l'esprit ; mais en revanche, il acquit assez d'habileté dans les exercices du corps, et principalement dans l'art militaire, vers lequel il se sentit entraîné de bonne heure par une véritable vocation.

Les minutes de la correspondance générale du prince Xavier, conservées aux archives du département de

---

1. Lusace, *Lusatia*, en allemand *Lausitz*, ancien margraviat de l'Allemagne entre l'Elbe et l'Oder ; chef-lieu : Bautzen.

l'Aube, auxquelles nous empruntons une partie de nos détails biographiques, commencent en 1744 pour se terminer en 1790. Bien que ces minutes ne soient pour la plupart ni du style ni de la main du Prince, nous en citerons quelques extraits qui peuvent offrir certain intérêt, au point de vue biographique, principalement à cause des détails qu'ils contiennent sur lui et sur sa famille.

Ainsi, voici une lettre adressée au Roi son père, à la date du 3 août 1745, qui, comme les vers dont il est question, est bien évidemment l'œuvre de son précepteur :

« Sire,

« En lisant les vers que j'ose présenter à Votre Majesté je me suis souvent figuré d'entendre votre voix paternelle qui m'instruisoit, qui me parloit au cœur. J'ai entrepris avec plaisir d'en faire une traduction polonoise, pesant chaque mot et chaque maxime, afin de la graver d'autant plus profondément dans ma mémoire.

« Daignés, Sire, agréer ce petit essai de mon application comme un bouquet que j'ose vous offrir pour le jour de votre Auguste Nom. Je l'accompagne avec des souhaits aussi tendres que respectueux, étant avec la plus profonde soumission,

« Sire,
« De Votre Majesté,
« Le plus humble, plus obéissant et affectionné
« fils et serviteur.
« Xavier. »

Nous devons signaler ensuite, à cause de son caractère officiel, un projet de la réponse à faire par le prince Xavier au compliment des ambassadeurs de France, à l'audience publique du 7 janvier 1747, à l'occasion du mariage de la princesse Marie-Josèphe de Saxe, sa sœur, avec le Dauphin de France.

Dans une minute autographe, datée du 13 juillet 1748, le Prince exprime aussi au Roi son père sa soumission et son affliction au sujet de son changement de gouverneur :

« Sire,

« J'ai reçu avec tout le respect et toute la soumission possible les ordres qu'il at plu à V. M. de m'intimer par sa lettre du 6 d. c. (du courant.)

« Je la supplie d'être persuadée que ses volontés seront toujours pour moi des loix indispensables.

« Je ne puis nier l'affliction que j'ai ressenti en apprenant que deshormais je ne dois plus revoir un homme auquel j'ai estoit accoutumé depuis si longtemps, et qui, en toute occasion, s'étoit étudié à mériter mon amitié ; je suis fâché que ses indispositions lui ayent fait négliger son service, et que par là, il ait déplu à V. M.

« M. de Bellegarde, des soins duquel je ne puis que me louer depuis le départ du commandeur, rendrat j'espère compte à V. M. du soin que je prendrai, Sire, à remplir ses intentions ; heureux si je puis réussir à la satisfaire et à engager V. M. à me continuer ses bontés paternelles. C'est la grâce que lui demande celui qui a l'honneur d'être avec tout le respect et la toute la vénération imaginables,

« Sire,
« de V. M.
« Le très humble, très obéissant et très soumis
« serviteur et fils,
« XAVIER. »

Le 16 juin 1750, il rend compte ainsi de l'emploi d'une journée passée avec le prince Frédéric son frère, et d'un incendie qui eut lieu dans la ville voisine :

« Vendrédi passé, mon cher frère Frédéric nous a fait la grâce de venir diner chez nous et y est resté jusqu'à 4 heures ; après quoy nous sommes allés tirer avec lui à la vénerie. Pendant le tirage (sic) le feu a pris devant la porte de Wilsdorf. Le tirage fini, nous y sommes allés à cheval, où nous avons pas assés pu admirer la diligence que les soldats et officiers des régimens de Frankemberg et Gotha ont employé à éteindre le feu, puisque sûrement sans eux et sans une muraille de la dernière maison qui avoit déjà pris feu plusieurs fois, l'hopital et le Kohrtyol seroient brulé.

« Il y a en tout 10 maisons de brulé et un seul maréchal ferrant de tué par un plafon qui écroula le jour d'après, et deux ou trois soldats d'endommagé ; mais que la vitesse de leurs camarades qui sont courus par dessus le brasier ont sauvé. Le feu a pris par l'imprudence d'une servante qui faisoit de la sallade au lard, et lequel ayant pris feu, elle a tâché de l'éteindre toute seule près d'une heure et demie.

« Notre cher frère Frédéric nous ayant fait invité pour ce soir au jardin du comte de Brühl pour y danser, nous comptons de nous y bien divertir. »

Nous extrayons d'une lettre datée de Sedlitz, le 8 août 1750, et adressée à la Reine de Pologne, par le Prince son fils, le passage suivant où il est question de sa conduite peu satisfaisante à l'égard de son gouverneur :

« Je ne suis pas moins chagriné de ce que l'on ait écrit à V. M. que je ne suis pas bien avec le comte de Bellegarde. Il est bien vrai que ma trop grande vivacité m'at fait quelque fois mal interpréter des remontrances qu'il m'a fait, les attribuant à sa mauvaise humeur ; mais j'en demande pardon à V. M. lui promettant que je ne lui donnerai plus de sujet de se plaindre de moi. »

En voici une autre adressée au Roi, dans laquelle il implore également son pardon pour des fautes commises. Bien que cette lettre ne porte aucune date, elle paraît se rapporter à la même époque et sans doute aux mêmes faits d'insoumission que la précédente :

« Sire,

« Quoique j'espère que le repentir de ma conduite passée et les très humbles prières que j'ai fait à V. M. de me la pardonner et le témoignage que l'on aura fait de mon comportement plus conforme à sa volonté, ait touché son cœur paternel et l'ait fléchi à me pardonner et à me rendre ses bonnes grâces ; néanmoins, je suis et serai dans une inquiétude la plus abbatante, tant que je vivrai dans cette chagrinante incertitude.

« Que V. M. se laisse enfin fléchir des très humbles prières d'un fils prosterné à ses pieds ; qu'elle me rende la tranquillité perdue par une de ses très gratieuses lignes qui m'assure du pardon de mes fautes et qui me donne la consolation de savoir d'être rentré dans ses bonnes grâces. »

Enfin, nous trouvons encore deux minutes autographes du Prince, datées de Dresde du 2 octobre 1750, et adressées, l'une à son père, l'autre à sa mère, qu'il continue à implorer dans les termes suivants :

« Sire,

« C'est en tremblant que j'ai ouvert la lettre que V. M. at daigné m'écrire le 26 du m. p.; laquelle m'at plongé dans un chagrin extrême n'y aïant pas trouvé les marques de bonté que V. M. m'avoit fait la grâce de me témoigner autrefois. Je me jette à ses pieds la suppliant les larmes aux yeux de ne point rejeter mes tres humbles prières, et de me pardonner ma conduite passée. J'espère que le Cte de Bellegarde et mon confesseur continueront le bon témoignage qu'ils ont donné du changement de ma conduite. Je ne discontinuerai pas de redoubler mes efforts pour conjurer mes défauts, afin que par ce changement, je puisse regagner les bonnes grâces de V. M.

« Comme nous espérons le prochain retour de V. M., j'enverrai mes ferventes prières au ciel, afin que le Très-Haut la fasse revenir en parfaite santé. Plût à Dieu que je puisse revoir en V. M. ce bon Père qu'Elle a été à son départ ; j'espère cette grâce de sa grande bonté. En attendant cet heureux moment, je suis avec une très soumise obéissance,

« Sire,
« de V. M.
« Le très humble, très obéissant et très soumis
« serviteur et fils,
« Xavier. »

« Madame,

« Je baise très humblement les mains à V. M. pour la très gracieuse lettre qu'Elle s'est daigné de m'écrire le 23 d. m. p. ; laquelle m'at beaucoup consolé parcequ'elle n'augmente pas seulement mon espérance du pardon de mes fautes passées ; mais elle m'assure de ses grâces maternelles, moyennant la persévérance d'une meilleure conduite, dont V. M. peut être pleinement persuadée ; et j'espère que le Très-Haut accordera à mes ferventes prières la grâce de cette persévérance. Cette bonté de V. M. tranquilise beaucoup mon esprit ; il ne manque pour mon repos que d'être assuré de cette même bonté de la part de S. M. le Roi, et comme je sais que la puissante intercession de V. M. me la peut obtenir sûrement, je me jette à ses pieds pour l'en supplier ; promettant que je me comporterai dorénavant de la sorte que l'on n'aurat plus lieu de se plaindre de ma conduite.

N'ayant plus été à Sedlitz depuis notre retour en ville, nous y avons été hier pour profiter de la permission que S. M. le Roi nous a donné d'y chasser, et nous avons tiré 14 lièvre, 4 faisan, 14 perdrix et 4 roi de caille. La saison étant fort propre pour la chasse aux bécasses, nous irons demain du côté de Moritzbourg voir si nous y trouverons beaucoup.

« J'espère que la grande bonté de V. M. ne me continuera pas seulement ses grâces maternelles, mais qu'Elle obtiendra les mêmes grâces de S. M. le Roi à un fils qui l'en supplie très humblement et qui est avec la plus profonde soumission,

« Madame,
« de V. M.
« Le très humble, très obéissant et très soumis serviteur et fils,
« XAVIER.

« Dresde, ce 2 octobre 1750. »

Nous voyons plus tard par une lettre du général de Martanges que, dès sa jeunesse, le prince Xavier paraît être peu affectionné de son père et qu'il chercha de bonne heure à s'éloigner des cours de Dresde et de Varsovie, en se consacrant tout-à-fait au métier des armes, dès sa vingtième année.

En 1757, il fut une première fois question de l'abdication du Roi de Pologne, et Louis XV eut préféré le prince Xavier à son frère le prince électoral Frédéric pour lui succéder [1].

A partir de la même époque, nous voyons le Prince venir, chaque année, passer quelques mois d'hiver à Versailles, auprès de la Dauphine, sa sœur, qu'il aimait tendrement et dont il était également le frère préféré [2]. Bien accueilli à la cour de Louis XV, sous les auspices de la Dauphine, il ne tarda pas à s'attacher définitivement au service de la France, et fut nommé lieutenant-général des armées du Roi, le 12 août 1758.

La guerre de Sept-Ans à laquelle la France prit part contre la Prusse, fournit au prince Xavier une occasion de se distinguer dans la carrière des armes. Déjà, dès le début de cette guerre, il avait pris du service en Autriche sous les ordres du maréchal Daun. Comme lieutenant-général

---

1. Voir la *Correspondance secrète inédite de Louis XV*, par M. E. Boutaric ; T. 1er, page 226.
2. Louis XV écrivait à Tercier, son ambassadeur à Varsovie, le 26 octobre 1758 : « Madame la Dauphine n'aime réellement que le prince Xavier ; et, depuis qu'il est à mon armée, il y a acquis l'estime générale. » — (Même correspondance, page 233.)

français, il fut placé à la tête d'un corps auxiliaire de 10,000 Saxons à la solde de la France. Ce corps était composé en grande partie des prisonniers incorporés de force dans l'armée prussienne, après la prise du camp de Pirna, en 1756 ; et qui étaient parvenus à déserter pour rentrer au service de leur pays.

La correspondance du prince Xavier renferme une liasse spéciale de minutes autographes de lettres très confidentielles adressées à Morisseau, son valet de chambre, à Dresde, au sujet des événements politiques et militaires dont la Saxe fut le malheureux théâtre pendant cette période de 1758 à 1763. Nous extrayons de ces minutes les fragments suivants :

Varsovie, 22 janvier 1757.

« Envoyés-moi tous les plans des forteresses appartenant au Roi de P[russe] ; toutes, tant en Prusse que Silésie et Vesel, comme aussi, Magdebourg. Vous n'avés qu'à parcourir mon catalogue, et aussi celle de Moravie et Egra.

De Lowemberg, 15 septembre 1757.

« Vous aurés soin de m'envoyer un homme à cheval par la poste par Bautzen, jusqu'à l'armée, et de lui dire de faire diligence. Je crois que celui qui étoit coureur avant que d'entrer à mon service, et qui veut passer pour Anglois, s'il est encore en état de soutenir une telle course, serait le plus propre pour cela...

« Vous scaurés que les Russes ont battu les Prussiens totalement.

Note sans date.

« Dans ce moment, nous apprenons la prise de Berlin par Hadick,[1] quoiqu'il ne puisse s'y soutenir, cela ne laisse que de faire beaucoup d'éclat et fâchera le R. de P.

Teichenau, près de Schweidnitz, 12 novembre 1757.

« Vous scavés que les Français ont battu les Pru... à plate couture. Schweidnitz capitule actuellement, après que nous avons emporté cette nuit 4 ouvrages de vive force. Nous y avons perdu beaucoup de monde et avons été percé de pluie. »

---

1. Haddick, général autrichien. Il épargna le pillage à la ville de Berlin moyennant une contribution de 800,000 livres.

Au camp de Werlé, 25 octobre 1758.

. . . .

« Votre prophétie s'est accompli, car quoique votre lettre est du 1er d. c., ce n'est que le 10 que nous avons battu Mos d'Oberg et Isemburg ; à quelle victoire nos Saxons n'ont pas peu contribué y ayant eu la plus grande part ; et nous avons été assez heureux d'acquérir beaucoup de gloire avec peu de perte, n'y ayant eu pour notre part que 150, et la totalité ne montant au plus à 1,000, tant tués que blessés. Celles des Ennemis passe les 3 m. entre lesquels le gén. Zastrow pris et blessé et plusieurs autres officiers. En un mot les Saxons s'y sont conduits en Saxons ; le Reg. de Xavier a eu l'occasion de se distinguer en chassant les ennemis d'une montagne, sans tirer un coup, avec la bayonnette, et s'y emparant de 6 canons. Le Gén. Solms commandait les grenadiers et s'y est beaucoup distingué ; le col. Kavanagh a eu un cheval de tué, et l'a monté à pied (la montagne) à la tête du Rég. tout vieux qu'il est. Prophétisés toujours de même, j'espère que cette victoire jointe à celle du Mar. Daun en Lusace avancera beaucoup la délivrance de Dresde et de notre chère patrie.

De Franckfurth, 22 avril 1759.

« Je ne vous écris que 2 mots pour vous donner part de l'excellent début de la campagne par la Bat. gagnée le 13 par le Duc de Broglie, près de Franckfurtz, où les Ennemis ont bien eu sur les doigts. On voit que ce sont des hérétiques, nous ayant pas voulu laisser vacquer à la dévotion, même le Vendredi-Saint ; mais ils en ont été puni. Dieu donne que cela continue de même. Ma joie a été bien diminué par la blessure du pauvre Dyhern, que je crains beaucoup qu'il ne meurs.

Au camp de Groselheim, 31 août 1759.

. . . .

« Les bruits qui ont couru sur mes blessures sont aussi faux, grâce à Dieu, que ceux que je scai qu'on a divulgué sur la fuite du corps saxon ; car nous somes peut-être les seuls qui puissions nous vanter d'avoir repoussé les ennemis ; mais à la fin, n'étant pas soutenu, il a bien fallu céder au nombre et avons fait notre retraite en très bon ordre. Pour moi, j'ai eu trois aide de camps blessé ; un cheval tué, et moi la canne pendu à mon pistolet de cassé. Au reste, je me porte très bien et espère nonobstant nos malheurs ici d'avoir encore le plaisir de vous voir cet hyver si les choses continuent d'aller aussi bon train de vos côtés qu'a présent.

Au camp de Landwerhagen, 31 juillet 1762.

. . . .
« Au reste, je ne trouve rien à vous marquer par celle-ci ; sinon qu'il y a huit jours nous avons eu une affaire bien chaude et couteuse qui a tourné à la gloire des Saxons qui se sont battus comme des lions. »

Ce ne fut qu'au printemps de 1759 que le prince Xavier prit le commandement effectif du corps saxon, sous les ordres du maréchal de Broglie, commandant en chef des troupes françaises, et qu'il fit les principales campagnes de la guerre d'Allemagne, avec un cortége imposant d'aides-de-camp et d'équipages. On sait que cette guerre, malgré l'énorme supériorité numérique des alliés, ne fut généralement pas heureuse pour nos armes ; mais le prince Xavier eut cependant l'occasion de se signaler particulièrement à la bataille de Minden, le 1er août 1759, où il protégea très efficacement la retraite du maréchal de Contades ; et à la prise de Cassel, le 9 août 1760, à laquelle il prit une part glorieuse.[1]

Nous ne suivrons pas le Prince dans toutes les pérégrinations militaires qu'indique sa correspondance ; nous nous bornerons à dire qu'à part les deux faits ci-dessus, chacune de ses étapes était plutôt marquée par ses succès d'amour que par des succès de guerre, ainsi qu'on le verra par quelques lettres de ses nombreuses maîtresses, datées de 1760 à 1763.

Cette correspondance érotique n'empêche pas le prince Xavier d'écrire, le 19 mars 1761, à son ami et confident le général de Martanges qu'il ne se sent aucun éloignement à prononcer les vœux, « et même celui de chasteté, » en qualité de grand maître de l'ordre Teutonique.

L'année précédente, il avait entamé avec la cour de France, par l'intermédiaire du même général et de sa sœur la Dauphine, une négociation secrète dans le but de se faire

---

1. Pendant la campagne de 1760, le prince Xavier commandait la réserve de droite, et il lui était alloué 15,000 livres par mois pour ses frais de commandement.

élire roi de Pologne à la place de son père dont on devait tâcher d'obtenir l'abdication. Mais le roi de Pologne ne se prêta point à seconder les vues de son fils, dont il fut au contraire très irrité. [1]

Au mois de mars 1762, le commandeur de Forel, projette le mariage du prince Xavier avec la fille du margrave de Rastatt ; mais ce projet n'a aucune suite.

Lorsque la paix fut signée avec la Prusse, le prince Xavier se disposa à venir se fixer à Paris, où il devait, parait-il, occuper l'hôtel que le Roi avait précédemment accordé au maréchal de Belle-Isle. Mais la mort d'Auguste III, son père, arrivée le 5 octobre 1763, vint réveiller ses projets sur la couronne de Pologne. Il renouvela ses instances auprès de la cour de France pour obtenir auprès de la diète et des électeurs une recommandation énergique ; mais la politique louvoyante et incertaine du duc de Choiseul, alors premier ministre de Louis XV, ne lui permit pas de réaliser en faveur du prétendant les bonnes grâces que le Roi lui-même portait à son parent, et l'année suivante il vit monter sur le trône de Pologne le prince Stanislas Poniatowski, l'un de ses nombreux rivaux qui, était puissamment soutenu par la cour de Russie.

Le 7 mars 1764, il écrit au Dauphin, son beau-frère :

« Quelque sensible que j'aye dû etre, mon cher Frère, à la mauvaise nouvelle que vous m'avés donnée par votre lettre du 14 d. p. de ne pas devoir compter sur les secours et l'appui de la France pour la réussite de mes vues sur la couronne de Pologne, les assurances de la continuation de votre amitié m'ont été d'une grande consolation et secours pour me rendre mes chagrins supportables. Les raisons que vous voulez bien m'alléguer sur le parti que la France est obligée de prendre sont trop solides que de ne pas se faire raison. Il me fait même moins de peine, malgré toutes les circonstances favorables, de renoncer à mes projets et de conserver ma réputation, que d'avoir dû rester plus longtemps dans l'incertitude et embarras et risque de voir flétrir l'autre. Je

---

1. Voir la correspondance du comte de Bruhl, lettre du 8 mars 1760 ; et celle du général de Martanges, lettres des 29 et 30 mars 1761.

suivrai vos conseils et j'attendrai des temps plus heureux et des occasions plus favorables d'améliorer l'état actuel de ma fortune ; soûtenu alors par votre amitié et vos bontés je dois me promettre des succès plus heureux. »

Sur ces entrefaites, l'électeur de Saxe était venu également à mourir, le 17 décembre 1763, laissant un fils mineur héritier de la couronne électorale. Le Prince fût appelé avec sa belle-sœur Marie-Antoine, électrice douairière, à faire partie de la régence de l'électorat au nom de son pupille.

Pendant son administration, le prince Xavier s'attacha surtout à resserrer de plus en plus les liens d'amitié qui unissaient déjà les deux cours de Dresde et de Versailles. Ses archives particulières renferment sur ce sujet plusieurs manuscrits dont il paraît être l'auteur. Nous en citerons un notamment portant pour titre : *Discours sur une alliance étroite à contracter avec la France*, où sont exposés avec une grande justesse de vues les avantages que la Saxe puiserait dans cette alliance, pour s'opposer aux envahissements de la Prusse qui, dès cette époque, menaçait déjà d'établir sa prépondérance sur toute l'Allemagne.

Après la mort du Dauphin, il écrit à la Dauphine, son alliée naturelle à la cour de France :

« L'attendrissement du Roi vous présente le moment favorable ; profitez-en pour vous mettre sur le pied où vous pouvez désirer de vous voir dans toute la suite du temps. Je suis certain que vous y réussirez. De ce début va dépendre votre situation, le maintien de votre crédit et de votre influence dans les affaires à venir ; votre tranquilité, votre bonheur et celui de ceux que vous aimez. »

Un événement, ou plutôt un acte, qui eut sur l'avenir du Prince une influence considérable, et lui aliéna une grande partie des esprits en Saxe, fut le mariage morganatique qu'il contracta à Dresde, le 9 mars 1765, avec la comtesse Claire-Marie de Spinucci, italienne d'une grande beauté, qui était dame d'honneur de l'Electrice douairière de Saxe. Bien que ce mariage fut tenu rigoureusement secret pendant plusieurs années, les relations du Prince avec la comtesse étant connues, firent grand scandale à la cour électorale et attirèrent au prince de vifs reproches de sa famille, et particulièrement de son frère le prince Clément, archévêque électeur de Trèves.

Du reste, bien que le Prince nia formellement son mariage, il ne fut pas possible à la comtesse de dissimuler ses relations avec lui ; car elle accoucha à Dresde, en 1766, en 1767 et en 1768, de quatre enfants [1] qui furent baptisés sous les noms de Saxe.

Vers la fin de son administration, le prince de Saxe, cherchant toujours à se créer ce qu'il appelait *un établissement convenable*, jeta de nouveau les yeux sur la grande maîtrise de l'ordre Teutonique. Il entama des négociations de tous côtés à ce sujet avec les dignitaires de l'ordre, et obtint le désistement de son frère l'électeur de Trèves qui était lui-même candidat [2]. Il écrivit au Pape, à l'Empereur d'Autriche et au Roi de France pour réclamer leur puissante protection en sa faveur. Mais il échoua encore dans cette tentative, comme il avait échoué pour l'élection au trône de Pologne. L'une des principales causes qui le firent exclure fut son mariage qu'il chercha vainement à nier.

Voici quelques extraits de sa correspondance relative à l'élection qu'il ambitionnait et aux puissantes interventions qu'il sollicitait :

A l'Empereur d'Autriche.

29 octobre 1768.

Sire,

« Je réclame la protection de V. M. dans la circonstance la plus intéressante pour le bonheur de ma vie.

« Rendu à mon état de Prince appanagé, j'envisage dans la Grande Maîtrise de l'ordre Teutonique la seule dignité convenable où il me soit permis d'aspirer. La résignation amiable que l'Electeur mon frère, veut bien me faire de ses prétentions et de ses amis, me donne les plus justes espérances ; mais je sens en même temps,

---

1. Elle eut deux enfants jumeaux, un garçon et une fille, le 27 mars 1766.

2. Indépendamment du prince Xavier et de l'Electeur de Trèves les autres candidats étaient l'électeur de Cologne, celui de Mayence et l'évêque de Wurtzbourg.

Sire, que ce ne peut être principalement que par l'intérêt que V. M. I. daignera y prendre, et par sa puissante intercession que je puis espérer de réussir. Je vous le demande, Sire, avec toute la confiance que m'inspirent l'ancienne amitié des deux cours, les liaisons étroites des deux maisons, et surtout celle que les bontés personnelles de V. M. m'ont inspirées pendant le peu de jours que j'ai eu le bonheur de la recevoir à Dresde.

« Il serait bien flatteur pour moi, Sire, en obtenant cette dignité dans l'Empire, de me rapprocher de la personne et du service de son auguste chef. C'est avec ces sentiments, et ceux du plus profond respect, que je suis etc.

Au Roi de France.

« Enfin, Sire, mon règne est passé et je ne dois plus m'occuper d'aussi grands intérêts. Rendu à l'état de Prince appanagé, le parti qu'a pris mon frère Clément me détermine, et, ne pouvant plus espérer d'être comme lui un saint Prélat, je désirerois du moins devenir Grand-Maître de l'ordre Teutonique, etc.

Au Duc de Choiseul.

« Uniquement occupé pendant cinq longues années du soin de relever la Saxe de la situation déplorable où une chaîne de fautes et de malheurs l'avoit entraînée ; ce n'est qu'avec des peines infinies que je suis parvenu à remplir la partie essentielle de ma mission, etc. »

Fatigué de tant de déceptions, et mal vu d'une partie de la noblesse de Saxe, le prince Xavier quitta Dresde au commencement de 1769, et se retira quelques temps à Munich.

Cette même année, il acheta le château de Zabelitz, situé dans le cercle de Misnie, district d'Hayn, qu'il fit approprier et meubler convenablement dans le but d'en faire sa résidence. Mais dès la fin de la même année, il entreprit un voyage incognito en Italie, sous le nom de comte de Goertzig, en compagnie de la comtesse de Spinucci et de quelques officiers. Pendant les années 1770 et 1771 il visita successivement Rome, Naples, Sienne, où la comtesse accoucha, le 20 octobre 1770, d'une fille (Marie-Anne de Saxe), Florence, Boulogne, Ferrare, Venise, Milan et Turin ; en faisant dans chacune de ces villes un séjour plus ou moins prolongé.

Nous extrayons de sa correspondance pendant ce voyage les deux lettres suivantes, adressées à sa sœur Christine :

« Rome, 15 juin 1770.

« La semaine dernière, j'ai passé 3 jours à aller à Peste, à 80 lieus de Naples, voir les antiquités qui y sont, ainsi qu'à Salerne ; et au retour les découvertes des villes de Pompeia et d'Ercoland, et le muséum à Portici, où toutes les belles antiquités qu'on a trouvés dans ces deux villes, enterrés par les éruptions du Vésuve, sont rassemblés, et qui est tout ce qu'on peut voir de superbe. La *Cara Chiaretta*[1] se met à vos pieds ; elle a été encore une fois chez la Reine[2] avant de partir, qui l'a comblé de politesse. La veille de mon départ j'ai encore dîné avec le Roi et la Reine, et après dîné j'ai été voir le pauvre prince Philippe qui fait compassion à voir, étant entièrement ébété, et tout son amusement consiste à jouer avec des gants dont il en met une quantité aux mains, l'un dans l'autre.

« Samedi passé, je suis parti et pris mon chemin par Mont-Cassin pour y voir le lendemain l'abbaïe des Bénédictins qui est très-belle, surtout l'église ; mais le chemin pour y arriver est abominable et pour surcroit, il a fait une chaleur insupportable pendant tout le voïage. Mardi au soir je suis arrivé ici, et hier j'ai vu la procession de la Fête-Dieu, où le Pape est porté sur un prie-Dieu, où il est à genoux aïant le Saint-Sacrement devant lui. Mais hors de ceci, je n'ai rien trouvé d'extraordinaire à cette procession, qu'on m'avoit tant vanté, et que je regrète de n'avoir pas vu à Naples, où certainement elle aura été plus belle. En général, je ne puis vous exprimer combien le séjour de Naples est agréable en tout genre, et combien je regrète de l'avoir quitté, car si j'étois un particulier, je ne choisirois jamais d'autre endroit pour m'établir et passer ma vie que Naples. »

Sienne, 31 décembre 1770.

« Ce que je puis vous marquer de plus nouveau et intéressant d'ici, c'est que la nuit du 26 au 27, vers les trois heures du matin, il y a eu ici un tremblement de terre très-fort, à ce qu'on dit, qui a fait danser les lits, fenêtres et portes ; mais ni la Chiaretta, ni Saiffert, ni moi, nous ne l'avons scu que le lendemain matin, aïant très-bien dormi, et de tous nos gens allemands, il n'y a eu que

1. La comtesse Claire de Spinucci, sa femme (*Cara Chiaretta*, chère Claire).
2. Marie-Amélie, sœur du prince, reine de Naples.

mon valet de chambre Boudet, et la fille de chambre de la Chiaretta, que cela a réveillé ; mais beaucoup de gens en ville l'ont aussi senti. Je compte aller d'ici en droiture à Pise, y passer une couple de jours pour voir ma nièce et le Grand-Duc, et me rendre de là à Florence, où je pourrois bien m'arrêter jusque vers la fin du Carnaval.

« Adieu, très chère Christ, je vous aime et embrasse de tout mon cœur.

« XAVIER. »

Résolu à venir se fixer définitivement en France, où il avait toujours été bien accueilli, le prince Xavier acheta le château et la seigneurie de Chaumot,[1] où il établit sa famille, vers la fin de 1771. Quant à lui, que son rang appelait près de la cour, il loua un hôtel à Paris, rue Charlot, au Marais, pour en faire sa résidence habituelle, et il prit en même temps le titre et les armes de COMTE DE LUSACE, nom qu'il continua toujours de porter en France, tout en conservant dans sa corrrespondance, les qualités de *Monseigneur et d'Altesse Royale*.

Dès l'année suivante, le Prince cherche à se défaire de la terre de Chaumot, et à en acquérir une autre plus importante et plus à portée de Paris. Il fait visiter successivement dans ce but, les châteaux de Pont-sur-Seine et de Dormans, en Champagne, et celui de Vaudreuil, en Normandie. Après avoir manqué une première fois d'acquérir le domaine de Pont, qui fut adjugé, en 1772, au prince Ferdinand de Rohan, archevêque de Bordeaux, il le racheta de ce dernier, au mois de mai 1775, moyennant 1,300,000 livres de principal et 12,000 livres de pot de vin.

Nous devons relever ici, à l'occasion des acquisitions de Chaumot et de Pont-sur-Seine, une erreur évidente commise par M. Vallet de Viriville, dans les *Archives historiques du département de l'Aube*. Ce savant dit que la Dauphine est

---

1. Cette acquisition eut lieu par actes des 22 et 23 octobre 1771, de Mme Marie-Madeleine Delpech, veuve de M. Duplessis Le Lay ; moyennant le prix principal de 1,020,000 livres pour le château et les terres, et 65,705 livres 5 sols pour le mobilier.
Chaumot était de l'élection de Nemours, du diocèse de Sens, et à 12 kilomètres de cette ville.

venue en aide à son frère pour payer ces deux acquisitions. Or, comme elle était morte le 13 mars 1767, il est évident qu'elle n'a pu contribuer aux acquisitions faites en 1771 et 1775. Pour payer ces domaines, — ainsi qu'il l'avait déjà fait en 1769, pour celui de Zabelitz, — le Prince eût recours à des emprunts.[1] Néanmoins, ces acquisitions et ces emprunts successifs ne laissèrent pas de le mettre dans de grands embarras financiers; car, loin de restreindre ses dépenses d'un autre côté, il ne faisait qu'y ajouter par des travaux d'appropriation, un grand luxe d'ameublement et un train de maison tout-à-fait princier. Ses revenus annuels, qui consistaient principalement en apanages sur les trésors de Saxe, de Pologne, de Lithuanie et de France,[2] s'élevaient à environ 550,000 livres, et suffisaient à peine aux frais de sa maison et à servir les intérêts des sommes qu'il avait empruntées. Aussi ne parvenait-il jamais à éteindre une dette qu'en en créant une autre. En 1779, son confident et son ami M. le comte de Montaut, lui donne le sage conseil de réduire strictement les dépenses de sa maison aux 150,000 livres qu'il touchait du trésor de France, ce qui lui permettrait, disait-il, d'économiser 3 à 400,000 livres par an, et de payer ses dettes en cinq ou six ans. D'où il résulterait qu'à ce moment les dettes du prince pouvaient s'élever au chiffre respectable d'environ 2,000,000 de livres.

On sait que l'ancien château de Pont-sur-Seine, bâti par le surintendant des finances Bouthillier de Chavigny, en 1630, était un des plus beaux de France[3]; mais le Prince se plût encore à l'embellir, à le décorer et à le meubler somptueusement, de manière à en faire une demeure vraiment royale. Ce fut là qu'il vint s'établir définitivement avec sa famille, vers la fin de 1775, au milieu de toutes les jouissan-

---

[1]. Pour payer la terre de Pont, le prinxe Xavier fut autorisé par lettres patentes de Louis XVI, à emprunter à la ville de Gênes, la somme de 900,000 livres tournois.

[2]. Le roi Louis XVI lui accordait un traitement de 150,000 livres, en qualité de prince apanagé de France.

[3]. Voir la description de ce château dans la *Nouvelle Description de la France*, par Piganiol de la Force, tome III, page 348; dans le *Dictionnaire géographique* de Lamartinière, tome IV, page 260; dans le *Guide* de Firmin Didot, etc.

ces du bien-être matériel et de toutes les séductions du luxe intérieur.

A partir de ce moment, le Prince commença réellement à vivre de la vie de famille, beaucoup plus qu'il ne l'avait fait jusqu'alors. Bien qu'il continue de résider à Paris pendant une partie de l'hiver, afin de pouvoir assister aux fêtes et aux réceptions de la cour qui se tenait à Versailles, ses voyages et ses séjours à Pont sont beaucoup plus fréquents ; il s'occupe surtout avec beaucoup de sollicitude de toutes les affaires intérieures de sa maison, et notamment de l'éducation de ses enfants, qui sont élevés près de leur mère, et confiés à des précepteurs et à des gouvernantes qui, en l'absence du prince, lui rendent compte par de fréquents rapports, de la santé, du travail et de la conduite de leurs élèves.

Nous intercalons ici quelques extraits des lettres du prince Xavier, appartenant aux années 1774 et 1775, et se rapportant à des faits qui nous paraissent offrir assez d'intérêt. Les suivantes, adressées à sa sœur Christine, donnent des détails journaliers sur la maladie et la mort du roi Louis XV :

« Versailles, ce 29 avril (1774.)

« De crainte que vous n'aiés des nouvelles équivoques sur l'indisposition du Roi, et qui sont toujours plus inquiétantes dans l'éloignement, je ne veut pas manquer de vous rassurer, n'y aiant pas le moindre danger, à ce que tous les médecins disent, et Bordeux à la tête, et que ce n'est qu'une fièvre cathareuse qui sera passé dans peu de jours. Il a commencé à sentir des courbatures mardi passé à Trianon ; mercredi il a été à la chasse, mais n'y a pas monté à cheval ; le soir il a assisté au soupé, mais n'a rien voulu manger, se plaignant de meaux de tête et de frisson ; il a cependant fait encore sa partie de jeu. Hier, il est resté toutte la journée dans son lit ; les lavemens et les eaux de Vichi qu'il a prises ont faites une prodigieuse et fort heureuse évacuation, et il a vomi beaucoup de bile. Le soir il s'est déterminé enfin, à notre grande consolation, de retourner à Versailles, étant fort mal dans ces petites chambres basses de Trianon. Ce matin, vers les dix heures, on l'a saigné et on lui en fera une seconde cet après-midi. La fièvre est moins forte et le ventre n'est nullement tendu, mais le mal de tête continue encore. Au reste coies tranquille, je dirai à Pomier[1] de vous informer exactement de tout, et s'il étoit nécessaire je vous écrirai moi-même.

« Je vous embrasse de tout mon cœur.

« XAVIER. »

« A Versailles, ce 30 avril, à 4 h. ap. midy.

« Les nouvelles sont bien changés depuis hier, après diné, que la petite vérole du Roi s'est déclaré; mais tout va aussi bien que la maladie peut le permettre. Elle est copieuse, mais de bonne espèce, et il y a tout à espérer.

Ce 1er mai, à 2 h. ap. midy.

« Jusqu'à présent, grâces à Dieu, tout va aussi bien que cette cruelle maladie peut le permettre ; la petite vérole est très bien sorti ; elle est copieuse, mais nullement confluante ; les vésicatoires ont très bien tirés. Hier au soir le redoublement étoit fort, mais c'est une suite nécessaire ; aujourd'hui il est plus tranquil et tous les médecins sont contens de la marche actuelle ; mais malheureusement les mauvais jours et les plus critiques ne sont pas passés encore. Enfin, si tout continue de même, nous avons tout lieu d'espérer et de nous flatter ; mais je vous avoue que je voudrois être de 8 jours plus vieux, et c'est la première fois de ma vie que je fais un pareil souhait.

« Je vous embrasse, chère Christ, de tout mon cœur.

« XAVIER. »

« Ce 5, à 8 h. d. m.

« Les nouvelles d'aujourd'hui ne sont point aussi consolantes que les précédentes, quoique il n'y a cependant aucun accident fâcheux. Le Roi a été fort inquiet cette nuit des démangèsons, et la supuration ne va pas aussi bien et vite que les médecins le souhaiteroient. Je crains que le travail d'esprit n'y contribue pas peu à retarder celui que la nature devroit faire dans ces momens-ci. Le Roi sçait depuis la nuit précedente qu'il a la petitte vérole, quoiqu'on ne lui aie pas dit cruem^t. On a tant fait et répondu si gauchem^t aux questions qu'il a faites qu'il a dû absolument s'en apercevoir, et vous sentés quel effet cela doit faire. Cependant, il a parlé encore hier au soir à l'Ordre, à plusieurs, de différentes choses comme à l'ordinaire, et sa voix étoit très bonne et très distincte.

1. Son secrétaire des commandements.

« Vous ne sauriés croire touttes les cabales et intrigues indécentes et indignes qui se passent ici et qui font horreur. Si ce n'étoit mon attachem^t, et si j'ose dire mon amour, p^r ce cher et digne Roi qui me fait rester ici, je voudrois en être bien loin p^r ne rien voir et ne rien entendre. Vous saurés déjà que Mad. du Barry est parti hier à 4 h, ap. midi p^r Ruelle, où la Duchesse l'a accompagné. L'Archevêque est ici depuis avant-hier au soir, p^r la seconde fois, et il y a une foule de prêtrailles incroïables. Jusqu'a présent, il n'y a point eu de confession encore.

« Je vous embrasse de tout mon cœur.

« XAVIER. »

Ce 6, à 10 h. d. m.

« Bonne et très bonne nouvelle! tout va aussi bien qu'on puisse le désirer. Nous pouvons pas encore chanter victoire, mais les espérances croissent d'heure en heure, en tout et partout, et les craintes diminuent à mesure et seront évanouis j'espère dans peu. Voici le 7e [jour] presque passé; je laisse aux autres à vous en faire tout le détail, car j'ai encore la poste de Chaumot et de Saxe à finir.

« J'ai été hier avec la Duchesse à Ruelle; je vous avoue que j'ai toujours estimé Mad. Du Barry, mais actuellem^t je la vénère et adore par les sentim^{ts} que je lui vois p^r notre cher Maître, et le peu de soin et d'essintéressement de sa propre existence. Pour notre chère Duchesse et notre adorable Duc, je l'admire et l'aime bien tendrem^t; mais cela ne vous paroîtra pas étrange, car vous savés dès longtems ce que j'en pense; tout ce que je crains, c'est qu'il nous en tombe malade; car vous pouvés croire tous les tracas d'esprit et de corps qu'il a actuellem^t, et combien peu il se ménage.

« Je vous embrasse de tout mon cœur.

« XAVIER. »

Ce 7, à 8 h. du matin.

« Tout continue à aller grâce, à Dieu, très-bien, comme vous verrés par le bulletin ci-jointe. Nous avons été tous éveillé ce matin avec beaucoup de fraieur, car on nous disoit que le Roi était très-mal et alloit recevoir les Sts Sacrements; et en me levant j'entendis le tambour et vit les gardes qui s'assembloit, et tout le monde qui courroit; jugé si j'avais une goutte de sang qui coulat dans mes veines, surtout après l'avoir laissé si bien hier au soir.

. . . .

« Ce 8, à 10 h. d. m.

« La journée d'hier s'est bien passée ainsi qu'une partie de la nuit ; mais, vers les 5 heures du matin, le redoublem^t est devenu beaucoup plus fort, avec un peu de délire, et envie de vomir ; mais avec un lavement purgatif qui a fait beaucoup d'effet, tout s'est calmé et va bien actuellem^t. Les vésicatoires rendent toujours beaucoup avec succès.

. . . .

« Ce 9, à 8 h. d. m.

« Cela va très-mal ; nous touchons au moment fatal de perdre notre bon Maître. Pomier vient de me dire qu'il ne croie pas qu'il passe la journée. On a fait venir hier au soir le médecin Sontou ; mais come il n'a pas voulu dire son secret, les autres ne lui ont pas laissé administrer son remède.

. . . .

« Ce 10, à 10 h. d. m.

« Le Roi existe encore et sa bonne constitution le soutient ; mais, malgré cela, il paroit que nous n'aurons plus longtemps le bonheur d'avoir notre bon Maître. Hier au soir, vers les 9 heures, il reçut l'Extrême-Onction, et tous les médecins croioient qu'il n'atteindroit pas le jour, la respiration et la poitrine devenant toujours plus embarrassé. Sa tête est toujours très saine, et ce matin il a même parlé encore fort présent à lui. Ah ! chère sœur, quel affreux moment ! Je me propose d'écrire une lettre au Dauphin, aussitôt que notre malheur sera comblé.

. . . .

(Sans date).

« Le Roi, notre cher Maître, malheureusement n'existe plus ; il a passé à 1 1/4. Je vous plains et vous trouve heureuse de ne point voir tout notre chagrin.

Je charge Pommier de tout p^r vous, car je ne suis pas en état d'écrire.

. . . .

« Paris, ce 12 mai 1774.

« Je me figure, chère Christ, le chagrin affreux que vous aura causé la nouvelle du malheur terrible dont nous venons d'être frappé. Je ne puis penser encore à cet évènement funeste sans verser des larmes.

. . . .

« Aussitôt que je saurai que nous autres qui avons été continuellement dans la chambre de notre cher Roi deffunt oserons paroitre devant le nouveau Roi, je ferai une course ici p^r aller lui faire ma cour.

« Comme je vous ai marquée par ma dernière que je joindrai quelques mots de vous dans ma triste lettre au Roi d'aujourd'hui, je vous en envoi ci-joint le brouillon, ainsi que de celui à la Reine ; car je n'ai pas le tems de vous le copier, et ne veut pas le donner à d'autres à le faire.

« J'ai aussi écrit quelques mots sur ce triste événem^t à chacun des P^{ces} et P^{cesses} de la Famille Roiale.

« Ménagés de grâce, chère sœur, votre santé p^r laquelle je suis extrêmem^t inquiette, et donnés-en bientôt des nouvelles à un frère qui vous aime et embrasse avec toutte la tendresse imaginable.

« XAVIER. »

En voici une, adressée à l'abbé Barruel, précepteur de ses deux fils, au château de Pont, qui rend compte d'une fête donnée à Versailles à l'archiduc d'Autriche, frère de la reine Marie-Antoinette :

Versailles, 23 février 1775.

« La fête que Monsieur et le Cte d'Artois ont donnée hier ici, à la Grande-Ecurie étoit ce qu'on pouvoit voir de plus beau et de mieux ordonné : Cela commença vers les 11 heures que le Roy et la Reine y vinrent. On entra d'abord par une grande salle représentant une cour garnie de droite et de gauche de boutiques de marchands, au bout de laquelle il y avoit un caffé comme aux boulevards, et un orchestre d'instrument, où la fille de Glück a chanté un air très joli. De là on passa dans une grotte d'une magicienne, laquelle, dans une très-jolie chambre obscure ou ombres chinoises, y montroit un tournois à l'ancienne, et finit par un compliment au Roi et à la Reine, analogue à la fête. On enfila ensuite une galerie remplie des deux côtés de boutiques de marchands, arracheurs de dents et danseurs de corde, et terminée par une autre parade, au sortir de laquelle on passa dans une grande chambre avec la lanterne magique. Ensuite se présente une très vaste et belle salle de théâtre, construite exprès avec trois rangs de loges ; et on donna une petite pièce intitulée : *La Nouvelle Troupe et l'Opéra-Comique, Le Poirier*, dont la musique qui est fort jolie a été composée exprès pour cette fête par le S. Glück.

« Au sortir de là, on passa par une longue pièce garnie de buffets et on donna à manger et à boire à toute la compagnie; et on arriva enfin à la grande salle de bal magnifiquement décorée et illuminée, avec un amphithéâtre tout autour de 6 rangs, garni d'un côté de toutes les femmes de Paris, et de l'autre de toutes les Dames et Cavaliers de la Fête qui ne dansoient pas; toutes en pierreries et avec des habits magnifiques; ce qui faisoit le plus beau coup-d'œil possible. Monsieur y dansa un quadrille de 4 paires habillées en paysans flammans, et le Comte d'Artois un autre de 8 paires habillés en Hongrois qui se réunirent ensuite ensemble et formèrent un ballet. Le bal a duré jusqu'à 9 heures du matin. En un mot, on ne peut rien ajouter à la magnificence de toute cette fête, et au bon ordre qui a régné partout.

« Aujourd'hui, il y aura encore pour la clôture un bal à la cour, au salon d'Hercule; après-demain, l'Archiduc part d'ici pour Strasbourg où il s'arrêtera un jour, et ira de là par Manheim a Munic, à Vienne, et pour l'Ascension il sera à Vienne. »

La suivante, de la même date, est écrite en encre blanche [1] et adressée au colonel de Saiffert, attaché à la maison du prince :

« Il y a de grandes bouilleries entre les Princes du sang et la Reine; celle-cy ayant voulu que ces Princes rendissent la première visite à son Frère; à quoi ils se sont refusés constamment, ne pouvant aller contre leurs droits, qui étoient ceux de la maison du Roy; de façon qu'ils n'ont été d'aucune des fêtes, ni à la cour, ni même à aucun dîner, souper et bal où l'Archiduc a été à Paris. Elle prétend que M. de Choiseul avoit promis, lors de son mariage que lorsqu'un de ses frères viendroit ici, il auroit le pas sur les Princes du sang. Je ne sais pas trop combiner cette prétention avec le nom qu'on a fait prendre à l'Archiduc de Comte de Burgen, qui est un incognito qu'il me paroit qu'on prend exprès pour éviter toutes les disputes du rang, sans léser les droits qu'on peut avoir. »

Au même.

31 mars 1775.

« Dans la dispute de rang entre les Princes et l'Archiduc, je me suis conduit tout naturellement, sans me mêler de rien. J'ai été lui faire ma visite à Versailles, avec tous les autres premiers seigneurs de la cour, le jour de son arrivée, et il est venu lui-même

---

1. Cette encre ne devenait apparente qu'en soumettant le papier à une forte chaleur.

me la rendre à l'hôtel de Marsan où je logeais ; il a passé même à ma porte à Paris, et le jour de son départ je suis allé prendre congé de lui. MM. de Merci et de Rosenberg qui l'accompagnoient m'ayant dit qu'il vouloit absolument venir encore lui-même chez moi prendre congé, je les ai prié instamment de l'en empêcher.

Au même (même encre).

27 mars 1775.

« Quant au sacre du Roi, avec le nom de conte de Lusace, qui par là même annonce l'incognito et sauve tous les droits, je ne préjudicie en rien à m'y trouver ; d'autant plus que je ne serai point là à la cour, et que je ne verrai la cérémonie que des endroits où il n'y a aucune dispute de rang. Le Duc de Deux-Ponts et plusieurs autres princes y seront de la même façon. Cela nuirait même beaucoup à mes affaires dans ce pays si je n'y allois pas, vu que je n'ai aucun voyage ni prétexte plausible d'absence à alléguer. Il en sera de même pour le mariage de ma Nièce, et je sais que le Duc de Deux-Ponts, qui est même Prince souverain d'Allemagne a été à celui de la Reine d'aujourd'hui, et je crois aussi d'une des deux autres Princesses.

En 1776, tandis que la comtesse de Lusace, sa femme, se rendit aux eaux de Bagnères-de-Luchon, le prince Xavier entreprit un petit voyage en Suisse, et dans le midi de la France. Il écrivit lui-même le journal détaillé de ses pérégrinations qui commence ainsi :

« 30 mai 1776. — De Pont à Langres (12 postes).

« Ayant pris la résolution de faire un voyage dans la Suisse, les provinces méridionales de la France et les frontières de l'Espagne, sous les noms : moi de Cte Mostouski ; M. de Jurkowski sous celui de Cte Turski ; et M. de Pollentz sous celui de Cte Polenski. [1]

« Je suis parti à minuit de Ponts avec mes chevaux jusqu'aux Granges qui est la première poste, et suis arrivé à Langres à 8 heures du soir, après m'être arrêté une heure à Bar-sur-Aube pour y manger un morceau. »

Il visita successivement Besançon, Bâle, Schaffouse, Constance, Zurich, Soleure, Neufchatel, Berne, Fribourg, Lausanne, Genève, Annecy, Chambéry, Grenoble, Valence, Avignon, Montpellier, Perpignan, Nimes, Toulouse, Bagnè-

---

[1]. Gentilshommes de sa Chambre.

res-de-Luchon, où il trouva femme, près de laquelle il séjourna du 11 août au 3 septembre; puis Tarbes, Pau, Bayonne, Saint-Sébastien, Pampelune, Roncevaux, etc.

En 1777, après d'assez longues négociations avec la cour de Rome, le prince Xavier obtint la reconnaissance de son mariage avec la comtesse de Spinucci. Voici en quels termes il annonce lui-même cet heureux événement à sa sœur Cunégonde :

« Je ne veux pas vous laisser ignorer qu'avançant chaque jour en âge, je viens de déclarer mon mariage avec la *cara Chiaretta*, et d'assurer par là son état et celui de nos enfants.

« Cette nouvelle ne vous étonnera pas, après tout ce que je vous en ai dit à mon dernier voïage en Saxe. J'espère que vous approuverés ce que je viens de faire pour elle, et que vous voudrés bien lui continuer les mêmes bontés que vons avés bien voulu lui témoigner jusqu'à présent. »

Le 22 juin 1778, il est nommé commandant en chef de la division de Bretagne, au camp de Paramé, sous les ordres du maréchal de Broglie. Après avoir conduit la comtesse de Lusace aux eaux de Riboltzau, en Saxe, il vient prendre son commandement, le 15 juillet, et établit son quartier-général à Dinan.

Au mois de septembre de cette même année, le prince Xavier obtient des lettres-patentes du Roi, portant la suppression de tous les offices royaux du baillage de Pont et l'autorisant à nommer des justiciers patrimoniaux pour rendre la justice au nom du seigneur.

Vers la même époque, les princesses Elisabeth et Marie-Anne, ses filles, sont placées au couvent de la Visitation à Paris.

Au mois d'avril 1779, la terre de Pont-sur-Seine et la baronnie de Crancey sont saisies féodalement, à la requête du procureur du roi au bureau des finances de la généralité de Châlons, pour défaut de foi et hommage.

Le 10 décembre de la même année, un arrêt du Parlement ordonne que les justices de Pont et de Crancey seront exercées en l'auditoire du bailliage de Pont.

Le 19 du même mois, le prince Xavier donne acte de foi et hommage au Roi pour la terre de Pont et la baronnie de Crancey, dont la saisie féodale est levée.

Le 21, est baptisée à Pont, par l'évêque de Troyes, Cécile-Marie-Adélaïde-Augustine de Saxe, née et ondoyée le 17.

Le 28 février 1780, la comtesse de Lusace, dont la santé était depuis quelque temps chancelante, se rend à Paris par eau, dans un yackt spécial, ne pouvant supporter la voiture, pour recevoir les soins du célèbre médecin Tissot.

Pendant son séjour à Paris, son frère, Mgr Spinucci, évêque de Macérata, arrive à Pont où il doit séjourner jusqu'à la fin de l'année.

Le 12 septembre a lieu dans l'église de Pont, par Mgr l'évêque de Macérata, le baptême de quatre cloches dont le prince Xavier, sa femme et ses enfants sont les parrains et marraines.

Le 26 du même mois, le même prélat procède également, dans l'église de Pont, à la cérémonie de la tonsure du prince Louis de Saxe, son neveu, fils aîné du prince Xavier.

Le 23 août 1781, le prince Joseph de Saxe, frère cadet du précédent, obtient une place de cadet gentilhomme à l'école royale militaire de Paris.

Voici la Lettre-Patente du Roi, adressée au marquis de Timbrune, maréchal de camp et inspecteur des écoles royales militaires, pour lui notifier l'admission du prince Joseph de Saxe à l'école militaire de Paris :

« Mons le Mis de Timbrune, ayant donné a mon Cousin Joseph-Xavier-Charles-Raphaël-Philippe-Benoist Cher de Saxe, une place des Cadets Gentils-Hommes, établis dans mon Ecole Royale Militaire, je vous écris cette lettre pour vous dire que vous ayiés à le recevoir et faire reconnoitre en ladite place de tous ceux et ainsi qu'il appartiendra ; et la présente n'étant pour autre fin, je prie Dieu qu'il vous ait, Mons le Mis de Timbrune, en sa Sainte Garde.

Ecrit à Versailles, le 23 aoust 1781.

Signé : Louis.

(Et plus bas),

Ségur. »

Au mois d'octobre de la même année, le prince Xavier obtient du roi Louis XVI des Lettres de naturalisation pour ses sept enfants :

1º Louis-Rupert-Joseph-Xavier, clerc du diocèse de Troyes, né à Dresde, le 27 mars 1766 ;

2º Joseph-Xavier-Charles-Raphael-Philippe-Bénit, chevalier de Saxe, né à Dresde, le 23 août 1767 ;

3º Elisabeth-Ursule-Anne-Cordule-Xavière, née à Dresde, le 22 octobre 1768 ;

4º Marie-Anne-Violante-Catherine-Marthe-Xavière, née à Sienne (Italie), le 20 octobre 1770 ;.

5º Béatrice-Marie-Françoise-Brigide, née à Chaumot, le 1er février 1772 ;

6º Cunégonde-Anne-Hélène-Marie-Josèphe, née à Chaumot, le 18 mars 1774 ;

7º Christine-Sabine, née à Pont-sur-Seine, le 30 décembre 1775 ;

Indépendamment de ces sept enfants qui étaient vivants au mois d'octobre 1781, le prince Xavier en avait perdu deux autres en bas-âge : Claire-Marie-Auguste-Béatrice, née à Dresde le 27 mars 1766, de la même couche que le prince Louis, décédée le 18 novembre de la même année ; et la petite Cécile, née à Pont le 17 décembre 1779, morte le 24 juin 1781.

Voici la lettre par laquelle le prince Xavier annonce à sa sœur la naturalisation de ses enfants :

« Pont, ce 8 déc. 1771.

« J'ai de très bonnes nouvelles à vous donner sur notre affaire. Le Roi m'a donné des Lettres-Patentes qui sont côme à peu près les Diplômes chez nous ; lesquelles Lettres-Patentes sont signées du Roi, contre-signées du ministre et scellés avec le grand sceau de la Couronne, et je viens de les faire enregistrer au Parlement et autres Cours nécessaires ; de façon que c'est actuellement une chose stable et solide, sur laquelle on ne peut plus revenir ni y rien changer. Par lesquelles Lettres-Patentes mes Enfans sont naturalisés côme des François nés, et par conséquent ils peuvent hériter de mes biens, acquérir et posseder en tout genre dans ce païs-ci ; tous mes Enfans mâles et femelles. Ils sont només légitimes sans affectation, et chacun par tous ses noms de Batême, et puis chacun *de Saxe* ; et aussi leur Mère par tous ses noms de Batême et celui de sa Famille, Comtesse de Spinucci, *son Epouse*. Vous voiés par là que cela est une reconnaissance bien en forme et légale ; mais je vous prie de n'en rien dire encore, car la prudence et la politique exige de se tenir tranquil et de ne point en parler encore jusqu'à un tems favorable. Il suffit que j'aie actuellement entre mes mains ce Dépôt précieux pour mes enfans ; et outre le nom de Saxe qu'ils portent actuellement ici publiquement, je vais leur donner encore à présent les cachets avec les Armes de Saxe pures et simples, en y supprimant tout ce qu'a trait à la principauté. M. de Vergennes ayant dit que je pouvoit et devoit même actuellem^t les leur donner.

Depuis mon retour de Paris M. de Vergennes a eu des dépêches de M. d'Entraignes où il marque que l'Electeur[1] lui a fait répondre qu'Il esperoit que le Roy voudroit bien ne rien accorder à mes enfans qui put blesser la dignité de sa Maison, et donner atteinte aux droits qu'Il a comme Chef de désigner Lui-même ce qui peut et doit être accordé. Cette dépêche a été lue au Conseil du Roy qui a ordonné de répondre à M. d'Ent. de rompre toutte espèce de négociation à cet égard, et de dire les ordres qu'il recevoit du Roy positives p^r qu'il n'entende ni ne reçoive plus rien des Ministres de l'Elect^r à cet égard. La réponse est des plus sûres et conforme à la dignité du Roy, annonce que le Roy est Maître de faire ce qui Lui convient dans ses Etats, sans qu'on puisse y trouver a redire. Je crois que jamais la Cour de Saxe n'a cru que l'on mettroit autant de suitte et de fermeté, et le Roy a pris cette affaire tellement en considération qu'Il regarde la conduite de l'Elect^r comme un manque à sa personne.

Je ne doute pas que Marcolini[2] n'aie été contre moi dans cette affaire, et que ce soit lui qui a aigrit l'Electeur et Lui a conseillé de me refuser mes justes et équitables demandes ; et je n'en suis pas surpris, car vous savés sans doute qu'à l'arrivée de ma femme à Dresde, il a fait tout son possible pour l'épouser, et actuellement il veut se venger sur moi de lui avoir enlevé sa proie.

Je vous prie de me marquer toujours ce que M. d'Ent. vous dira à ce sujet ; mais de ne lui rien dire de tout ce que je vous marque ; si même il vous en parle, et de vous contenter de lui dire ce que

---

1. L'Electeur de Saxe Frédéric-Auguste, neveu du prince Xavier.
2. Comte italien.

je vous en ai marqué en général par ma dernière, et de lui faire bien des comp^s de ma part.

Au mois de mars 1782, le jeune prince Joseph de Saxe, âgé de 15 ans, est fait chevalier de l'ordre de Malte.

Le 12 juillet de la même année, le prince Xavier avance à la ville de Pont-sur-Seine la somme de 2,000 livres, pour payer le premier tiers de la contribution à laquelle elle s'était engagée afin d'offrir un vaisseau au Roi pour soutenir la guerre contre les Anglais.

Le 30 du même mois, il passe un nouveau titre de 913 livres 11 sols de rente au profit de l'Hôtel-Dieu de Pont, en exécution de legs antérieurs dont était grevée la terre seigneuriale de Pont-sur-Seine.

Le 22 août de la même année, l'abbé de Saxe meurt presque subitement à Pont, à l'âge de 17 ans, au moment où il allait être pourvu d'une abbaye.

Dans le même temps s'agitent déjà des projets d'alliance pour la princesse Elisabeth. Le comte de Caraman et le duc de Lévis figurent parmi les prétendants. Le premier parti n'est pas trouvé suffisant, mais le second conviendrait beaucoup. Une négociation est commencée avec la cour de France, dans le but de faire agréer ce mariage au Roi; mais elle n'obtient pas le succès désiré par le prince Xavier.

Au mois d'octobre, les princesses Elisabeth et Marie-Anne de Saxe quittent le couvent de la Visitation pour entrer à l'abbaye de Panthémont. Elles sont nommées en même temps chanoinesses du chapitre de Neuville-en-Bresse.

C'est seulement en 1783 que le prince de Saxe figure pour la première fois avec sa famille dans l'*Almanach royal de France*; car il paraît que cette insertion ne se fit pas sans soulever d'assez vives réclamations de la part des princes du sang.

L'hôtel que le prince Xavier avait loué à Paris, rue Neuve-des-Mathurins, ayant été vendu, en 1783, à M. le marquis de Beauharnais, il acheta du vicomte d'Allemand, le 9 avril

1784, moyennant 367,400 livres, l'hôtel de Verges, situé rue du Faubourg-Saint-Honoré, dont il fit ensuite sa résidence.

Le 30 avril 1786, le Roi accorde sa permission pour demander les dispenses de Rome en faveur des princesses Elisabeth et Marie-Anne de Saxe, chanoinesses du chapitre de Neuville, à l'effet d'obtenir des pensions ecclésiastiques. Le 30 août suivant, le Pape accorde les brefs nécessaires, et, peu de temps après, les Princesses sont pourvues chacune d'un bénéfice de 40,000 livres.

Le 8 novembre 1787, a lieu à Pont-sur-Seine le mariage de la princesse Elisabeth de Saxe avec le duc Henri d'Esclignac. La bénédiction nuptiale est donnée aux jeunes époux dans la chapelle du château, par Mgr l'Évêque de Troyes. Les fêtes qui ont lieu à cette occasion sont splendides et attirent à Pont un grand concours d'étrangers de distinction.

Le 18 novembre de l'année suivante, la jeune duchesse d'Esclignac accouche d'une fille au château de Pont.

Cette même année, 1788, le jeune prince de Saxe fait ses débuts militaires comme officier dans le régiment de cuirassiers du comte de Provence, avec le titre d'aide-de-camp du maréchal de Broglie, au camp de Montigny.

Cette même année aussi, des négociations sont suivies à Rome entre le cardinal Antonelli et le comte Thomas Spinucci, beau-frère du comte Xavier, au sujet d'un projet de mariage pour la princesse Marie-Anne de Saxe avec le prince de Piombino. Mais celui-ci, ne pouvant apporter qu'une dot de 25,000 écus romains, n'est point agréé. L'année suivante, nous voyons surgir de nouveaux projets, pour le mariage de la même Princesse avec le prince de Saint-Sévero de Naples.[1]

Au mois de janvier 1789, le prince Xavier accorde aux nécessiteux des communes relevant de sa seigneurie de Pont, des bons de pain à toucher chez Vital-Lefèvre, maître-boulanger à Pont-sur-Seine.

---

1. Nous n'avons point trouvé traces de la conclusion de ce mariage; mais de fortes présomptions nous inclinent à penser qu'il a dû se faire vers l'époque de l'émigration de la famille du prince Xavier.

Au commencement de mars, le prince Xavier est appelé à la tête du régiment de hussards, vacant par la mort du marquis de Conflans. Ce régiment qui était alors en garnison à Haguenau portera désormais le nom de *Saxe-Hussards* ; mais il ne sera point la propriété du Prince qui aura seulement le droit de proposition pour la nomination des officiers.

Le 14 mars, il donne un pouvoir régulier avec ses instructions à Guillaume de Cuming, son capitaine des chasses, pour le représenter à l'assemblée de la noblesse, à Troyes.

Au mois d'avril, le marquis de Boisse, à Paris, engage le prince Xavier à briguer la couronne de l'Empire d'Allemagne ; mais le prince décline cette proposition en disant que la couronne ne saurait convenir, dans tous les cas, qu'au chef de la maison de Saxe.

Le 26 juin, il adresse à son fils, le chevalier de Saxe, à Calais, la lettre suivante que nous croyons devoir reproduire en entier, malgré son étendue :

Pont, ce 26 juin 1789.

« J'ai reçu consécutivement, mon cher fils, vos deux lettres du 1er et du 3 du courant, mais mes occupations et les chasses m'ont empêché d'y répondre plutôt. Je vous sais bon gré de votre exactitude à me donner de vos nouvelles ; continués de même si vous voulés me plaire et mériter ma tendresse. Les détails que vous me faites par votre dernière m'ont fait grand plaisir, parce qu'ils me prouvent que vous avés réfléchi. Je voudrais pour votre bien que vous puissiés en faire de même dans toutes celles que vous écrivés ; la réflexion meurit l'esprit, et vous avés atteint l'âge où l'on est en droit de l'attendre de vous ; le grade même que vous venés d'obtenir vous en fait une loi.

« Le bien que vous me dites de M. de Tourville me le rend estimable ; vous pouvés le lui dire de ma part, en lui faisant mes compliments ; ne négligés rien pour mériter l'amitié et l'estime qu'il vous marque, et profités de son expérience. Attachés-vous en général à mériter l'approbation et la confiance, non-seulement de tous vos supérieurs, mais aussi celle de tout le régiment ; vous y réussirés en remplissant votre devoir avec zèle et intelligence. Félicités-vous d'être occupé comme vous me mandés l'être, c'est un bien réel pour vous : vous acquerrés par là des connaissances, elles sont indispensables dans notre métier ; elles seules forment le fond de la vraie pratique : il n'y a de détail quelque petit qu'il puisse paroître qui ne se rapporte au grand et qui ne doive intéresser l'homme qui aspire de parvenir à commander ; il ne mérite réellement cet avantage qu'autant qu'il est instruit et en état par conséquent d'instruire les autres. J'espère que vous continuerés à m'informer de tout ce que vous faites et de me rendre compte de la nature de vos fonctions, et de quelle manière vous vous en acquittés. Cette petite peine qui ne saurait couter vis-à-vis d'un père, vous les imprimera d'autant mieux ; elle me donnera en même temps occasion de vous éclairer partout où il en sera besoin.

Je conçois d'après votre description que Calais peut être peu attrayant ; mais tant mieux pour vous ; peu de société fournit moins de dissipation et laisse plus de temps à l'application. Vous me connaissés assés pour être sûr que je ne vous laisserai manquer de rien de ce qui sera nécessaire et convenable ; mais il importe aussi que vous appreniés à être économe, et à résister au torrent de vos fantaisies. Il faut être riche pour les satisfaire, et même alors, c'est mal employer son bien. Pensés toujours surtout que l'état de ma fortune repose sur ma tête et finit avec moi. Si vous n'êtes donc pas assés sage, dès à présent, pour vous habituer d'épargner toutes dépenses inutiles ou superflues, que deviendrés-vous après ma mort ? Réfléchissés bien à cette position, elle vous indiquera la conduite qu'il vous importe de tenir. On se refuse à bien des dépenses lorsqu'on calcule avec soi-même. La générosité même doit être motivée et justement appliquée, en observant la gradation qui constitue l'ordre. Le domestique ne doit pas être traité à l'instar du valet de chambre, si le maître veut être servi comme il convient. Je vous fais cette observation parce que j'ai remarqué dans vos comptes passés du camp de Metz que vous avez traité tous vos gens de même ; en donnant la même gratification ou dédommagement à Hermann comme à Beaurepaire et Félix ; et cela n'est pas juste. Apprenés par là qu'il vaut mieux être trop poli que trop peu ; ce conseil regarde surtout vous-même, vu que votre position exige que vous donniés à chacun, et dans la société et par lettres plus qu'il ne saurait demander ; c'est le moyen de vous le faire rendre.

Adieu, mon cher fils, votre Mère et moi nous vous embrassons bien tendrement.

XAVIER.

Au mois de septembre 1789, le prince Xavier fait un don patriotique de 3,000 livres au district des Capucins-Saint-Honoré, à Paris, sur lequel se trouvait son hôtel et où il était inscrit comme garde national.

Au commencement de l'année 1790, il fit une grave maladie qui donna les plus sérieuses inquiétudes à sa famille et à ses amis. A peine rétabli, voyant l'orage révolutionnaire s'amasser et pressentant les dangers d'un plus long séjour en France, il quitta précipitamment le château de Pont, avec sa famille, en prenant à peine le temps d'emporter sa cassette et ses bijoux les plus précieux; il abandonna son riche mobilier, sa bibliothèque, ses archives et sa volumineuse correspondance.

Le 6 novembre 1791, le roi Louis XVI somma par une loi le prince Xavier de Saxe de rentrer en France, dans le délai de deux mois, s'il ne voulait pas être considéré comme ayant abdiqué son droit éventuel à la régence; mais le Prince ne répondit pas à cette mise en demeure, et ses biens furent confisqués, comme appartenant à un émigré. M. Vulpian, son conseiller à Paris et M. Lemot, son régisseur à Pont, continuèrent l'administration provisoire de ces biens, mais ils ne purent en empêcher l'aliénation. Cependant la vente en fut ajournée pour quelque temps sur la réclamation, en date du 18 mai 1792, par laquelle M. Jean-Baptiste Rivière, conseiller de légation de Saxe à Paris, certifiait que le prince Xavier n'avait pas cessé d'être apanagé de Saxe, et demandait en conséquence qu'il fut considéré et traité comme étranger. Mais on prétendit que la mort de son épouse morganatique, arrivée depuis peu de temps, laissait à la Nation des droits sur sa succession, parce que ses enfants, naturalisés en 1781, avaient quitté le territoire français avec leur père. Bref, les scellés furent apposés dans le château de Pont, le 31 mai 1793, et un arrêté du Directoire exécutif, en date du 3 floréal an VI, maintint le Prince sur la liste des émigrés, et prononça la confiscation de ses biens meubles et immeubles.

L'Administration centrale de l'Aube arrêta, le 11 floréal an VI, que les papiers provenant du château de Pont seraient transférés aux Archives du département; les livres[1] à la Bibliothèque de Troyes et les tableaux au Musée ; tandis que l'argenterie et les bijoux seraient envoyés à la Trésorerie nationale, et que les armes seraient mises à la disposition du ministre la guerre. Mais cet arrêté ne reçut son exécution complète qu'en ce qui concerne les titres et papiers; car malgré les scellés apposés, beaucoup d'objets mobiliers du château furent distraits pour le service de l'Etat.

Le 11 messidor an VI, les objets mobiliers qui n'avaient pas été jugés susceptibles d'être envoyés à Paris, furent vendus au profit de l'Etat, et cette vente produisit une somme d'environ 40,000 livres. Enfin, le 29 du même mois, les archives du château de Pont, remplissant 20 caisses et pesant 2,500 kilogrammes furent expédiées à Troyes pour être réunies aux Archives. Quant aux biens-immeubles, formant 118 lots, ils furent vendus en plusieurs adjudications, depuis le 8 thermidor an VI, jusqu'au 7 septembre 1811, et produisirent une somme totale de 8,061,882 livres, représentant en numéraire une valeur réelle de 434,108 fr. 72 centimes.

Le château et ses dépendances, avec le parc clos de murs, fut adjugé le 29 pluviose an VI à un sieur Benoît Gouly, de Paris, moyennant le prix principal de 4,444,000 livres, équivalant en argent monnayé à la somme de 66,660 francs.

Le prince Xavier s'était retiré dans son château de Zabelitz, où il mourut le 21 juin 1806. Il portait pour armes en France : *De gueules au destrier d'argent*, qui est de Lusace.

---

[1]. Le catalogue de la bibliothèque de Pont rédigé en l'an II, par ordre du Directoire, comprend un total de 6,747 volumes.

INVENTAIRE SOMMAIRE

DE LA

CORRESPONDANCE

DU PRINCE

FRANÇOIS-XAVIER DE SAXE.

(1744-1792)

INVENTAIRE SOMMAIRE

DE LA
CORRESPONDANCE
DU PRINCE
FRANÇOIS-XAVIER DE SAXE.
(1744-1792)

Première Section.

CORRESPONDANCE INTIME.
LETTRES DE FAMILLE ET D'AFFAIRES PRIVÉES.

1º Minutes de la Correspondance générale du Prince.

Quelques-unes de ces minutes se composent de feuilles volantes, parmi lesquelles se trouvent plusieurs autographes du Prince; mais la plupart forment de grands registres infolios que nous avons réunis en quatre fortes liasses :

1re, 2e, 3e et 4e Liasses, 1744-1790. [1]

Plusieurs lettres du prince Xavier ayant été données textuellement dans la Notice biographique qui précède, et d'autres devant trouver leur place naturelle dans les liasses auxquelles elles se trouvent annexées, nous nous bornerons à indiquer sommairement ici la date et l'objet des principales minutes qui forment des liasses spéciales.

DRESDE, 9 AOUT 1744. — Lettre au Roi des Deux-Siciles, son beau-frère, pour le féliciter à l'occasion de la naissance d'une princesse dont la reine est accouchée le 16 juillet précédent.

3 AOUT 1745. — Au Roi de Pologne, son père, en lui envoyant une pièce de vers dont il se dit l'auteur.

---

[1]. La correspondance dont nous nous occupons fait partie de la série 17 E, et commence au numéro 64.

Janvier 1747. — Projet de réponse à faire par le prince Xavier aux ambassadeurs de France, à l'audience publique du 7 janvier, au sujet du prochain mariage de la princesse Marie-Josèphe de Saxe, sa sœur, avec le Dauphin de France.

13 juillet 1748. — Au Roi, son père, au sujet du remplacement du commandeur de Forel par le comte de Bellegarde, comme précepteur du prince Xavier.

Sedlitz, 4 septembre. — Au même. Vœux de respect et sollicitation de grâce.

8 aout 1750. — A la Reine, sa mère, pour s'excuser sur son défaut de soumission aux remontrances de son précepteur.

Dresde, 20 octobre 1750. — Au Roi, son père. Supplications, demande de pardon et promesse d'amendement.

Sans date. — Aux mêmes. Renouvellement de demande de pardon de ses fautes passées, et promesse d'une meilleure conduite pour l'avenir.

Dresde, 2 janvier 1764. — Au duc de Choiseul, ministre de la guerre et de la marine. Demande du concours de la France pour l'aider à monter sur le trône de Pologne.

Dresde, 18 janvier 1764. — Au Dauphin de France, son beau-frère, sur le même sujet.

Dresde, 1er février 1764. — Au duc de Choiseul. Sollicitation instante de soutenir son élection au trône de Pologne, très-menacée par la candidature du prince de Poniatowski, soutenu par la Russie.

Même date. — Au duc de Praslin, ministre des affaires étrangères, pour le même objet.

Dresde, 7 mars 1764. — Au Dauphin. Expression de ses regrets de ne pouvoir compter sur les secours efficaces de la France, pour la réussite de ses projets sur la Pologne.

Dresde, 28 décembre 1765. — A Sa Majesté Très-Chrétienne le roi d'Espagne, sur la mort du Dauphin de France.

Sans date. — A la Dauphine sa sœur; sur le même sujet; conseils pour maintenir son autorité à la cour de France.

Dresde, 18 décembre 1768. — A son frère Clément,

archevêque électeur de Trèves, pour le remercier de son désistement en sa faveur à la grand'maîtrise de l'ordre Teutonique.

Munich, 11 avril 1769. — Au marquis d'Agdollo, conseiller de Saxe à Venise, pour lui demander de faire passer par son intermédiaire, sa correspondance avec la comtesse de Spinucci, alors en Italie.

Sans date. — Au Roi de France, à l'Impératrice Reine d'Autriche, au Saint-Père et à divers hauts personnages pour réclamer leur appui dans sa recherche de la dignité de grand maître de l'ordre Teutonique.

26 février 1770. — A M. de Bianconi, résidant de Saxe à Rome, pour le remercier de ses offres [d'un logement, qu'il ne peut accepter pour ne pas trahir son incognito. Il lui donne commission pour lui louer d'autres appartements.

15 juin 1770. — A M. de Martanges, général-major, chargé des intérêts du Prince à Paris. Il l'informe de ses projets de se fixer en France, et le charge de lui trouver un établissement convenable, avec l'agrément du roi.

Du 25 décembre 1770 au 31 mars 1771. — « Correspon« dance concernant le déménagement des appartements de « S. A. R. » (le prince Xavier), à Dresde.

15 aout 1771. — A M. Du Laurens, son régisseur, pour lui annoncer son arrivée à Chaumot et faire préparer sa nouvelle habitation.

31 décembre 1771. — Au comte Thomas Spinucci, son beau-frère, sur le projet de le faire entrer au service du roi de Naples.

22 aout 1772. — A M. Pigale, sculpteur du Roi. Acceptation de la dédicace de l'estampe du mausolée du maréchal Maurice de Saxe.

21 juillet 1774. — A M. le comte de Vergennes Félicitations au sujet de sa nomination au ministère des affaires étrangères.

29 aout 1774. — A M. Turgot. Félicitations au sujet de sa nomination au ministère des finances.

7 février 1775. — A Mme Favier, gouvernante, et à M.

l'abbé de Barruel, précepteur des enfants du Prince, à propos de la conduite scandaleuse de la Rose et de Bernard. Ordre de renvoi de ces deux serviteurs.

15 février 1775. — Au colonel de Saiffert, ancien aide de camp du Prince et son chargé d'affaires, au sujet de la vacance du gouvernement de Languedoc, vacant par la mort du comte d'Eu. Demande de conseils sur le projet de solliciter ce gouvernement.

28 février 1775. — A M. l'abbé de Barruel. Intéressants détails sur une fête donnée par le comte d'Artois à la Grande-Écurie.

Même date. — A M. de Saiffert (en encre blanche). A propos d'une brouille entre la reine Marie-Antoinette et les princes du sang; ceux-ci ayant refusé de faire la première visite à son frère l'archiduc d'Autriche, à son arrivée à Versailles.

27 mars 1775. — Au prince Ferdinand de Rohan, archevêque de Bordeaux, au sujet du paiement de 12,000 livres de pot de vin sur la terre de Pont-sur-Seine.

31 mars 1775. — Au colonel de Saiffert (encre blanche). Nouveaux détails sur le séjour de l'Archiduc à Versailles. Assistance du prince Xavier au sacre du roi Louis XVI à Reims.

15 avril 1775. — Au même (encre blanche). Observations sur l'acquisition de la terre de Pont; sommes à payer sur cette terre et sur celle de Chaumot; ressources insuffisantes pour faire face à ces dépenses.

3 mai 1775. — Au procureur-général et au premier président du Parlement à Paris, au sujet de l'enregistrement des lettres patentes du Roi, autorisant le Prince à emprunter une somme de 900,000 livres à la ville de Gênes, pour payer la terre de Pont-sur-Seine.

9 octobre 1775. — A Mgr l'évêque de Troyes. Recommandation en faveur de M. Simon Dauche, vicaire de la paroisse de Saint-Martin de Pont, pour succéder à M. Hurion dans la même cure.

15 décembre 1775. — Au même. Avis de la mort du curé Hurion ; nouvelle recommandation en faveur de Simon Dauche.

15 février 1776. — A M. Hue de Miroménil, garde des sceaux. Provocation d'un arrêt du conseil, pour faire rendre au prince Xavier, la nomination des officiers de la justice de Pont.

1er mai 1776. — A M. Pégot, chanoine, curé de la paroisse de Bâgnères-de-Luchon. Avis d'arrivée de la comtesse de Spinucci pour la veille de la Pentecôte, et commission de lui arrêter un logement.

23 mai 1776. — A M. le comte de Vergennes, pour l'informer que le prince se dispose à faire un voyage dans le midi de la France, et lui recommander ses intérêts pendant son absence.

15 janvier 1777. — A MM. les cardinaux de Bernis et Giraud. Recommandation en faveur du comte Spinucci, évêque de Targa, son beau-frère, pour l'archevêché de Fermo.

1er aout 1777. — A M. Maucler, avocat à Paris, au sujet du renvoi de son médecin Seiffert et de Régnier, son intendant, à faire surveiller par le lieutenant de police.

1er septembre 1777. — A M. le comte de Maurepas, premier ministre de Louis XVI. Demande de bons offices pour procurer à ses enfants la qualité de citoyens français.

3 octobre 1777. — A M. le prince de Montbarrey, pour le féliciter sur sa nomination au ministère de la guerre.

4 mars 1778. — A M. l'abbé Clouet, précepteur. Congé donné, en l'informant qu'il a décidé de mettre ses deux fils au collège de Navarre, à Paris.

20 avril 1778. — A Mme de Roucy, abbesse du Paraclet, pour la féliciter sur sa récente nomination à cette abbaye.

Du 15 juillet au 2 octobre 1778. — Minutes en feuilles de diverses lettres adressées au prince de Montbarrey, ministre de la guerre, à M. de Sartines, ministre de la marine, au maréchal de Broglie, commandant en chef de troupes cantonnées en Bretagne, et à divers autres officiers, relativement à ces troupes, et notamment à celles du camp de Paramé, placées sous le commandement du prince Xavier.

17 septembre 1780. — A M. l'abbé de Belloc, vicaire-général à Troyes, au sujet de la cérémonie de la tonsure du jeune abbé de Saxe, qui doit se faire à Pont, le 26 du même mois.

3 octobre 1780. — Au Père, général de l'Oratoire à Paris, sur le choix de cette maison et sur celui d'un précepteur pour l'abbé de Saxe.

8 mars 1781. — A M. le marquis de Ségur, ministre de la guerre. Demande d'agrément pour placer le chevalier de Saxe, en qualité de cadet à l'Ecole royale militaire de Paris.

7 octobre 1781. — A M. de Miroménil, garde des sceaux. Remerciement au sujet des lettres-patentes de naturalisation accordées par le Roi aux enfants du prince Xavier de Saxe.

6 février 1782. — A M. l'abbé Verdelin, premier secrétaire de la feuille Au sujet de la demande d'un bénéfice pour l'abbé de Saxe.

21 mai 1782. — A Mgr l'archevêque de Lyon, pour le le remercier de l'expédition d'un bref du pape, concernant Mlles de Saxe, pour entrer au chapitre de Neuville-en Bresse.

29 juin 1782. — A Mgr l'évêque d'Autun et à divers, sur le choix de M. l'abbé Lallemand, pour précepteur de l'abbé de Saxe.

8 mars 1783. — A M. de la Galaisière, intendant d'Alsace, pour lui recommander de brûler ou de lui envoyer toutes les lettres de la correspondance de famille de la princesse Christine, sa sœur, décédée abbesse de Remiremont.

30 avril 1784. — A M. l'abbé Pesme, professeur au petit séminaire de Troyes, pour le complimenter au sujet de sa nomination à la cure de Pont.

Même date. — A Mgr l'évêque de Troyes. Remerciement sur l'avis du choix ci-dessus de l'abbé Pesme.

2 mai 1787. — A M. de Loménie de Brienne, archevêque

de Toulouse, pour le complimenter sur sa nomination au ministère des finances.

Même date. — A M. le comte de Brienne, lieutenant-général, frère du président, pour le féliciter sur le même fait.

8 mai 1787. — A M. Cajot, directeur spirituel des dames du Paraclet. Remerciments et félicitations au sujet de l'envoi d'un ouvrage dont cet abbé est l'auteur.

29 mai 1788. — A M. de Chabrillant, capitaine des gardes du corps de Monsieur, frère du Roi. Avis de départ du chevalier de Saxe, pour rejoindre le régiment des carabiniers, et recommandation du jeune officier à la sollicitude du capitaine commandant.

4 novembre 1788. — Au prince Clément, son frère, archevêque de Trèves Excuses de long silence, nouvelles de Pont; prochaines couches de la duchesse d'Esclignac, sa fille.

5. Liasse, 1754-1763.

Minutes autographes de lettres confidentielles adressées par le prince Xavier à Morisseau, son valet de chambre à Dresde, relativement à la guerre de Saxe. Parmi ces lettres, nous citerons les suivantes :

Varsovie, 9 janvier 1757. — Demande du plan des fortifications de la Ville-Neuve, de Torgau et d'autres forteresses appartenant à la Prusse.

Sans date. — Note annonçant la prise de Berlin par le général Hadick.

Teichenau, 12 novembre 1757. — Nouvelle d'une défaite des Prussiens par les troupes françaises.

Camp de Werlé, 25 octobre 1758. — Nouvelle d'une défaite des généraux prussiens Oberg et Isemburg par les Saxons sous ses ordres.

Francfort, 22 avril 1759. — Nouvelle d'une victoire remportée par le maréchal de Broglie sur les Prussiens, au début de la campagne.

Versailles, 28 février 1763. — Espoir d'une paix prochaine et de son retour à Dresde.

1754-1763. — Cette même liasse renferme encore les minutes de diverses lettres du prince Xavier au roi et à la reine de Pologne, au prince et à la princesse de Bavière, à la reine des Deux-Siciles, à la Dauphine de France et à divers princes.

6. Liasse, 1760-1782.

Cette liasse se compose exclusivement de lettres autographes du prince Xavier adressées à sa sœur Christine, et qui lui furent renvoyées sur sa demande après la mort de cette princesse. Nous signalerons les suivantes :

9 AOUT 1769. — Compte-rendu d'une comédie bourgeoise jouée chez le duc d'Orléans, à Villers-Cotterets.

ROME, 15 JUIN 1770. — Visite aux ruines d'Herculanum et de Pompéï; procession de la Fête-Dieu, à Rome.

SIENNE, 31 DÉCEMBRE 1770. — Nouvelle d'un tremblement de terre, en Italie, dans la nuit du 26 au 27.

VERSAILLES, 29 ET 30 AVRIL, 1er, 2, 3, 4, 5, 6, 7, 8, 9 et 10 MAI 1774. — Détails et bulletins de la maladie du roi Louis XV, prise d'abord pour une fièvre catharreuse.

SANS DATE. — Nouvelle de la mort du roi, le 10 mai à 1 heure un quart.

CHAUMOT, 15 AOUT 1774. — Projets de comédie et fête à Chaumot.

FONTAINEBLEAU, 18 OCTOBRE 1774. — Nouvelles de la cour; chasse royale au cerf.

PARIS, 15 MARS 1775. — A propos de l'établissement projeté de sa sœur Cunégonde.

PONT, 28 FÉVRIER 1780. — Voyage à Paris dans un yacht, pour aller consulter le médecin Tissot, sur la maladie de la comtesse de Lusace.

NOTA. — Indépendamment de ces minutes spéciales, réunies en liasses, il s'en trouve encore une certaine quantité d'autres, la plupart autographes, disséminées dans la correspondance générale, et annexées aux lettres auxquelles elles sont relatives.

2º Enfants du Prince et leurs Précepteurs.
7. Liasse. 1773-1790.

Cette liasse renferme les lettres des deux fils du prince Xavier, et celles de leurs précepteurs, placées par ordre alphabétique de noms d'auteurs.

JOSEPH - XAVIER - CHARLES - RAPHAEL - PHILIPPE - BÉNIT, chevalier de Saxe, né à Dresde, le 23 août 1767, décédé en Allemagne, le 22 juin 1802 [1].

1777-1789. — 18 lettres, dont 4 de compliments d'enfance à ses parents, signées : JOSEPH, et 14, signées : LE CHEVALIER DE SAXE, adressées à son père pour lui rendre compte de ses dépenses et de ses occupations, comme officier, le remercier de ses conseils, etc. Nous citerons les deux suivantes :

Pont, 19 août 1777.

« Monseigneur et mon très cher Père,

« Je suis fort inquiet sur votre santé ; soyez persuadé, Papa, que si j'avois eu le temps, je vous aurois dessiné quelque chose pour le jour de votre naissance, qui est un grand jour pour moy.

« Daignez, s'il vous plait, mon cher Papa, recevoir les vœux de mon petit cœur, qui sont, je puis vous assurer, les plus ardents et les plus sincères.

« J'ai l'honneur d'ettre avec le plus profond respect,

« Monseigneur et mon très cher Papa.

« Votre très humble, très obéissant serviteur et fils,

« JOSEPH. »

Calais, 15 août 1789.

« Vous ne sauriés croire, mon cher Père, le plaisir que me fait votre lettre du 22 juillet. Les conseils que vous m'y donnés seront suivi, je vous le jure ; il n'y a rien que je ne fasse pour vous contenter, mais je demande du temps, car vous savés que l'on ne devient pas parfait dans un jour. Ce dont je peu vous assurer,

---

1. Nous devons à l'extrême obligeance de M. le docteur Ernst Fœrstemann, bibliothécaire en chef de la Bibliothèque royale de Dresde, divers renseignements biographiques sur la famille du prince Xavier ; notamment les dates précises des naissances et des décès de ses enfants.

c'est que les étourderies que je pourai faire encore ne seront point fait à dessein ; mais ma jeunesse implore votre indulgence et j'espère que vous ne la leur refuserés pas.

« Vous m'accusés dans votre lettre de ne pas faire de réflexions ; je vous assure que j'en fais beaucoup ; mais vous connoissés ma maudite tête, bien capable de réfléchir et de s'apliquer pendant quelque tems, mais si étourdie qu'elle oublie souvent ce qu'elle même a trouvé juste et raisonnable. Je vous promet cependant d'en venir à bout et de la dresser si bien qu'elle ne me faira jamais rien faire que de louable. Je vous assure, mon cher Père, qu'en me continuant vos bontés et vos conseils vous viendrés à bout de faire quelque chose de moi, malgré tout ce que l'on a pu vous dire autrefois sur moi. Vous voyez cependant que je ne suis pas tout-à-fait aussi déraisonnable qu'on a voulu vous le faire croire, et je tâcherai de vous en persuader de plus en plus.

« Nous sommes actuellement fort tranquille, il seroit à désirer que cela fut partout de même. Le régiment est on ne peut pas mieux avec les bourgeois, et la preuve est qu'ils ont dit qu'ils ne vouloient laisser sortir le régiment, et qu'il ne sortiroit qu'après leur avoir passé sur le corps. C'est la réponse qu'ils ont faite à la ville de Boulogne, qui demandait un bataillon du régiment. Ils en ont cependant un qui est Bervic ; mais ils ne peuvent pas le souffrir, à cause du colonel qui est le duc de Fitzjam dont ils ont mis la tête a prix, et le régiment doit en sortir aujourd'hui ; je crois même qu'il est parti hier.

« Je crois que j'aurois le plaisir de vous embrasser plutôt que je ne croyai, parce que l'on dit que les semestres seront signé aussitôt la revue d'inspection qui se faira à la fin du mois. Je vous écrirai dans peu si cela est vrai, pour vous prier de m'envoyer de l'argent pour partir.

Ce pay-ci est très-cher, car c'est tout ce que je peu faire que de me tirer d'affaire avec ma pention ; je vous assure que pour peu que je voulusse me passer la fantaisie de quelque chose, je ne pourai pas m'en tirer. Ce qui est le plus cher ce sont les frais de corps ; En arrivant ici on m'a présenté un petit mémoire de 15 louis que mon successeur (sic) devoit au bureau, en me disant que qui épouse la veuve épouse les dettes. Cette jolie phrase ne m'a point tenté du tout ; il a cependant fallu s'y soumettre, et j'en ai à peu près encore autant à païer pour ma part, tant pour mon brevet que pour ma réception, et puis les frais communs du corps. Vous voyés qu'avec cela il ne faut pas que je m'écarte de la route.

Je vais écrire deux mots à Maman pour sa feste ; je viens de m'en rappeller dans le moment.

« Je vous renouvelle ici toutes les promesses que je vous ai fait au commencement de ma lettre, et vous vairés si je sais tenir ma parole ; soyés en aussi sûr que du respect et de l'amitié très sincère avec lesquelles je serai toute ma vie

« Votre fils soumis,

« Le Ch^{er} de SAXE. »

LOUIS-RUPERT-JOSEPH-XAVIER, Clerc du diocèse de Troyes, né à Dresde, le 27 mars 1766 ; décédé à Pont, le 22 août 1782.

1773-1778. — 51 lettres, dont plusieurs écrites en allemand. Compliments de fête, nouvelles de santé, etc. Aucune n'offrant un intérêt particulier.

BARRUEL (l'abbé AUGUSTIN de), Précepteur des jeunes princes de Saxe. Né à Villeneuve-de-Bère, dans le Vivarais, le 2 octobre 1741 ; mort à Paris, le 5 octobre 1820.

Après avoir été élevé à la prêtrise, et fini ses études, qui eurent particulièrement pour objet la théologie, la philosophie, les belles-lettres et les langues, l'abbé de Barruel chercha à ajouter à ses connaissances par des voyages instructifs en France, en Allemagne et en Italie ; pays dont il se rendit les langues familières. Il vint ensuite à Paris pour continuer à s'instruire et s'exercer au ministère ecclésiastique, et entra aux Missions Étrangères, où il se trouvait, lorsqu'il fut choisi pour être précepteur des enfants du prince de Saxe, en 1775. Il resta dans ce modeste emploi jusqu'à la fin de l'année 1778, puis obtint un bénéfice de 1500 livres sur l'archevêché d'Auch.

Revenu à Paris, il concourut avec Fréron à la rédaction de l'*Année littéraire*, puis il rédigea le *Journal ecclésiastique*, jusqu'au mois d'août 1792. Il émigra alors et se réfugia en Angleterre, où il fit paraître un ouvrage contre la Révolution française, sous le titre de : ***Mémoires sur le jacobinisme***.

Cet ouvrage, écrit *ab irato*, fut prohibé en France, ce qui le fit rechercher par l'esprit de parti.

Après la révolution du 18 brumaire, l'abbé de Barruel s'empressa de solliciter sa rentrée en France, et, en 1800, il fit circuler à Paris un opuscule, dans lequel il recommandait avec chaleur, la fidélité au gouvernement consulaire. Cet écrit lui valut la bienveillance du premier Consul, qui le nomma chanoine de la cathédrale de Paris. En 1803, il publia, en deux gros volumes, une apologie du concordat, intitulée : *De l'Autorité du Pape*.

Les principaux ouvrages de l'abbé de Barruel, sont :

1777. — *Ode sur le glorieux avènement de Louis-Auguste* (Louis XVI);

1781. — *Lettres provinciales philosophiques;*

1789. — *Le Patriote véridique;*

1790. — *Lettres sur le divorce;*

1790. — *Les vrais principes sur le mariage;*

1791. — *Questions décisives sur les pouvoirs ou la juridicdiction des nouveaux pasteurs;*

1791-1792. — *Collection ecclésiastique;*

1704 et 1804. — *Histoire du Clergé de France pendant la Révolution.*

1775-1783. — 102 lettres, la plupart relatives aux princes de Saxe, ses élèves. Notes et observations journalières sur leurs mœurs, leur caractère, leur conduite et leurs progrès. Parmi ces lettres, nous indiquerons les suivantes qui peuvent offrir le plus d'intérêt :

4 FÉVRIER 1775. — Dénonciation contre le valet de chambre des jeunes Princes, pour affaire de mœurs.

20 AVRIL 1775. — Compte-rendu d'une petite fête de famille, à Pont.

30 JANVIER 1776. — Demande de recommandation pour obtenir le prieuré de Notre-Dame de Pont.

5 SEPTEMBRE 1776. — Plaintes contre le jeune prince Louis qui se livrait à des habitudes indécentes déplorables :

« Votre Altesse peut être assurée qu'il est physiquement impossible d'employer plus de soins et de moïens que je n'en ai pris depuis que je me suis apperçu du dérangement des mœurs de Monsieur Louis ; il est surtout impossible de le laisser moins seul. J'ai la consolation de pouvoir assurer que depuis six semaines ou cinq, il n'a pas commis dans ce genre la moindre faute. Ainsi, comme je l'avois annoncé à Votre Altesse, ses dernières fautes n'étoient que l'effet d'une habitude expirante : heureusement j'ai su mêler à la plus grande sévérité le moïen de me faire découvrir par lui-même ce qu'il a de plus caché, surtout dans ces moments où touts les quinze jours je le prépare moi-même à la confession. Ce que j'ai découvert me fait croire qu'il ne me cache guères de fautes dans ces moments.

« Il étoit absolument impossible au valet de chambre de rien découvrir par les moïens dont parle Votre Altesse ; la nature, toute dépravée qu'elle peut être ne pouvant absolument donner de pareils indices avant l'âge de puberté. J'avois d'ailleurs fait moi-même plusieurs fois de pareilles recherches, même avant d'être instruit des fautes de M. Louis, et tout assuré que j'étois par mes lectures que ces recherches étoient inutiles pour cet âge. Aussi, n'avois-je rien trouvé qui put me donner de pareils soupçons. D'ailleurs les moïens que Monsieur Louis emploïoit sont si violents et si éloignés de ceux que la jeunesse dépravée emploie ordinairement qu'on ne les auroit jamais soupçonnés. C'est une chose tout à fait incompréhensible et que je n'aurois jamais devinée sans un mot de Monsieur Joseph. Heureusement, plus cette façon de se satisfaire étoit violente, plus il a été facile de leur en faire concevoir les conséquences.

. . . .

« Quant au reste de la conduite de Monsieur Louis, depuis le 20 août, je ne peus pas dire qu'il ait fait une faute ; mais à cause de sa facilité à dire des injures, il fut ce jour-là condamné à une rude pénitence, c'est-à-dire à manger huit jours éloigné de nous dans l'autre sale, et, sans Madame Favier qui avoit été elle-même l'objet de ses injures, je ne lui aurois pas fait grace d'un jour, même pour la fête de Votre Altesse, pour lui faire sentir comment il devoit se comporter pour avoir droit de se réjouir dans un pareil jour.

. . . .

13 JANVIER 1777. — Sur une imprudence du prince Joseph, qui faillit occasionner un incendie au château de Pont :

« Il n'y a pas eu le moindre changement dans la santé des jeunes Messieurs, depuis le départ de Votre Altesse. Quand à la conduite, l'évènement le plus remarquable a été une crainte enfantine de Monsieur Joseph qui faillit avoir des suites. Je venois de le quitter en lui disant de s'habiller comme j'allois le faire moi-même pour dire la messe. Il s'amusa à remuer le feu, et comme il m'entend revenir, il se presse, pousse avec le pied des charbons assez gros entre la porte de la sale et le lit, ferme la porte et vient avec moi, sans rien dire des charbons qu'il laisse sur le parquet, apparement crainte d'être grondé. Heureusement le domestique entre dans la chambre avant la messe, éteint les charbons et le parquet qui commençait à brûler. Monsieur Joseph averti bien des fois de ne point toucher le feu, a été puni cette fois très fortement, à cause des dangers d'un pareil enfantillage. »

21 JANVIER 1777. — Sur le choix de l'état ecclésiastique par le prince Louis; motifs de ce choix :

« Monsieur Louis a heureusement profité du tems pour réparer quelques fautes qui renouvellées plusieurs jours de suite, commençoient à m'inquietter. Les réponses qu'il se permettoit me paraissoient plus qu'inciviles, et comme je lui donnai samedi matin quelques avis qu'il a souvent reçus de Votre Altesse sur la façon de se tenir, il me demanda d'un ton trop conforme aux paroles, s'il n'étoit pas maître de se tenir comme il vouloit. Je me sentis trop offensé pour lui répondre et je laissai la punition à Madame la Comtesse. J'ai cependant refusé de donner aucune leçon pendant deux jours à Monsieur Louis, qui pour le coup y a paru sensible. Je dois lui rendre la justice qu'il a réparé sa faute et celles qu'il s'étoit permises dans ce genre la semaine passée ; c'est pour cela que je lui ai permis d'écrire à Votre Altesse qui va être sans doute étonnée de ce qui me reste à lui dire sur Monsieur Louis.

« J'ai découvert ces jours-ci qu'il pensoit déjà sérieusement à l'état ecclésiastique, et voici ses raisons exprimées par lui-même au domestique et au valet de chambre : Le militaire expose aux coups d'épée pour la moindre offense, il ne conduit pas à une grande fortune ; un ecclésiastique est à l'abri de ces dangers, et l'almanach marque de grands revenus pour les évêques, surtout pour celui de Paris ; car Monsieur Louis vise toujours un peu haut. L'archevêché de Paris lui plairoit beaucoup, dit-il, quoique cependant il ne soit pas si riche que l'évêché de Strasbourg.

« Personne n'est plus intéressé que moi à l'accomplissement de ses vœux, car il me promet de me prendre avec lui, et de suivre mes conseils quand il les trouvera meilleurs que les siens. Cependant, il s'en faut bien que j'approuve une vocation qui paraît tenir du désespoir ; j'aimerois mieux que Monsieur Louis eut raisonné autrement et conclu des dangers du militaire qu'il devroit se corriger de tous les deffauts qui pourroient l'y exposer, au lieu de choisir un état où il se croit faussement moins obligé de se corriger, Heureusement, je n'ai point à me reprocher de lui avoir donné de pareilles idées qui me paraitroient prématurées dans tout autre que Monsieur Louis.

« Pour ne rien faire contre les intentions de Votre Altesse, je garderai là-dessus un profond silence jusqu'à ce que le temps de parler soit venu. Heureusement la Saxe ne perdra pas touts ses héros : Monsieur Joseph aime toujours la poudre et le canon, et sa santé jusqu'ici répond à son courage. »

. . . .

L'abbé de Barruel.

BERNES (le chevalier de), Mestre de camp de cavalerie aux cuirassiers de Monsieur, gouverneur du chevalier de Saxe.

1782-1788. — 3 lettres et une copie, relatives à l'éducation militaire du chevalier de Saxe.

BERTRAND (du), Principal du collége de Navarre à Paris, chargé de l'éducation des princes de Saxe.

1778-1780. — 10 lettres et une copie. Fréquentes querelles entre les deux frères ; application faible et succès lents du prince Joseph.

16 janvier 1780. — Mort subite de l'évêque de Chartres, prieur de N. D. de Pont ; demande de ce bénéfice pour l'abbé du Sauzay.

CLOUET (l'abbé), Précepteur au château de Pont.

1778. — 17 lettres. Plaintes relatives à la perte de son emploi ; demandes réitérées pour conserver les fonctions de gouverneur des princes de Saxe au collége de Navarre.

DEMAUROY (vicomte), Lieutenant-colonel du régiment de Toul, gouverneur du chevalier de Saxe.

1784-1787. — 40 lettres et 8 copies, dont voici quelques extraits :

Pont, 11 décembre 1784.

« Je désire de tout mon cœur que Votre Altesse Royale revienne bientôt à Pont et nous en fasse sortir. Il est tems de faire voir au Ch^{er} de Saxe d'autres objets, et de luy faire parcourir un champ plus vaste, où de nouvelles idées, en lui fournissant de nouvelles combinaisons, le mettent à même de comparer et d'asseoir son jugement.

« En vérité, Monseigneur, un peu plus tard il sera trop tard. Né avec beaucoup d'intelligence et de feu, il ne s'apperçoit que trop vivement combien il est déplacé, à 17 ans, dans un azile comme celui-ci, et à quel point s'accumulent les connaissances qu'il doit nécessairement acquérir. C'est cela surtout qui aigrit je pense, son humeur, et qui l'oblige à céder à la plus légère occasion qu'on luy présente de se picoter. Il sent que l'enfance est passée ; il la voit déjà de loin, et, tel qu'un coursier à demy dompté, il frappe du pied et regimbe à l'approche de tout autre cavalier que celui qui le dresse.

« Je le répète, Monseigneur, otons le chevalier de la main des femmes ; tâchons d'en faire un homme vraiment digne de jouer un grand rôle, et nous le rendrons aux dames, le cœur muni d'un triple bouclier qu'elles n'endommageront encore que trop.

« Votre Altesse Royale scait que son fils a de l'esprit et de l'intelligence ; qu'Elle soit encore persuadée qu'il a un caractère décidé ; ce qui n'appartient qu'aux âmes d'une bonne trempe ; et que les deffauts qu'on reproche aujourd'huy un peu trop légèrement au Ch^{er} de Saxe développeront peut-être un jour en luy les plus solides vertus. »

Strasbourg, 4 juin 1785.

« Mon Prince,

« V. A. R. auroit bien de la satisfaction si elle voyoit son fils travailler avec M. Koch et avec moy. Je ne lui connois qu'un défaut essentiel jusqu'ici, que le tems et l'usage du monde pourront extirper entièrement, qui est d'avoir une tête qui le rendroit inflexible, s'il fut né dans un étage décidément inférieur au sien ; mais comme j'ai tout lieu de croire que son âme est la cause de cette inflexibilité, je me console en songeant que tous nos grands militaires, excepté Turenne, ont eu à la lettre le diable au corps ; et que plus d'une fois, lorsque le public les portoit aux nues, leurs valets de chambre les portoient cruellement sur leurs épaules.

. . . .

19 février 1787.

« Depuis quelque tems tous les papiers publics annoncent le mariage d'une de vos Dames avec le fils de M. le duc de la Voguyon. Je trouve que ce duc prend là un beau manteau pour couvrir son retour d'Espagne. Cela doit surprendre Votre Altesse Royale.

. . . .

4 août 1787.

« Le Ch^{er} de Saxe a eu l'honneur de vous mander, il y a quelques jours, ses progrès dans l'art de nager ; ils sont vraiment étonnants. Il a traversé d'un seul trait, avant-hyer, la rivière d'Ill à l'endroit où un bras du Rhin s'y jette. C'est un espace d'environ 70 toises. Il plonge avec beaucoup de facilité et se développe sur l'eau avec toute la grâce possible. Cet exercice, d'ailleurs, lui a ouvert la poitrine d'un bon pouce, et je ne doute point que les étouffemens auxquels il étoit sujet ne disparoissent désormais pour toujours.

« Nos cours sont finis ; il seroit essentiel que V. A. R. me dit sur le champ ou me fit dire si je puis entreprendre une excursion qui me reste à faire sur la compagne de Turenne, du commencement de 1675, et qui est très intéressante. J'attens positivement vos ordres. Nous avons encore ici de quoi nous employer deux mois à la campagne, si vous ne jugés pas à propos de nous rappeller plus tôt ; mais passé ce terme, il nous faut absolument quitter ce pays, perfide à la jeunesse qui y étudie, cent fois plus perfide à celle qui n'a plus à y voir que la prétendue bonne compagnie, composée d'Immédiats ou d'Altesses qui n'ont de noble que leurs soixante ou quatre-vingt quartiers.

« Vic^{te} DEMAUROY. »

HERBIN, Sous-principal au collége de Navarre.

1778. — 2 lettres. Notes satisfaisantes sur les princes de Saxe ; places obtenues.

LALLEMAND (l'abbé), Gouverneur du chevalier de Saxe.

1782-1783. — 7 lettres relatives à son pupille ; notes et renseignements sur son caractère, sa conduite et ses progrès.

A ces lettres est annexée la copie d'une transaction datée du 1er octobre 1782, par laquelle le prince Xavier assure à l'abbé Lallemand, mille écus d'appointements annuels sa vie durant, pour remplir les fonctions d'instituteur du chevalier, sous promesse de ne pas le quitter avant l'âge de 25 ans.

MÉVOLHON (de), Prêtre de l'Oratoire, professeur de l'abbé de Saxe au séminaire de Saint-Magloire, à Paris.

1780-1782. — 16 lettres. Notes assez bonnes sur le travail et la conduite de son élève ; les mathématiques seules sont un peu faibles. Santé souvent chancelante. Plaintes au sujet du choix d'un nouveau maître.

SAUZAY (l'abbé du), Gouverneur des princes de Saxe au collége de Navarre.

1778-1782. — 60 lettres et 2 copies :

20 juillet 1778. — Remerciement d'avoir été choisi pour gouverneur des princes de Saxe ; promesse de justifier cette marque de confiance ; observations sur la légèreté et la dissipation de ses élèves ; procédés qu'il emploie avec eux.

18 aout 1778. — Progrès nuls du prince Joseph ; dissipation et amour du jeu. Le travail du prince Louis est un peu plus satisfaisant.

17 mai 1779. — Détails d'un voyage à Montigny-Lencoup, au château de M. Trudaine.

23 décembre 1779. — Compliment sur l'heureuse délivrance de Mme la comtesse de Lusace, accouchée d'une sixième princesse.

9 juillet 1781. — Nouvelles d'une épidémie de petite vérole à Pont.

31 juillet 1782. — Regrets de sa mise à la retraite, et remerciement de la conservation de son traitement et de la protection du prince Xavier.

SILVESTRE (l'abbé de), Précepteur du jeune prince Joseph, chapelain du château de Pont.

1783-1788. — 18 lettres et 2 copies, dont voici les principales :

2 août 1784.

« Monseigneur,

« Daignez me pardonner l'espèce d'importunité avec laquelle j'ose revenir à la charge sur un objet dont la décision devient de jour en jour plus instante. J'ai eu l'honneur de rendre compte encore dernièrement à Votre Altesse Royale des difficultés que j'éprouvois à fixer l'attention de M. le Chevalier dans les différentes parties dont je suis chargé de l'instruire, notamment pour ce qui concerne les éléments du calcul et des mathématiques, dont les propositions abstraites lui inspirent aussi plus d'humeur et de dégoût que tout le reste. J'ai cherché inutilement à piquer sa curiosité en mettant dans le choix des exemples, des problèmes toute la variété dont la matière étoit susceptible ; cet expédient ne m'a pas mieux réussi que beaucoup d'autres et sa conception, quoiqu'assez vive d'ailleurs, se rebute à la plus légère difficulté. Cette disposition également fâcheuse et pour le maître et pour le disciple produit un vuide considérable dans l'emploi de nos matinées, et une langueur désespérante dans le progrès des études.

La répugnance naturelle du jeune homme pour toute application sérieuse ; la roideur et l'opiniâtreté de son caractère ; un fond inépuisable d'ennui qui le ronge, depuis qu'il a goûté une fois les douceurs séduisantes d'une liberté précoce ; enfin un penchant prédominant pour la dissipation et les exercices corporels et militaires, que contrarie sans cesse le genre de vie grave, sédentaire et isolé que nous menons ici ; tels sont, Monseigneur, les ennemis que j'ai journellement à combattre, et contre lesquels j'ai épuisé infructueusement toute mes ressources. Quelqu'humiliant que soit pour moi un pareil aveu, je le dois à mon amour pour la vérité, etc.

« L'Abbé de SYLVESTRE. »

13 AOUT 1786. — Compte-rendu d'une petite fête de famille au château de Pont.

4 MARS 1788. — Préparation de la princesse Christine à la première communion.

SOLIGNAC (l'abbé de), Précepteur des deux Princes.
1777-1783. — 6 lettres relatives aux devoirs de sa charge :
6 JUILLET 1783. — Regrets d'avoir déplu au prince Xavier.

Condoléances sur la mort du prince Louis, son fils, et de la princesse Christine, sa sœur.

TOURNAIRE (l'abbé), Prêtre de l'Oratoire, supérieur du séminaire de Saint-Magloire, à Paris.

1780-1782. — 13 lettres rendant bon témoignage de l'abbé de Saxe, et exprimant de belles espérances sur l'avenir de cet enfant. Les deux lettres suivantes, ayant trait à d'autres objets, nous ont paru offrir le plus d'intérêt :

15 mars 1782.

« Monseigneur,

« Les intentions de Votre Altesse Royale sont scrupuleusement suivies. M. l'abbé de Saxe est traité comme les autres séminaristes et sans distinction ; il ne fait de visites à personne et si quelques-uns des Evêques qui viennent à la maison demandent à le voir, je le fais prier de descendre chez moi. Je suis sur tous ces objets d'une si grande exactitude qu'ayant été invité hier à dîner avec lui chez M. le Cardinal de Rohan, j'ai hésité si nous irions. Cependant, toute réflexion faite, j'ai pensé qu'il n'était pas convenable de nous refuser à une invitation de ce genre. Nous y avons donc été, et M. l'abbé s'y est comporté de manière à mériter une attention particulière de toutes les personnes distinguées qui s'y trouvaient. Les plus qualifiées étoient le cardinal de Luynes, le cardinal de La Rochefoucault, l'Archevêque de Paris, l'Archevêque de Cambrai, M. le Nonce, l'Évêque d'Agen, l'Évêque de Leytour, le prince de Hesse, le prince de Nassau, le prince de Rochefort et le prince de Luxembourg.

« M. l'abbé n'a point été embarrassé au milieu de cette compagnie respectable et il a été accueilli avec distinction. Plusieurs de ceux qui étaient là m'en ont parlé avec l'admiration qu'il leur avoit inspirée ; ce qui m'a fait un grand plaisir ; mais une chose qui m'en a fait bien davantage, c'est qu'il se corrige tout doucement de ses petits défauts ; quand on lui représente ses torts avec douceur et avec amitié, il est sensible à ce procédé, reçoit avec docilité les avis qu'on lui donne et promet de mieux faire. J'avoue qu'il n'est pas encore au point où je le voudrais ; mais j'ai lieu de croire qu'il y viendra ; il a même fait déjà bien plus de progrès que je n'aurais osé l'espérer dans les commencemens ; je n'ai même dans ce moment, à dire vrai, d'autres plaintes à faire de lui que de montrer un peu d'humeur au père Mévolhon ; encore les choses vont-elles de mieux en mieux à cet égard. Avec de la patience et des soins tels qu'il les mérite, nous en ferons un ecclésiastique dont les vertus et les connaissances répondront au nom qu'il porte.

« Je suis avec le plus profond respect, etc.

Tournaire, p^{tre} de l'Orat.

26 août 1782.

« Monseigneur,

« Je n'ai point d'expressions pour marquer à Votre Altesse Royale la part que je prends à sa juste douleur. Il n'est donc plus ce cher enfant, si tendrement aimé et si digne de l'être ! Cet Enfant qui donnoit de si grandes espérances ! qui devoit faire un jour votre bonheur et peut-être celui de l'église de France ! Quel coup pour un cœur comme celui de Votre Altesse Royale ! J'y vois cependant un motif de consolation. La félicité de M. l'abbé de Saxe est assurée dans ce moment. Dieu l'a reçu dans sa miséricorde ; il a été enlevé avant de participer à la corruption du siècle. Eh ! qui sait tout ce qui serait arrivé s'il fut resté plus longtemps sur cette terre de malédiction ! Les richesses et les grandeurs ont leurs dangers ! Vous êtes pénétré de cette vérité et je la crois bien propre à arrêter le cours de vos larmes.

Je suis avec un très-profond respect,

« Monseigneur,

« De Votre Altesse Royale,

« Le très-humble et très obéissant serviteur,

Tournaire, p^{tre} de l'Orat.

DIVERS. — 1780-1782. — 4 lettres et une copie de MM. Moisset, supérieur-général de l'Oratoire, Mondar et Saint-Jory, prêtres du même établissement ; toutes relatives à l'abbé de Saxe et offrant peu d'intérêt.

8e Liasse. 1774-1790.

Cette liasse renferme spécialement les lettres des jeunes princesses de Saxe, et celles de leurs gouvernantes dans le même ordre que les précédentes.

BÉATRICE-MARIE-FRANÇOISE-BRIGIDE DE SAXE, née à Chaumot, le 1er février 1772, décédée le 6 février 1806.

SANS DATE. — Une lettre de félicitations accompagnée d'un quatrain à son père à l'occasion de sa fête.

CHRISTINE-SABINE DE SAXE, née à Pont-sur-Seine, le 30 décembre 1775, décédée le 20 août 1837.

SANS DATE. — Compliment de fête et quatrain adressés à son père.

CUNÉGONDE-ANNE-HÉLÈNE-MARIE-JOSÈPHE DE SAXE, née à Chaumot, le 18 mars 1774, décédée le 18 octobre 1828. — Aucune lettre de cette Princesse.

ÉLISABETH-URSULE-ANNE-CORDULE-XAVIÈRE DE SAXE, née à Dresde, le 22 octobre 1768, mariée à Pont-sur-Seine, le 8 novembre 1787, au duc Henry d'Esclignac ; décédée en Allemagne le 3 mai 1849.

1777-1778. — 5 lettres de compliments à son père, dont 2 écrites en allemand.

1788-1790. — 45 lettres, écrites comme duchesse d'Esclignac. Nouvelles de santé, affaires de famille et d'affection. Nous citerons seulement la suivante :

Toulouse, 8 janvier 1790.

« Mon cher Papa,

« Mon intention était de vous écrire en arrivant ici ; mais le courrier ne part que demain, et j'ai été bien fâchée de ne pouvoir vous donner plutôt de nos nouvelles. M. de Bellegarde et l'abbé Plansolles se sont chargés de vous instruire de notre conduite en chemin. Pour moi, j'avois si envie de dormir en arrivant dans les auberges que mon premier soin étoit de souper et de me coucher tout de suite.

« Il ne nous est arrivé aucun accident en route ; nous avons eu le plus beau temps du monde. J'ai trouvé tout le monde en parfaite santé. *Xavière*[1] est devenue un peu méchante, mais toujours bien gaie.

« Mon Dieu ! mon cher Papa, combien il m'en a coûté pour me séparer de vous et surtout pour aller si loin ! L'idée seule de vous

---

1. Sa fille dont elle était accouchée à Pont, le 18 novembre 1788.

revoir peut-être bientôt à Castillon, m'a un peu consolé dans un moment si cruel pour mon cœur. Plus je m'éloignois de Pont, plus ma douleur augmentoit et j'aurois voulu retourner encore pour vous embrasser de tout mon cœur. Je vous en prie, mon cher Papa, venez le plus tôt possible consoler votre pauvre Lise de vous avoir quitté, et donnez-moi, en attendant de vos nouvelles que j'atend avec impatience.

« Je viens de recevoir une lettre de Marianne[1] qui me dit que vous avez trouvé votre cerf mort. En avez-vous chassé un autre tout de suite? J'aurois bien voulu pouvoir vous accompagner à la chasse, pour vous voir un peu plus longtemps. Combien j'ai été touché et reconnaissante, mon cher Papa, des bontés que vous avez eu pour moi tout le temps que j'ai passé avec vous.

« J'ay vue Mr de Bessière et M^r le chevalier de Caux qui regrètent bien Pont tout les deux, et qui m'ont chargé de vous présenter leurs hommages, ainsi que Charles et Henri. L'Évêque d'Aire n'est pas encore ici, mais il ne tardera pas à arriver. M. d'Esclignac a été un peu malade en chemin. Il se porte bien actuellement et vous assure de son tendre et respectueux attachement.

« Soyez persuadé, mon cher Papa, de la vivacité des sentiments tendres et respectueux avec lesquels j'ay l'honneur d'être

« Votre très humble et très obéissante fille et
« servante,

ÉLISABETH.

Nous avons laissé dans cette liasse les lettres du duc Henry d'Esclignac et celles de la vicomtesse Legardouch d'Esclignac, sa mère, qui étaient jointes à celles de la princesse Elisabeth.

ESCLIGNAC (HENRI, duc d'). — 1788-1790. — 9 lettres adressées au prince Xavier, son beau-père. Affaires de famille, nouvelles de santé, assurances d'affection, etc.

ESCLIGNAC (LEGARDOUCH, vicomtesse d'). — 1787-1790. 16 lettres, dont voici les plus intéressantes :

PARIS, 23 DÉCEMBRE 1787. — Départ précipité du prince Xavier pour Pont, afin d'éviter les émotions de la séparation

---

1. Marie-Anne, sa sœur.

d'avec sa fille Elisabeth, mariée au duc d'Esclignac. Visite de cérémonie à la cour :

« Vous avez désolé vos enfants, Monsieur le Comte, par un départ aussi précipité. Je comptais vous les menair tous deux à votre levé et la premier chose que j'apprend est que vous êtes reparti pour Pont. Je vous assur que Mad. votre fille en est bien triste ; Henry ne l'est pas moins. J'avais espéré que vous nous donnerié au moins jusqu'à lundy, et que vous m'aiderié à consolé ma chère Elizabeth de ces regrets en quittant tout ce qu'elle a de cher. Je voudrais bien que ma tendresse put la dédomager ; mais je ne pui m'en flatter. Enfin, Monsieur le Comte, vous aurié bien ajouté à ma satisfaction par votre présence, et il m'en coûte fort d'y renoncer.

« Mad. d'Esclignac ne pourra être présentée que le 6, le Roy ne recevant point encore dimanche, et Mad. de Duras ayant des engagemens pour le 30. Nous commençons aujourd'huit nos visites de sérémonie ; hier, nous avons été à Pentémont. Henry qui n'est pas accoutumé au couvent, a pensé éclatter de rire aux complimens de Mad. l'abesse, qui l'a toujours appelé son gendre.

« Milles hommages, je vous prie, à l'aimable Princesse. Recevés les miens, Monsieur le Comte, et soyé convaincu que l'on ne peut ajouter à l'inviolable attachement avec lequel j'ai l'honneur d'être votre très humble et très obéissante servante,

LEGARDOUCH, V^{tesse} D'ESGLIGNAC.

12 JUILLET 1789. — Avis de changements dans les ministères ; remplacement de MM. Necker, Puységur, Montmorin, etc. :

« La face des affaires est changée, Monsieur le Comte : M. Necker est partie hier à minuit pour Genève ; M. le M^{al} de Broglie remplace M. de Puységur, ayant sous lui pour le contentieux M. Foulon ; le baron de Breteuil est chef du conseil des finances ; on dit que M. Damecourt est contrôleur général ; M. de La Vauguyon remplace M. de Montmorin ; enfin le Roy s'entour de fidel serviteur. Henry est à Versailles ; je me suis chargée de vous mander tout ceci. Il y a eu de la fermentation dans le peuple aux barrier ; il faut espérer que tout va être tranquil ; il n'y a que trop longtemps que ceci dure.

« Bonsoir, Monsieur le Comte ; il est très-tard ; permettez-moi de finir en vous offrant mes tendres hommages. Lise baise vos mains. »

21 Octobre 1790. — Naissance d'un fils de la jeune duchesse d'Esclignac, accouchée fort heureusement en Espagne :

« Vous êtes grand'père, Monsieur le Comte, d'un gentilhomme espagnol. Mad. votre fille est accouchée le 18, à 6 heures e demie du soir, dans une heure de temps et le plus heureusement du monde ; elle n'a eu que 3 grandes douleurs. Elle est blanche et couleur de rose. Son lait monte aujourd'hui. Je ne crois pas qu'elle aye de fièvre. Elle a eu une excellente sage-femme qu'une de mes parentes, qui habite Labano-Navarre, m'a procurée. Cette même sage-femme est sa garde et la soigne en perfection.

« Le brave espagnol est gros comme un ortolan ; il n'est pas aussi grand qu'était sa sœur ; mais il a une voix superbe et des cheveux dignes d'Adonis. Je lui ai fait donner l'accolade de chevalier à son pied à terre. Cette cérémonie gothique ne vous déplaira pas.

« Nous habitons la plus jolie petite ville ; on nous a prêté une des plus belles maisons qui soit dans le païs ; l'apartement de Lise est très joli et très commode. Tous les habitants nous comblent d'honnettetés et de prévenances. Le ciel est superbe et la paix et la tranquilité l'embellissent encore.

« Lise me charge de mille tendres respects, ainsi que Xavière qui se porte à merveille. Les cérémonies de baptême demandent ici beaucoup d'aparat, l'espagnol n'a été qu'ondoyé, n'ayant pas encore ce qu'il lui faut pour sa toilette.

. . . .

V^{tesse} d'Esclignac.

MARIE-ANNE-VIOLANTE-CATHERINE-MARTHE-XAVIERE DE SAXE, née à Sienne, le 20 octobre 1770. — 1777-1778. — Deux lettres de compliment et un quatrain de fête.

Nota. Aux lettres des princesses de Saxe sont annexées les pièces suivantes :

1º Règlement concernant l'éducation de Mlles de Saxe au château de Pont ;

2º Notes diverses pour Mlles de Saxe, pensionnaires au couvent de la Visitation à Paris ;

3º 30 AVRIL 1786. — Permission du Roi, autorisant les princesses Elisabeth et Marie-Anne à solliciter une dispense de Rome pour obtenir des pensions sur des bénéfices ecclésiastiques :

« AUJOURD'HUY trente avril mil sept-cent quatre-vingt six,
« Le Roy étant à Versailles et s'étant fait représenter ses Lettres
« patentes données à Versailles au mois d'Octobre mil sept-cent
« quatre-vingt-un, et duement enregistrées, portant naturalisation
« et déclaration de nationalité respectivement des Fi's et Filles
« légitimes de son très-cher et bien-aimé Oncle et Cousin François-
« Xavier-Louis-Auguste-Albert Bennon, né Duc de Saxe, et connu
« en France sous le nom de Comte de Lusace, notamment des
« deux desdites Filles savoir : Elisabeth-Ursule-Anne-Cordule-
« Xavière de Saxe, née à Dresde en Saxe, et Marie-Anne-Violante-
« Catherine-Marthe-Xavière de Saxe, née à Sienne en Italie,
« Chanoinesses Comtesses du Chapitre de Neuville en Bresse ; Sa
« Majesté informée de la modicité des prébendes de ce Chapitre
« et que l'on ne parvient même à avoir entières qu'après nombre
« d'années ;

« Considérant que la très haute naissance desdites deux Dames
« Chanoinesses et Comtesses de Saxe, et la disproportion de leur
« fortune sont des motifs admis par les canons et les loix d'une
« dispense à accorder et autoriser par les deux puissances pour
« avoir et posséder, surtout avec ladite qualité de Chanoinesses
« des pensions sur des bénéfices et des revenus ecclésiastiques, et
« désirant de leur procurer ce moyen de soutenir leur Etat, le
« Roi a permis et permet à ces deux Dames Chanoinesses et
« Comtesses de Saxe, sous l'autorité du Prince leur Père, de
« recourir à Rome et à Notre St-Père le Pape pour en obtenir
« toutes dispenses à l'effet d'avoir et posséder des pensions sur
« tous bénéfices séculiers ou réguliers, ainsi que sur tous biens et
« revenus ecclésiastiques, se réservant Sa Majesté, lesdites dis-
« penses obtenues de faire et obtenir ce qu'il appartiendra. »

« LOUIS. »

BARDON DE BELLEGARDE (Mme), d'abord dame de compagnie de Mme la comtesse de Lusace, puis gouvernante des princesses de Saxe.

1780-1788. — 35 lettres ou copies dont les principales sont :

25 juin 1781. — A propos de la mort de la petite Cécile de Saxe.

18 décembre 1781 — Sur son congé de dame de compagnie.

19 juin 1785. — Réponse à une demande de rentrer comme gouvernante.

14 décembre. — Détails intimes sur les petits défauts de la princesse Marianne.

BELLEGARDE (Eglé de), fille de la précédente qui lui succéda comme institutrice.

1785-1786. — 6 lettres et 3 copies, la plupart relatives aux devoirs de sa charge :

6 août 1786. — Remerciement d'une faveur obtenue du Roi par l'intermédiaire du prince Xavier.

15 août 1786. — Détails d'une petite fête de famille à Pont.

BÉTHISY (Sœur de), Abbesse de Panthémont.

1782-1785. — 16 lettres concernant les princesses Elisabeth et Marie-Anne de Saxe.

FAVIER (Mme J.), Gouvernante des demoiselles de Saxe à Pont.

1774-1778. — 63 lettres sur la santé, le travail et la conduite de ses élèves.

Voici quelques extraits de cette correspondance :

Chaumot, 4 février 1775. — Demande d'éloignement d'une femme de chambre à cause de son inconduite :

« Monseigneur,

« Lorsque l'on est de bonne foy, on est aisément trompé ; jusqu'à présent j'ai soutenue la Rose parce que je la croyais sincèrement rentrée en elle-même ; mais sa mauvaise conduite a bien changé mes dispositions à son égard ; je me trouve présentement forcée en conscience d'avertir Votre Altesse Royale qu'il seroit très nécessaire de l'éloigner au plutôt d'auprès des jeunes demoiselles. Je sens bien les inconvéniens qui se trouvent à s'en deffaire en ce moment ; mais l'indigne et publique scène qui se passat hier au soir ne peut guerre permettre qu'on la souffre davantage ; parce que, outre l'impudence de son procédé, il y a un manquement total à ce qui est dû à Votre Altesse Royale dans les personnes de ses enfants en faisant servir leur appartement à des débauches. Tandis que l'on est à table, hier au soir en venant nous coucher, j'apris cette belle nouvelle que les témoins m'ont confirmée ; j'en ai étée si indignée que je n'en ai pas dormi de toute la nuit. Mon premier soin ce matin a été d'en informer M. l'abbé qui est tout aussi intéressé que moi à la chose, attendu que c'est le valet de chambre de monsieur Louis qui a l'impudence de venir s'égayer ainsi dans les chambres de nos jeunes demoiselles.

« En attendant les ordres de Votre Altesse Royale sur tout cecy j'ai fait dire au sieur Bernard que s'il étoit assez hardi pour oser remettre les pieds ché nous, je l'en ferois chasser par un valet d'écurie, au nom de Votre Altesse Royale. J'espère que le cas n'arrivera pas, ou il faudroit qu'il eut bien de l'audace. Cette vilaine histoire qui m'a singulièrement affectée, ma causée une agitation dont j'ai peine à me remettre, d'autant plus que je ne me portois déjà pas trop bien. »

. . . .

27 JANVIER 1776. — Nouvelles de la santé de Mme la comtesse de Lusace et des jeunes Princesses ses filles :

« Monseigneur,

« J'ai de très bonnes nouvelles à donner aujourd'hui à Votre Altesse Royale touchant Madame la Comtesse. La dernière nuit a été aussi bonne qu'elle pouvait l'être d'après une médecine que le docteur lui donna hier en détail. Elle doit reprendre la même demain. Dieu veuille que cette seconde détruise tout à fait une fluxion aussi obstinée. . . . .

. . . .

« Mes jeunes demoiselles sont bien heureuses d'avoir cette année de meilleurs appartements ; aussi se portent-elles fort bien, malgré la rigueur du temps. Cependant la dernière est la plus heureuse de toutes, car elle est toute la journée bien chaudement dans son berceau où on ne l'entend pas souffler.

« Je receus hier une lettre de Mme la comtesse de Potocka qui a eu aussi une fille, il y a trois mois, et qui est encore grosse : Elle y va de bon train ! Elle me charge de faire recevoir à Votre Altesse l'assurance de son profond respect, et de lui faire savoir qu'elle désire beaucoup le voyage de Paris pour avoir lieu de lui faire sa cour.

Je suis avec le plus profond respect,
« Monseigneur,
« De Votre Altesse,
« La très humble et très obéissante servante,
« J. Favier. »

2 Août 1776. — Nouvelles et progrès des jeunes princesses de Saxe. Détails intimes :

. . . .

« Les dents de Mlle Lise viennent à merveille, et les grosses qu'on lui a arrachées à Chaumot repoussent. Elle a commencé l'écriture allemande et si prend fort bien. Mlle Marianne a écrit de sa main et de sa teste une petite lettre à sa Maman pour le jour de sa feste. Elles se donnent toutes deux assés de peine pour réussir ; mais Mlle Béatrice est une petite paresseuse, que je ne puis pas encore résoudre à s'appliquer. »

18 Août 1776 — (Même sujet) :

. . . .

« J'espère que Votre Altesse Royale sera contente de la façon dont l'esprit de Mlle Lise se forme. Elle fait des progrès surprenants dans l'écriture allemande ; elle y va plus vite qu'elle n'est allée dans la française ; c'est tout dire et prouve par là que c'est celle de sa nation. Ou je suis bien trompée, ou cette demoiselle donnera un jour bien de la satisfaction à Votre Altesse Royale. »

30 Avril 1777. — (Même sujet) :

« La lettre de Mlle Lise est entièrement de sa composition ; c'est la première fois où je n'ai rien du tout corrigé au stile. Elle continue à s'appliquer, et Mlle Marianne qui s'était un peu relachée depuis son rhume, reprend courage et va bien à présent. Mlle Béatrice avance à son ordinaire ; c'est-à-dire avec lenteur. »

20 Août 1777. — Compliments et regrets d'avoir déplu au Prince :

« Monseigneur,

« Après le malheur que j'ai eu de déplaire à Votre Altesse Royale, ce n'est qu'en tremblant que j'ose lui présenter mes très-humbles félicitations, et l'assurance d'un zèle qui luy sera connu tôt ou tard. Le temps rendra justice à la droiture de mes intentions, en la persuadant de mes sentiments et du très-profond respect avec lequel je suis, etc. »

(Mme Favier quitte alors ses fonctions d'institutrice à Pont pour se retirer à Dresde).

FAY (sœur de), Supérieure de l'abbaye de Panthémont.
1783-1785. — 13 lettres et une copie.

2 NOVEMBRE 1783. — Projet de comédie pour le 25, jour de fête de Mme l'Abbesse.

22 AOUT 1785. — Regrets sur le départ de Mlles de Saxe qui quittent Panthémont.

MERVILLE (comtesse de GARAULT DE), Institutrice.
CHAMBENOIST, 6 AOUT 1784. — A Mme la comtesse de Lusace, pour se proposer de remplir les fonctions d'institutrice près des demoiselles de Saxe et exposer ses principes d'éducation.

« Princesse,

« J'ai apris avec une vive reconnaissance et le plaisir le plus senti que Mmes les abbesses de Champbenoist avoient eu la bonté, Madame, de vous écrire en ma faveur, et qu'elles attendoient avec quelque impatience votre décision et celle du Prince. Le suffrage de personnes aussi respectables ne peut que m'être infiniment avantageux auprès de vous, Princesse. Souffrez cependant que j'y ajoute l'assurance de ne jamais me souvenir de ce que je suis, qu'en observant de ne rien faire qui puisse porter atteinte à ce que je dois à mon éducation, et à ne m'écarter jamais de mes principes ; permettés-moi d'ajouter, Madame, que mes goûts sont aussi simples que mon cœur est sensible.

« Vous devez être persuadée, Princesse, que je suis infiniment éloignée de ce vil intérêt qui est le partage ordinaire de ceux que le hasard de la naissance a destinés à l'état de servitude. Je regarde celui d'institutrice comme extrêmement estimable lorsqu'il est rempli d'agrément ; aussi me suis-je occupée (dès l'instant où ma raison a été éclairée par le flambeau de l'expérience) à composer un traité sur l'éducation, qui a obtenu le suffrage des personnes les plus recommandables ; et j'ose me flatter, Princesse, qu'il mériteroit le vôtre par l'honnêteté des motifs qui m'ont déterminée à le mettre au jour. J'étois bien éloignée alors d'imaginer que je ferois une éducation. Si vous m'accordez assez d'estime, Madame, pour me confier celle des Princesses vos filles, je m'efforcerai de les rendre dignes du sang dont elles sortent, je leur prouverai par des faits qu'une naissance illustre impose des devoirs très-étendus et que les vertus en rehaussent l'éclat ; enfin, je les engagerai à imiter les auteurs respectables à qui elles doivent le jour ; mais en me proportionnant à l'âge, car il faut donner à la sagesse une forme agréable si l'on veut qu'elle soit écoutée.

« On m'a flattée, Princesse, que je réussirois dans ce qu'on nomme en italien *improvisatore* ; cet amusement n'est pas sans charme à la campagne, et je crois qu'il est possible d'y glisser la morale sous la forme du plaisir.

« Je vous suplie, Princesse (dans le cas où vous me croiriés, ainsi que le Prince, capable de remplir cet important emploi), d'être bien persuadée du zèle le plus pur et le plus désintéressé, et de ma vive gratitude.

« Je suis avec un profond respect,

« Princesse,

« Votre très-humble, très-obéissante servante,

« De Merville,

« Ctesse de Garrault. »

NOLLENT (THÉRÈSE-JOSÉPHINE DE), Religieuse au couvent de la Visitation, à Paris.

1778-1782. — 50 lettres et 4 copies, concernant les demoiselles de Saxe, pensionnaires confiées à ses soins :

14 septembre 1778 — Bon témoignage du caractère de ces demoiselles ; satisfaction d'être chargée de leur éducation.

27 janvier 1779. — Demande de recommandation en faveur de la communauté, près du cardinal de Luynes et de l'archevêque de Paris.

8 janvier 1781. — Même demande pour obtenir un secours afin d'aider la communauté à payer son église.

20 septembre 1781. — Demande en faveur d'un protégé pour la cure de Beuveilles, en Lorraine, accompagnée d'une notice sur le sujet présenté.

Aout 1782. — Condoléances sur la mort du jeune abbé de Saxe.

23 novembre 1782. — Regrets et consolations sur la mort de la princesse Christine, abbesse de Remiremont.

VANSBECK (Mlle), Institutrice.

1778. — 8 lettres exprimant sa satisfaction d'être au service du prince Xavier et de sa famille ; reconnaissance des bontés du Prince ; efforts pour les justifier.

3° Frères et Sœurs du Prince.
9e Liasse, 1760-1790.

ALBERT-CASIMIR-AUGUSTE-MARIE-XAVIER, Prince de Saxe, Duc de Teschen, né à Dresde, le 11 juillet 1738. Epousa, le 8 avril 1766, Marie-Christine-Josèphe, archiduchesse d'Autriche, fille de l'empereur François-Joseph et de l'impératrice Marie-Thérèse. A l'occasion de son mariage, il fut fait lieutenant et gouverneur-général du royaume de Hongrie.

1760-1790. — 162 lettres, 8 copies et un registre traitant des affaires de Saxe, des affaires de Pologne et d'affaires de famille.

Bude, 9 novembre 1763. — Démenti d'un bruit de mariage avec l'archiduchesse Christine :

« Ce que vous me marquez au sujet du gouvernement des Pays-Bas et de mon mariage avec l'Archiduchesse Christine est tout à fait faux et sans fondement. Il est singulier cependant combien le bruit est singulier, même à Vienne, quoique certainement je n'y donne aucun sujet, évitant même avec le plus grand soin de faire apercevoir les restes d'une folle passion que j'avois nourri autrefois pour cette Princesse, et que peut-être bien des gens ne croyent pas encore tout à fait éteinte. »

15 novembre 1763. — A propos des amourettes des Princesses ses sœurs :

. . . .

« Je serais bien curieux de savoir si les amourettes de mes sœurs avec Ysemburg et Zinzendorff vont toujours leur train. »

27 DÉCEMBRE 1764. — Sur la mort d'une ancienne maîtresse du prince Xavier :

. . . .

« A propos d'anciennes connoissances, ne manquez pas de dire un *De profundis* et *Memento* pour certaine Dame dont la liaison intime vous fit si fort maudire les courses nocturnes que vous entreprîtes jadis à son honneur et gloire, et qui (à ce que dit la médisance), par une suite de ces douceurs funestes que vous vous communiquâtes alors, abandonna ce monde dont elle ne faisoit plus l'ornement. »

23 JANVIER 1765. — Sur la présentation d'une nouvelle épouse à la cour de Vienne; fêtes à cette occasion :

« Si les divertissements du Carnaval sonts causes du peu de tems qui vous reste pour écrire, j'ai de mon côté les nopces et les fêtes qui les accompagnent qui me servent d'excuse. L'épouse nous est arrivé enfin hier au soir. Le palais de Schonbrun a été pour cet effet magnifiquement illuminé. Vous faire un tableau véridique de sa réception seroit chose assez difficile ; chaque visage disoit assez ce qu'on pensoit intérieurement. Quelque bien que l'Impératrice sache d'ailleurs jouer son rôle, elle n'a pas réussi cependant à témoigner de la joie ; l'Empereur paroissait occupé et les Archiduchesses tristes et rêveuses, tandis que le prince Charles faisoit des polissonneries pour égayer la société. Il n'y avoit que le Roi qui fît bonne mine à mauvais jeu. Il ne laissa pas de me faire néanmoins une proposition qui ne marque pas un amant transporté du plaisir de pouvoir jouir de sa belle, puisqu'il m'a offert de reconnoître tous les enfans que je ferois à sa femme si je voulois me marier pour lui. Aussi, n'avoit-il pas tort à mon avis. Soit illusion, soit réalité, elle ne m'a paru rien moins qu'appétissante, et je me suis dit mille fois en la voyant qu'il avoit eu grand tort de la préférer à notre sœur. Enfin, c'est une chose faite, il n'y faut plus songer. »

INSPRUCK, 19 AOUT 1765. — Mort subite par appoplexie de l'empereur d'Autriche :

« Le plus effrayant malheur vient de nous accabler, cher Frère, S. M. l'Empereur, sortant hier avec nous de la Comédie, fut touché d'une apoplexie dont il mourut sur le champ. Jugé de l'état dans lequel nous sommes.

« Mettés-moi aux pieds de l'Electrice.

« Albert. »

18 novembre 1765. — Demande en mariage de l'archiduchesse Marie pour le prince Albert.

Presbourg, 16 janvier 1766. — Détails sur le nouvel état du prince Albert à la cour d'Autriche :

« Je voudrois que vous puissiez me voir au milieu de ce corps respectable de seigneurs qui se regardent comme le soutien du trône et de l'Etat, et m'entendre prononcer gravement, en latin, sur des sujets que j'entends moins bien encore que la langue que j'y suis obligé de parler. Je suis sûr que j'y fois un plaisant personnage et que cela vous amuseroit. »

9 avril 1766. — Sur le mariage du prince Albert de Saxe avec l'archiduchesse Marie, à Schloss-Host.

13 février 1767. — A propos du prochain accouchement de la Princesse sa femme; demande de parrainage.

22 et 28 mai 1767. — Sur l'Impératrice Josèphe d'Autriche atteinte de la petite vérole, et sur sa mort.

22 novembre 1787. — Réponse à l'avis du prochain mariage de la princesse Élisabeth de Saxe.

———

CHARLES - CHRISTIAN - JOSEPH - IGNACE - EUGÈNE - FRANÇOIS XAVIER, prince de Saxe, duc de Courlande, né le 13 juillet 1733. Marié à Françoise de Corvin Crassinska, duchesse de Courlande, qui lui apporta le titre de ce duché.

1770-1790. — 31 lettres sur les affaires de la Saxe et de la Pologne; affaires diverses de famille et d'amitié.

29 mai 1774. — A propos de la mort de Louis XV.

6 aout 1775. — Sur le paiement des arrérages dus par la Pologne aux princes de Saxe.

18 septembre 1779. — Avis de la grossesse de la duchesse sa femme.

24 novembre 1787. — Vœux au sujet du mariage de la princesse Élisabeth.

17 janvier 1789. — Félicitations au sujet de la naissance

d'une fille de la princesse Élisabeth. — Avis de la mort du roi d'Espagne.

10ᵉ Liasse, 1760-1790.

CLÉMENT-VENCESLAS-HUBERT-FRANÇOIS-XAVIER, Prince de Saxe, Archevêque-Électeur de Trèves; né à Dresde, le 28 septembre 1739; décédé le 27 juillet 1812. Il embrassa d'abord la carrière des armes, comme ses frères, et fit la campagne de 1760 en Allemagne, en qualité de lieutenant-général sous les ordres du général Daunn. Mais sa santé ne lui permettant pas de supporter les fatigues de la guerre, il se destina bientôt à l'état ecclésiastique. Il fut d'abord élu évêque de Freisingen, et occupa ce siège, du 18 avril 1763 au 23 janvier 1769. Il devint également évêque de Ratisbonne, du 27 avril 1763 au 23 janvier 1769, et coadjuteur d'Augsbourg, le 5 novembre 1764, puis évêque du même siège le 20 août 1768. Il fut archevêque électeur de Trèves du 10 février 1768 au 27 avril 1802; époque où, par suite du concordat, l'archevêché de Trèves fut érigé en simple évêché. Mais le prince Clément avait quitté Trèves dès l'année 1794, au moment où les Français étaient entrés en Allemagne, et avaient pris possession de cette ville [1].

1760-1790. — La correspondance du prince Clément avec son frère Xavier, forme une liasse assez volumineuse de lettres in-quarto, d'un style assez enjoué et souvent plein d'abandon mondain. Nous en donnons l'analyse succincte avec quelques extraits des fragments les plus intéressants :

24 JUIN 1760. — Nouvelle d'une défaite des Prussiens commandés par le général Touquet, par les Autrichiens sous les ordres du général Landon.

15 MAI 1761. — Sur sa résolution d'embrasser l'état ecclésiastique.

6 JUILLET 1761. — Avis d'un voyage à Aix-la-Chapelle;

---

[1]. Le traité de Lunéville, en date du 9 février 1801, ayant réuni l'Electorat de Trèves à la France, cette ville devint le chef-lieu du département de la Sarre.

protection des cours de Paris et de Vienne ; retraite des Prussiens qui étaient entrés en Pologne.

. . . .

« Vous saurés déjà que les Prussiens qui étoient entrés en Pologne s'en sont retiré ne se trouvant assés en force vis-à-vis des Russes, dont le gen. Tottleben a été arrêté puisqu'on a surpris de sa correspondance avec les Prussiens. »

14 AOUT 1761. — Candidature du prince Clément pour l'évêché d'Hildesheim, en Wesphalie ; demande d'appui et de recommandations.

1er MARS 1763. — Autres tentatives d'élection pour le siége de Liége.

10 MAI 1763. — Elections au siége épiscopal de Freisingen, et à l'archevêché de Liége.

29 DÉCEMBRE 1763. — Procès d'élection au siége de Liége jugé en cour de Rome, en faveur du comte Pathémont, son compétiteur :

« Les bonnes espérances que vous y avais eu pour la réussite de Liége se sont évanouis. Un coursier arrivé avant-hier au soir m'apporta la triste nouvelle que j'avois perdu mon procès et qu'on m'avoit condamné tout sec et en dépit des cours. . . . .

« Il est vrai que ma situation n'est pas des plus brillantes ; huit mois que ce procès a duré m'a entraîné dans des dettes que je ne pourrois païer sans que quelques puissances m'en fournisse les moïens. J'espère que vous voudrez bien emploïer à ce sujet le crédit que vous avais en France. On ne sauroit me reprocher des dépenses inutiles, aïant été obligé de faire beaucoup de présens, d'envoïer des couriers estafettes et n'aïant tiré que peu de revenus de Freising, où les dépenses nécessaires absorbe les revenus. Vous scaurés vous même que de mes gages de Saxe je n'ai rien touché depuis le mois de février. »

20 JUIN 1764 — Candidature pour la coadjutorerie de l'évêché d'Augsbourg.

17 AOUT 1764. — Remerciement de félicitations au sujet de sa royauté de l'Oiseau [1] :

« Je vous remercie, cher frère, de la part que vous me donnés

---

1. On sait que le plus habile tireur du prix de l'arquebuse était proclamé roi de l'Oiseau.

par votre lettre du 10 de ce que j'étois fait Roi de l'Oiseau, et vous suis bien obligé du pronostique que vous me faites que cette couronne désigne une mitre épiscopale. »

5 NOVEMBRE 1764. — Avis d'élection, à l'unanimité du chapitre, à la coadjutorerie d'Augsbourg.

MUNICH, 2 DÉCEMBRE 1764. — Remontrances religieuses à son frère pour l'administration de la Saxe :

« J'ai reçu avec bien du plaisir, très-cher frère, votre lettre du 23, n° 47, et vous remercie des souhaits que vous m'y faites encore à l'occasion de mon jour de Nom. Permettés que je vous fasse les miens sur le vôtre que nous allons célébrer demain. Je ne manquerai pas d'offrir à cette occasion le S. sacrifice pour vous, cher frère, et d'intercéder votre S. patron de vous obtenir du Bon Dieu les grâces nécessaires dont vous aurés besoin ; surtout dans votre situation présente, où vous aurés à rendre compte de tout un païs que le Bon Dieu a confié à vos soins. Surtout tâchez d'en profiter pour augmenter sa gloire, et qu'une complaisance pour des conseillers hérétiques ne vous portent à faire quelques torts à notre S. religion ; laquelle ne peut céder aux vues politiques. Et que vous servira dans l'autre monde d'avoir pu plaire à de pareils gens aux dépens de la conscience ! Je vous assure que je plains votre situation pour le grand compte que vous devrais en rendre. Pardonnés-moi ces reflexions ; mais comme parmi le peu de catholiques qu'il y aura à présent à Dresde, il n'y en aura peut-être [pas] qui oseront vous dire la vérité, j'ai cru de mon devoir comme frère, et comme frère ecclésiastique, de vous ouvrir mon cœur. »

FREISING, 12 AVRIL 1765. — Nouvelles remontrances accompagnée d'une lettre de Sa Sainteté, exprimant des craintes au sujet de la religion catholique en Saxe :

« Vous verrés, mon très-cher frère, par la ci-jointe copie de la lettre que je viens de recevoir de sa S. S., que les nouvelles que je vous ai marqué avoir de Rome n'étoit que trop fondée. Le Pape, come chef de l'Eglise, me témoigne les angoisses qu'il a que nôtre S. religion ne souffre par les nouveaux règlements pris en Saxe, et il voudroit que je m'emploie pour que non-seulement la religion restent dans l'état où elle étoit du tems de nos chers parens ; mais à tâcher plutôt à l'étendre encore. Vous pouvés bien croire que je me chargeroit volontiers d'une pareille comission, laquelle est conforme à l'état que j'ai embrassé, si je pouvois me flatter que cela produisit quelque effet ; mais le peu d'influence que j'ai sur ce qui se passe en Saxe, ne me laisse guère espérer de succès. J'ai cru cependant ne pouvoir mieux me conformer à l'intention du S. Siège qu'en vous envoïant la lettre du Pape, par laquelle vous verrés qu'il fait les mêmes réflexions que je vous avois déja fait, il y a quelque tems ; comme je ne les ai communiqué à personne vous pouvés juger de mon étonnement en recevant ladite lettre.

« Il est vrai que je suis convaincu qu'il n'y a rien à craindre pour la religion du jeune Electeur, notre cher Neveu. Je vous avouerai cependant que je ne suis pas sans crainte que l'exemple de la cour, en accordant des avantages à nos adversaires, dont il ne jouissait point par le passé, ne retienne quelques-uns à embrasser nôtre S[ainte] religion, voïant qu'elle est si peu protégée par des Princes qui en font profession.

« Vous me dirés peut-être que les circonstances vous ont obligé à ces arrangements et qu'il falloit céder quelque chose pour se concilier l'amitié du Païs. Ah ! mon cher frère, que je crains que cette politique dangereuse ne tourne à votre désavantage ! Croiés-vous donc gagner l'estime en vous relâchant sur un point si principal, et qu'en cédant avec si peu de fermeté dans ce qui regarde la religion, les Etats ne se trouvent autorisé à vous faire d'autres demandes qu'il seront persuadé d'obtenir, et vous rende par là esclave de leurs volontés ? Mais je suppose que cela n'arrivera pas ; que vous servira cette complaisance dans l'autre monde, où vous devrés rendre compte des états qui ont été confiés à votre conduite ? et coment, si pendant votre régence la religion perd un seul des avantages que notre père et grand père ont obtenu avec tant de peine. »

6 AOUT 1765. — Mariage de l'Archiduc d'Autriche à Inspruck, et fêtes à cette occasion.

21 AOUT 1765 — Nouvelle de la mort subite de l'empereur d'Autriche, frappé d'apoplexie.

8 MARS 1766. — Représentations et exhortations au sujet de la liaison du prince Xavier, administrateur de la Saxe, avec la comtesse de Spinucci, dame d'honneur de l'Electrice douairière :

« Pardonnés, cher frère, si, avant mon départ, je vous parle d'une chose désagréable ; mais vous scavois l'amitié que je vous ai voué, et une véritable ne souffre point de cacher à son ami ce qui lui peut faire du tort. Je crois que vous devinerés que je veut parler de votre liaison avec Mlle Spinucci. Vous scavés que je vous ai ouver mon cœur à ce sujet, avant mon départ de Dresde ; depuis ce tems toutes les lettres confirment qu'elle se trouve dans un état peu convenable à une dame de cour, et que, malgré cela, vous la distinguez particulièrement. Les dernières lettres disent même que le dénouement est proche et qu'il doit se terminer au château. Dieu fasse que ces nouvelles ne soit que soupçon ; mais si elle seroit fondés, permettés de vous représenter le tort que cela vous feroit, non-seulement dans le païs ; mais aussi chés les étrangers. Jugés de celui que cela feroit à l'Electrice, notre chère belle-sœur, qu'on ne manqueroit pas de soupçonner d'y avoir prêté la main ; pensés aux chagrins que vous causerés à vos chères frères et sœurs ; le tort que vous ferés à cette pauvre fille, laquelle se trouveroit déshonorée et méprisée.

« Vous dirés de quoi je me mêle, n'étant point mes affaires ; je l'avoue ; mais mon amitié m'auroit toujours reproché si je ne vous auroit parlé d'une chose dont il n'y a que de vrais amis qui ose vous en parler.[1] »

9 AVRIL 1766. — A propos du mariage du prince Albert, son frère, avec l'Archiduchesse Marie d'Autriche.

26 MAI 1767. — Sur la mort de la Dauphine de France, sa sœur.

11 FÉVRIER 1768. — Sur son élection à l'archevêché électoral de Trèves.

15 MARS 1768. — Promesse de s'occuper du comte Dominique Spinucci, frère de la Comtesse, pour lui faire obtenir un évêché.

24 JUILLET 1768. — Sur le mariage projeté du jeune électeur de Saxe avec la princesse des Deux-Ponts.

22 JUILLET 1770. — Nouvelle d'élection à la coadjutorerie d'Elwangen.

23 OCTOBRE 1770. — Retour de Limberg ; promenades, parties de chasse, etc.

28 NOVEMBRE 1770. — Fête du prince Clément ; bal à la cour électorale ; crue subite du Rhin :

---

1. Le Prince nie le fait dans sa réponse.

« Je vous remercie du compliment que vous avez bien voulut me faire, à l'occasion de mon jour de Nom. J'y ai eut une quantité d'étrangers, lesquelles ont été très satisfaits du *Re Pastore* qui a été chanté sur mon petit théâtre, et dont la musique de Sales ne cèdent en rien à celle de *Hahe*. Avant-hier il y eut bal masqué à la cour, qui pensa à avoir une fin tragique pour quelques Dames ; car le Rhin augmenta de façon qu'on ne pouvoit plus passer avec pont, et plusieurs Dames s'étant mis en chaloupe furent entrainé par les flots et pensèrent périr, et ne se sauvère que par le plus grand bonheur du monde. Aujourd'huy l'eau est tellement haute que tout le *Thel* est en eau jusqu'au premier étage ; elle est même bien plus haute que l'année dernière, où nous nous sommes promenés en nacelle par les rues. Je crains que cela fera bien des dégâts. »

21 FÉVRIER 1771. — Bals du carnaval ; comédies et opérettes jouées à la cour :

« J'ai reçu par la dernière poste seulement, très-cher frère, votre lettre du 31. Depuis ma dernière, nous sommes allé encore une fois en traîneau ; mais à présent nous avons un vrai temps de printemps. Le Carnaval est toujours fort animé. A la cour, nous eumes un bal l'11, qui étoit le lendemain du jour de mon élection ; il y avait plus de 500 masques, et il a duré jusqu'au jour. Les petites opérettes que nous avons une fois par semaine sont aussi fort fréquentés. En ville il y a deux fois bal, et les autres jours, excepté le dimanche, comédie allemande ; laquelle doit être assez bonne. Nous avons encore un bal pour le jour de la Cun[égon]de, laquelle vous embrasse ; j'en fais de même de tout mon cœur. »

18 NOVEMBRE 1771. — Demande d'appui de la cour de France pour obtenir l'évêché de Liége.

20 JANVIER 1772 — Plaintes au sujet de son échec attribué aux mauvaises dispositions de cette cour qui ne l'a pas soutenu pour lui faire obtenir le bref d'éligibilité.

26 JANVIER 1776. — Sur une demande d'emprunt de 80 à 100 mille florins.

26 FÉVRIER 1777. — Demande d'une abbaye à la nomination du roi de France :

« On dit que le cardinal de la Roche-Aimon est à l'estrémité, que par sa mort il viendroit à vaquer à la nomination du Roy deux

Abbaïe en commende, l'une de 200/m et l'autre de 100/m livres de revenus. Ne scauriés-vous pas disposer le Roy à m'en donner une, de son propre mouvement. »

24 OCTOBRE 1777. — Avis qu'une somme de 185 mille écus a été accordée par les Etats, pour la reconstruction du palais de l'archevêque électeur de Trèves à Carlich :

« Je reçut, très-cher frère, votre lettre du 30, le 14 d. c., au chateau de Borbeck, près d'Essen, où j'ai laissé le lendemain, non sans bien des regrets, ma chère fême[1] ; je me flatte cependant que je pourrois en 15 jours aller la reprendre pour passer l'hiver ensemble, logé dans le palais des dicastères, n'osant nous risquer dans l'ancienne ; je crois vous avoir déjà marqué que les Etats m'ont accordé 185/m écus pour le bâtiment de la résidence, que je ferai commencé le printems prochain ; la saison étant déjà trop avancée. »

13 DÉCEMBRE 1777. — Sur la déclaration du mariage du prince Xavier avec la comtesse de Spinucci.

15 MARS 1778. — Sur l'éducation religieuse des enfants du prince Xavier, sous les auspices de l'archevêque de Paris.

21 AVRIL 1778. — Craintes et doléances sur la religion, menacée par le retour de Voltaire à Paris :

« Autant j'étois consolé de ce que vous me dites dans votre lettre du 31, très-cher frère, du bonheur que vous avé de placer vos enfants dans un couvent à l'abri de la contagion, par les soins du S. Archevêque (de Paris); autant suis-je affligé de ce que vous me dites de l'état de notre S. religion dans cette capitale, et tout ce qu'elle aura à craindre si Dieu appellerai a lui ce digne prélat.

« L'accueil qu'on fait à ce malheureux Voltaire[2] est bien humiliant pour tous les gens de bien. Je vous suis vraiment reconnaissant que vous ne vous êtes pas laissé entrainer de porter votre encens à cet idole de ce siècle pervers. »

25 AOUT 1782. — Passage du Pape à Munich, à son retour de Vienne.

3 DÉCEMBRE 1784. — Guerre de Hollande; passage de troupes.

1. Il s'agit de sa sœur Cunégonde qui demeurait avec lui, et qu'il appelait communément sa femnie.
2. Après vingt-huit ans d'absence, Voltaire arriva à Paris le 10 février 1778.

26 AOUT 1785. — Sur la disgrâce du cardinal de Rohan, à la suite de l'affaire du Collier.

15 OCTOBRE 1786. — A propos de l'incorporation du jeune chevalier de Saxe, dans le régiment de cuirassiers de Monsieur, comte de Provence :

« Je suppose qu'*asteur* vous aurés déjà eut le plaisir de voir manœuvrer votre fils avec les carabiniers, et en aurais été satisfait. »

13 OCTOBRE 1790. — Sur l'élection et le couronnement de l'empereur d'Autriche à Francfort.

11• Liasse, 1756-1770.

FRÉDÉRIC-CHRISTIAN-AUGUSTE, Prince électeur de Saxe, né à Dresde, le 5 septembre 1722, décédé le 17 décembre 1763. Marié à Marie-Antoinette de Bavière.

1756-1763. — Sa correspondance qui comprend une centaine de lettres, s'occupe principalement, comme celle de ses autres frères, des nouvelles politiques et militaires de la Saxe et de la Pologne, ainsi que des affaires personnelles d'intérêt, de famille, de politesse et d'affection.

DRESDE, 20 DÉCEMBRE 1756. — Nouvelle de la mort de l'Impératrice d'Autriche :

« La princesse, ma très-chère épouse, vous fait mille compliments. Vous pouvés vous figurer, mon très-cher frère, l'affliction que nous a causé la nouvelle de la mort de l'Impératrice sa mère. Le courier qui porte les notifications en forme part aujourd'hui pour Varsovie. »

23 JUILLET 1759. — Nouvelles de divers engagements entre les Français et les Russes contre les Prussiens.

« Il n'est pas étonnant que les Français ne donnent point bataille, si l'ennemi se retire devant eux à mesure qu'ils vont en avant. Si vous les forcés à passer le Weser, comme on a dit que c'étoit effectivement arrivé, je crois que l'Electorat d'Hanovre sera bientôt entre vos mains. Il court différens bruits ici dont j'attens cependant confirmation. Il y a eu, dit-on, une affaire fort chaude entre les Russes et les Prussiens, au désavantage de ces derniers. Toutte la ville parle d'une bataille gagnée par les rançais sur les Alliés, tout récemment. »

26 SEPTEMBRE 1759. — Nouvelles fâcheuses de la bataille du 1er août.

24 NOVEMBRE 1759. — Victoire du maréchal, comte de Daun, sur les Prussiens, le 20, et relation de cette bataille par le prince Albert. (Copie en date du 21, envoyée au prince Xavier par le prince Frédéric).

« Je puis enfin vous dire que M. le M^{al} C. de Daun vient de frapper un coup bien glorieux pour les armes de l'Imp^{ce} Reine, par la victoire qu'il a remportée le 20, et pour les glorieuses suites de cette grande journée. »

1er FÉVRIER 1760. — Envoyé de la ville de Chemnitz près du roi de Prusse, non écouté mais maltraité :

« En Saxe, la situation des affaires est toujours la même. La pauvre ville de Leipsig et ses habitants sont cruellement traités par les Prussiens. Le député de la ville de Chemnitz, de laquelle le roi de Prusse a demandé une contribution exhorbitante, qui a été envoïé à ce prince pour représenter l'impossibilité de donner cette contribution, après tout ce que la ville a déjà souffert, non seulement n'a pas été admis à l'audience du Roy, mais a été renvoyé, sans avoir été écouté, tellement chargé de coups de bâton qu'il est venu au logis très-mal accomodé et si malade qu'il étoit à moitié mort. Voilà une nouvelle façon d'expédier un député qui demande miséricorde. »

8 JUILLET 1760. — Au sujet des soldats saxons qui veulent changer de religion.

6 AOUT 1760. — Compliments au prince Xavier, sur la prise de la ville de Cassel :

« Venant d'apprendre dans ce moment, à onze heures du matin, la bonne nouvelle que vous vous êtes rendu maître de Cassel, le 31 de juillet, après avoir attaqué et forcé les lignes de l'ennemi avec les seuls Saxons, je ne veux pas tarder un moment à vous faire bien de bon cœur mon compliment sur la gloire que vous vous êtes acquise par cette action, de même qu'à nos chers Saxons. »

9 AOUT 1760. — Au même sur la prise de Minden :

« Ces lignes sont que pour vous faire mon compliment et me réjouir avec vous sur la prise de Minden, près de Cassel, dont nous avons appris la nouvelle hier. »

7 OCTOBRE 1760. — Sur la prise de la ville de Torgau par le prince de Deux-Ponts :

« La ville de Torgau est échappé à la brûlure, caresse ordinaire des Prussiens quand ils sont obligés d'abandonner une ville. »

3 NOVEMBRE 1760. — Sur une victoire signalée remportée par le maréchal Daun sur le roi de Prusse, à Lystitz :

« Je viens de recevoir dans le moment l'agréable nouvelle que le M^{al} C. Daun a remporté une signalée victoire sur le roy de Prusse, le 3, à Lystitz, près de Torgau........ La perte des Autrichiens est de 10/m hommes environ et celle de l'ennemi peut aller jusqu'à 15/m...... Le M^{al} Daun s'est battu 50/m hômes contre 75/m, et touttes les trouppes ont fait des merveilles. »

Cette même liasse renferme la correspondance de :

MARIE-ANTOINETTE DE BAVIÈRE, Épouse de Frédéric Christian, électeur de Saxe.

1757-1778. — Cette collection qui ne comprend qu'une cinquantaine de lettres, est très-incomplète et offre de grandes lacunes :

6 AOUT 1760. — Félicitations sur un grand succès remporté par le prince Xavier à la tête des Saxons :

30 MARS 1770. — Propos qui courent à Dresde sur le compte de la comtesse de Spinucci ; promesse, malgré cela, de lui accorder la place de Dame de Clef :

« Vous ne scauriés croire tous les propos qu'on fait icy au sujet de la Chiaretta. Agdollo qui ne peut manquer de les avoir entendu, pourra en rendre compte ; j'en ouy incy même journellement des plus piquants, et croyés incy, cher frère, que je ne vous fais pas un petit sacrifice de m'y exposer ; mais tant qu'il sera possible, je supporterai tout pour vous prouver la parfaite et constante tendresse avec laquelle je suis

« Votre fidelle sœur et servante,
MARIE-ANTOINE.

20 AOUT 1770. — Ajournement d'exécution de la promesse ci-dessus. (La réponse du Prince est annexée à ces deux lettres.)

29 OCTOBRE 1770. — Envoi de la Clef au prince Xavier, à

Sienne, pour être remise par lui à la comtesse Claire Spinucci, au jour de sa fête.

« Monsieur mon très-cher Frère,

« Vous avés bien mal compris le sens de ma lettre et je vous avoue que je ne m'attendois pas à vos doutes, après touttes les assurances réitérées que je vous ay donnés de faire la Spinucci Dame de clef à la première vacance. J'étois si éloignée de penser à manquer à mes engagements à cet égard que la Bosen se mariant le mois prochain, j'étois résolue de vous envoyer la Clef d'avance, lorsque je reçu votre lettre. Je vous l'envoy par celle-cy et vous prie de la luy remettre le jour de votre feste. C'est un cadeau que je prétens faire et à vous et à elle. Ce que je voulois dire par le concert que je comptois de prendre avec vous, c'étoit pour la paye de son service. Vous sentez que ce dernier est incompatible avec ses engagements. Je ne puis me passer de dame de clef, surtout dans ce moment, où la Wolfskehl étant hors de servir, je n'ay absolument personne. Ainsi mes finances ne me permettant pas que je paye trois dames de clef, je vous prie seulement de l'engager à se contenter des gages qu'elle a, jusqu'à ce que vous preniés des arrangements ultérieurs à son sujet.

« Vous voyés, cher frère, que je ne manque point à ma parole, que par conséquent je ne suis pas dans le cas de craindre de voir publier ma mauvaise foi. Ce que je scais, c'est que je n'en ai jamais fait de pareille et ne me seroit jamais attendue d'en essuyer de votre part. Cependant, soyé persuadé, cher frère, que je ne vous en aime pas moins, et que je n'en saisirai pas moins touttes les occasions de vous prouver la parfaite tendresse avec laquelle je suis

« Votre fidelle sœur et servante,

Marie-Antoine.

30 novembre 1770. — Réponse du prince à la lettre précédente :

« Madame et très-chère Belle-Sœur,

« Je viens de recevoir votre lettre du 29 d. p. et m'empresse d'y répondre p^r vous faire mes remerciem^{ts} bien sincères de ce que vous avés bien voulu penser à la Spinucci, et la déclarer votre Dame de Clef, à la vacance actuelle par le mariage de la Bosen. Elle ne peut pas vous en faire encore ses remerciem^{ts}, ne lui en aïant encore rien dit p^r la lui remettre, comme vous me le marqués à mon jour, et cette attention de votre part lui rendra cette grâce doublement chère.

« Ne prenés pas mauvais, chère sœur, si j'ai mal compris le sens de vos lettres ; mais vous qui vous êtes trouvée plus d'une fois dans de pareils cas, vous sentirés plus facilem^t qu'une autre que quand on aime on est sensible et on craint toujours p^r ce qui lui peut arriver de désagréable. Quant à la païe, quoique je lui en aie point pu parler encore par les raisons ci-dessus, je crois pouvoir vous assurer d'avance de toutte sa reconnoissance, si vous voulés bien lui continuer actuellem^t le même traitem^t que vous lui avés accordée à son départ, jusqu'à ce qu'elle puisse commencer son nouveau service.

« Je compte de quitter dans peu ce séjour p^r parcourir les différens endroits de la Toscane qu'on dit remplie de beaux monum^{ts} d'antiquité, et me rendre après à Florence où je pourrois bien m'arrêter quelques semaines. »

12e Liasse. 1758-1782.

CHRISTINE-MARIE-ANNE-THÉRÈSE-SALOMÉ-EULA-LIE-XAVIÈRE, Princesse de Saxe, abbesse de Remiremont; née à Dresde le 12 février 1735, décédée au château de Brumath, le 19 novembre 1782.

1758-1782. — La correspondance de la princesse Christine (signée généralement : Christ) avec le prince Xavier, forme une liasse d'environ 500 lettres, la plupart écrites par un secrétaire, en fine cursive sur fort papier blanc, petit format doré sur tranche. Quant à l'écriture de la Princesse, dont nous n'avons trouvé que deux ou trois autographes, elle ressemble beaucoup à celle du prince Xavier ; elle est grosse, lourde et peu hardie, comme celle d'un débutant.

Toutes ces lettres sont empreintes de la plus vive et de la plus respectueuse tendresse de la Princesse pour son frère, à qui elle raconte, dans un style facile et souvent enjoué, ses occupations, ses voyages, ses amusements et ses affaires sérieuses. Cette correspondance à cœur ouvert présente un charme et un intérêt que l'analyse ne pourrait qu'affaiblir. On en jugera par les extraits ci-après qui touchent aux faits les plus remarquables de sa vie et de son époque :

DRESDE, 24 AVRIL 1761. — Ressouvenirs à propos d'une fête d'ordre :

« C'est aujourd'hui la fête de l'ordre, mais je crains que notre diner sera plus triste que l'année passée. Martange [1] ne chantera plus la belle chanson du fameux Roy de Prusse ; il n'y aura personne pour faire rire l'Electrice au point qu'elle deviendroit violette comme son habit, et manqueroit d'étouffer ; personne ne mettra les doigts dans les *vers* du vin d'Hongrie pour en dégoûter les autres afin d'en profitter ; personne qui, au dessert, aura envie de boire un ver de bière et le versera sur les autres. Combien de plaisirs de moins ! »

1er AOUT 1762. — Bons effets des eaux de Plombières ; projet d'un prochain voyage à Versailles :

« Quant à moi, je me porte bien et suis assez contente de la première saison des eaux et des bains ; je compte de commencer dans peu la seconde, après laquelle je commencerai un voyage bien agréable, parce que sa fin me permetra d'embrasser ma très-cher et bien-aimée *Pépa*. [2] »

VERSAILLES, 28 SEPTEMBRE 1762. — Détails de son voyage ; arrivée, réception, visites à la cour :

« C'est la 4e fois, mon cher frère, que je prens la plume à la main pour vous écrire depuis mon arrivée ici, et vous donner part de la joie que j'ai d'être avec notre chère Pépa.

« A cet heure, je veux vous dire ce qui me regarde. Je suis partie de Plombières le 28 et j'ai couchée à Lunéville, y étant arrivée de fort bonne heure ; j'employois tout le 29 à faire ma cour au Roy de Pologne qui me combla de bontées. Le soir, à 7 heures, j'en partis et n'ai plus couchée nulle part allant jour et nuit. A Pari, j'ai soupée chez l'Evêque de Châlons, et j'étois obligée de m'y arrêter jusqu'à minuit, parce que je ne pouvois pas avoir plutôt les chevaux. Le 30 je trouvois à Bondi la grande duchesse de Brancas avec les équipages de ma sœur. De là jusqu'ici, le chemin parut bien plus long que celui de Dresde à Plombières. Enfin à 6 heures 3/4, j'arrivois. Je trouvois ma sœur presque à la porte du carrosse. Je l'embrassois. Si mon silence lui a expliqué ce que sentois en ce moment, je suis heureuse, car je

---

1. Général-major de l'armée saxonnne, commandée alors par le prince Xavier.
2. Surnom familier donné à la Dauphine, sa sœur.

ne pouvois pas d'abord lui parler. M. le Dauphin et elle me menèrent chez ma sœur ou se rendoient Mmes Sophie et Louise[1] ; ensuite je fus chez la Reine qui a mille bontées pour moi ; de là on me mena chez moi, où je trouvois mes neveux qui sont charmans. Le C. d'Artois est mon voisin et je le vois presque tous les jours, ainsi que sa sœur qui, à mon arrivée, étoit déjà couchée.

J'allois d'abord la voir dans son lit, où elle me reçut fort bien. Après cela, M. le Dauphin et elle me menèrent encore chez ma sœur, chez laquelle j'ai soupé. Toute la famille me témoigne beaucoup d'amitié.

Le 1er, après avoir dîné chez ma sœur et fait notre cour à la Reine, nous allâmes trouver le Roy à Bellevue, qui m'accueillit très-gratieusement ; on y joua avant et après souper.

« Le 2, ma sœur donna le soir, un concert de musique italienne. Il y a un hôme et une fille qui chantent assez bien. Le 3, je fis le matin mes visites à Mesdames et à mes Neveux aînés ; le soir, ma sœur me mena à Marli, dont je suis très-contente, surtout de la belle cascade. A notre retour, nous allâmes voir en passant la C^esse de Toulouse. Le 4, je fus voir les eaux du Labirinthe ici, et de là faire ma cour à la Reine, en qualité de spectatrice du Cavagnol. Le 5, nous allâmes trouver le Roy à Choisie. On y alla au salut, ensuite on joua avant et après souper. Je me suis déterminée de préférer mon lit à la seconde partie de jeu. Le 6, nous allâmes à la chasse au cerf que nous prîmes. On soupa à Choisie ; après souper, le Roy revint avec nous ici. Le 7, il y avoit *Te Deum* pour la victoire du 28, qui nous fit grand plaisir. Aujourd'hui, je vous écris sans trop sçavoir quand ma lettre partira. Demain, nous allons à la rencontre de Mesdames. Le voyage de Fontainebleau est résolu, et, si je ne me trompe, le jour est fixé au 4 ou 5 du mois prochain. On dit que nous y serons 6 semaines. Vous exigez toujours de moi de longs détails, je me flatte que vous serez content de celui-ci. Il ne manque à mon contentement que la présence de mon cher X[avier] pour lequelle ma tendresse est sans bornes. Je l'attens avec impatience, et me flatte qu'il a toujours un peu d'amitié pour sa fidèle sœur

« Christine. »

Fontainebleau, 22 octobre 1762. — Autres visites et excursions à Paris et dans les environs :

« Mon très-cher frère, vous êtes bien obligeant de me faire des

---

1. Sœurs du Dauphin.

excuses de ne m'avoir pas plutôt écrit. Je sçais que vos occupations ne vous permettent pas d'écrire trop souvent, et quoique vos chères lettres me font toujours un vrai plaisir, je n'ose pas me plaindre quand je suis privée de cette satisfaction, sachant, qu'il n'y a pas de votre faute. Je suis charmée que vous soyez content du compte exact que je vous ai rendue de tout ce qui s'est passé depuis mon départ de Plombières ; je le suis également que vous désirez la paix autant que moi. Je souhaite d'autant plus de l'avoir bientôt parce que cela procureroit à Mad^{elle} de la G.[1] d'embrasser son cher M. J. S. T.[2] qui la trouvera au moins fiancée avec le petit mari ; et je crois que les noces se feront le printemps prochain.

« Comme vous aimez les détails, je vous dirai ce que j'ai faite depuis ma dernière. Je crois que j'étois encore à un petit voyage de Choisie. Le 2 de ce mois, je suis partie de Versailles pour aller à Paris ; chemin faisant, je suis passée à Saint-Cloud, où je me suis arrêtée ; j'y ai vue le duc de Chartres qui me paroit très-bien élevé ; il m'a menée partout et tout me plait beaucoup ; le château, le jardin, la cascade, les jets d'eau. Le même jour, j'étois à la manufacture de savonnerie, où je me suis arrêtée un temps infini, m'amuzant à voir travailler et à admirer les beaux lapis déjà faits ; enfin j'arrivois aux Thuilleries où j'occupois votre appartement. Le 3, après avoir entendue la messe à la chapelle, où une copie de la *Nuit* du Corrège m'a donnée beaucoup de distractions, j'allois à Saint-Denis pour voir les monumens des Roys de France, et j'ai parcourue le couvent qui est magnifique, de la cave jusqu'au grenier. J'ai vue le trésor qui, s'il n'est pas riche, est au moins antique. L'après-diner, j'étois au Palais-Royal où j'ai trouvé M. de Pons, gouverneur du duc de Chartres, qui fit les honneurs de la maison avec une grande partie de ceux qui sont attachés au duc d'Orléans. Je m'y suis arrêtée jusqu'au tems du spectable à voir ce palais et surtout tous les beaux tableaux qui y sont. Enfin, j'allois à l'Opéra, dans la loge du duc d'Orléans qui l'avoit exigé. On jouoit *Acis et Galathée* dont la musique est de Lulli. Je vous avoue qu'étant accoutumé à la musique italienne, je trouvois l'opéra exécrable. Le 4, le matin, j'étois à la Sainte-Chapelle, de là au palais où je fus fort scandalisée de la chambre de saint Louis qui me parut un peu pire qu'une prizon ; de là à Notre-Dame,

---

1-2. Melle de la *Gueuserie* et M. *Jean-Sans-Terre*, surnoms familiers de la princesse Christine et du prince Xavier. Le mariage auquel elle fait ici allusion paraît être sa dotation de quelque bénéfice ou prébende, peut-être déjà fait sur l'abbaye de Remiremont.

ensuite à la Sorbonne et de là au Val-de-Grâce, où les religieuses m'ont fait grâce de me dispenser de parcourir tout le couvent. A la fin aux Gobelins qui me plurent tant que je ne pouvois m'en arracher. J'y restois deux bonnes heures. L'après-dîner, j'étois à l'hôpital nomé la Salpétrière. Le 5 matin, j'étois aux Carmes, et ensuite vis à vis, au Luxembourg, où j'ai vu la belle galerie de Rubens et tant d'autres beaux tableaux ; l'après dîner, aux Enfants-Trouvés. Côme j'en revenois de *bonheur (sic)*, je fis encore un tour de promenade au boulevard. Le 6, matin, à Saint-Sulpice et à Saint-Roch, qui a l'air d'un théâtre ; de là à la Bibliothèque du Roy. En revenant, j'ai passé par le jardin des Thuilleries ; l'après-dîner j'étois aux Invalides ; j'ai terminé la journée par une promenade au Boulevard-Neuf. Le 7, le matin, j'étois au cabinet du jardin du Roy, et, après avoir mangé un morceau, je suis partie pour me rendre ici, où j'occupe l'apartement du P. de Soubize qu'il a bien voulu me céder. La forêt me plait infiniment, mais le château pas tant. Il est non-seulement vieux, mais tout rapiéceté, étant bâti de tant de différents Roys. J'étois deux fois à la chasse du cerf où on on n'a jamais rien pris.

« Nous avons ici comédie française, tragédie, comédie-italienne et opéra-comique. Hier nous avions un acte d'opéra-français qui est *Psiché*, qui m'a un peu racomodé avec la comédie française. Elle est de Mondeville.

« Nous avions déjà un froid terrible, depuis trois jours ; il faisait beau et chaud à étouffer aujourd'hui. Depuis que je suis ici je voulois me promener et il pleut à verse ; il faut dire adieu à la promenade ; cependant il fait encore très-chaud. Voilà tout ce que je peux vous mander. Je finis en vous embrassant de tout mon cœur.

« CHRISTINE. »

29 OCTOBRE 1762. — Avis du consentement du Roi pour le titre de coadjutrice à l'abbaye de Remiremont :

« Mon cher frère,

« Quoique j'aie 1,500,000 lettres à écrire aujourd'hui, je ne veux pas différer de vous dire que ce matin j'aie eu le consentement du R[roi] N[otre] P[ère] pour être coadjutrice de Remire[mont][1] Mad.

---

1. La prise de possession de la princesse Christine de Saxe comme coadjutrice de la princesse Charlotte de Lorraine date seulement de 1764 ; ce ne fut qu'en 1773 qu'elle lui succéda comme abbesse.
 La célèbre abbaye de Remiremont formait un chapitre séculier de chanoinesses nobles qui étaient gouvernées par une abbesse, une doyenne et une secrète dont les fonctions et les manses étaient séparées. Tout le revenu

la R. Charlotte m'a déjà nomée et déclarée comme telle. Ainsi, c'est une affaire faite qui, côme j'espère, ne me laissera pas toujours être Melle de la Gueuserie. Je voudrais que vous ne soyez pas toujours M. J[ean] S[ans] T[erre]; pour cela je vous offre de vous prendre pour chanoinesse, en attendant vous serez ma nièce, et dès que je serai abesse, je vous ferai ma coadjutrice. Je me flatte que vous ne refuserez pas ces offres, et que vous êtes persuadé que je vous aime de tout mon cœur.   « CHRISTINE. »

28 AVRIL 1763. — Avis qu'une gratification de 40,000 livres par an lui a été accordée sur le trésor royal de France, jusqu'à ce qu'elle soit en possession de son abbaye.

28 JUILLET 1763. — Retour à Plombières; détail des fêtes données en son honneur :

« Depuis que je vous ai écrite de Comerci, j'y suis restée encore quelques jours; j'en suis partie le 20 et j'ai couché à la Malgrange, où beaucoup de Dames et de cavaliers sont venus me voir et souper avec moi. Le 21, j'ai dinée au Chapitre d'Epinal, chez l'abbesse, où je me suis ennuyée à périr; le soir, je suis arrivée ici, où il y a pour toute compagnie que 4 dames et 3 cavaliers; avec tout cela je ne m'ennuyerais pas si je ne désirais pas tant de retourner à la *cara patria*.

« La veille de ma fête la ville me donna une très-jolie illumination, et un exempt des gardes du corps du roy de Pologne, le marquis de Villers qui me sert ici, me donna un petit feu d'artifice. A peine après avoir vue l'illumination, étois-je rentrée chez moi qu'il y eut un orage, et le tonnerre tomba sur la montagne au-dessus de ma maison, sans faire aucun mal; heureusement, je n'ai pas peur des orages. Le lendemain, dès que je fus levée, on tira le canon pour ma fête; plus tard je fus accablée de compl. du magistrat et des différens états de la ville; l'après-diner, il y avait le *Te Deum* pour la paix, et le soir encore illumination, avec les plus belles inscriptions à mon honneur et gloire. Hier, j'ai dinée à Remiremont, mais je suis revenue ici pour le souper. Dans ce moment-ci, je vous écris dans mon bain, et sans que ce soit jour de poste, pour être plus sûre que le tems de vous écrire ne me manquera pas. »

de cette abbaye était partagé en 144 prébendes; l'abbésse en avait 36 dont le revenu évalué à 15,000 livres, était taxé 30,000 en cour de Rome. L'abbesse de Remiremont était princesse du Saint-Empire, et en cette qualité, était servie avec toutes les cérémonies princières. (La Matinière, *Dictionnaire géographique*.)

Remiremont, 8 Décembre 1764. — Sur sa prise de possession de la coadjutorerie de Remiremont et affaires intimes :

« Je compte de prendre médecine demain, partir le 22 pour Lunéville, et revenir le 4 pour passer le carnaval ici ; je ferai danser ma jeunesse et la vieille coadjutrice ira bonnement se coucher avec les poules à dix heures. »

Comme on le voit, la règle de la maison n'était pas très-sévère, puisque l'on y fêtait ainsi le carnaval. Du reste, nous voyons également la Princesse fréquenter sans scrupule les théâtres de Paris et le bal de l'opéra.

Sa correspondance de 1765 roule principalement sur l'emploi de son temps en excursions à cheval, partie de chasse et fêtes diverses. Plombières paraît être surtout sa ville de prédilection ; elle y revient chaque année à la saison des eaux, et y reçoit toujours le même accueil sympathique.

4 Juin 1765. — Bon accueil que lui font de nouveau les habitants de Plombières, à son arrivée :

« Je suis arrivée ici hier, à 6 heures du soir, et j'ai été réellement touchée de tout ce que firent les pauvres habitants de Plombières pour me témoigner leur joie de mon arrivée. Des troupes entières vinrent à ma rencontre à une lieue d'ici avec la musique ; je trouvois des arcs de verdure partout ; ils étaient remplis d'écriteaux qui, dans leur simplicité, prouvent mieux la bonté des cœurs que s'ils avoient été étudiés. Tout nageoit dans la joie et j'ai vu des larmes qui m'attendrirent. Les boëtes qu'ils appellent canons, ne furent pas épargnées ; l'illumination et les feux de joie durèrent une partie de la nuit.

« Après souper, j'allois voir l'illumination qui était fort jolie, et toutes les rues étaient remplies de violons et de gens qui dansoient. Ce matin, j'ai commencé à boire les eaux et à me baigner ; je me flatte que je m'en trouverai bien. »

Après la mort du Dauphin, la Princesse vient de nouveau à Versailles, où elle est mandée par le roi qui se charge des frais de son voyage, et qui l'invite à venir pour partager avec S. M. et Mesdames ses filles les soins qu'ils prodiguent à la Dauphine. Son séjour auprès de sa sœur se prolonge depuis les premiers jours de l'année 1766 jusqu'à la fin de juillet. Ses lettres pendant cette période, sont toutes remplies de détails touchants sur la santé de la Dauphine, dont les alternatives inspirent tour à tour l'inquiétude et l'espoir.

9 Février 1766. — Détails sur le terrible accident arrivé au roi Stanislas à Lunéville :

« Par les nouvelles que nous avons eues hier de Lunéville, nous apprenons que, grâce à Dieu, le Roy se porte bien ; mais il a manqué d'avoir un grand malheur. Étant dans sa chambre, seul à prier Dieu et fumer du tabac, il se leva de sa chaise pour mettre la pipe qu'il avoit achevée sur la cheminée. Apparemment que la robe de chambre a volé dans le feu, car sentant tout d'un coup beaucoup de fumée, il s'imagina qu'elle venoit de la cheminée, et appela ses valets de chambre. Quand ils entrèrent ils trouvèrent la robe de chambre du Roy tout en feu du haut en bas. Ils l'arrachèrent le mieux et le plus vite qu'ils purent avec la camisole et la chemise. Cependant le Roy a une brûlure très-considérable mais pas dangereuse à la main gauche, une légère à la cuisse et une petite au bas-ventre. On assure que dans peu de jours il n'en sera plus question[1] ; mais tout fait trembler pour un homme de 88 ans, et il seroit cruel si, après être arrivé à cet âge, il nous fut enlevé par un tel accident. »

15 Août 1766. — Après son retour à Remiremont, la Princesse demande son frère pour être avec elle le parrain « du second enfant de 4 jumeaux qui naîtront le mois pro-« chain ; c'est-à-dire de quatre cloches que nous faisons « fondre pour notre clocher. »

20 Mars 1767. — Regrets au sujet de la mort de la Dauphine sa sœur.

Pendant quelques années, nous ne trouvons rien de particulier à signaler dans la correspondance de la princesse Christine ; mais, en 1770, elle se plaint de la suppression des économats dans son abbaye. Elle trouve aussi que le

---

1. On sait que, malgré l'espoir exprimé dans cette lettre, le Roi que la princesse Christine appelait son bon Papa, succomba à ses blessures peu de temps après ce funeste accident.

séjour de Remiremont est funeste à sa santé. Avec l'avis du prince Xavier, elle se décide à prendre à bail du Landgrave de Darmstadt, le château de Brumath, situé à 17 kilomètres de Strasbourg, pour en faire sa résidence habituelle.

8 Février 1771. — Elle écrit de Paris où elle vient souvent passer la saison du Carnaval :

« Je cours beaucoup les spectacles ; hier j'étois aux Italiens où on a donné l'*Amitié à l'épreuve*, dont la musique me plait beaucoup, parce qu'il y a bien des choses tout à fait dans le goût italien. Je ferai pénitence aujourd'hui ; car j'irai à un grand opéra français. Cette nuit j'étois au bal de l'Opéra, et, par les embarras dans les rues, j'étois une heure en chemin pour y arriver. Le coup d'œil de la salle est très-beau, mais le reste ne me paroit pas engageant pour y retourner. On l'a trouvé peu rempli, et je l'ai trouvé un charivari affreux. Mais en voilà assez de cette fête, de la vie je n'y retourne plus ! »

Nous passerons sur les années 1772 et 1773, pour nous arrêter un instant sur l'année 1774. Nous trouvons d'abord dans une lettre datée de Versailles, le 24 février, d'intéressants détails sur un bal donné chez le duc de Noailles pour la clôture du carnaval ; puis plusieurs lettres du mois de mai, relatives à la maladie et à la mort de Louis XV ; enfin une lettre du 12 novembre, au sujet des tracasseries qui lui sont déjà suscitées par plusieurs chanoinesses de l'abbaye, dont elle est devenue l'abbesse.

A partir de cette époque, nous voyons le caractère et la santé de la princesse Christine s'altérer beaucoup, par suite des chagrins et des difficultés de toutes sortes qu'elle ne cesse d'éprouver, tant au sujet de son abbaye que par des embarras financiers[1]. Deux graves incendies qui eurent lieu le 1er janvier et le 13 mars 1779, vinrent encore ajouter à toutes ses peines, en détruisant son église et sa maison de prébendes. Elle raconte ainsi ces événements :

---

1. Indépendamment des revenus qu'elle touchait en Saxe et en Pologne, la princesse Christine obtint de Louis XVI un traitement de 150,000 livres, comme princesse apanagée, ce qui ne l'empêchait pas, comme son frère, d'être souvent en quête d'emprunts.

12 janvier.

« La nuit d'une année à l'autre, entre 11 heures et minuit, le le seul coup de tonnerre qu'il y avoit à Remiremont a mis le feu à notre belle église que vous connoissez et l'a brûlée. On a sauvé le S¹ Sacrement, les reliques, vases sacrés, ornemens, la belle grille du chœur et quelques boiseries. C'est un miracle qu'aucune maison des Dames n'ayent soufferte, et que toute la ville n'aye été réduite en cendres, la violence du vent ayant chassé des étincelles jusqu'à un village qui est à une heure 1/2 de la ville. Mon palais abbatial a couru les plus grands risques, surtout les archives qui auroient été une perte irréparable. »

31 mars.

« Imaginez-vous qu'au moment (du moins je l'espère) d'obtenir les bienfaits du Roy pour mon église, nous essuyons un nouveau malheur à Remiremont, par une nouvelle incendie qui, le 13, a consumée toute ma maison de prébende. Vous sçavez bien que c'est autre chose que le palais abbatial. Dans la ville, il y a 7 maisons réduites en cendres et plus de 30 familles réduites à la mendicité. Il y a eu plusieurs blessés, heureusement personne de tué. Voyez, mon cher X., si d'un chagrin, d'un malheur à l'autre j'ai le tems de respirer. »

Pour réparer tous ces désastres, l'abbesse fit appel à la munificence du Roi, son neveu, qui, en 1780, lui accorda un secours de 144,000 livres, à toucher en deux termes égaux. Ce secours longtemps attendu et presque inespéré vint à propos consoler la Princesse et la venger des injustes attaques et des méchancetés de ses ennemis, qui lui reprochaient ou de négliger les intérêts de son abbaye, ou de n'avoir aucun crédit pour les servir. C'est ainsi que le 9 juillet 1779, désespérant des bontés du Roi, elle écrivait à son frère qui était le confident de tous ses chagrins, comme il l'avait été autrefois de ses plaisirs :

« Je vous rends mille grâces de l'intérêt que vous prenez à ma santé et à mes peines ; les dernières n'ont pas encore l'air de toucher à leur fin. Je n'entens plus parler de d'Alcouffe[1], mais ce qui me chagrine le plus c'est de ne pouvoir encore obtenir de secours pour le rétablissement de mon église de R. que je sollicite si vive-

---

1. Premier écuyer de la Princesse qu'elle avait été obligée de renvoyer, à cause des mauvais propos qu'il tenait sur son compte.

ment depuis 7 mois. Si je venois à échouer, outre que cela me serait sensible à un point que je ne sçaurais dire, d'être refusée par le Roy, et quel Roy ? mon propre neveu, qui au commencement, m'a répondu qu'il a donné ses ordres pour aviser aux moyens de réparer le dommage. Outre ce chagrin, déjà suffisamment cruel, j'aurois celui de voir ma considération perdue à jamais dans mon chapitre même. Je vous jure que quelques fois il me paroit impossible d'en rester abesse avec honneur, et je ne vois pour moi que céder ma place à une autre plus heureuse que moi, quoiqu'ayant moins de droits aux bontés du Roy, duquel je n'ai pas mérité d'essuyer cet affront. »

Dans la correspondance de 1784, nous trouvons une lettre, datée de Versailles, le 31 mars, renfermant de curieux détails sur le fameux Cagliostro qui, à ce moment, faisait courir tout Paris.

Nous extrayons de cette lettre le passage suivant :

« Vous aurez peut-être déjà entendu parler du comte Cagliostro, qui est ici. C'est un hôme bien singulier ; on ne sait de quelle religion ni de quelle nation il est ; il n'est en relation ni en correspondance avec personne, n'est adressé à aucun banquier, ne reçoit aucune lettre de change, vit bien, paye bien, fait des charités incroyables ; a une fême, plusieurs domestiques, sans qu'on sache où il prend pour fournir à toute cette dépense. Mais ce qui fait sa plus grande réputation, c'est le concours incroyable de tous les malades qui viennent souvent même de fort loin, sur lesquels il fait les cures les plus merveilleuses et réellement innombrables, sans jamais prendre un sol de qui que ce soit, pauvre ou riche. C'est égal, il ne prend ni argent ni grands ni petits présents, ce n'est pas une réputation éphémère. Il y a déjà plusieurs mois que nous voyons tous les jours la même chose ; en tâtant le pouls, il dit tous les maux qu'on a et ceux qu'on a eus ; il avertit même de ceux dont on est menacé, et les moyens de les éviter ou prévenir. Je ne vous parle pas de ses autres connoissances qui sont incompréhensibles. On parle toujours de la curiosité féminine, eh bien ! cet hôme extraordinaire est dans la même ville que moi ; je n'entends parler que de lui ; il vient dans ma maison pour la fille borgne de M. de Belandt, et je n'ai pas encore vu sa physionomie. Qu'on dise encore que les fêmes sont curieuses ! »

La princesse Christine qui étais très obèse et souffrait

depuis plusieurs années déjà de douleurs rhumatismales, mourut au château de Brumath, le 19 novembre 1782, après quelques jours de fièvre. Par son testament, dicté la veille de sa mort, elle institua Louis XVI son légataire universel, en recommandant aux bontés du Roi les officiers et serviteurs de sa maison. Louis XVI accepta le legs et fit faire à sa tante de magnifiques funérailles, en réglant les détails de la translation du corps, de Brumath à Remiremont, où eut lieu l'inhumation. Sa Majesté commit ensuite Antoine Chaumont de la Galaisière, intendant d'Alsace, pour procéder à la liquidation de la succession, par l'inventaire et la vente du mobilier laissé par la Princesse à Brumath, à Strasbourg[1], à Remiremont, à Paris et à Dresde.

Il résulte de l'ordonnance rendue par M. de la Galaisière le 12 octobre 1784, que le passif général de la succession s'éleva à la somme de 735,942 livres, 8 sols, 6 deniers; et l'actif seulement à celle de 599,066 livres, 2 sols, 9 deniers; d'où il résulte un déficit de 136,876 livres, 5 sols, 7 deniers, que le Roi voulut bien prendre à sa charge comme légataire universel[2].

Voici enfin la copie de la lettre qu'elle dicta pour le Roi, après avoir fait son testament ; laquelle il ne lui fut pas possible de signer :

Brumath, 18 novembre 1782.

« Sire,

« Comme je tiens tout ce que je possède des bontés de Votre Majesté, de celles de M. le Dauphin son père, et de son Ayeul, je n'ai cru pouvoir mieux vous en témoigner ma reconnaissance qu'en suppliant Votre Majesté, comme je l'ai fait par mon testament, d'agréer tout ce que je puis laisser. Ajoutez, Sire, une dernière grâce à tous ces bienfaits, celle de vous charger du sort de mes officiers et de mes gens, comme aussi de vouloir bien acquitter mes dettes. Ma mort que ma lettre ne précède peut-être que de quel-

---

1. La princesse Christine venait de faire meubler à Strasbourg l'hôtel de Saxe où elle avait dépensé plus de 400,000 livres.
2. Voir pour les détails des obsèques la correspondance de Zéis, secrétaire des commandements de la princesse Christine.

ques heures, ne sera pas un terme à ma reconnaissance ; je joindrai dans l'éternité mes prières aux vœux de ceux de qui Votre Majesté tient le jour, et auxquels j'étois unie par le sang et par l'amitié la plus tendre.

« En vous faisant mes adieux pour toujours, je suis,
« Sire, De Votre Majesté,
« La très-humble et très-obéissante servante et tante. »

13ᵉ Liasse, 1761-1790.

CUNÉGONDE-MARIE-HEDWIGE-FRANÇOISE-XAVIÈRE-FLORENCE, Princesse de Saxe, Abbesse de Thoren et d'Essen ; née le 10 novembre 1740.

1761-1790. — Ces lettres, pour la plupart signées : Cucu, sont en écriture fine, sur petit format, et forment une liasse assez volumineuse.

Les principales sont relatives aux faits suivants :

4 MARS 1763. — *Te Deum*, chanté à Dresde, à l'occasion de la paix.

14 JUILLET 1770. — Admission de la princesse Cunégonde comme membre du chapitre de Binsel.

5 MARS 1772. — Détails des fêtes du carnaval à la cour de Dresde ; bal masqué.

14 JUIN 1774. — Sur la mort de Louis XV et l'avènement de Louis XVI.

22 FÉVRIER 1775. — Sur son élection comme coadjutrice à l'abbaye d'Essen.

3 AOUT 1775. — Consécration d'église et confirmation de 6,000 personnes, par son frère l'archevêque de Trèves.

24 OCTOBRE 1775. — Nouvelle de son élection comme coadjutrice du chapitre de Thorn.

31 OCTOBRE 1776. — Accommodement d'un procès touchant le chapitre de Thorn.

24 AVRIL 1778. — Sur l'arrivée de Voltaire à Paris.

22 JANVIER 1784. — Hiver rigoureux ; communications interceptées sur le Rhin entre Carlich et Coblentz ; divertissements divers.

30 NOVEMBRE 1786. — Nouvelle résidence à Coblentz ;

programme de l'entrée du prince Clément dans cette ville. (Imprimé en allemand).

12 AOUT 1789. — Crainte au sujet des événements politiques en France.

14ᵉ et 15ᵉ Liasses, 1762-1790.

ÉLISABETH - MARIE - APPOLLINE - CASIMIRE - FRANÇOISE-XAVIÈRE, Princesse de Saxe, née le 9 février 1736.

1762-1790. — Cette correspondance sur papier à lettres petit format, doré sur tranches, est très-volumineuse et forme deux liasses renfermant environ 1,000 lettres, pour la plupart signées : LISE ; parmi lesquelles nous avons remarqué les suivantes :

DRESDE, 8 JANVIER 1770. — Sur un bal de la cour :

« Hier nous avons eu le premier bal de la cour ; j'ai dansé trois polonoises et un menuet ; après j'ai joué. Au soupé j'étois à la table de Charles[1]. »

14 FÉVRIER 1771. — Sur la disgrâce du duc de Choiseul, ministre de Louis XV.

25 FÉVRIER 1772. — (En encre blanche). Au sujet des apanages des princes et princesses de Saxe sur la Pologne, dont on parle de leur supprimer une partie.

23 DÉCEMBRE 1773. — Sur un projet de coadjutorerie pour la princesse Elisabeth.

31 JANVIER 1775. — Récit d'une histoire fantastique et tragique.

4 OCTOBRE 1777. — Lettre autographe à la comtesse de Lusace, sa belle-sœur, à propos de la déclaration de son mariage avec le prince Xavier.

« Mia cara Chiaretta,

« Je ne peu attendre plus longtems de me réjouir avec vous de ce que mon frère a déclaré votre mariage. L'amitié que j'ai pour vous me fait prendre toutte la part possible à la joie que cela doit vous causer, et espérer que cette démarche vous fera aimer tou-

---

[1]. Charles, duc de Courlande, son frère.

jours de plus en plus mon frère que j'aime bien de tout mon cœur.

« Je veut pas vous arrêter plus longtems avec mon griffonnage, et finis en vous priant de me conserver toujours votre chère amitié, et d'être persuadé que la mienne ne finira qu'avec ma vie, étant à jamais

« Votre sincère amie,
« Elisabeth.

« Embrassez les chers petits de ma part. »

29 décembre 1781. — Compliments au prince Xavier au sujet de la naturalisation de ses enfants en France ; en réponse à la lettre du Prince, en date du 8 décembre, annexée à celle-ci :

12 décembre 1785. — Au sujet de l'affaire du Collier et du cardinal de Rohan :

« J'ai vue dans les Gazettes l'histoire du Cardinal de Rohan ; elle est affreuse si elle se confirme, surtout pour un homme de son état ; mais j'ai toujours entendue qu'il ne menoit pas une conduite digne d'un Cardinal ; dans les Gazettes qui en sonts tout remplis il est dit que ce collier étoit d'un juif portugais, et qu'il a produit une fausse lettre de la Reine. Je serai bien curieuse de savoir la vérité de cette affaire, de laquelle je crois que le Cardinal se tirera, puisqu'on dit déjà que c'est une Mme La Motte qui lui a donné cette fausse lettre de la Reine. »

24 février 1787. — Détails d'un bal du mardi-gras à Dresde.

17 mars 1787. — Sur des projets de mariage concernant les deux filles ainées du prince Xavier.

10 août 1787. — Sur un projet de mariage du fils du prince Xavier avec la fille du duc des Deux-Ponts, alors âgée de 8 ans.

21 mars 1789. — Compliments au prince Xavier sur sa nomination de commandant du régiment de Conflans.

26 juin 1789. — Sur l'avancement du chevalier de Saxe.

14 juin 1790. — Demande du journal de la dernière maladie du prince de Saxe.

MARIE-AMÉLIE, Princesse de Saxe, née le 24 novembre

1724 ; mariée le 19 juin 1738 à don Carlos, roi de Naples, du 15 mai 1724, puis d'Espagne et des Indes le 10 août 1759 ; décédée le 27 septembre 1760.

Nous n'avons trouvé aucune lettre de cette Princesse.

16ᵉ et 17ᵉ Liasses, 1760-1782.

MARIE-ANNE-SOPHIE, Princesse de Saxe ; née en 1728 ; mariée le 13 juin 1747 à Maximilien-Joseph, électeur de Bavière.

1760-1782. — Elle signe habituellement : *Marizin* et désigne son frère Xavier par le nom allemand *Vaser*. Sa correspondance forme deux fortes liasses. En voici les sujets principaux :

19 AVRIL 1763. — Sur l'élection du prince Clément, son frère, au siége épiscopal de Freisingen.

1ᵉʳ NOVEMBRE 1763. — Sur la mort de la comtesse Pépikowska. (Voir Pépi, correspondance secrète).

21 DÉCEMBRE 1763. — Prières ordonnées par la princesse Marie-Anne pour le repos de l'âme de son frère l'électeur de Saxe.

4 JANVIER 1766. — Sur la mort du Dauphin de France.

10 AVRIL 1767. — Sur la mort de sa sœur la Dauphine.

13 JUILLET 1769. — Détails d'un incendie au palais de l'électorat, à Munich.

24 JUILLET 1769. — Sur la représentation d'une pastorale :

« J'ai voulu vous écrire aujourd'hui, car demain j'en aurai peut-être pas le temps, à cause de tous les fades complimens qu'on me fera.

« Hier nous avons eu la pastorale *d'Endemione*, de la composition de Guillelmi, qui a très bien réussie, aux habillements prêts, car la chaste Diane étoit très indécemment habillée. C'est M. de Sceau qui s'en est chargée, et qui a très mal réussie et la Flavie ne brillant d'ailleurs point par la beautez, cela la rendoit hideuse ; mais il falloit fermer les yeux et ne faire qu'écouter et l'on étoit content. »

17 JANVIER 1771. — Détails d'un incendie à la maison de Théatins de Munich.

4 novembre 1771. — Accident causé par la maladresse du grand-maître de l'électrice de Bavière.

22 décembre 1771. — Sur son éloignement du monde et son amour de la solitude et de la campagne :

« Mon très cher Vaser, j'ai eu le plaisir de recevoir votre chère lettre du 20 d. p. n° 22, par laquelle je voit que depuis votre retour chez vous, vous vous amusez à mener la vie de campagnard. S'il me seroit possible de vous envier quelque chose ce seroit cela ; car je vous assure que je troquerai bien volontier la vie bruyante de la cour avec la paisible campagne, et je me croirai la plus heureuse du monde si je pourrai être bien loin de tout le train du grand monde ; aussy, malgrée que mon sort me force à être parmi le grand monde, mon seul plaisir est quand je peux être toute seule retirée chez moi, ne voir personne et ne pas entendre parler des nouvelles qui ordinairement ne sont que mensonge, médisance et faussetés propres à dégoûter tout cœur honnête du monde. »

4 juillet 1774. — Accident arrivé à l'Électrice de Saxe qui eut la jambe fracturée par une barrière.

6 janvier 1778. — Après la mort de l'Électeur de Bavière, son époux :

« Mon très cher Vaser,

« Voici les premières lignes, depuis mon cruel malheur, que je suis en état de former. Votre tendresse pour moi et l'amitié que vous aviez pour mon cher Mary me sont de trop sûres garants de la part que vous prenez à ma trop juste douleur. Hélas ! j'eusse étée trop heureuse ; mais le bon Dieu ne l'a pas voulut ; quoiqu'il m'en coute il faut m'y soumettre, je ne suis pas encore en état de vous en dire de plus, ma situation est trop cruelle.

« Conservez-moi votre amitié, cela sera l'unique consolation pour

« Votre fidèle et malheureuse
« Marizin. »

28 avril 1782. — Sur l'arrivée du Pape à Munich et son séjour dans cette ville :

« Je ne me suis relevée qu'hier, l'après-diner, pour l'arrivée du St Père qui est arrivé à 3 h. du soir. Il y eut d'abord le *Te Deum* ; ensuite, il eut la grâce de me permettre de venire chez luy où il me reçut avec tant de bontés et afabilités que j'en fut pénétrée jusqu'aux larmes. Il me fit assoire à côtés de luy, sur le canapée, et me tint une grosse heure toutte seule. Vous ne pouvez croire combien il se fait aimer et respecter par ses bontés. Il veut même venir chez moi ; ne voulant se prévaloir que dans les fonctions ecclésiastiques de ses étiquettes. Je défie que le cœur le plus endurcie ne soit touchée. Enfin, je ne puis assez vous en dire. J'en suis toutte enchantée. Nous aurons le bonheur de le posséder jusqu'à mercredie ou jeudie. »

13 AOUT 1784. — Fondation d'un chapitre de femmes par l'Électrice douairière de Bavière :

« Vous me demandez ce que c'est que mon chapitre dont j'ai vu que vous étiez dès longtemps informé. Je m'en vais donc vous en faire l'explication : c'est que côme en ce pays-cy presque touttes les filles de condition sont très-mal partagés de la fortune, que cela fait aussy un grand obstacle de trouver des établissements à moins de se former dans des cloîtres auxquelles la moindre partie à des vocations ; je me suis résolue à faire une fondation d'un chapitre de Dames séculières, où au moins je puis en établir quelques-unes, et que les autres puissent à mesure espérer de trouver place, et j'espère que jusqu'à la nouvelle année cet établissement aura lieu. Jusqu'à présent il n'y aura qu'une doyenne et 10 demoiselles. Il faut qu'elles fasse leurs preuves de noblesse come dans tous les chapitres d'Allemagne. Je ne leur donne point d'abbesse de mon vivant. Ils seronts sous ma direction, et à la suite ce sera toujours l'Electrice reignante qui en aura la direction. »

La 17ᵉ liasse renferme en outre la correspondance de MAXIMILIEN-JOSEPH, Électeur de Bavière, époux de la princesse Marie-Anne.

1764-1776. — 8 lettres, dont voici les principales :

25 DÉCEMBRE 1763. — Au sujet de la mort de l'électeur de Saxe, son beau-frère.

25 NOVEMBRE 1764. — Sur l'élection du prince Clément au siége d'Augsbourg.

13 JUIN 1776. — Remerciement de la part qu'a bien voulu prendre le prince Xavier, son beau-frère, à la perte de sa sœur Joséphine-Anne, margrave de Bade.

28 JUIN 1776. — Assurance d'intérêt pour le comte Spinucci recommandé par le prince Xavier.

18ᵉ Liasse, 1750-1782.

MARIE - JOSÈPHE, Princesse de Saxe, Dauphine de France ; née à Dresde le 4 novembre 1731 ; mariée le 9 février 1747, à Louis, Dauphin de France ; décédée à Versailles le 13 mars 1767, enterrée dans la cathédrale de Sens.

1750 ? - 1766. ? — Lettres et billets, la plupart sans date, sans signature et sans suscription, adressés au comte de Fontenay, ambassadeur de Pologne près la cour de France, et relatives à la guerre de Saxe. Nous donnons ci-après un extrait de cette correspondance, dans l'ordre chronologique le plus probable, d'après les faits auxquels il est fait allusion :

« Nos malheurs sont affreux ; je les sens dans toute leur étendu. Je serai bien heureuse si j'avois autant de vertu et de courage que vous m'en croyez ; mais malheureusement vous vous trompez sur cet article. Malgré toute ma bonne volonté, mon zèle et mon tendre attachement pour tout les miens, je sens tous les jours davantage combien je leur suis peu utile, et peut-être même leur suis-je nuisible. Je ne suis point faitte pour les affaires de cette espèce ; elles sonts au-dessus de ma portée et ne conviennent point à une femme. Si jusqu'à présent j'ai osée m'en mêler vous scavez que la seule espérance d'être utile à ma trop malheureuse famille, m'y a portée malgré la répugnance naturelle que j'ai de me mêler de ce que je sens fort bien qui ne me convient pas. Je vous ai demandé plusieurs fois de me délivrer de ce fardeau, vous m'avez retenu en me faisant croire que j'étais utile à mon Père ; mais enfin je vois que ne suis rien moins qu'utile aux intérest de mon Père ; je me meurs de chagrin et voilà tout le fruit que vous en retirerez. Je vous demande donc en grâce de me permettre de ne me plus mêler d'affaires pour lesquelles je ne suis point faitte. Ma tendresse et mon respect pour tout ce qui m'apartient ne changera jamais ; mon sang s'il leur étoit utile seroit versé avec plaisir ; mais je ne puis soutenir l'horreur d'être haï de tout ce que j'aime le mieux dans le monde. »

—

« Vous sçavez que je n'ai pas attendu les ordres de mon Père pour me plaindre et me désespérer des ordres donnés à M. de Soubize de se retirer ; ordres que je regarde comme l'unique cause du malheur arrivé depuis ; mais il n'est plus tems de songer à cela. M. de Richelieu ne peut plus s'avancer vers la Saxe ayant les Hanovriens et les Hessois sur les bras. Je n'ai que faire de porter mes plaintes sur les pilleries, elles sont assez blâmées et l'Abbé en est furieux. C'est la malheureuse capitulation qui fait tous nos malheurs. Je vous ai fidèlement rendu la dépêche n° 34 ; cependant, par un hazard que je ne comprends pas, elle se trouve entre mes mains depuis hier, après-midi, qu'elle m'a été rendu par une personne qui ne savoit pas même ce que c'étoit, ni comment elle se trouvoit entre ses mains. Pour moy qui l'est reconnu au premier coup-d'œil, je m'en suis emparée et je vous la renvoye. Je vous expliquerai tout cela mieux la première fois que je vous verray. »

—

« Il y a longtemps que je suis informée de la mauvaise conduitte de M. le Dauphin et des visites matinales qu'il reçoit. Cela est scandaleux et j'en suis tout-à-fait inquiette ; je ne l'en recevrai pas plus mal demain, car il faut dissimuler.

On m'a assuré qu'il n'y avoit plus que 7 ou 800 Prussiens en Saxe ; Je n'en crois rien ; mais je voudrai bien avoir des nouvelles de ce pauvre païs. »

Ce 8 septembre 1758.

« Il est vray que quoique je ne sois qu'une bête en matière de raisonnement militaire, la lettre que je vous ai envoyée hier m'a paru écritte à merveille. Comme j'ai un peu plus de connoissance en tendresse fraternelle, je vous avoue que j'ai été touchée jusqu'aux larmes des commissions qu'on vous y donne pour moy. Je ne peux pas vous dire l'effet qu'elles m'onts faittes ; elles onts l'air d'un adieu qui m'a percé le cœur. Mon Dieu ! daignez veiller sur luy ; que deviendrai-je si j'avois à avoir pour celuy-ci les frayeurs que j'ai pour l'autre. On dit ici qu'il y a eut une seconde action tout aussi malheureuse que la première ; que M. de Brown est tué ou pris ; car je ne l'ai pas bien entendu et ce qu'il y a de pis, M. de Favier fermé entièrement par la cavalerie prussienne ; et c'est justement là où est mon frère Charles. »

—

« Je sçavois d'avance que vous prendriez le parti de mon frère ; mais vous m'avouerez qu'il est douloureux, pendant que tout le monde a des lettres, que je sois la seule qui n'en aye pas. Il est difficile de croire que depuis 10 h. du matin que la bataille a fini jusqu'à 7 heures du soir que M. de Contades a expédié son courrier, quelqu'affaires qu'on aye, on n'aye pas le temps d'écrire avec un méchant crayon sur un morceau de papier chiffonné : « *Je me porte bien* ; » car c'est tout ce que je demande en pareil cas. Il ne devoit pas être si éloigné du Maréchal que le ch. du Muy qui cependant a écrit, car celuy-cy était à la réserve du D. de Broglie qui n'a pas donnée ; au lieu que mon frère étoit dans la bagarre, puisqu'on dit que les Saxons ont bien fait ; qu'il a 2 de ses aides-de-camp blessés et un homme de sa suitte blessé ou tué. Ah ! M. le Comte, quand on aime bien les gens et qu'on est aussi sur d'être aimé, il me semble que le premier soin est de les rassurer ; du moins je crois que j'en userois ainsi en pareil cas. S'il savoit tout ce qui a passé par ma tête jusqu'à ce que j'aye vu par la lettre de M. de Montaut qu'il se portoit bien ; il n'auroit pu me refuser la pitié. Vous auriéz pu reconnoître au paquet que je vous ai envoyée le soir le cachet de Mesdames ; c'est Sophie qui a eu la charité de faire ce paquet que j'ai reçu chez elle, et moy je n'en avois pas la force. »

« Autant j'ai eu d'assurance hier que la joie du Vicomte ne serait suivie de rien, autant j'ai de frayeur aujourd'hui. Mon frère est en marche avec M. de Chevert pour joindre M. de Soubize.

Les 2 armées sonts en présence ; je suis plus morte que vive ; mais je vous deffend absolum^t de rien faire connoître de ma frayeur, on se moqueroit de moy et on me traiteroit de folle. Voilà tout ce que j'en aurai ; mais je ne puis m'empêcher de vous montrer toute ma faiblesse.

« C'est hier au soir que j'ai appris que les 2 armées de Soubize et d'Ysembourg joint avec d'Oberg étoient en présence, et que M. de Chevert alloit au secours du premier. J'ai dit tout de suite : Hélas ! peut-être mon frère y va-t-il aussi ; car cette promenade et conversation entre mon f. et M. de Chevert qui réjouissoit tant le Vicomte me persuade qu'elle ne tendoit qu'à faire marcher ces 2 généraux conjointement. On ne m'a rien répondu parce qu'on ne savoit rien. Ce matin, on est venu me dire la nouvelle du poste emporté par M. de St Pern, où le petit Comte a eu une contusion. J'ai demandé tout de suite : Et mon frère, y étoit-il ? et, en vérité, je n'ai fait cette question que par le désir que j'avois qu'il y fût ; mais je ne scaurois vous dire ce que j'ai ressentie quand on m'a répondu : Non, car il marche à l'armée de Soubize avec M. de Chevert ; les jambes m'ont pensé manquer. Je ne scais pourquoy, mais je n'ai pas eu un moment de tranquillité depuis ; je crains également qu'il soit et qu'il ne soit pas à la bataille qu'on attend.

Gardez-moi le secret sur toutes mes folies ou une autre fois je les garderai pour moi seule. »

—

« Je suis enchantée de tout ce que M. de Marainville m'a dit, surtout des belles actions de mes chers Saxons. Vous croyez bien que le pauvre Martanges n'a pas été oublié. Il est bien heureux d'être un *gros cochon* comme il est, car sans sa graisse qui luy a servi de cuirasse, il avoit l'épaule cassée. Mais on doit luy faire compliment d'avoir été bien blessé, car il en est ravi.

« J'ai eu un bien grand plaisir ce soir, car M. de Paulmy m'a fait dire que la manière dont Martanges s'étoit conduit et la gloire qu'il s'étoit acquise faisait une exception à tout ce qu'il avoit alégué contre luy jusqu'à présent, et qu'il comptoit demander la croix de St Louis pour luy. Mandez donc à ce *gros cochon* qu'il doit être content d'avoir été blessé ; premièrement, puisqu'il y trouve tant de plaisir, et en second lieu puisque cela lui vaut la croix de St Louis ; mais que c'en est assez et qu'une seconde fois il n'y a ni tant de plaisir ni de croix à espérer. »

—

« La peur d'accoucher d'un moment à l'autre fait que je vous renvoye vos lettres, ne voulant pas les laisser dans ma poche à la discrétion de tout le monde. »

—

« Je vous demande mil pardons ; je suis une étourdie, une bête une cruche qui ne pense à rien ; vous m'avez fait voir ma fautte, je ferai tout pour la réparer ; mais je vous avoue que quand vous m'avez parlé, j'étois trop occupée de mon fils et ne pensois à rien. Il a, à ce que l'on croit, la petite vérole volante. Je suis quasi fâchée que ce ne soit pas la véritable. Pardonnez à la mère, et ne doutez jamais de mes sentiments pour vous. »

—

« Quand j'ai une fois bien querelée les gens, je n'y pense plus après, ainsy je vous prie de l'oublier aussi. J'ai vu le Cardinal hier au soir, qui m'a dit qu'il avoit été fort content de la façon dont M. de Choiseul vous avoit parlé. Quand est-ce qu'on aura l'honneur de vous revoir ? J'avoue que la possession qu'on a pris du château m'a révoltée à l'excès. Où est-ce que ce monstre s'est logé ? Dites-moi, en honneur et en conscience, coment on parle à Paris de mon frère. »

—

« Il ne m'importe pas que les autres ministres ayent mandés à leurs cours le mariage prétendu de Victoire ; ils sonts les maitres de mander toutes les faussetés qu'il leur plaira ; mais quoi que vous n'affirmiez pas cette belle nouvelle dans votre dépêche du 7, la petite histoire du dégoût de Victoire pour la personne de S. M. C. et son retour sur ses belles qualités prouvoit que vous aviez non pas des notions, mais des certitudes sur toute cette affaire, et je doute fort que le Comte de Choiseul l'approuve. Vous dites que vous ne pouvez pas me voir un quart d'heure ; mais il me semble qu'il ne faut pas un quart d'heure pour me dire qu'il courre un bruit de ce mariage. Mais, je vous en prie, dites-moy qui est votre nouvelliste ; je crois que vous le prenés à la place Maubert. C'est certainement le plus mauvais de l'Europe. Je ne vous deffend pas de mander ce que vous apprenez, mais au moins ajoutez que vous le scavez de gens qui n'en peuvent rien scavoir eux-mêmes. »

« Je compte que vous irez au devant de mon frère, quand ce ne seroit que pour l'ajuster en abbé françois ; car on dit qu'il a de grands cheveux et qu'il est fait comme un fol. A l'égard du confesseur, comme je luy enverrez un carosse à Paris, il n'aura qu'à le laisser dans le sien, et vous avertirez aussi le C. de Bellegarde qu'il ne pourra pas manger avec luy ici. »

Ce 8 décembre 1763. — Sur la maladie du Dauphin :

« Il y a un peu de mieux depuis quelques jours ; il faut continuer à prier le bon Dieu et la Ste Vierge ; ce n'est qu'en eux que j'espère. Je vous remercie des prières que vous faites faire ; je vous prie de les faire continuer et d'embrasser tous mes frères et sœurs, et moy je vous embrasse de tout mon cœur. »

La même liasse renferme la correspondance de :
LOUIS, DAUPHIN DE FRANCE, Époux de la Dauphine Marie-Josèphe ; né le 4 septembre 1729, mort le 5 décembre 1765.

1759. — 4 lettres dont nous donnons ci-après les deux plus intéressantes :

Versailles, 23 septembre 1759.

« Votre sœur, mon cher frère, vient d'accoucher le plus heureusement du monde, en un quart d'heure, d'une petite fille. Elle se porte à merveille, excepté les tranchées dont elle souffre beaucoup, mais qu'elle a toujours.

« Personne n'a eu le temps d'y arriver. On ne m'a réveillé qu'au moment et elle est accouchée à cinq heures et demie du matin. Adieu, mon cher frère, je vous aime de tout mon cœur.

« Louis. »

P.-S. — Voicy une lettre du Cte de Brancas. »

Lettre du même au même avec un autographe de la Reine :

Versailles, 1er octobre 1759.

« M. de Martanges me remit hier votre lettre, mon cher frère ; je suis enchanté de l'espérance que vous me donnez que vous viendrés passer icy quelque temps cet hyver. Je ne vois pas en effet que rien puisse vous en empêcher. Vos occupations vous mèneront jusqu'à la fin de novembre, et l'état de la Saxe n'est pas assez décidé pour que l'on puisse vous y envoyer, vous ne pourriez y être utile qu'au commencement de la campagne prochaine. Il vient de s'y passer une petite affaire qui ne me paroit pas avoir eu un grand succès puisque les ennemis ont gardé leur poste.

« Pépa se porte à merveille ; elle a changé aujourd'hui de linge et de lit et reçoit la visite de sa fille qui est une petite mignature très-élégante.

« La Reine veut vous écrire dans ma lettre. Ainsy je finis, mon cher frère en vous embrassant de tout mon cœur.

« Louis. »

[Autographe de la Reine].

« Mon fils est un indiscret. Je voulois que vous devinassiez qui est celle qui vous dit que notre cher Pepa se porte très bien et que la diseuse de nouvelles vous assure de son amitié.

(*Post scriptum.*)

Ce 4 au soir.

« Je laissay partir l'autre jour le courrier et ne vous laissay pas deviner qui vous écrivoit dans ma lettre. Ainsy vous voyez que j'ai fait deux sottises à la fois.

« Voicy une lettre du Roy de Pologne pour vous, qui a été enchanté de la vôtre. Qui luy eut dit en 1733 que vous seriez en commerce de lettre? Et puis une autre de M. de Brancas. Je ne puis vous dire assés, mon cher frère, combien je vous aime. »

A cette liasse sont également annexées les pièces suivantes :

1° Deux lettres de :

MARIE-ANTOINETTE D'AUTRICHE, Femme de Frédéric, roi de Pologne.

DRESDE, LE 4 OCTOBRE 1757. — Au Dauphin de France :

« Monsieur mon Frère et Gendre,

« Rien ne pouvoit m'être plus agréable et consolant que la bonne nouvelle que vous venez de me donner de l'heureux accouchement de Madame la Dauphine, ma très-chère Fille, et de la naissance du quatrième Prince dont Elle nous a réjoui, jointe à l'assurance du bon état de santé où l'une et l'autre se trouvent.

« Je partage avec une véritable tendresse maternelle la satisfaction que vous m'en témoignez, portant aux pieds des autels les actions de grâces que nous devons à la bonté Divine de cette bénédiction, de même que les vœux sincères que je fais pour le promt rétablissement de notre chère accouchée, l'heureuse éducation du comte d'Artois, nouveau né [1], ainsy que pour votre constant bonheur et celuy de tout ce qui vous appartient. L'intérêt intime que j'y prendrai toujours ne saurait vous laisser douter du retour des sentiments d'estime et d'affection avec lesquels je suis

Monsieur mon Frère et Gendre,

Votre bonne Sœur et très affectionnée Belle-Mère.

DRESDE, 13 NOVEMBRE 1757. — A M. de Fontenay :

« Monsieur le Général-Major de Fontenay. Comme l'heureux accouchement de Madame la Dauphine, ma très chère Fille, et la naissance du quatrième Prince qu'Elle a mis au jour, m'ont été d'une très grande consolation au milieu des afflictions et meaux par lesquels la Providence Divine nous éprouve, j'ai été aussi fort sensible à la tendre attention de la Dauphine de me faire donner de ses nouvelles pendant les premiers jours de ses couches. Vous sachant beaucoup de gré de la façon dont vous vous en êtes acquitté, j'ai été de même bien aise d'aprendre par le raport qui m'en a été fait, le bon succès des offices que vous avez rendu auprès de Mr l'Évêque de Digne à l'abbé de Lagnasc, à Rome, touchant l'abbaye que Sa Majesté T. C. a bien voulu avoir la bonté de luy accorder, sur l'interposition du Roi mon Époux et la mienne, et vous continuerez vos instances convenables pour avancer autant qu'il sera possible l'accomplissement de cette promesse favorable.

Mettant au reste, après Dieu, une confiance parfaite dans les sentiments amiables et généreux du Roi T. C. à l'égard de l'intérêt

---

[1]. Plus tard Charles X, roi de France.

équitable qu'Il a pris jusqu'ici, et qu'Il ne discontinuera de prendre à ce qui nous regarde, et la triste situation de ce païs, je suis aussi persuadée que vous ne cessez de tourner toute votre aplication et zèle louable sur l'objet désiré de notre promte délivrance et futur dédommagement. Vous acquerrez par là un nouveau mérite auprès de nous tous ; et je me flatte de plus que le dernier contretems n'altèrera rien dans les dispositions de la cour où vous vous trouvez, non plus que dans la continuation des mesures et efforts efficaces de tous nos Alliés.

« Sur ce, je prie Dieu qu'Il vous ait, Monsieur de Fontenay, en sa sainte garde. »

Enfin, la même liasse renferme encore quelques lettres peu importantes de Mesdames, filles de Louis XV et sœurs du Dauphin, savoir :

ADÉLAIDE. — 1761-1782. — 3 lettres de cette Princesse au prince Xavier, et 9 de celui-ci à la princesse Adélaïde.

LOUISE-MARIE. — 1763-1764. — 2 lettres de cette Princesse, et une du prince Xavier, à propos de la mort du roi de Pologne.

SOPHIE. — 1763-1768. — 3 lettres de cette Princesse et une du prince Xavier, sur des pertes de famille.

VICTOIRE. — 1763-1768. — 3 lettres de la Princesse et une du Prince, sur les mêmes sujets que les précédentes.

4° Neveux et Nièces du Prince.
19e Liasse. 1770-1790.

ANTOINE-CLÉMENT-THÉODORE-MARIE-JOSEPH-JEAN-L'ÉVANGÉLISTE-JEAN-NÉPOMUCÈNE-FRANÇOIS-XAVIER-LOUIS-JANVIER, Prince de Saxe, fils de Frédéric Christian; né le 27 décembre 1755.

1773-1790. — 18 lettres, la plupart des compliments de fête et de nouvel an.

31 octobre 1781. — Demande de bonnes grâces pour sa nouvelle épouse.

CHARLES IV, ROI D'ESPAGNE; né à Naples, le 11 novembre 1748, mort à Rome en 1819.

2 février 1789. — Une lettre en réponse à celle du prince Xavier sur la mort du roi d'Espagne Charles III.

CHARLES-PHILIPPE, Comte d'Artois, fils du Dauphin, depuis Charles X, né le 9 octobre 1757.

1783. — 2 lettres :

6 janvier 1783. — Avis de la naissance d'une princesse :

15 février 1783. — Au sujet de la mort de la princesse Antoine sa belle-sœur.

FRÉDÉRIC-AUGUSTE, Electeur de Saxe, fils de Frédéric Christian, né le 23 décembre 1750.

1770-1790. — 23 lettres, parmi lesquelles :

25 décembre 1770. — Nouvelle de la grossesse de sa femme et demande d'un appartement dépendant du logement du prince Xavier, à Dresde, pour y installer l'enfant à naître.

30 décembre 1772. — Assurance pour le paiement des apanages des princes et princesses de Saxe.

20 février 1774. — Avis que le mariage de sa sœur Amélie avec le prince de Deux-Ponts a été célébré le 12 février, à la satisfaction générale.

18 juillet 1780. — Au sujet de la liquidation de la succession de sa mère, l'électrice-douairière de Saxe.

25 octobre 1781. — Avis du mariage du prince Antoine, son frère, avec la princesse Caroline de Savoie.

10 avril 1782. — Notification de la grossesse de l'électrice sa femme.

21 juin 1782. — Avis de naissance de la princesse Marie-Auguste de Saxe.

19 octobre 1787. — Avis du second mariage du prince Antoine, avec la princesse Thérèse d'Autriche.

LOUIS-AUGUSTE, Duc de Berry, né le 21 août 1754.

Versailles, 1er octobre 1770. — Sentiments d'affection pour le prince Xavier.

LOUIS-STANISLAS-XAVIER, Comte de Provence, depuis Louis XVIII, né le 17 novembre 1755.

1783-1789. — 2 lettres.

24 janvier 1783. — Au sujet de la belle-sœur du comte de Provence, nièce du prince Xavier.

Versailles, 20 mai 1789. — Compliment sur la nomination du jeune prince de Saxe à un commandement militaire :

« Mon très-cher Oncle, j'ai appris avec un veritable plaisir la grâce que le Roi vient d'accorder à M. votre fils. Tout ce qui pourra lui arriver d'heureux, ainsi qu'à vous, me touchera toujours sensiblement. Je n'ai point la vanité de croire que j'y aye contribué ; mais j'ai toujours eu une grande satisfaction à lui rendre le témoignage avantageux qu'il mérite, et j'espère que vous êtes bien persuadé que, quoiqu'il ne serve plus sous mes ordres, l'intérêt que je prends à lui n'est ni moins vif ni moins vrai.

Vous connaissez les sentiments avec lesquels je suis, mon cher oncle,

Votre très-affectionné neveu.
Louis-Stanislas Xavier.

MAXIMILIEN-CHARLES-MARIE-JEAN, Prince de Saxe, né le 13 avril 1759.

1780-1790. — 11 lettres de compliments ou d'affaires de famille, toutes peu importantes.

MARIE-AMÉLIE-ANNE-JOSÈPHE DE SAXE, née le 26 septembre 1757, mariée le 12 février 1774 à Charles II, Duc de Deux-Ponts.

1770-1790. — 39 lettres, signées souvent Amélia ou Amalay. Vœux et compliments divers ; recommandation d'une chanteuse italienne.

MARIE-AMÉLIE-AUGUSTE, Fille de Frédéric, prince de Deux-Ponts ; née le 14 mai 1752, mariée le 29 janvier 1769 à Frédéric-Auguste III, électeur, puis roi de Saxe.

1772-1787. — 4 lettres. Vœux et compliments ; avis de grossesse et de délivrance.

MARIE-ANNE-THÉRÈSE-JOSÈPHE, Princesse de Saxe, née le 27 février 1761.

1770-1790. — 15 lettres de vœux et compliments.

MARIE-CAROLINE-ANTOINETTE, de Savoie, première femme du prince Antoine de Saxe.

1781. — 2 lettres, dont l'une du 30 octobre, exprimant sa satisfaction de son heureux mariage.

MARIE-CLOTILDE, de Savoie, sœur de la précédente.

9 FÉVRIER 1783. — Une lettre de doléances sur la mort de la princesse Marie-Caroline, épouse du prince Antoine de Saxe.

MARIE-THÉRÈSE, de Savoie, femme du comte d'Artois.

1784-1790. — 3 lettres de vœux et compliments.

5° Famille de Spinucci.

Une grande partie de la correspondance de la famille de Spinucci avec le prince Xavier étant écrite en italien, nous n'avons pu en faire qu'un dépouillement très-succinct. Cependant, nous devons à l'obligeance de notre excellent ami M. Alphonse Baudouin et à celle de Mlle Claire Baudouin, sa fille, la traduction de plusieurs de ces lettres, dont nous donnons le texte en français.

20. Liasse. 1769-1790.

CLAIRE-MARIE ROSE-FÉLICE-ANNE-CÉCILE-NICOLOSSE, Comtesse de Spinucci, épouse morganatique du prince Xavier de Saxe, née le 30 août 1741, morte en 1791.

1769-1790 — Une forte liasse de lettres format in-4°, toutes en texte italien, signées des initiales : C. S. (Comtesse Spinucci), et plus tard C. L. (comtesse de Lusace). La plupart de ces lettres ont trait à des affaires domestiques, à des brouilles et à des raccommodements, et renferment souvent des détails naïfs et parfois touchants; elles sont sans orthographe, mais non sans esprit et sans style. Nous en indiquerons seulement quelques-unes :

FFRMO, 14 AVRIL 1769. — Pour informer le prince Xavier de son arrivée dans sa famille en Italie, de son plaisir d'avoir revu ses parents, et de son désir de recevoir des nouvelles de la Saxe.

MIRANDOLE, 14 MARS 1771. — La Comtesse se plaint à son mari d'avoir fait, par ses ordres, un voyage assez pénible. Défaut de ressources à la Mirandole.

18 ET 22 MARS 1771. — Elle félicite le prince Xavier sur son voyage à Parme et l'invite à venir la retrouver. Se plaint toujours du défaut de vivres à Mirandole. Curieux détails de cuisine.

18 JUIN 1771. — La Comtesse se plaint en termes énergiques et touchants d'être abandonnée du Prince : « Traître ! dit-elle, qui n'a jamais connu le véritable et pur amour. »

LYON, 12 JUILLET 1772. — Lyon lui plait. Elle espère que le Prince est arrivé à Paris. Détails domestiques qui prouvent que les finances du Prince sont en mauvais état.

6 AOUT 1771. — La Comtesse annonce à son mari qu'elle va s'empresser avec joie de le rejoindre à sa nouvelle terre de Chaumot.

CHAUMOT, DU 30 AVRIL AU 31 DÉCEMBRE 1772. — Plusieurs lettres ne renfermant que des expressions de sentiments d'amour, de regrets de l'absence du Prince, des sentiments religieux, des mièvreries. Elle appelle le prince Xavier : MIA MUCCIA (ma chatte) et se souscrit : IL TUO MUCCIO (ton chat), intervertissant ainsi les genres. Voici maintenant quelques extraits de la correspondance de la comtesse de Lusace avec le prince Xavier son mari :

Billet à la main.

31 décembre 1774.

« Non capisco io stessa come o auto la forzza di ritenermi alla vostra presenza di non dare in un eccesso ; come voi volete domani avicinarvi d'un sagramento si grande nel mentre, che nudrite nel cure un aversione dichiarata verso la vostra moglie, col darli pene sopra a disprezzi sopra a disprezzi facendoli menare una vita piu dura che si puol chiamar martirio jornaliere e anche di tutto l'ano ; queste sono le promesse ? basta di queste potete dispensarvene, mui del amor che un murito deve alla moglie che e vostra dovere ordinandovelo idio lui sia quello che vi perdoni, come io lo faccio, ma esaminate se siete degno d'apprapinarvi alla Sta Tavola. »

En français,

« Je ne comprends pas moi-même comment j'ai eu la force de me contenir en votre présence de pas donner en excès ; un comment vous voulez demain vous approcher d'un sacrement si grand, dans le moment que vous nourrissez dans le cœur une aversion déclarée envers votre femme, en lui donnant peine sur peine, mépris sur mépris, lui faisant mener une vie si dure qu'on la peut appeler martyre journalier, et aussi de toute l'année ; sont-ce vos promesses ? C'est vrai, de ces promesses vous pouvez vous en dispenser, mais jamais de l'amour qu'un mari doit à sa femme, qui est votre devoir, Dieu vous l'ordonnant. Sans doute, il vous pardonne comme je le fais ; mais examinez si vous êtes digne de vous approcher de la Ste Table. »

Pont, 26 juin 1781. — Lettre du Prince à sa femme, sur la mort de la petite Cécile. Traduction mot à mot du texte original italien :

« Chère âme, j'espère que vous serez remis un peu en calme de l'affliction que naturellement vous devez avoir éprouvée pour notre chère petite Cécile, maintenant notre avocate dans le Paradis. Dimanche au soir, entre 8 et 9 heures, on l'emporta du château pour l'enterrer dans le caveau de votre chapelle à la Paroisse. Le cortège qu'il y eut de filles vêtues de blanc, de prêtres et de peuple fut nombreux. Dans la sortie que fit le cortège du vestibule, entendant chanter les prêtres, je ne pus m'empêcher de courir à la fenêtre pour lui dire un triste adieu. J'éprouvais des remords à donner des larmes à un ange, mais la nature veut son cours. Melle de Bellegarde et 3 de Cuming portaient les quatre bouts du drap qui couvrait le cercueil. Les nombreux cierges et puis tout ce cortège, bien qu'il plût beaucoup, était vraiment émouvant pour tous les cœurs. Je la priai d'obtenir de Dieu sa sainte Bénédiction et pour nous et pour toute la maison. Les sœurs étaient toutes en larmes. Hier au matin elles sont allées avec la Bellegarde à la grand'messe qui fut chantée pour elle, non certainement de requiem, mais de gloire et d'actions de grâce. Je vous laisse penser les cris et les pleurs de la fidèle Geneviève, pauvre fille, elle fait pitié. Outre avoir perdu sa maîtresse, elle perd encore son pain. Mais je l'ai assurée que dans toutes les occasions nous ferons cas d'elle. Je ne sais si vous approuvez que j'aie ajouté au présent de 2 louis un autre : j'ai pensé, puisqu'elle perdait ses gages, adoucir ainsi sa peine. J'ai ajouté aux 30 livres de sa sœur six livres de plus, ce qui fait un louis et demi. Elles ont eu tant de peines dans les dernières nuits que cette augmentation m'a paru bien. Riffel m'a lu le brouillon de la lettre qu'il vous a écrite ; il était tant affligé qu'il n'a pas été en état de vous rien dire. Sachez donc que le jour de votre départ il se forma une seconde éruption de variole, il lui mit des vésicatoires ; mais tous les secours furent vains. Dimanche matin elle paraissait mieux, prenant tout sans peine ; ayant ouvert un œil elle avait vu son chapeau, et elle le montra avec le doigt à Geneviève, mais toute cette amélioration fut un effort de la nature qui allait finir. Vers les onze heures il lui prit une convulsion horrible qui, m'a-t-on dit, faisait pitié, et à midi la chère petite âme alla au ciel. Cuming a pensé à toutes les dépenses occasionnées par cela ; et je lui dis de les faire avec toute la décence, que vous en seriez certainement contente. »

PONT, 14 JUILLET 1781. — Lettre de la comtesse ayant trait au même évènement :

« Ricevei jeri a sera al solito la carissima vostra, Marito amato data del 4 del c n° 4. Non so casa rispondervici non essendo che un continuo lamento della pernita della piccola Cecilia, vi copatisco, e il vostro dolore mi è piu sensibile che la perdita di essa, per me non ci vedo in questa che una gran felicità, et in luago d'affliger mene, ne riseuto una continua santa invidia della sua bella sorte. Dio sa quel che fa, una volta che ce la tolta e certo per suo e nostro avantaggio ; La piccola Bredat e pure alla morte non so se la rescaperà, molte piccole sono morte a Pont, au Grange d'une famiglia cove c'erano cinque figli, in otto giorni ne sono morti 4, non gli è ne resta che uno, questa famiglia si puol chiamare veramente afflitta, vedete che Iddio non ci à battato con tanto rigne, benchè forse lo merit?ressimo (pour meritassimo) più che altri, Continuo le mie cavalcate, avanti jeri ne eci una trappo lunga, arrivai fino a Nogent seuza peuzare all ritorno, peuzate che non ne potevo più, non faro mai più simile eccesso ; la mia salute e buona, fuorche nù sento lutta dallorosa delle cavalcate, et il trotto nù fa soffrire orribilmente, forse à poco a poco m'a costumero, Riffel vien sempre con me, e Melle Eglée con il *Piqueur* aucoras cosi si fa una belle cavalcata ; al solito le piccole stanno bene e allegre evi bacciano la mano edio abracciandovi di core resto la vostra affezzionatissima mavie.

« C. L. »

Mot à mot français.

« Je reçus hier au soir, comme de coutume, la très-chère vôtre, Mari aimé, datée du 4 du courant, n° 4.. Je ne sais quelle chose vous y répondre, votre lettre n'étant qu'une continuelle lamentation de la perte de la petite Cécile. Je vous compâtis et votre douleur m'est plus sensible que la perte de l'enfant pour moi. Je ne vois dans cette perte qu'un grand bonheur ; et au lieu de m'en affliger j'en ressens une continuelle et sainte envie de son heureux sort. Dieu sait ce qu'il fait, et puisqu'il nous l'a ôtée, c'est certainement pour son avantage et pour le nôtre. La petite Bredat est aussi à la mort ; je ne sais si elle en réchappera. Beaucoup de petites filles sont mortes à Pont. Aux Granges d'une famille composée de 5 fils, en 8 jours il en est mort 4 ; il n'en reste plus qu'un. Cette famille se peut dire vraiment affligée. Vous voyez que Dieu ne nous a pas traité avec tant de rigueur, bien que peut-être nous le méritions plus que les autres.

« Je continue mes promenades à cheval ; avant-hier j'en fis une trop longue, j'allai jusqu'à Nogent sans penser au retour. Vous pensez que je n'en pouvais plus. Je ne ferai jamais plus un semblable excès. Ma santé est bonne, sinon que je me sens toute endolorie de la promenade à cheval, et le trot me fait souffrir horriblement ; peut-être, peu à peu, je m'y habituerai. Riffel vient toujours avec moi, et Melle Eglée avec le piqueur aussi ; ainsi on fait une belle cavalcade. Comme de coutume les petites vont bien, elles sont gaies et vous baisent la main ; et moi en vous embrassant de cœur je reste

« Votre très affectionnée femme,
« C. L. »

PONT, 5 NOVEMBRE 1781. (Mot à mot).

« Les reproches amers que vous me faites, cher mari, par la vôtre n° 5, seraient justes et je les mériterais, si vous me pouviez convaincre que vous me donnez liberté, quand vous êtes avec moi, de vous parler. Mais pour notre malheur nous sommes trop vifs, et nous n'avons jamais pu le faire. C'est pourquoi j'avais pris le parti de la plume. Je vois que cela vous déplait encore. Je finis de l'une et de l'autre manière. J'espère pouvoir faire effort pour ne plus vous chagriner. Pardonnez-moi les peines que je vous ai données et n'en parlons plus. ¶J'ai passé une mauvaise nuit. Il me déplaît beaucoup de devoir demain aller au Paraclet, à cause de la promesse que j'ai faite à l'abbesse. Je n'emmène pas les petites parce que, quand je vous en ai parlé il m'a semblé que cela ne vous plaisait pas. Riffel viendra ; ainsi, s'il m'arrive quelque chose, je serai tranquille. Les Galifets et leurs dames sont venus après-dîner ici le jour de la fête. Ils voulaient me faire prendre l'engagement d'aller chez eux quelques jours, mais j'ai refusé de m'engager. Ils viendront un de ces jours dîner ici. Les petites vont bien, vous baisent la main et je reste en vous embrassant et en me disant votre très-fidèle femme. »

Pont, 9 octobre 1783. — (Mot à mot).

La nuit passée, la petite Porti a eu l'heureux sort de s'en aller au ciel, étant morte de la maladie de flux de sang dont elle était attaquée depuis trois jours. Heureuse, elle qui maintenant jouit étant en compagnie de sa pauvre mère ! Je ne sais pas si la nourrice ne doit pas avoir quelque remords de cette mort pour avoir sevré cette enfant si tôt. Il est vrai qu'elle ne pouvait faire autrement étant enceinte, mais elle pouvait s'abstenir quelques mois de plus, jusqu'à ce que la petite se fût un peu fortifiée. M. le curé a été ici ce matin pour recevoir mes ordres pour l'enterrement. Je lui ai dit de la mettre avec les deux autres dans le cimetière et que pour le reste notre concierge y pourvoirait. J'attends, cher mari, d'avoir votre consentement à ma volonté qui serait de laisser à la nourrice toutes les choses qui ont servi à la petite. Premièrement c'est l'usage ici ; et puis pour vous dire vrai, comme cette enfant a toujours été maladive, je ne voudrais pas que si nous devions encore avoir des fils, faire servir rien de ce qui lui a servi. Le berceau même, je ne voudrais pas le reprendre ; et ce n'est pas une grande perte, cet objet étant si sujet à engendrer des punaises. Aujourd'hui, c'était le jour fixé pour la retirer de chez la nourrice et la donner à la Giargot. Et puis qu'elle devait mourir, je vous assure que j'ai mieux aimé que cela soit arrivé la nuit passée que si elle fût morte la nuit à venir après lui avoir fait changer de maison. Tout le monde aurait peut-être cru que c'était le changement. — Je suis un peu inquiète, cher mari, de votre santé, et je ne sais pourquoi, je désire que ce soit une crainte fausse et une espèce de vapeur, rassurez-moi vite ; comme je sais que demain du gibier part par le courrier, j'y ferai ajouter un paquet contenant une mienne fourrure que je vous prie de dire a Nick de porter chez votre pelletier allemand, pour y faire remettre le satin qui est tout gâté, et puisque le capuchon est bon, faire assortir la même couleur pour la fourrure. Je ne voulais pas l'envoyer par le courrier, de crainte que cela ne coutât trop cher, mais comme je crois qu'il peut porter des choses plus pesantes (*c'est-à-dire le gibier ?*) je me figure que la dépense ne sera pas trop grande, autrement je ne l'aurais pas chargé de vous porter semblables choses. J'aurais bien volontiers grondé Marianna de sa négligence pour les glands de la bourse : si elle les eut commandés tout de suite ils seraient venus dix fois depuis si longtemps. Le concierge m'a remis la petite boîte, je l'ai trouvée très-bien quant aux médaillons, mais très-mal arrangée dans les brisures qui se voient encore très-bien. J'espère que vous aurez remercié pour moi M. de la Barberie. A propos que fait-il ? Comment êtes-vous avec lui ? Vous en servez-vous ou non ? Je suis un peu curieux de savoir la conclusion, s'il reste ou s'il part. Vous aurez reçu deux [lettres] de vos filles. Christine, comme vous aurez remarqué, se déclare coupable, elle a fait de ses fautes habituelles ; quelques tapes à sa sœur, à la femme de chambre, voilà ses fautes. Un embrassement à Joseph et à ses filles quand vous les verrez. Avant-hier est venu ici Mᵉ Bléau en visite l'après-dîner. Faites-moi promptement savoir des bonnes nouvelles de votre santé ; la mienne, j'en suis très-contente. Je vous embrasse, mille fois aimé, et je suis votre fidèle femme.

C. L.

Riffel qui est venu ce matin pour m'annoncer la mort de la petite m'a dit qu'il ne vous l'écrivait pas puisque je le faisais moi. En ce moment, c'est-à-dire vers une heure, M. Galifet arrive pour dîner avec nous, ce qui va nous retarder un peu.

21ᵉ Liasse, 1764-1790.

BÉATRICE, Comtesse de Spinucci, mère de la comtesse de Lusace.

1771-1781. — 12 lettres, dont les principales ont trait aux objets suivants :

26 OCTOBRE 1771. — Félicitations au prince Xavier sur l'acquisition de la terre de Chaumot.

9 OCTOBRE 1777. — Témoignages de joie, et composition

de vers au sujet de la déclaration du mariage du prince Xavier avec la comtesse Spinucci sa fille.

21 décembre 1777. — Demande de protection et de démarches près du Pape, en faveur de l'archidiacre Spinucci son fils.

DOMINIQUE SPINUCCI, Evêque de Targa, puis de Macérata et de Tolentino, frère de la Comtesse.

1769-1790. — 200 lettres environ, parmi lesquelles nous signalerons les suivantes :

13 octobre 1769. — Pour remercier le prince Xavier d'une petite pension qu'il lui avait fait obtenir sur un bénéfice.

11 aout 1770. — Au sujet d'une troupe de comédiens qui devaient donner une représentation, à laquelle l'évêque de Macérata se proposait d'assister.

25 septembre 1770. — Demande d'assistance pour payer ses frais de bulles et autres, au sujet du canonicat de Saint-Pierre.

20 octobre 1770. — Avis de la naissance, à Sienne, de la princesse Marie-Anne de Saxe.

30 octobre 1770. — Lettre du prince Xavier à l'évêque de Macérata, dans laquelle il se plaint de ce que le cardinal Borgia ait dit à Rome, qu'il était marié avec la comtesse Spinucci.

28 février 1771. — Du même au même, pour se plaindre de la Comtesse, sa femme, qui ne lui témoigne pas assez de tendresse, et avec laquelle il est depuis quelque temps en bouderie de jalousie.

30 octobre 1774. — Du Prince au cardinal Boselli, pour obtenir du nouveau pape qui sera élu pour succéder à Clément XIV, la place de camérier secret pour l'évêque de Macérata.

26 février 1775. — De l'Évêque sur l'insuccès de sa demande pour obtenir la place de camérier secret du Pape.

5 octobre 1777. — De l'Évêque au Prince. Remerciements en termes très-élogieux de ce que Son Altesse Royale a fait déclarer son mariage avec la comtesse Spinucci.

5 décembre 1781. — Doléances et consolations adressées

au prince Xavier, pour l'engager à la patience et à la résignation, au sujet du caractère de sa femme.

Macérata, 9 mai 1782. — Entrevue du Pape, avec l'empereur d'Autriche à Vienne; affaires personnelles et diverses :

« Par la lettre de ce courrier de ma chère sœur et par la note de V. A. R. renfermée dans cette lettre, je remarque avec regret qu'une de mes lettres, écrite à Fermo le 7 de mars, n° 25, s'est certainemeut égarée. Je l'écrivis de Fermo où je m'étais rendu exprès pour instruire ma sœur Porti sur son voyage de France et, en même temps, j'écrivis aussi à ma chère sœur de Lusace, de même qu'écrivit aussi en cette occasion le comte ou la comtesse Porti ; il faut donc dire que tout ce pli, je ne sais par quel hasard, s'est égaré. Moi, dans cette lettre, je faisais à mon cher Prince un exact récit du passage du Pape; je le remerciais de la communication des papiers touchant l'affaire de Pologne, et je lui rendais compte de tout ce qu'il me commandait relativement aux titres de noblesse dans sa très estimée lettre du 31 janvier. Je me console pourtant car tout ce que je vous disais relativement à cette dernière chose qui est la plus intéressante, je l'ai répétée tout-à-fait et même plus clairement et plus longuement dans ma lettre n° 3 en date du 10 avril, laquelle, à cette heure, vous sera, je l'espère, certainement arrivée. Quant à l'affaire de Pologne, vous en aurez entendu le récit par Thomas, d'après ce que lui en a dit le cardinal de Bernis, c'est pourquoi il faut s'armer de courage et en appeler au temps qui a pour habitude de bien faire les choses.

« Quant aux nouvelles du Pape, je crois inutile de les répéter, et parce qu'elles seraient trop vieilles et parce que les gazettes en ont parlé beaucoup. Les dernières nouvelles que nous avons sur cette affaire, sont en outre très affligeantes. Elles nous rapportent que, malgré toutes les belles et splendides démonstrations de César au S. Père, l'Empereur n'a cependant voulu rien rabattre de sa conduite et idées sur les affaires de l'église, tellement que le pape a été contraint de déclarer aux ambassadeurs qu'il partait de Vienne mécontent mais tranquille : mécontent parce qu'il n'avait rien pu obtenir de l'Empereur, tranquille, parce que, de son côté, il avait fait ce qu'il pouvait pour le bien de l'église. De plus il dit que l'Empereur lui avait fait certaines demandes qu'il n'avait pas voulu accorder parce qu'elles étaient préjudiciables à l'église et parce que, en les accordant, l'Empereur lui-même en aurait rougi et que sa gloire en aurait été obscurcie. Le Pape a pourtant voulu que la malheureuse issue de l'affaire soit rendue publique, pour que le monde ne croit pas qu'il ait accordé quelque chose et qu'il ait donné son consentement aux suppressions et autres vexations que l'Empereur fait.

« On ajoute que S. S. a refusé le don de la superbe croix que l'Empereur voulait lui donner ; d'autres disent que, se trouvant fortement pressé, il l'a acceptée, mais avec la résolution de la prendre en dépôt pour la donner aux Saints apôtres aussitôt arrivé à Rome. De plus, l'Empereur voulait créer prince du Saint-Empire le neveu du Pape, mais ce dernier n'a pas voulu. Cependant les louanges et les applaudissements que ces peuples ont fait au St Père sont incroyables ; il se gagne le cœur de tout le monde. Je pense qu'à la fin du mois il passera de nouveau dans ces pays, mais, jusqu'ici, il n'a [été] reçu aucun avis officiel.

« J'espère que V. A. R. aura sûrement vu ma sœur Porti, sa fille la petite Claire et mon frère, cette compagnie servira, j'espère, à votre soulagement commun, à vous et à ma sœur.

« Qui eut dit à ma sœur qu'elle deviendrait bientôt doublement gouvernante, non pour ses enfants mais pour ceux des autres. Je crois qu'il n'y a plus à douter de la grossesse de ma sœur. Puisque dans sa dernière lettre V. A. R. me commmande de lui envoyer la note de la dépense pour les affaires de Fermo et pour celles de Siena, je vous obéis, quoique en dehors de votre ordre, je m'en serais toujours gardé, traitant cela de bagatelle. Donc, les affaires de Siena, y compris le don au curé et au chancelier de l'archevêché, montent à deux sequins et demi. Toutes celles de Fermo à quatre écus et quatre-vingt dix baïoques ; en un mot, entre celles-ci et celles-là, la dépense est de dix écus et quelques baïoques. Vous voyez que c'est une niaiserie et c'est pourquoi je vous supplie de nouveau de n'y pas faire attention ; je vous suis tant et tant obligé que je répète à V. A. R. que si ce que je vous ai avancé était dix fois plus important, ce ne serait encore rien par rapport à ce que je vous dois. Je répète ce que je vous ai dit dans le Post-Scriptum de ma lettre n° 5, qu'on ne peut avoir de preuves de noblesse plus grandes que celles que je vous ai envoyées ; mais elles sont telles que quoiqu'elles n'arrivent pas à la hauteur des preuves de Rémiremont et qu'elles ne se font que difficilement pour quelque famille que ce soit, toutefois, en les perfectionnant un peu elles pourront devenir meilleures et être suffisantes. Enfin, j'ajoute que jusqu'à cette heure, j'ai exactement reçu trois de vos très-estimées lettres, une n° 1, en date du 31 janvier, la seconde n° 2, en date du 10 février, et la troisième n° 3 en date du 31 mars. Je vous prie de me dire nettement si vous êtes content de ces nouveaux arrivants et spécialement de Thomas qui, d'après les promesses qu'il m'a faites, ne voudra pas, je l'espère, démériter votre clémence. Je ne vois pas encore le moment de voir pourvu de quelque abaye notre jeune abbé de Saxe. Je peux me flatter de voir cette année dans les almanachs le nom de ma sœur, après les lettres de naturalisation, desquels vous me fîtes don d'un exemplaire dont je vous ai beaucoup de gratitude ; il me semble qu'il ne devait plus s'y rencontrer aucune difficulté. Je prie V. A. R. de ne pas me diminuer en rien de sa très-honorable protection et de me croire, avec tout le respect, la reconnaissance et l'affection de V. A. R.

« Le très-fidèle serviteur et beau-frère,
L'Évêque de Macerata.

Bédaro, 3 décembre 1782. — Sur la mort de la comtesse Porti, sa sœur[1] :

« Par la date de la présente lettre, V. A. R. verra que je me suis fait un devoir de la servir de suite. La commission ne pouvait vraiment être plus douloureuse, mais la charité et le devoir l'exigeaient ainsi. Qui m'aurait dit que, pendant qu'avant-hier matin je me préparais à dire la messe en l'honneur de St Xavier, à demander à Dieu qu'il répande ses plus abondantes bénédictions sur le respectable Prince qui porte ce nom, il dût m'arriver un coup aussi terrible qui fut celui que m'annonça le pli de France ! J'eus cependant le courage de dire la messe et de prier Dieu pour cette âme. Puis je fus surpris par une palpitation de cœur avec des convulsions et je ne savais comment faire pour me calmer. Bien qu'il plût à verse et qu'il eût plu toute la nuit précédente, je fus cependant chercher de suite deux chevaux et, m'étant recommandé à Dieu et à mon ange gardien, j'arrivai à plus de 2 heures de la nuit à Fermo, bien trempé d'eau mais sans le moindre accident. Pour ne pas me présenter directement à ma pauvre mère qui serait demeurée interdite en me voyant ainsi à l'improviste, à cette heure et par ce temps, je descendis à la maison Azzolini, où je pensai

1. Morte au château de Pont, à la suite d'une couche.

trouver le chanoine Bernetti, bon ami de la maison, et de m'aider de lui pour prévenir ma mère.

« Heureusement, j'y trouvai le chanoine Grégoire, de sorte que je l'envoyai devant, faire semblant de demander si la poste était arrivée, et dire qu'on entendait dans la ville quelques nouvelles qui ne lui plaisaient pas sur la comtesse Porti.

« Le cardinal Bernetti arrivé peu après, dit la même chose, de sorte que l'âme de ma pauvre mère étant mise en agitation et trouble, ils commencèrent à dire quelque chose de plus ; alors je sortis d'une chambre où je m'étais tenu caché, nous nous embrassâmes, nous nous comprîmes de suite ; on pleura, on s'observa en silence et puis, avec les réflexions de la religion, ma bonne mère se calma mieux qu'on ne pouvoit l'espérer. La matinée suivante, de bonne heure, avec le même cardinal Bernetti, je suis venu ici voir le second acte de la tragédie : nous avons réglé l'annonce à peu près comme avec ma mère. Le pauvre Antoine qui venait de sortir de sa chapelle où il avait entendu la messe y rentra comme une éclaire, se prosterna aux pieds de l'autel et fit à Dieu l'offrande publique de sa chère compagne ; monté dans sa maison, nous le laissâmes une bonne demi-heure se promener dans ses chambres, parmi les sanglots, les larmes et les exclamations : surtout il répétait souvent : « Je lui ai donné la mort, c'est moi qui en suis cause. » Réconforté du mieux qu'il lui fut possible, il voulut savoir tous les détails ; je lui donnai à lire la lettre de V. A. R., l'autre de cette chère sœur, puis celle que m'avait écrite Thomas. La scène la plus intéressante fut quand survint la troupe des enfants éplorés ; le père transporté de douleur s'écria : « Ah ! mes pauvres fils ! » Cet instant ne peut me revenir à l'esprit sans me demander un déluge de larmes ; le pauvre petit Xavier, un peu plus grand que les autres et d'un cœur très-bien fait, se jeta à mon cou et était inconsolable. Cette matinée, nous l'avons passée tout entière à l'église à entendre autant de messes qu'on en a pu avoir en appelant tous les prêtres des environs. Moi, ce soir, je retournerai à Fermo pour réconforter ma mère, et comme j'ai des affaires à l'évêché, je verrai si je pourrai me rendre demain soir à ma résidence. Mon Dieu ! quel coup inattendu pour nous tous.

« Si en même temps que l'accouchement, il nous était venu la nouvelle de la mort, elle ne nous aurait pas tant surpris, car on ne craignait plus rien pour la vie de la malheureuse sœur. Le comte Antoine n'est pas sûr de pouvoir vous répondre par ce courrier et remercier V. A. R. ainsi que la comtesse de Lusace ; vous l'excuserez certainement. Il vous envoie par moi ses compliments particuliers.

« Le......... s'améliore toujours davantage, de sorte qu'il n'y a pas lieu maintenant de discourir de l'affaire connue ; mais le devoir et la gratitude veulent que je vous remercie des très bonnes dispositions de votre bon cœur pour moi. Dieu fasse que ma bonne sœur ne souffre quelque révolution pour cet événement si fatal. O mon Dieu ! quelle malheureuse année 82 ! Dieu nous préserve d'autres années semblables. Je prie V. A. R. d'un baiser à ma chère sœur et à ma pauvre petite Claire, d'un salut à mon frère auquel j'espère que vous voudrez bien daigner communiquer ma lettre, n'ayant pas le temps de répéter les mêmes choses ; mais seul je vous saluerai avec deux paroles. Veuillez me conserver l'honneur de votre précieuse protection et me croire avec le sincère respect habituel de V. A. R.

« Votre très fidèle serviteur et beau-frère très
« respecteux,

L'ÉVÊQUE DE MARCERATA.

MACÉRATA, 19 DÉCEMBRE 1782. — Sur la mort de l'abbé de Saxe :

« Oh Dieu ! qui aurait jamais attendu une nouvelle aussi terrible qu'est celle que vient de m'annoncer et de me détailler mon frère Thomas ! Je suis resté si surpris aux premières lignes que le courage me manquait pour aller plus loin ; bientôt la douleur succéda à la stupeur ; et à la douleur les larmes. Je pleurai pour le cher défunt, je pleurai à la réflexion de la peine si cruelle que doit avoir éprouvée le meilleur des pères, et je pleurai en me représentant la douleur de la pauvre mère. Dieu, par sa miséricorde, vint subitement à moi avec sa grâce pour me munir de ces réflexions chrétiennes qui sont les seules qui puissent nous soutenir dans de semblables événements.

« J'achevai de m'attendrir le cœur à la lecture de l'héroïsme chrétien, avec lequel mon cher Prince et ma bien-aimée sœur ont reçu le grand coup. J'ai remercié Dieu qui leur a donné tant de constance et de résignation. Qu'ils soient toujours bénis.

« Je comprends, mon pauvre Prince, que la lecture de ma lettre vous ramènera les larmes aux yeux, et j'ai été un peu hésitant pour savoir si je devais toucher à ce point si douloureux, mais il me paraissait du reste une cruauté de ne pas mêler en cette occasion mes larmes avec les vôtres; oh mon Dieu! je me serais attendu à tout autre chose plutôt qu'à la perte d'un neveu si aimé et qui avait tant de bonté pour moi. Adorons ses très-sages et très-justes décrets et soumettons-nous y.

Le bon petit Louis y a gagné parcequ'il est certainement à jouir dans le paradis. Hier quand je dis la messe à son intention, je me sentais plus disposé à me recommander à lui qu'à prier pour lui. C'est nous qui y avons perdu ; mais réconfortons-nous parce qu'on ne perd jamais quand on accepte avec résignation l'accomplissement de la volonté de Dieu. J'écris aussi deux lignes à ma pauvre sœur que je recommande toujours plus à la bonté de V. A. R.

« Je me trouve toujours convalescent de la grande souffrance qui me surprit la semaine dernière, et, quoique je me sente le cerveau tout engagé et le cœur alourdi par le funeste événement, je dois cependant me fatiguer beaucoup, car je suis actuellement en visite diocésaine, cela fait que je ne puis m'entretenir plus longtemps avec V. A. R. comme je désirerais le faire. Je ne vois pas le moment d'avoir des nouvelles de votre précieuse santé que je sens avec peine n'être pas parfaite.

« Mon bon Prince, ayez [soin] de vous pour l'amour de Dieu, pour vous d'abord, pour la consolation de toute votre famille et pour faire cette grâce à tant de vos très-fidèles qui vous sont attachés de cœur, entre lesquels j'espère que vous voudrez bien y conter.

« Votre très fidèle et très affligé beau-frère,

« L'Évêque de Macerata. »

30 AOUT 1783. — Sur la mort à Rome, en odeur de sainteté, d'un pèlerin français, de Boulogne, nommé Benoist-Joseph d'Albret.

GIUSEPPE, comte de Spinucci, père de la comtesse de Lusace.

1764-1777. — 5 lettres, dont :

Septembre 1764. — Remerciement au prince Xavier, de la protection qu'il accorde à sa fille Claire, et à toute sa famille.

13 juin 1765. — Ruine de sa maison, par suite d'un procès à Rome en 1762, et demande de fonctions qui lui permettent de soutenir dignement sa naissance et son rang.

6 octobre 1777. — Remerciement de la déclaration du mariage du Prince avec sa fille.

GRÉGORIO, Comte de Spinucci, frère de la comtesse.
1767-1778. — 10 lettres.

14 janvier 1773. — Il remercie le Prince de ce qu'il a fait entrer sa fille à la cour de l'électrice de Bavière.

15 décembre 1773. — Il annonce qu'il est arrivé au château de Chaumot avec son frère Tomaso.

Lyon, 19 janvier 1775. — Pour remercier le Prince de la bonne hospitalité qu'il a reçue à son château de Chaumot.

LUCREZIA CICCOLINI, Femme du comte Grégorio Spinucci.

14 janvier 1773. — Une lettre remerciant le Prince de ce qu'il a fait placer sa fille Claire, à la cour de l'Électrice de Bavière en qualité de dame d'honneur.

MARIA SPINUCCI, Comtesse de Porti, sœur de la comtesse de Lusace.
1768-1780. — 28 lettres. Demandes de protection; nouvelles de famille, de santé, de grossesses et d'accouchements.

THOMAS SPINUCCI, Frère de la Comtesse, capitaine au régiment d'Hérold-Infanterie, en Saxe.
1768-1790. — 100 lettres environ, dont plusieurs écrites en français.

26 juin 1776. — Avis d'arrivée à Munich, pour prendre possession du grade de capitaine; dépenses à cette occasion.

10 juillet 1770. — Arrivée à Amberg, et prise de possession de son poste au régiment d'Hérold-Infanterie.

6 janvier 1778. — Nouvelle de la mort de l'électeur de Bavière, Maximilien-Joseph, arrivée le 30 décembre 1777.

23 juin 1779. — Excuses de ses fautes et regrets d'avoir déplu au prince Xavier, son beau-frère et son bienfaiteur.

15 juin 1780. — Longue justification au sujet de prétendues calomnies répandues contre lui à la cour de Bavière.

8 juillet 1781. — Avis d'arrivée à Macérata, près de son frère l'Évêque, après avoir quitté le service de la Bavière.

21 octobre 1783. — Réclamation au sujet de la pension que lui fait le prince de Saxe, et sur laquelle il a constaté un léger déficit.

24 octobre 1783. — Nouvelle de la mort du comte Giuseppe Spinucci, son père.

26 mai 1788. — Au sujet d'une paternité attribuée au comte Thomas Spinucci en Bavière. — Négociation à Rome avec le cardinal Antonelli, pour le mariage de la princesse Marie-Anne de Saxe avec le prince de Piombino.

29 avril 1789. — Sur un autre projet de mariage de la même Princesse, avec le prince de Saint-Sévero, à Naples.

6° Maîtresses du Prince.
22° Liasse, 1750-1768.

Cette liasse renferme les lettres secrètes adressées au prince Xavier par ses maîtresses, pendant ses campagnes en Allemagne. La plupart sont écrites en français; mais souvent en un français barbare entremêlé d'allemand; ce qui dénote le peu d'habitude qu'ont les auteurs d'employer notre langue. Les premières lettres, purement affectueuses, sont quelquefois signées des noms réels; mais à mesure que la passion devient plus vive, cette signature disparaît, soit complètement, soit pour faire place simplement aux initiales ou à un pseudonyme quelconque.

Ne voulant compromettre aucun de ces noms, peut-être encore honorablement portés aujourd'hui en Allemagne, nous nous bornerons à la mention de ces dernières signatures conventionnelles.

Quant à l'objet de ces lettres, il se compose naturellement de protestations d'amour et de fidélité, de querelles de jalousies et de scènes de raccommodements.

ANONYMES. —

1750-1757. — 6 lettres en français, 7 en allemand et 2 en italien, de cinq écritures différentes. Recommandations pour le secret de la correspondance; espoir d'entrevue; assurances d'affection, etc.

A. LA BIEN-CONNUE, Comtesse d'E*, née de H*.

1760-1763. — 39 lettres, dont voici quelques échantillons :

Wirceburg, ce 28me mars 1760.

« Je ne voit pas par quelle raison j'ay mériter les reproches que Son Altesse ma fait dans sa dernière lettre, ne sachent pas de l'avoire mérider, mais je ne souhaite rien que d'avoir la grâce de vs assurer de buche (bouche) ce que la plume n'est pas en etta de vs exprimée; de plus j'ay mils obligation à vs rendre de la grâce que vs avier de voulloir envoyer de si belle chosse à une personne qui ne méritte pas les attantion dont Son Altesse ma honnorée. Le poisson de mer m'est venüe bien à propo, étant déjà bien lasse de nos missérable poisson dant lesquelle ns some enforcée icy du livre encore plus charmée, surtout dan ce carême où l'on ne fait que méditée. Mais pour ne pas tant gatée mes cieux (yeux) en lissent je trouverois ma ressurce au clavecin, en pensser que je resterer tout ma vie

« Votre très humble et très obéissante servant,

« DE E*** née DE H***. »

Wurzbourg, du 26 avril 1760.

« J'ay mille action de grâce à rendre à Son Altesse Quille à bien voullue ce (mot allemand) de pensée à une obgée aussi indingne que je suis d'unvoyer des pressent aussi magnifique que ceulla dont il vs a plus de m'envoyer. Touts c'est pressent n'auront pas fallut pr me ressouvenire d'unt Seigneur aussie accréable que vs, car ayent touts les jours la tête remplie d'une obgée aussie acgréable que la sienne et je peut vs assurée que je conte tous les minutte pr avoire la grâce de vs revoire et de vs assurée de boushe avec le plus parfaite attachement que je suis

« Votre très humble et très obéissante servante,

« LA BIEN CONNUE. »

Sans date.

« J'ay rugie de honte en ouvran la lettre de Son Altesse surtut voyen y contenue des compliment si sérémonieuse pour le renouvellement de l'année, dont je luy en fait mes remerciement très humble.

« Vôs n'aver point raison de voulloir me faire des reproche vôs dever être convainque de mon attachement ; mais je vous prie de ne point pansé a contander vos passion si jaurer aussie le bonheure de le revoir, tantie que je persiste tujours dans les maime santiment qui vous sont conüe ; néanmoin je ne suis pas capable de vous dire sur le papier ce que mon cr pance et vs diroit en vs voyen et je suis à jamais,

« La Bien Conue.

« P. S. — Come vs aver ordoner de vs doner de mes comision pr Parie, je prend la liberder de le fair en vs priant de me faire faire des soullier selon la mesure si jointe tantie que vs scaver mes plaint que j'avois toujours pr ceulla d'icy. »

Wurzburg, ce 23 mars 1762.

(Pas de suscription ; papier encadré de cœurs verts).

« Je vien de recevoir votre chère lettre du 28 février. Je laisseré à chuge à son Altes la joie qu'elle m'a cosé surtous aïan été privé depuis longtems. Je me croie entierement efacé de votre précieux souvenir. Celle que vous me mandé de mavoir atressé d'Eisenac ne m'ai point parvenu, aïant aprie que son Altes se trouve intisposé je crainiaiay que mes lettre ne vous incomot, je d'houte que cette fluxion ne soy pas d'une long duré. Je desper endièrement au promes que son Altes m'a fait de prender votre rute pareil ; jan serai inconsolable de me voir privé du plaisir de vous revoir. Je me chet à vos chenu pour vous demandé cette grâce de vouloir me console par votre chère portrai que j'auré désiré depui longtems ; mais crainions toujour que incomot son Altes je me suis jamais avicé à vous le demandé, qui me sera un sur garan de la continuation de vos grâce, que je garteré come le pluis grans trésor du monde.

« Coman esque son Altes pui croire que nos nouvelle hot mon fais oublié les chèr Saxcon ; je me rapel à M. de Ploque qui me poura juistifié. Messieurs les francai ne trouve point la provation qu'on truvé les Saxcon ; on sai même for peu dangagement, hormis Madame de Welten et le général S : Gorge, Mademoiselle Welten, Mademoiselle de Pouvenhosten. Le carnaval a ete assé priliant ; Madame d'Erdal se truve enseint et tout a fait changé. Son humeur gay sai changé dans la pluis noire mélancoli ; ele sor presque jamé toujour en compagni de son pau-frère. Madame de

Quat [a] été quelque tems isi qui a fais le même prui quel a fait l'anné passé, à son pluis grans regret quel et party disi.

« Je ne veux abuser [de] votre bonté et complaisance par tant écrire ; je borne isi ma plume, adantan avez impassiance une favorable réponse, vous assuran du plus tanter (tendre) atachement et parfait vénération avez lequel je ne serai à jamé

« Votre très humble et très obéissante servante,
« A. »

Sans date.

A Son Altes Royal (en main proper).

« Je vien de resevoir votre chère biliay, qui me fais souvenir a la promes que je vous ay fait ; quoique j'ai chongé tout cett nuy je le trouve presque infaisable. Le domestique par lequel je vous envoie cett lettre a les clé de la maison, et qui ne peu se faire sans que tout la maison sans aperçoie. Je me met à vos chenou, vous en chugere vous même dans le cas que je suis si je puis risque ca, j'y consan ; que son Altes lui en fais parlé, si ell pui arrangé sa ; mais non ca ne pui se faire ; je le mais à votre disposition, si vous croié pouvoir arangé. J'espere de vous voire aujourd'hui, et de vous en dire le reste.

« Je suis aubligé de finir en vous emprasse mille fois ampanssé (en pensée). Les soulié je n'ai point encor reçu de craint qu'il ne tompe dans les mains de ma chère Mère. J'espère de vous en faire mes remerciement de pouche.

« Excusé cett crifonage, je l'ai écrit en dorman. »

Wurzburg, le 8 septembre 1763.

A S. A. R. Monseigneur le Prince Xavié de Pologne et de Saxce, Lieudenant Général, Comendans des Trouppes Saxons à Trest.

« Je suis au bout de mon latin ; je ne saurais plus trouver des excuses ni des ressurces pour calmer votre juiste indignation sur le retardement d'une réponse que j'ai differai si longtems avec la pluis noire ingratitude. Depui la réception de vos chère lettre nos 12 et 13, jaité (j'étais) continuellement en voiage d'une compagne à l'autre et je ne pouvais trouvés auqu'une occasion de vous faire avoire ma lettre. Je me trouvés ici depui 8 jour occupez nuit et jour à me préparez à mon dépar pour Manheim qui sera luindy prochain en compagni de M. le grans prévo.

« Son Altes sera surpri de savoir que j'y viendré dame de cour. Les raison qui mon porté à cette résolution, j'espère de pouvoire vous marqué dans ma première lettre que j'aurai l'honneure de vous écrire.

« Nous avions aujourd'hui un ball qui [a] été fort animé. On a paucoup dansé d'anglaise ; Mme d'Erdal avez M. de Rotenhan ; Mademoiselle de Munster avez mon frère et ma petit personne avez Vilman, envoié.

« Ne sachant pas coment cette lettre sera recue de son Altes, je quitte la plume en vous suppliant très instâment de bardonnez ma négligence dont je r[o]ugiz quand jy pense. Dans cette forte espérance je ne cesserai jamais d'être avez le plus respectueux attachement.

« A. »

« P. S. — Vous vous aperceverez bien que j'écrie à la pluis grant hat ; mais j'ecrie en dorman. Si son Altes voudera m'honoré d'une réponse je vous supplie de les adressé tout droit a Manheim, que jadans avez la dernier impassiance. »

CHER CŒUR. — 1760-1761. — Les lettres que nous donnons sous ce titre sont complètement anonymes, mais toutes commencent et finissent par cette tendre appellation : MON TRÈS-CHER CŒUR. Elles sont au nombre de 45, dont voici les principaux extraits :

15 avril 1760.

« Mon très-cher Cœur,

« Quoique il semple que vous pensé bien peu à moi, j'embrasse pourtant cett occasion avec plaisir pour m'informé de voter santé et de voter silence, il y a 4 mois et je ne reçu qu'une seul lettre ; les postes vont très régulièrement, comme vous me l'avez écrit vous-même, ainsi, de quoi me plaintre que de vous. L'année passé vous avez eu la bonté de m'écrire tout les quinze jour de Versailles, et ce année, un seul fois. Combien [d']un si grand changement ne faut-il pas m'affligé ? Coment, puis-je me flatté que vous m'écrivés pentant la campagne-la, vous aver encor d'excuses que vous n'aver pas eu a présent. En vérité, vous ne fait pas bien avec moi ; je vous aime tant et vous me fait tant de peine. On a ici assée des sujet de n'être pas à son aise sans d'affliction particulier. On dit tant de la paix. Croyez-vous, mon cher Cœur, qu'il est si proche ? Il est bien à souhaité, surtout pour la pauvre Saxe. Notre situation est bien guerrière, deux si grandes armées si proches autour [de] nous fait beaucoup d'inconvénient. Tout est monté à un prix excessive est beaucoup qu'on est pas avoir du tout ; mais que faire? on [il] faut avoir patience et vivre en espérance, comme j'attent pareillement vos nouvelles.

« Adieu, je vous embrasse mille fois en pensée. Ma sœur vous assure ses plus parfait resp. »

2 octobre 1760.

« Mon très-cher Cœur,

« Oh ! mon Dieu, comme tout s'est changé depuis la dernière lettre que j'ai eu le plaisir de vous écrire! Premièrement ma S[œur] et moi somme tombé malade dans une même heure d'une furieuse fièvre chaude, et pendant le commencement de cette terrible maladie, on a assiéger et bombardé notre pauvre ville, et le 14 juil : ma S[œur] est mort ; laquelle je n'ai point revie du commencement de la fi[è]vre ; car tout aussitôt la chaleur étoit si excessive que je ne connoissoit personne et tout le monde doutoit que j'en réchapperois. Le docteur même m'avoit abandonné. A cette heure je commence un peu à me remettre, et j'ai été bien charmé de pouvoir lire une de vos chère lettre que j'ai reçu toutes, hormis n° 10. Ce qui m'a bien réjouie, mon très-cher Cœur, c'est votre parfaite santé. J'ai été bien triste le jour de votre naissance de ne pouvoir vous féliciter ; alors j'étois encore bien mal. Vous saurés le malheur qui est arrivér à D..., où nous avons été du nombre. Notre perte est grande car nous avons presque tout perdu, et même quelque chose de vous, mon cher Cœur, car durant notre maladie on a eu fort peu de temps a sauvé quelque chosse. J'oublierais volontier tout si je n'avois pas perdu ma chère S., car tout le reste on peut avoir.

« Il faut vous dire que je suis toujours à la campagne, à cause de ma santé ; ce qui m'empêchera de répondre à toutes vos chères lettres. Si vous le permettez, M. L. répondra en attendant, comme elle m'a dit avoir déjà fait.

« Mon cher Cœur, j'apprens que vous êtes bien heureux dans toutes vos entreprise ; mais je vous prie très-humblement de ménager votre précieuse Personne et de nous délivré bientôt.

« Adieu, mon cher Cœur, porté-vous toujours bien et pensé un peu à moi comme je le fais mille fois.

« Je ne sai où j'en suis avec le n° ; ainsi je recommence par n° 1. »

30 mai 1761.

« Vous m'avez écrit, mon cher Cœur, que je vous accusoit d'indifférence et d'infidélité ; il est vrai, je l'ai faite, je ne le puis nier, et cela pour cette raison que je vous ai déjà només. Vous m'avés donnés la permission de vous nommer cette belle Personne ; ainsi, je prens la liberté de ne vous dire que cela, que c'est une très-belle comtesse de Wurtzbourg pour laquelle vous eûtes la grâce d'avoir votre quartier-général d'hiver dans son palais (et où vous étes encore)1. C'étoit justement l'année 1760. Il est vrai vous tachés de me prouvé le contraire, et aussi j'ai trop d'égard pour votre aimable personne que de vous contrarier ; pourtant, depuis ce tems, j'ai trouvé, mon cher Cœur, vos lettres fort indifférentes, quoique vous m'ayés toujours dit que ce n'étoit pas là la conséquence ; elles n'étoient pourtant pas de même les premières années. Enfin je ne veut plus vous faire de reproche. Le malheur qui m'est arrivé de perdre mon cher. P[ère] vous sçaurés déjà. Au reste, mon très-cher Cœur, je me recommande toujours à votre grâce. »

« Je ne sais comment cela va à cette heur, mon cher Cœur, avec nos lettres. Premièrement, vous recevez fort rarement de mes nouvelles, quoique je ne manque point d'occasion de vous écrire ; secondement, vos chères letres que j'ai le plaisir de recevoir sont toutjours d'une si vieille date que je ne sais que pensé. Celle que j'ai reçu daté, du 30 juin, et on me la premièrement remise que le 12 août. Je suis bien charmé de vous savoir en bonne santé ; je souhaite de tout mon cœur comment une parfaite continuation. Mais, mon cher Cœur, coment cela s'est-il changé ? Vous me marqué que vous avez toutjour des avantages sur l'Ennemi, et à présent les Alliers on fait comme on dit de grands progrès depuis la malheureuse bataille. De quoi je vous supplie, s'il vous le trouvé bien, de m'en faire une petite relation ; c'il la perte que vous avez essuyé et si grande comme on nous mande. J'ai toujours espéré de vous revoir bientôt ; mais je ne sais, bientôt l'Espérance sévannouira tout à fait, quand on entend comment tout va et toutchant la Paix, je ne crois aussi rien puisque vous n'avez jamais rien répondu sur cette article, quoique je vous en aye une couple de fois supplier de me assuré si on peut avoir quelque Espérance. Au reste vous assure que je souhait toutjour que tout aille selon vos désirs.

« Adieu, très-cher Cœur, je vous emprasse de tout mon cœur, mille fois en pensé et me recomment toutjour à vos grâces. »

2 septembre 1761.

« En vérité, mon très cher Cœur, je suis fort étonné du retarde-

1. Allusion à la comtesse d'E****, dite la *Bien-Connue*.

ment de mes lettres et je né sais que pensé, car sitôt qui se présente une occasion d'abord je l'embrasse avec plaisir et ne manque jamais de répondre ; et pourtant vous ne recevoit point de mes nouvelles. Il me semble que vous me soupsonné du crime de changement ou de l'oublie. Je vous assure que vous me faites tort, et si vous me permettés de vous dire, je crois d'avoir plus des raisons de croire que je suis éloigné de votre cher Cœur. Quoique vous avez la grâce de m'écrire assés souvent, je remarque pourtant que je ne vous suis plus si chère, et que vous ne vous en souvener plus avec la même attention qu'autrefois. Je peut vous juré que rien ne m'échappe et que je prent garde à tout. Au reste, je vous suis très-obligé de me faire savoir l'état de votre chère santé, à laquelle je prend toujours beaucoup de part, en vous supplient de me conservé toutjours vos grâces ; et moi je vous baise mille fois vos chère mains en pensé. »

L. M. D. R. ou MARUSCHA. — La personne qui signe alternativement sous ces deux formes, n'est que la confidente et l'intermédiaire de la précédente ; elle nous paraît être la princesse Marie-Anne, sœur du prince Xavier.

1760-1761. — 45 lettres, dont voici seulement deux extraits :

28 mai 1760.

« Mon très-cher Vaser [1],

« Pardonnez-moy q^d je ne vous repond q. fort tard à votre lettre n° 9 ; mais je suis de si mauvaise humeur que je n'aurai fait que vous ennuyer par mon griffonnage. J'espère q. les (mot illisible) vous auront en attendant prouvé que je pense à exécuter vos ordres. Le Caffée-au-Lait [2] a eu dispute avec la prudence ; ce qui lui cause de violent chagrin. Vous verrez peut-être le Feu [3] qui de bouche poura vous dire plus que je ne sçauroit écrire. Aimai-le toujours, il en est digne. Le Charbon [4] l'aime toujours et m'a chargez de vous le recommender.

« Adieu, je vous embrasse de tout mon cœur ; malgré le splin, je suis toujours votre fidèlle

MARUSCHA.

13 juin 1760.

« Mon trés-cher Vaser,

« Malgrée ma tristesse, votre chère lettre étoit d'une grande

---

1. Nom sous lequel cette correspondance désigne généralement le prince Xavier.
2. 3. 4. Surnoms de divers personnages.

consolation pour moy, voyant que vous jouissiez de plus de satisfaction que moy ; vous êtes éloigné et l'on vous cherche ; moy j'ai la douleur de me trouver en ville sans rien voir, quoique je sçait pourtant qu'on a étez à la résidence. Je vous écris de notre jadise bienheureuse gallerie. Quelle différence pour moy ! Autrefois c'étoit mes délices, à cette heure cela fait mes tourmens. Mon cher Vaser, si vous ne me voulai voir désespérez, ne me refusez pas la seul consolation que je vous ai demandez dans ma dernière lettre ; car malgré l'éloignement et tout les difficultéz de nous voir et nous donner de nos nouvelles, je ne scauroit me changer. Mon cœur sera toujours le même ; je croit que c'est un sort qu'on y a jettéz ; mais je sens que vis-à-vis du Feu je ne scauroi me changer. Ne changez pas non plus et soyez plus constant en amitié que vous ne le paroissez en amour. Si vous avez de la tendresse pour moy, vous la conserverai aussy au Feu ; c'est par là que vous me le montrerai le plus, car cela m'est plus à cœur que moy-même. Vous pourai me traiter de folle ; mais je ne sauroit qu'y faire ; je l'aime et l'aimerai toujours, c'est un mal sans remède.

« Vous dirai que je vous entretien plus des affaires de mon cœur que d'amusemens ; mais comme je ne scaurai trouver aucun amusement qu'en vous épanchant mon cœur, vous me le pardonnerai. Au reste soyez persuadé, mon cher Vaser, que je vous aime le plus tendrement du monde.

Le Feu m'a ordonné, il y a 5 jours, de le mettre à vos pieds ; pour moy je vous embrassse de tout mon cœur. Adieu.

« L. M. D. R. »

« P. S. *Tutta la suera famillia* vous fait mille tendres compliments. Le Caffée-au-Lait s'expliquera mieux soi-même. »

PÉPI..., Comtesse d'Er**.

1758-1763. — 18 lettres, parmi lesquelles nous citerons les suivantes :

14 septembre 1759.

« Je me signe Comtesse, c'est que j'ai l'honneur d'être devenue comtesse du St-Empire. S. M. l'Impératrice, je ne sçai pourquoi, nous a élevé à cette Dignité. Je l'ai accepté à condition que cela ne nous coûte rien, et heureusement cela fut fait ainsi. Si encore cette dignité avoit été accompagnée d'un revenu proportionné, cela passeroit.

29 mars 1760.

« Cent ducats répareront ma sautise ; de grâce ne m'abandonné pas et gardé moi le secret ; je me flatte que peut-être plus tôt que je ne pense, je serai en état de vous les rendre avec mille actions de grâce ; ma bonne vieille mère, j'espère, ne me laissera plus languir longtemps après son décès.

Sachés, Prince, que vous êtes méchant, et qu'il me semble que vous adoptés tout-à-fait les bons mots de la nation où v^s v^s trouvés. »

21 août 1762.

« Il y a trois jours que j'ai eu la consolation de recevoire votre lettre du 30 de juin. Je crois Monseigneur qu'el a fait le tour de la Sibérie jusqu'a ce quel m'est parvenue, et cent fois j'ai demandé à Madame la Princesse Elisabeth si elle n'avait point de réponse. Jugé dont de ma satisfaction, cher Prince, en recevant les assurences que vous me doné de la continuation de vos bontés, et des marques d'amitié que vous m'honoré dans votre cher lettre. Votre Pépi est pénétrée de joie et se croit la plus heureuse mortel d'oser se flatter que vous l'aimés encore. Mes sentiments pour vous, cher Prince, surpassent ce que je pourai vous en dire sur ce sujet. J'ose cependant vous assurer que toute ma vie je vous serai attaché et que vos interets me sonts aussi chères que les miennes. Hélas ! la pauvre petite Pépi ne peut point contribuer à votre bonheur. Si les vœux et souhaits pouvoit s'accomplir, que vous seriés heureux, cher Prince ! On vous accuse, Monseigneur, tant en Poloigne que issi, que vous est un peû pareceux de donner de vos nouvelles. Auserè-je vous supplier d'y faire réflexion ?

« Notre situation est toutjour la mème ; les ennemis font de terribles courses en Bohême. Leur but, je crois, seroit de coupper la communication de ce Royaume, sure moyent pour nous affamer. La révolution en Russie est des plus remarquables ; elle est venue à propos p^r Mgr le Duc, lequelle est déjà allé dans son duché. Il est parti le 6 de Varsovie ; mais il y étoit rettourné p^r la diette.

« Il est vrai, Monseigneur que quand on est pauvre l'on a pas le chagrin de craindre de perdre ses biens. Vous vous en faite la comparaison ; mais, Dieu merci, vous n'est point dans le cas. Les grands ne manquent jamais du nécessaire ; mais notre état bien. J'en fais la triste expérience, et je ne vous ferai point mistère, cher Prince, que je suis sur le point de vendre quelque petites nippe avec déplaisir, seulement pour en tirer quelque argent pour me donner le plus nécessaire ; le peu que je reçois ne pouvant être employé qu'a mon triste ménage. Finissons sur ce chapitre : je me donc le splin et me fait fendre le cœur, et à vous, cher Prince, je doit ennuyer, quoique je suis persuadé que vous prenés part à mes chagrins. Oui, aimable Prince, s'il étoit foisable je vous rejoinderai. J'ai du courage, je me batterai come une diablesse pour v^s deffendre. L'on avoit fait votre perte bien considérable ; je ne me suis informé que de vous, de votre santé. Je n'aime la Saxe et ne suis Saxsone que pour v^s, cher Prince. Si je ne vous y révois bientôt je ne scai le parti que je prenderai. Consolé-moi au moins en me donnant fréquement de vos chers nouvelles et permettés que je vous assure par les mienes que la Pépi n'aime que son cher Prince et qu'en idé elle le couvre de baiser.

« P. S. — Pour plus de sûreté j'ose vous supplier, cher Prince, de confier au feu les papiers qui vous sont inutiles de même que mes lettres; avis. »

—

6 octobre 1762.

« Aimable et cher Prince, votre lettre m'a causé la plus sensible joie. J'y reppond dans la chambre de mon adorable P : E : Je suis enchanté de vous scavoir en bonne santé. Dieu vous la conserve. Soyez persuadé que je prend bien de la part aux fatigues que vous est obligé d'essuïer, mais il n'y a nul plaisir sans peine. Chés nous appresent tout est tranquille et malgré le bruit que l'on a fait, nous n'avons pas Freyberg encore ; c'est pourtaut un objet bien désirable pour nous. Ce certain *Silber Pagen*[1] nous manque. Vous me paroissés, cher Prince, si détaché de toute les richesses come moi, mais je vous assure que, malgré cette philosophi, je vouderai cependant avoir un peu plus pour me redonner les délices que j'ai perdu ; sans cela, mon cher Prince, votre Pépi se gellera tout cette Hyver et je n'ai personne qui me réchauffe.

« Pardonné que ma lettre sera un peu courte, pour cette fois, mais il faut que je joue au Thuroque et cela le matin ; ne vous en scandalisé pas. Nous avons entendu la messe, mais moi pas. Je ne comprends pas pourquoi vos chers lettres tardent tant à parvenir ; la dernière étoit de 4 semaines.

« Je suis inquiette, cher Prince ; on parle d'une affaire qui s'est du être passé le 24. Je tremble pour vous ; de grâce, tiré moi de cette peine et permettés qu'en idée je vous embrasse mille fois et cela avec toute la tendresse.

« La fidèle Pépi. »

1. Billet de banque, papier-monnaie, lettre de change?

24 novembre 1762.

« C'est toutjour avec la plus grande satisfaction que reçois les marques de votre gracieux souvenir, et j'ai l'honneur de reppondre à votre lettre du 31. Je ne puis recevoir le compliment que vous me faite sur l'arrivée du *Silber Pagen*. Vous scaurés que ce plaisir a été bien court puisqu'il n'a pas eu le temps de nous parvenir. Ainsi, mon cher Prince, je ne puis vous dire autre chose que la nécesssité où je suis augmente de jour en jour ; abbandonerés vous votre chère Pépi ? Permettés, mon cher Prince, que je vous fasse mon compliment sur la paix, quoiquelle doit etre assé indifférente pour nous. Mais les politiques espèrent que nous pourions bien l'avoir aussi ; il en serait tems. Je me flatte apprésent que mon cher Prince viendera avec son armée en Saxe. Quel seroit ma joie de vous revoir ; mais je tremble que vous ne soyez obligé de retourner à ce triste Versailles.

« L'on est occupé chés nous à règler une convention pour la tranquillité des truppes de part et d'autre. S. M. le Roi de Prusse est à Leipzig. Hier toute la cour a diné chez le prince Albert qui a son quartier à (mot allemand illisible) ; on y a dansé toute la nuit et aujourd'hui le prince entre en ville. J'ai à vous marquer, mon cher Prince la plus singulière nouvelle. Je ne l'ai pu croire ; mais elle est vrai. S. E. M^r le Comte de Bolza veut devenir guerrier ; il veut payer 24 mille R : pour devenir second collonel dans le régiment de Lœvenstein-Dragons ou cheveaux-léger. Quel idé, lui qui est un Paliazo. A propos de guerrier, je dois vous supplier de la part de Mme de Salmour qui v^s présente ses respects, de vous souvenir d'un officier qui s'appel Erlinger. Vous devez l'avancer, sans cela vous serés en disgrace de tous les vualets de chambre. Fait y réflexion, le cas est grave.

« Je suis très flatté, mon cher Prince, de la demande que vous voulés bien me faire. Il y a deux raison qui m'oblige de vous la refuser ; la première, que je ne conois point de barbuilleur, et la seconde que je n'ai point d'argent. Faite, mon cher Prince, come je suis obligé de faire. Vous scavés que je n'ai point votre portrait ; cependant je n'ai osé vous le demander, de crainte que v^s ne me disié qu'il me faut votre portrait, pour me souvenir de vous. Enfin mon cher Prince. Je ne vous ay pas moins d'obligation pour le désir que vous avés de vous chargé de mon vilain minois. Il viendra un tems où je ne manquerai pas de vous faire ce cados, puisque vous le voulés ainsi.

« Je vous supplie de m'écrire le plus souvent que vous pourés.

Ne prenés point pour excuses l'irrégularité des postes. A propos, je sais, mon cher Prince, que vous avés souffert beaucoup à vos yeux, quoique vous ne m'en parlés pas.

. . . .

« Ma lettre est aussi confuse que ma tête, care je suis malade. J'ai une crampe d'estomak qui me tire. C'est la mauvaise nourriture qui en est la cause.

« Adieu, mon cher Prince ; soyés persuadé que votre Pépi vº aime tendrement et que vous seriés un ingrat si vs ne lui portiés du retour. »

—

10 juillet 1763.

« M. le Comte de Bellegarde, sans le scavoir, sera le porteur de ma lettre ; elle vous sera rendu par le petit Marchal. Coment vous va, mon cher Prince? Je scai que vous promené le soir. A quelle belle avés vous rendu visite ? Cela a l'aire d'une petite intrigue. Mais quel fatalité que le Roy, papa, se tient à ses fenêtres et que rien ne lui peut échapper. Vous serez étoné de la nouvelle que je vous marque ; par là jugé que rien n'est caché. Mais j'ai beaucoup rie de votre avanture.

« Nous continuons à nous exercer et, sans vanité, nous nous battons come de braves soldats. Il y a eu deja des blessures et contusion de doné ; pour moi, je n'en ay reçu ny doné, quoique l'envie d'en doner ne me manque pas, et cela du meilleur de mon cœur. Mon mari part demain pour Prag, et cela pour trouver de l'argent, car on nous laisse crever de misère et de faim sans s'inquietter de nous payer. Il faut publier dans tout les pays de la façon que nous somes traité, et prier nos parents et nos proches de nous faire vivre à la coure et au service du Roy de Poloigne, électeur de Saxe. Non il n'est pas possible que le Roy sache ce qui se passe, sa bonté, justesse et équitté n'y sauroit consentir. Cher Prince, vous me dirés est-ce à moi la faute et pourquoi est-ce que je m'en plains à vous ? Mais a ton de plus grande consolation que quand on peut déposer ses chagrins à un ami. Ce (c'est) sur ce pied, cher Prince, que je vous expose mes peines, puisque je scai que vous y prenés part.

« Je n'ai pas reçu mon *Kirsch Kuchen*[1] encore, mais le gᵃˡ Block ma dit hier qu'il l'avoit comendé. Je le suppose très bon, mais il seroit excellent si vous veniés le manger avec. Revenés dont aujourd'hui ; nous somes exclus de rendre nos devoirs et de faire notre

1. Gâteau de cerises.

cour. Toute la cour va à la vigne de Nauman, et l'on souppe chés Mme la Princesse Amélie. Solms est malade ypocondre, et peut être deviendra il fou de ses trois sortes de maladie. Il est menacé que c'est (sait) on si votre Pepi n'est pas de cette même classe, surement pas par sympathie ou amour. L'un ny l'autre ne subsiste entre nous. A votre retour, je vous ferai une confession générale. Voilà bien du caquet me dirés vous ; on n'écrit pas de si longues lettres en France. Souvenés-vous que je suis Allemande et Bavaroise ; ce que nous pensons nous le dison.

« J'ai eu l'honneur de voir hier le Duc au Jardin. Il a joué très heureusement ; les vœux de son ange gardien ont été exaucé. Il part aujourd'hui pour augmenter ou profiter de vos plaisirs.

« Presentés mes respects, si vous le trouvés à propos a S. A. le Prince Albert que je respecte et révère.

« Adieu mon aimable et cher Prince ; il n'y a que vous que j'aime que j'adore et que je révère présent et absent. »

SENTOU (Veuve). — Le nom et le style de celle-ci, révèlent une origine tout-à-fait française.

1761-1768. — 5 lettres. Nous n'en citerons qu'une textuellement :

Varsovie, 19 juillet 1761.

« Cher et trop adorable Prince,

« Qu'il est consolant pour moi de recevoir de nouvelles assurances de votre attachement, gloirieux, en même temps de voir que l'éloignement ne diminue en rien l'amittiéz que vous m'avez témoignez. Soyez sertain d'une parfait retour. Oui, cher Prince, les disgrâce qu'on me fait éprouver ici ne me sont plus rien ; je jouis entièrement du cœur de mon Prince, et c'est plus que suffisant pour porter le repos dans mon âme. Mais que dis-je, jouir entièrement d'un cœur qui ne doit pas être son maître ; les belles qui l'environne n'épargneronts rien pour le captiver ; ils metteront tout en usage ; l'art ne sera point oublié ; la bonté de votre cœur ne pourra résister. Du moins, si cela arrivez, ne leurs accorder que l'estime, et que le cœur n'y aye aucune part ; conservez-le pour votre chère Sentou qui n'en messuscera jamais, et qui désirreoits bien vous tenir entre ses bras pour vous prouver l'excès de son amour, et à quel point elle vous aime. S'il étoit en mon pouvoir, je volerois auprès de vous, il n'y auroits point d'état que j'embrasserois : page, secrétair, valet de chambre ; enfin touts ce qui pouroits me procurer d'être auprès de ce que j'adorre.

« Vous me dit que si vous étiez fixer sur un endroit que vous me permetteriez de vous y joindre, et pourquoi pas dans le tems où vous est le plus exposer? J'hasarderoit le plus grand danger, et je n'aurois pas de mort plus douxce que celle où mes jours se termineroit pour les vôtres.

. . . .

« Recevez un million de baisser de celle qui ne cessera d'être toute sa vie avec le plus profond respect et attachement le plus inviolable,

« Mon cher et unique adorable Prince,
« La trés-humble très-obéissante servante,
Veuve SENTOU.

15 SEPTEMBRE 1768. — Rappel des bontés d'autrefois; demande de les continuer, au moment où le Prince va quitter l'administration de la Saxe.

STARHEMBERG (Comtesse de), née de STAIN.
1757. — 4 lettres et 2 copies, texte allemand. Récriminations de jalousie.

TRENTE-QUATRE. — Correspondante anonyme désignée sous le n° 34, et correspondance en partie chiffrée.

SANS DATE PRÉCISE (1766). — 25 lettres mixtes extrêmement passionnées, et 25 lettres entièrement chiffrées. Chacune de ces lettres est précédée d'une lettre alphabétique, comme n° d'ordre.

12 mars 1766.

B,

« 33 [Prince Xavier.] Dans ce moment ini reccue et lue ton cher billet ; je suis bien obligée du détail dans lequel tu es entré à cause des suiets de tes chagrins. Te dire que je les sens aussi vivement que toi même ne doit pas faire un mérite à ta 34 [maîtresse] qui 31 [t'aime] et qui 32 [t'adore], et qui de cœur et d'âme est tout à toi. J'aprouve à cet heure beaucoup que tu vas si rarement à la cour et le parti que tu as pris de la quitter entièrement, en prenant tes arrangements avec 202 ; mais ne t'afflige pas trop de l'indigne conduite qu'on a à ton égard, et pense que tu n'es plus à toi, que tu dois te conserver pour ta 34 dont le bonheur de la vie et sa vie même est entre tes mains. Conserve-moi cet adorable mari qui est mon unique consolation dans mes malheurs et chagrins. Je viens d'en essuier un bien sensible par la perte de mon bon Papa¹. Je suis pénétré de douleur ; cela n'empêche pas que je m'occupe plus de tes peines que des miennes ; mais tu connais 201, et qu'il a eu la même conduite vis-à-vis de toi depuis ton retour de Prague ; tu sais la raison de la conduite de 202 et celle de 203 ; il faut la mépriser, non pas elle, mais sa conduite, puisqu'elle ne doit pas t'intéresser trop, surtout aiant pris ton parti de quitter cet indigne cour.

« Tu désire un tems fixe pour me voir ; cela me console de l'indifférence dont me parut ton billet précédent sur cet article. Oui, mon ange, il ne dépendra que de toi de voir ta 34 tant que tu voudras, si tu lui fais le plaisir de venir chez elle. J'ai toujours la promesse de six mois présente à mon idée. Voici donc l'état de mes affaires et mon projet d'arrangements ; si tu l'approuve, je le ferai. Dans huit jours mes affaires seront finies et j'aurai cinquante mille écus de France par an ; avec cela et ne faisant pas de dépense extraordinaire nous pourrons vivre chez moi, d'autant plus qu'on me fait espérer que le Roi ₂ ne me laissera pas paier ce que je dois à mon pauvre Papa. Pour te procurer un séjour plus agréable je tâcherai d'avoir la Malgrange ₃, à condition qu'on me donne de quoi l'entretenir, sans quoi je ne pourrois pas la prendre.

« Je n'irai pas à Dresde, et je prétexterai que je serois obligée à des dépenses que je n'ai pas ici ; je dirai que mes arrangements et affaires chés moi exigent ma présence, et je serai chés moi à la fin d'aoust, ou au commencement de septembre. J'ai voulu partir dès que mes affaires seront finies ; car par la conduite de 205, j'ai mille chagrins, d'autant plus que je l'aime ; mais tout le monde dit que je ne peux partir dans ce moment que lorsque la cour ira en Compiègne. Vois, mon ange, si tu aprouve ces arrangements, et dis-moi le tems où je peux me flatter de t'embrasser, car c'est là l'essentiel pour moi, puisqu'il m'est impossible de vivre sans mon 33. Adieu.

« J'ai si mal à la tête que j'ai écrite sans voir et ne peux plus continuer. Que cela ne t'inquiète pas ; cela vient de ce que j'ai quelque chose d'une force étonnante, que je me suis affligée de la mort de mon bon Papa, et que j'ai pleurée. Adieu 33, aime ta 34

1. Stanislas, roi de Pologne et duc de Lorraine, mort à Lunéville le 23 février précédent.
2. Louis XV.
3. Château des ducs de Lorraine près de Nancy.

s'il est possible autant qu'elle t'aimera toute sa vie. Je t'embrasse mille fois en idée ; fais mon ange que ce soit bientôt entièrement. »

F.

15 d'avril.

« Mon cœur, je n'ai pas eu la consolation de recevoir de billet de mon 33 ; je me flatte d'en avoir ce soir, mais ce seroit trop tard pour y répondre. Je n'ai d'autre plaisir que de répéter à 33 les assurances de la plus vive et de la plus sincère tendresse, et de m'entendre répéter que je te suis toujours chérie.

« Je ne t'écrirai aujourd'hui que peu de lignes parce que j'ai un mal de tête affreux. Avec cela, ne t'inquiète pas ; la mort de mon cher Papa que j'ai aprise le mois passé, dans un tems critique, les inquiètudes que la Reine [1] nous a donné dans le même temps, m'a causé alors un dérangement ; le retard de cette fois en est une suite et me cause ces violens maux de tête. Nous n'aurons pas la Malgrange ni d'autre maison de campagne, parce que 205 s'y est mal prise. La Reine n'est pas bien et je crains que nous recommencerons notre grand deuil pour la troisième fois. On n'ose penser à tous les malheurs qui arrivent coup sur coup, et qui tous me sont personnellement très-sensibles ; mais tous ces chagrins ne scauroient me rendre malheureuse tant que tu auras pour moi les sentiments que tu m'as témoigné jusqu'à cet heure. Il n'y a que deux choses qui peuvent faire mon bonheur c'est d'être toujours chère à mon 33 et de te revoir. »

30 janvier.

« Si j'avois à craindre que je ne te verrai plus, et si je perdois ta tendresse, je serois la plus malheureuse personne du monde, et j'aimerois cent fois mieux mourir. Tu vois mon 33 que tu as entre tes mains le bonheur et malheur de ta 34, qui t'adore et t'aime, et qui t'embrasse de tout son cœur. »

28 d'avril.

G.

. . . .

« Je ne scai si 209 a autant envie de servir 202 que tu le crois ; j'ai sujet d'en douter ; d'ailleurs ce qui regarde la Lorraine es

---

1. Marie Leczinska, dont il s'agit ici, est morte deux ans plus tard, le 24 juin 1768.

décidé; elle avoit toujours le duc de Fleury pour gouverneur, le frère de 209 pour commandant, et on ne donnera jamais à une province de frontière et conquise, un prince étranger pour gouverneur. 209 n'a pas besoin de contrebalancer 205; elle lui épargne cette peine par sa conduite : elle n'a aucun crédit, elle n'en aura jamais ou je me trompe fort; elle doit cela aux bons conseils de l'Évêque qui la conduit comme il veut.

« Je crois que tu n'as pas tort, que l'Évêque et quelques autres personnes voudroient me porter à abandonner 34 que j'aime et adore; ils sont jaloux de la confiance que j'ai dans ce 33, et fachés que je ne me laisse pas mener aveuglément par eux.

. . . .

« C'est avec bien du plaisir que je t'entens parler du 29 d'un certain mois; mais permet moi de croire que ce n'est pas ce jour seul qui dirige tes démarches et tout ce que tu fais pour moi. Ce jour est le plus heureux de ma vie, surtout parce que tu conserve pour ta 34 les sentiments qui l'ont précédé et qui, depuis cet heureux moment, ont toujours augmenté chez ta 34 qui t'aime et t'adore plus que jamais; qui a pour son 33 l'amour le plus ardent, la plus vive tendresse, la plus parfaite amitié et estime.

. . . .

« Je suis charmée que 202 t'accorde les 1200 écus; c'est le moins qu'il pourroit faire, et je trouve que c'est bien peu, et que tu as été trop discret. J'ose me flatter que quand tes dettes seront paiées tu me permettras, mon cœur, de contribuer à ce que 202 fait pour 34, et telles que sont à cet heure mes affaires, je ne te laisserai manquer de rien tant que tu voudras rester chez ta 34.

« Mon Cœur, tu te souviens des derniers momens où tu étois dans les bras de ta petite, ils me sont toujours encore présent, je n'en ai passés que d'affreux depuis. Grâce à Dieu, nous allons ne plus dépendre de personne que l'un de l'autre. Tu dis que tu veux dépendre de mes volontés; ah! 33, je ne veux que vivre avec et pour mon 34 et te prouver à tout instant à quel point je t'aime et adore, bien plus par sentiment que par devoir.

« Adieu, cher, je t'embrasse mille fois en idée et compte tous les momens jusqu'à celui où en embrassant 34, j'aurai dans mes bras tout ce que j'aime et adore. »

Deuxième Section.

CORRESPONDANCE POLITIQUE ET MILITAIRE.

Lettres de Ministres et d'Agents diplomatiques.

23· Liasse, 1706-1790.

ACTON (Chevalier d'), Général-major, correspondant du prince Xavier pendant la guerre de Saxe.

1762-1763. — 10 lettres relatives aux opérations militaires du maréchal Daun en Silésie, et un journal de campagne du camp de Tanhausen.

AIGUILLON (Duc d'), Ministre des affaires étrangères.

1778-1782. — 3 lettres relatives aux affaires personnelles du prince Xavier.

AGUESSEAU (Marquis d'), Maréchal de camp.

29 novembre 1788. — Une lettre et une copie de peu d'intérêt.

ALIGRE (Marquis d').

20 mars 1788. — Une lettre relative à une recommandation de la part du Prince.

AMELOT, Ministre de la Maison du Roi.

1777. — 2 lettres :

15 février 1777. — Impossibilité de procurer une place au sieur Cazal, au collége de Périgord, à Toulouse.

1er octobre 1777. — Au sujet de l'abbé de Solignac, relégué à Péronne par ordre du Roi, puis révoqué.

ANDLAU (Baron d'), Officier.

9 mai 1778. — Une lettre d'affaires militaires.

APCHON (Comte d'), Lieutenant-général.

1778. — 2 lettres peu intéressantes.

ARCAMBAT (Marquis d'), Officier.

1778. — 2 lettres relatives à des affaires militaires.

ARGENSON (Marquis d'), Ministre des affaires étrangères.

Versailles, 7 avril 1755. — Une lettre relative à l'arrestation et à l'incarcération dans les prisons de Troyes, de M. Cook du Billy, capitaine réformé au régiment de cavalerie de Fitz-James; frère de Mme de Butler, sous-gouvernante des enfants de France; sur les plaintes portées à l'évêque de Troyes par le père Mazelle, théatin.

Demande d'information sur cette affaire qui doit être soumise au Roi.

AUGUSTUS REX (Auguste II), Roi de Pologne.

Piasky, 6 août 1706. — Une lettre (texte allemand), adressée à sa mère l'électrice de Saxe, à Dresde, pour lui annoncer l'envahissement probable et prochain de la Saxe par les troupes du roi de Suède, et l'inviter, dans ce cas, à se retirer à Hombourg.

BARTHÈS DE MARMOUÈRES, Gouverneur des pages de Madame.

1774-1775. — 11 lettres ou copies sur les affaires de la cour et des parlements, et les mutations de ministres.

BELLEGARDE (Comte de), Ambassadeur de Saxe.

1760-1764. — 2 lettres et un règlement.

4 juin 1764. — Sentinelles que les villages saxons doivent préposer à la garde et sûreté publique, et règlement y relatif (texte allemand).

BELLE-ISLE ou BELLISLE (Maréchal de), Ministre de la guerre.

1759-1760. — 10 lettres du maréchal et 5 à lui adressées, relativement à des recommandations, à des nominations et à des enrôlements militaires.

1er JUIN 1760. — Avis d'une allocation de 15,000 livres par mois accordée au prince Xavier, pour ses frais de commandement de la réserve de la droite en Allemagne.

26 SEPTEMBRE 1760. — Billet autographe du maréchal, qui envoie deux lettres au prince Xavier.

31 DÉCEMBRE 1760. — Expédition de lettres de service dans le grade de lieutenant-général pour le Prince.

BELOSELSKY (Prince de), Envoyé extraordinaire de l'impératrice de Russie à la cour électorale de Saxe.

5 MAI 1769. — Une lettre réclamant l'appui du prince Xavier près de l'électeur de Saxe, pour obtenir la décoration de l'ordre de Saint-Hubert.

BENNIGSEN (Comte de).
1763. — 3 lettres chiffrées datées de Vienne.

BENOIR (Chevalier de), ancien ministre plénipotentiaire du roi de Prusse, en Pologne.

1773-1782. — 5 lettres et 2 copies, au sujet des apanages des princes Charles et Xavier de Saxe, sur le trésor de Pologne, assurés par la constitution de 1768. Bons offices de M. de Benoir.

BERNIS (Cardinal de), Ancien ministre des affaires étrangères, ambassadeur à Rome.

1770-1790. — 9 lettres, dont 7 autographes, et un billet

15 OCTOBRE 1770. — Sur une demande au Saint-Père d'une place de camérier secret, participant pour le comte Spinucci, beau-frère du prince Xavier.

12 FÉVRIER 1777. — Sollicitation de l'évêché de Macérata pour le même.

9 AVRIL 1777. — Avis de la nomination du comte Dominique Spinucci à cet évêché.

17 DÉCEMBRE 1781. — Traduction d'un billet du Pape au cardinal de Bernis, relativement à une demande de nonciature pour l'évêque de Macérata.

ALBANO, 18 JUILLET 1786. — Réponse du Pape à une demande en faveur des princesses de Saxe :

« Altesse Royale,

« Le Pape vient de m'écrire que la grâce que Votre Altesse demende pour les Princesses ses filles sera accordée ; qu'il ne s'agit plus que de donner une forme canonique à cette concession [1]. Il m'adjoute, *par à port* à M. l'évêque de Macérata « qu'il a très
« bonne opinion de ce prélat et qu'il pensera à lui de préférence
« dans les occasions favorables ; mais que comme il est évêque
« obligé à la résidence, les ouvertures ne sont pas si fréquentes
« pour luy, selon le système de la cour de Rome, que pour les
« prélats qui se trouvent dans la carrière des judicatures et des
« gouvernements. »

« Voilà en propres termes qu'elle a été la réponse qu'a fait le Saint-Père à mes vives représentations.

« Je suis avec le plus profond respect, de Votre Altesse Royale,
    « Le très humble et très obéissant serviteur.
        « Le Card. de BERNIS. »

BERTIER DE SAUVIGNY, Intendant de la généralité de Paris, gendre de Foulon, contrôleur général des finances.

Arrêté à Compiègne le 22 juillet 1789, jour où la populace pendait son beau-père à Paris, où il subit le même sort le lendemain.

1774-1788. — 8 lettres et une copie.

18 OCTOBRE 1777. — Avis de révocation de l'ordre qui reléguait l'abbé de Solignac à Péronne.

12 JUILLET 1782. — Remerciement d'une avance de 2,000 livres faite par le prince Xavier à la ville de Pont, « pour le
« payement du premier tiers de la contribution à laquelle
« elle s'est engagée pour l'offre d'un vaisseau au Roy. »

17 MARS 1788. — Avis d'un ordre qui exile à trente lieues de la ville de Pont, le nommé Louis Leclerc, dit *La Rose* ou l'*Enfant-Rouge*.

BIRON (Duc de), Maréchal de France.

---

1. Il s'agit ici de la concession de deux bénéfices aux princesses Elisabeth et Marie-Anne de Saxe.

1790. — 2 lettres.

3 janvier 1790. — Demande au prince Xavier, de prendre en qualité d'aide-de-camp M. de Mirkow, capitaine dans le régiment de hussards, sous les ordres du Prince.

———

BOISSE (Marquis de).

25 et 28 avril 1789. — Une lettre et sa réponse, au sujet d'un projet d'élever le prince Xavier au trône de l'empire d'Allemagne. Voici cette lettre :

« Monseigneur,

« L'ardeur avec laquelle je souhaite tout ce qui peut augmenter la gloire de votre illustre maison et tout ce qui peut concourir pour elle à un nouveau degré de splendeur, me porte à faire part à Votre Altesse Roïale d'un projet que mon inviolable dévouement à sa personne et mon respect pour son nom, viennent de me faire concevoir.

« Le trône de l'Empire actuellement vacant, ne peut, Monseigneur, être mieux occupé que par un prince de votre maison souveraine, et le corps germanique ne peut faire un meilleur choix que celui de Son Altesse Electorale de Saxe. Outre que de tous les princes de l'Europe qui réclameraient la couronne impériale nul ne paraît mieux la mériter ; nul n'a plus de droits d'y prétendre, et cette nomination est la seule qui puisse se faire sans trouble, tant intérieurement qu'au dehors de l'Allemagne.

« Si vous voulés, Monseigneur, prendre les mesures relatives à ce grand événement, je supplie Votre Altesse Roïale de me faire savoir ses ordres, et sur le champ je me rendrai à Pont afin de conférer avec elle sur les moyens possibles à cet effet. Je serais au comble du bonheur de vous donner, Monseigneur, ainsi qu'à votre auguste maison une marque de mon attachement fidèle, et je supplie Votre Altesse Roïale de croire qu'aux dépens de ma fortune et de ma vie, je serai toujours pret à lui prouver ce sentiment.

« Je vous jure, Monseigneur, que le projet que je vous propose ; le secret en sera inviolablement gardé, et je mourrai content si je puis être employé à l'exécution de ce dessin *(sic)*.

« Je suis avec un très profond respect

« Monseigneur

« De Votre Altesse Roïale,

« Le très humble et très obéissant serviteur,

« Le Mis de Boisse. »

Cette offre fut déclinée par le Prince dans sa réponse du 28 avril, en se fondant sur ce que l'expectative de la couronne d'Allemagne ne pouvait convenir qu'au chef de la maison de Saxe.

BOISSE (Vicomte de), Colonel, commandant d'état-major d'infanterie de marine.
1779. — 2 lettres et une copie sans date, au sujet d'un projet de déplacement du régiment de la marine.

BOULLONGNE (de), Intendant des finances.
1763-1782. — 2 lettres.
5 AOUT 1763. — A M. de Martanges, au sujet d'un ordonnancement de fonds pour le prince Xavier.
27 SEPTEMBRE 1782. — Au sujet d'une petite contestation à propos des délimitations entre Pont et Marnay.

BOURBON (L. J. M. de), Maréchal de camp.
9 JUILLET 1784. — Une lettre de peu d'intérêt.

BRETEUIL (Baron de), Ministre de la maison du Roi.
VERSAILLES, 9 NOVEMBRE 1783. — Lettre autographe pour remercier le Prince, des compliments qu'il avait adressés au baron de Breteuil à l'occasion de sa nomination aux fonctions de secrétaire d'état :

« Monseigneur,

« J'ai reçu avec la plus vive sensibilité les marques d'intérêt dont vous avés bien voulu m'honorer sur la place de Secrétaire d'Etat de sa maison que le Roi m'a confié. Je ne scaurois, Monseigneur, assés vous remercier de votre bonté, ny trop vous assurer que je serai heureux lorsque ma place me fournira l'occasion de vous plaire.

« J'ai l'honneur d'être avec le plus profond respect,

« Monseigneur,

« Votre très-humble et très-obéissant serviteur,

« Le Bon DE BRETEUIL. »

BRETONNIÈRE (la), Colonel, commandant à Dinan, sous les ordres du prince Xavier.

1778-1779. — 5 lettres, dont les principales ont rapport aux faits suivants :

31 AOUT 1778. — Avis d'arrivée à Dinan de 37 déserteurs anglais, des archers de marine venant de Lorient.

12 MAI 1779. — Rapport sur un combat maritime, livré par 6 bâtiments anglais à 4 petits bâtiments français, dans la baie de Cancale.

15 MAI 1779. — Rapport sur une tentative du duc de Nassau pour s'emparer de l'île de Jersey.

BRIENNE (Comte de), Ministre d'État.

1787-1790. — 53 lettres, la plupart en réponse à des demandes du Prince pour affaires personnelles.

18 AOUT 1788. — Sur la recommandation du prince Xavier, le Roi a nommé M. le colonel de Saiffert à un emploi d'aide-major général des logis, pour servir sous les ordres du maréchal de Broglie au camp de Metz.

15 MARS 1790. — Remerciement d'une faveur accordée par le prince Xaxier à un parent de M. de Brienne.

7 AOUT 1790. — Sur une demande de régiment pour M. le duc d'Esclignac, gendre du prince Xavier.

BROGLIE (Comte de), Directeur de la correspondance secrète de Louis XV.

1761-1764. — 5 lettres :

1er AVRIL 1761. — Remerciements d'éloges sur la défense de Cassel.

8 NOVEMBRE 1763. — Du prince Xavier au comte de Broglie. Réponse à une demande d'appui pour obtenir une place de gentilhomme de la manche près du comte d'Artois.

12 JUIN 1764. — Vœux du comte de Broglie pour l'élévation du prince Xavier au trône de Pologne.

BROGLIE (Duc de), Maréchal de France, frère aîné du précédent.

1760-1788. — 20 lettres ou rapports :

. . . . ? — Copie d'une lettre du roi de

Pologne au duc de Broglie, pour le remercier de ses bons offices pour le prince Xavier :

« Monsieur le Maréchal Duc de Broglie,

« Le Comte de Lusace se loue si fort de vos procédés et en particulier de vos soins pour lui faire obtenir le commandement de la Réserve, que je ne veux pas tarder de vous en témoigner mon entière satisfaction.

« Je verrai naître avec joie les occasions de vous marquer combien je suis touché de ce que vous faites pour un fils qui m'est cher, et à qui j'ai souhaité l'avantage d'apprendre le métier de la guerre sous un général tel que vous. Donnez-nous bientôt de bonnes nouvelles ; on doit tout attendre d'une armée française que vous conduisez.

« Sur ce, je prie Dieu qu'il vous ait, Monsieur le Maréchal Duc de Broglie, en sa sainte et digne garde.

« *Datum ut supra.*

« Schreiben Ihro Maj. der Konig an des Bishofs von Bamberg und Wurzburg Lbd dat.

« Warschau, an 14 jun 1760. »

1er JUIN 1778. — Avis d'emploi du Prince sous les ordres du Maréchal, en Bretagne, et réponse annexée.

23 JUIN 1778. — Envoi de l'état des troupes et des officiers sous les ordres du Prince, avec indication de leurs cantonnements en Bretagne.

28 JUIN 1778. — Envoi de copie d'une lettre du prince de Montbarrey, ministre de la guerre, contenant les ordres du Roi, sur la formation des équipages de MM. les officiers-généraux de ses armées. La réponse du comte de Lusace, datée de Pont le 2 juillet, est annexée à cette lettre.

11 SEPTEMBRE 1778. — Ordres de manœuvres et instructions particulières, avec énoncé des commandements.

12 JUIN 1784. — Renseignements sur M. de Mauroy, proposé pour être gouverneur du chevalier de Saxe. A cette lettre est annexée celle du prince Xavier qui sollicite ces renseignements.

28 SEPTEMBRE 1788. — Détails sur les manœuvres militaires auxquelles le chevalier de Saxe a assisté à Lunéville.

BRUGGEN (Comte de la), Maréchal de camp.

24 juillet 1764. — Une lettre (texte allemand), pour demander à être maintenu dans le service actif, après la guerre de Saxe.

BRUNIÈRE, Commissaire ordonnateur des guerres.

1778. — 3 lettres et un mémoire, sur l'établissement du camp de Paramé, près de Saint-Malo, et les inconvénients qui résulteraient de son transfert à Lamballe.

BUSSEVENT (Chevalier de), Aide-major général.

24 avril 1779. — Lettre relative à une demande de certificat pour M. de Segrave, major du régiment de Walhs, et réponse y annexée.

24° Liasse, 1763-1777.

BLOCK (Charles de)[1], Baron, général major au service de la Saxe; chargé d'affaires du prince Xavier, à Dresde.

1763-1777. — 200 lettres, format in-4°, et 9 minutes autographes des réponses du prince Xavier :

24 janvier 1763. — Bruits de paix entre la Saxe et la Prusse. — « P. S. La personne en question, demande si le « Prince qui est à Versailles reviendra à Wurtzbourg. » (Lacune de 1763 à 1769, pendant la durée de l'administration du prince Xavier en Saxe).

16 avril 1769. — Au sujet de l'appropriation et de l'ameublement du château de Zabelitz, nouvellement acquis par le prince Xavier.

24 juin 1769. — Détails d'un incendie arrivé dans un village dépendant de la terre de Zabelitz.

29 octobre 1769. — Voyage de l'Electrice mère à Potzdam, pour tenir sur les fonts de baptême l'enfant nouveau-né du prince Ferdinand :

---

1. Ce nom, ainsi que quelques autres dont la correspondance est assez volumineuse pour former une ou plusieurs liasses, n'a pu, pour cette raison, être placé rigoureusement à son ordre alphabétique.

« Monseigneur,

« Madame l'Electrice Mère est allée jeudi, 19 d. c. à Potzdam, pour faire une visite au Roi de Prusse, qui le doit avoir reçue avec la plus grande politesse et galanterie.

« Elle tiendrois au font du batême le Prince nouvellement né de Mad. la Princesse Ferdinand, et doit retourner ici le 31 de ce mois. »

30 MARS 1770. — Sur les critiques qui circulent au sujet de l'administration du Prince à la cour de Saxe.

29 DÉCEMBRE 1771. — Pour faire insérer le nom de l'abbé Sylvestre à la place de celui de M. Hewald, dans l'*Almanach de la cour de Saxe*, comme secrétaire du prince Xavier.

22 MARS 1775. — Sur les fêtes données au prince d'Orloff, favori de l'impératrice de Russie, envoyé à la cour de Dresde.

25 SEPTEMBRE 1776. — Arrestation à Dresde du colonel Agdollo; vol commis par Hewald, de 120,000 écus en papiers et bijoux.

2 FÉVRIER 1777. — Nouvelle de l'arrestation d'Hewald à Kœnigstein.

19 MARS 1777. — A propos du mariage du comte de Solms :

« Je ne sait, Monseigneur, si le Comte de Solms optiendra son but d'engendrer des géans. Ses esprits viteaux me paroissent très déclinées et évaporées.

« Sa chère future est bien flegmatique; mais une chose me paroit bien assortie dans ce mariage. C'est que quand le mari aura son accès ordinaire de la létargie, Madame aura son migraine, et allors ils ne s'incommoderons pas de leurs visites. »

25ᵉ Liasse, 1779-1790.

BONNEAU (de), Chargé des intérêts politiques et autres du prince Xavier, à Varsovie.

1779-1790. — Forte liasse de lettres, format in-4°. Négociations au sujet des arrérages dus au prince Xavier, par le Trésor de Lithuanie. Intéressants détails sur les diètes de Pologne, etc.

23 mars 1783. — Envoi de la généalogie de « Marie-Charlotte-Sophie-Félicité [Leczinska] ; princesse royale de Pologne, reine de France, épouse de Louis XV, le Bien-Aimé, remontant à dix générations » ; dressée par l'abbé Kozminski, bibliothécaire à Varsovie.

20 octobre 1784. — Nouvelles de la diète, tenue par le Roi à Grodno.

19 janvier 1785. — Détails au sujet de l'arrestation du sieur Prix, français d'origine, premier valet de chambre du roi de Pologne; inculpé de tentative d'empoisonnement sur le prince Adam Czartorisky :

« Monseigneur,

Il n'est question ici dans ce moment que d'un évènement imprévu et extraordinaire, dont je me contenterai de rapporter à Votre Altesse Royale les détails les mieux vérifiés et les plus constants. Dimanche dernier, 16 du courant, le sieur Prix, françois de nation, attaché depuis vint ans à Sa Majesté Polonoise en qualité de premier valet de chambre, honoré de sa confiance particulière, décoré par elle de la noblesse et gratifié d'une starostie[1], fut enlevé de force et conduit le pistolet sur la gorge chez M{de} la Princesse Lubomirska, née Czartoryska, veuve de feu M. le Prince Lubomirski, grand maréchal de la couronne, par M. le Cte Stanislas Potocki, gendre de cette dame, et un marchand anglois nommé Taylor, attiré par les affaires de son commerce dans ce pays-ci. Voici l'occasion de cet enlèvement.

« Une prostituée, nommée la Leclair, avoit averti, il y a quelque tems Mr le Prince Adam Czartoryski, frère de Mme la Princesse Lubomirska, de projets de poison formés contre sa personne par le sieur Prix; projets que le valet de chambre, disoit-elle, l'avoit chargée d'exécuter, sous l'appat d'une récompense à la faveur d'une partie de débauche où elle attireroit le Prince. Pour convaincre de la réalité de ce dessein, la Leclaire offrit de cacher chez elle les personnes que le Prince Czartoryski voudroit choisir, et de leur faire entendre tout ce dont il étoit question, de la bouche même du sr Prix, qu'elle appela, en effet, chez elle par un billet. Prix s'y étant rendu M. le Cte Stanislas Potocki et le marchand

[1]. District d'administration en Pologne.

Taylor disoient avoir entendu de l'endroit où ils étoient cachés des choses qui ne leur ont laissé aucun doute; en conséquence de quoi Taylor fondit sur le sr Prix le pistolet à la main, et l'obligeant à monter dans sa propre voiture, le conduisit chez la princesse Lubomirska; tandis que M. le Cte Stanislas Potocki, y conduisit de son côté la Leclair.

Au premier avis de pareil évènement, M. le Cte de Muirzek, grand maréchal de la couronne, se rendit chez Mme la princesse Lubomirska avec officier de jour et un détachement de ses gardes pour réclamer le sr Prix, qu'on fit d'abord difficulté de livrer; mais qu'on livra cependant sous la promesse que M. le grand maréchal ne balança pas de faire que l'inculpation formée contre le sr Prix seroit dûment vérifiée, et qu'il répondoit de sa personne jusques à la conviction qui ne pouvoit manquer de résulter des poursuites juridiques qui seroient faites, et d'un examen aussi strict et aussi rigide que l'atrocité de l'accusation et l'importance de la chose pouvoit l'exiger. Sur cela, le sr Prix fut conduit par la garde du grand maréchal au château où il est détenu, sans qu'on laisse approcher de lui personne; et où il continuera à l'être de la même manière jusqu'à ce que les inquisitions terminées mettent la vérité ou la calomnie dans tout leur jour. Cependant le sr Tailor et M. le Cte Stanislas Potocki, disant avoir entendu dire au sr Prix, de l'endroit où ils étoient cachés, que la Leclair, le coup fait, trouveroit les mille ducats promis chez M. le général Komarzenski, ce M., premier aide de camp du Roy, et un de ses plus affidés serviteurs, a remis sur-le-champ son épée à Sa Majesté et s'est constitué volontairement aux arrêts, dans l'appartement qu'il occupe au château, jusqu'à ce que les procédures soyent terminées. »

13 OCTOBRE 1787. — Avis de l'entrée d'une armée russe en Ukraine du côté de Kiew, pour s'opposer aux troupes turques qui menacent ces contrées.

12 JUILLET 1788. — Détails sur la victoire navale, remportée par la flotte russe sur celle de Capitan-Pacha. le 27 juin, à l'embouchure du Liman.

29 JANVIER 1789. — Copie de la réponse du feld-maréchal Romanzoff à M. le comte Potocki, commandant les troupes polonaises en Ukraine.

21 FÉVRIER 1789. — Note présentée par le comte de

Stakelberg à la diète de Varsovie, au sujet de la demande d'évacuation des troupes russes en Pologne. Exemplaire imprimé annexé à la lettre sur le même sujet.

27 mai 1789. — Projets de révolte suscitée en Lithuanie, par l'évêque schismatique Victor Sandkowski, saisi à Lusko.

24 juin 1789. — Interruption des travaux de la diète de Varsovie.

31 décembre 1789. — Universal adressé par ordre des États, à la noblesse polonaise, sur les travaux de la diète.

29 janvier 1790. — Projets d'alliance entre la Pologne et la Prusse; tentatives de la Russie pour empêcher cette alliance.

3 mars 1790. — Conférences entre le marquis Luchezini, ministre de Prusse, et les commissaires de Pologne, pour arrêter les bases d'un traité d'alliance et de commerce. Demande des villes de Thorn et de Dantzig par la Prusse.

25 septembre 1790. — Sur le choix éventuel à faire d'un prince pour le trône de Pologne, durant la vie du roi. Discussion dans la diète du 17 septembre au sujet de l'hérédité ou de l'éligibilité pour cette succession.

26ᵉ Liasse, 1757-1784.

BRUHL (Comte de), premier ministre du roi de Pologne.

1757-1763. — Liasse de correspondance en partie chiffrée sur les affaires de la Pologne et de la Saxe.

9 avril 1757. — Sur l'arrestation de la comtesse de Brühl par le roi de Prusse; intrigues de cour.

16 avril 1757. — Inquiétudes au sujet d'une lettre secrète du prince Xavier.

4 mai 1757. — Sur le plan de campagne du roi de Prusse.

28 juin 1757. — Compliments sur la conduite du prince Xavier à l'armée; assurance de dévouement inviolable.

8 septembre 1757. — Détails d'une bataille gagnée par les Russes sur les Prussiens.

23 novembre 1757. — Conseils du comte de Brühl touchant la guerre de Saxe; il est d'avis qu'on ne doit pas suspendre les opérations pendant l'hiver.

MÊME DATE. — Nouvelle de la mort de la reine de Pologne, électrice de Saxe, mère du prince Xavier.

13 SEPTEMBRE 1758. — Félicitations sur la nomination du prince Xavier, commandant du corps saxon à la solde de la France, comme auxiliaire des troupes françaises en Allemagne, sous les ordres du maréchal de Contades.

23 SEPTEMBRE 1758. — Détail de l'incendie par les Prussiens du château de Pfœrth, appartenant au comte de Brühl :

« Je n'ai plus aucune maison ; le Roy de Prusse m'a fait brûler par les hussards touttes mes terres, le château de Pfœrth, généralement tout fait démolir le pavillon dans mon jardin à Dresde, près du château et ruiné ma maison, gallerie des tableaux, bibliothèque, gallerie des choses naturelles ; bref tout, Monseigneur, que j'ay possédé pour donner un relief à ma fidélité. »

30 SEPTEMBRE 1758. — Les troupes autrichiennes comme alliées de la Saxe, sous les ordres du feld-maréchal Daun, ne font pas moins de mal au pays que les Prussiens :

« Le F. M. Daun, toujours vis-à-vis du Roy de Prusse deux fois plus fort, continue sa lenteur et mange la Saxe de son côté, come il laisse le temps au Roy de Prusse de l'abimer plus que jamais de l'autre. L'état de ce pauvre pays est à présent le plus déplorable, et il ne se relèvera jamais plus de ce dernier coup de grâce. »

2 DÉCEMBRE 1758. — Demande du concours diplomatique de la France, près des cours de Vienne et de Pétersbourg pendant l'hiver :

« Si la cour de France ne peut rien faire pendant l'hyver, qu'on nous aide à Pétersbourg et à Vienne. Car de laisser le Roy de Prusse travailler pendant l'hyver, est contre touttes les principes et coûtera cher au printems. »

30 DÉCEMBRE 1758. — Billet chiffré écrit sur l'ordre du roi de Pologne, pour recommander au prince Xavier de profiter de son séjour à Versailles pour faire sa cour à Mme de Pompadour, dans l'intérêt de la Pologne :

« Mme de Pompadour ayant en dernier lieu, à l'occasion de l'entrée de M. le Duc de Choiseul dans le Ministère, fait à M. de Fontenay des protestations fort obligeantes et satisfaisantes, par raport au compte que les intérêts du Roi devoient trouver à ce nouveau changement, Sa Majesté souhaite que V^tre Altesse Roïalle cherche une occasion favorable de parler seul à cette Dame, pour lui témoigner le plus obligeamment que possible la confiance que le Roi met dans son affection et la prier de continuer à apuier ses intérêts auprès du Roi très-chrétien.

« V^tre Altesse Royale n'aura garde de rien dire à qui que ce soit de cette démarche qui pouroit ne pas plaire partout; mais que la politique et l'avancement des intérêts du Roi exigent.

Cte DE BRUHL.

« P. S. Ce billet en chiffres est pour Votre Altesse Royale seul, et S. M. le Roy souhaite qu'Elle se le fasse déchiffrer dans sa chambre par M. le comte d'Einsiedel *ut in literis*.

Cte DE BRUHL.

Manque l'année 1759.

16 JANVIER 1760. — Lettre en partie chiffrée sur un projet d'alliance étroite à contracter par la Pologne avec la France. Intrigues de cour :

. . . .

« Quand à la France, je peux répéter à V. A. R. la ferme et inébranlable résolution de S. M. son plus auguste Père, de se lier avec cette cour par une alliance la plus indissoluble; et Elle peut être assurée qu'en cette considération, on dissimulera tous les propos vifs et mal placés que M. le duc de Choiseul tient souvent dans sa mauvaise humeur. Mad. la Dauphine est seule capable de le rectifier.

SANS DATE. — Extrait chiffré sur la politique de la Russie en Allemagne :

« La Russie cherche à étendre son influence dans les affaires générales de l'Europe, par la même raison que la France doit s'occuper du soin de la restreindre, et la Russie, pour parvenir à ses vues, doit ménager et entretenir les liaisons qu'elle a déjà en Allemagne, en même tems que tenant ses voisins immédiats, et surtout les Polonois, dans une sorte de dépendance, rien ne l'empêche quand elle le jugera convenable pour ses intérêts, de porter ses armées jusque dans le cœur de l'Empire pour y appuyer les résolutions qui lui seront les plus avantageuses. Cette politique a été le nœud principal de la liaison qui a subsisté entre le feu Roy Grand Père de V. A. R. et le Czar Pierre Ier. L'idée du Czar étoit d'avoir un pied en Allemagne, et il n'y a rien qu'il n'eut sacrifié pour se procurer l'acquisition d'une partie du Meklembourg. Par une suitte des mêmes principes, à la vacance du thrône de Pologne le Roy, Père de V. A. R. n'a point trouvé d'allié plus chaud que la Russie pour y monter et s'y soutenir, et c'est tellement une affaire de système pour cette cour de réunir la puissance électorale à la dignité Royale en Pologne que, quoique cette résolution ne soit pas publique, j'ose dire à V. A. R. que le parti de s'en assurer la possession, privativement à tout autre en faveur de l'ainé de la maison de Saxe, a été pris en forme par les Membres du grand Conseil, dans un comité tenu exprès à cet effet par l'instigation du grand chancelier Cte de Bertuchet. Cet arrangement est si essentiel à la politique de la cour de Russie que ce seroit en vain que la France essayeroit de l'y faire renoncer par la voye ordinaire des négociations, et je crois qu'il n'y a ni raisonnement ni sophisme qui puisse jamais persuader le ministère de Russie de s'en désister. Quelle ressource reste-t-il donc à la France pour concilier à V. A. R. pour son élection le consentement de la Russie ? consentement si important que si elle s'opiniâtroit dans son refus ce seroit la source d'une guerre cruelle, d'autant plus difficile à terminer en notre faveur que tous les secours que la France pouvoit tirer du roy de Prusse avant le commencement de la guerre dans laquelle nous sommes engagés sont supposés nuls par la conclusion d'une paix où notre objet principal est d'affoiblir extrêmement la puissance prussienne. Je pense donc, Monseigneur, que ce n'est point par les raisonnements et la persuasion qu'il faut que la France suive la négociation de votre élection à la cour de Russie ; c'est uniquement pour cette cour-là, de l'intrigue qu'il faut attendre le succès désiré ; c'est à la vénalité des ministres de Russie qu'il faut sacrifier ; c'est le goût de la dissipation et du faste qu'il faut flatter et entretenir ; c'est en un mot par l'argent répandu à propos et dans les coffres de la souveraine, et donné aux ministres de cette cour vénale qu'il faut s'assurer de son consentement. Il n'en est pas de cette puissance-là ainsi que des autres ; l'autorité despotique des souverains est telle en Russie que la volonté expresse abrège toutes les loix et tous les principes, et V. A. R. sentira combien on peut facilement se rendre maître de cette volonté expresse du souverain quand on s'est soumis à ses goûts en lui fournissant les sommes nécessaires pour les satisfaire. »

8 Mars 1760. — A M. de Fontenay, au sujet d'un projet

d'élection du prince Xavier au trône de Pologne à la place de son père qui abdiquerait :

« D'ailleurs il faut que je vous confesse que les reproches de M. le duc de Choiseul arrivent dans un tems où nous serions plutôt authorisés d'en faire. Il y a bien un autre plan que vous n'ignorés pas, qui fait beaucoup de bruit et qui nous authoriscroit de nous plaindre le plus amèrement et avec raison.

« Il y a longtems que S. M. s'est attendue, mon chère Général, à une cordiale ouverture de votre part, et il y a déjà plus d'une couple de mois que cette pièce cause un vrai et mortel chagrin au Roy, quoique je lui aie caché certaine circonstance qui, comme je connois son humeur, le mettroient au tombeau s'il en découvroit ce qui est le plus fort.

« La cour de France m'accuse lorsque la cour de Russie me chapitre et paroit irritée contre moi par la même raison, me soupçonnant d'avoir quelque part à ce beau projet, quoique j'y sois moi-même babarement traité ; le mal est que le tout a été également communiqué à la cour de Vienne et encore à d'autres.

« Vous pouvés facilement juger combien la cour de Russie peut être édifiée de la manière dont ont on parle d'elle, et combien l'Impératrice Reine est charmée de la façon dont elle doit être trompée.

« Figurés-vous le Roy, lorsqu'il a lu ces traits qui se sont trouvés dans une relation à S. M. Il n'y a que le passage de l'abdication qu'on m'a fait confier seul en laissant à mon jugement l'usage que j'en voudrois faire ; le reste a été tout lu par Notre Auguste Maître, tant le plan que la lettre de Madame la Dauphine où cette auguste princesse dit que l'ambassadeur aura dans son instruction de faire Mgr le Prince Xavier Roy de Pologne. Je souhaite que ce Ministre puisse satisfaire à ce point de son instruction ; mais ou je ne connois point la nation ou touttes ses peines seront inutiles, car sans un concert avec les autres cours amies on ne fera jamais un Roy.

« Cependant je ne prétends pas m'en mêler ni en blanc ni en noir puisque je veux le Roy mon Auguste Maître immortel ; je conseille seulement en vrai et fidèle serviteur que personne ne lui parle d'abdication ; car celui qui seroit si téméraire seroit mal reçu. Vous saurés que le Roy attend une confession sincère làdessus de Mgr le Prince Xavier, et que la première réponse de ce

Prince Xavier, n'a pas eu l'approbation de S. M., mais l'a mis en colère.

« Vous voyés, mon cher Général, que ma confiance mérite la vôtre et que j'ai le chiffre en main pour démasquer le but de M. le duc de Choiseul qui n'ignore que tout est découvert puisque le marquis de l'Hôpital a été extrêmement embarrassé à cause de M^{de} la Dauphine, comme il a témoigné à ses amis ; mais convenés que cette fois cy c'est au Roy et à moi à me plaindre quoique j'en sois très-éloigné, et que je ne prétends rien autre chose sinon que vous fassiés valoir mon innocence sur l'accusation, dans les termes les plus polis et les plus convaincants, puisque je puis engager mon âme et mon salut que je ne songe pas à faire un nouveau Roy en Pologne ; mais d'implorer le ciel jour et nuit pour la conservation de celui qui règne, qui est digne d'être adoré par touttes les nations et qui est trop bon pour une ingrate. »

9 MARS 1760. — Lettre du prince Xavier au comte de Brühl pour lui rendre compte d'un entretien qu'il avait eu avec le duc de Choiseul au sujet du renouvellement de la convention relative au corps saxon à la solde de la France :

« A l'égard de ce que la France pouvoit envisager d'avantageux pour elle au présent acte de renouvellement ; j'ai rappelé au duc de Choiseul les alliances successives que cette puissance avoit eües dans l'Empire depuis Henry II avec les maisons de Saxe, Hesse, Bavière, Brandebourg, et même celle qu'elle avoit aujourd'hui avec la Maison d'Autriche. Je me suis étendu sur la situation topographique de l'Electorat de Saxe, la plus propre à établir entre les deux maisons une alliance perpétuelle, d'autant plus permanente qu'elle ne devoit pas être dans le risque d'être rompüe par un excès d'ambition, ainsi que celle qu'elle avoit avec le Roy de Prusse avant cette guerre ; qu'au contraire la réciprocité des services ne manqueroit pas de la resserrer de plus en plus. »

29 MARS 1760. — Apostille chiffrée du comte de Brühl rendant compte au prince Xavier de la mauvaise impression produite sur le roi de Pologne par le projet formé par la cour de France de le remplacer par son fils :

« J'ai eu l'honneur de lire fidèlement au Roy les deux apostilles de Votre Altesse Royale ; Sa Majesté a témoigné, puisqu'il me faut servir de ses propres expressions qu'Elle n'étoit nullement convaincue et m'a répondu que celui qui a tracé cette explication étoit très-habile à coucher par écrit le plus beau galimathias, que c'est probablement l'autheur de la belle pièce. Pour parler avec zèle et dévouement à Votre Altesse Royale, je ne puis lui cacher que la lettre interceptée en même tems avec le plan de Mme la Dauphine a fait le plus grand mal, le Roy ayant vu par là que ce projet a été rendu ministériel et approuvé par le Conseil. L'ambassadeur doit avoir ce point dans son instruction. Je n'ai rien pu cacher au Roy, Monseigneur, de la façon comme on m'a communiqué non-seulement de Russie, mais d'autre part, que l'article de l'abdication, car je crois que jamais le Roy auroit pardonné un tel point et cela auroit pu faire grand mal à sa prétieuse santé. Votre Altesse peut facilement s'imaginer l'effet que la communication fidèle de tout a fait à la cour de Vienne.

« Je crois que le meilleur seroit de laisser tomber l'affaire autant qu'il est humainement possible, et que Votre Altesse Royale cherche peu à peu à faire oublier à Sa Majesté le Roy l'impression que cela lui a faitte. Je lui proteste que je suis prêt à l'aider à tranquilliser Sa Majesté, autant que je serai capable d'y contribuer, car je pense en honnête homme et ne démentirai jamais mon caractère, que j'emporterai dans le tombeau, dont j'approche à grands pas. »

7 SEPTEMBRE 1760. — Copie d'une lettre du prince Xavier à M. le comte de Brühl pour le remercier de ses félicitations au sujet de la part glorieuse qu'il avait prise aux affaires de Cassel et de Minden.

22 OCTOBRE 1760. — Du même au même. Nouvelle d'une bataille gagnée sur le bas Rhin et de la levée du siége de Wezel.

13 OCTOBRE 1762. — Le comte de Brühl rend compte au prince Xavier des intrigues des Czartoriski à la diète de Varsovie et de leur prétention à la couronne de Pologne pour le prince Adam.

5 FÉVRIER 1763. — Nouvelles alarmantes de la santé du roi de Pologne affecté d'un abcès à la jambe gauche.

22 FÉVRIER 1763. — Nouvelles de la signature du traité de paix avec la Prusse à Hubertsbourg.

BRUHL (Mme la comtesse de), Femme du précédent.

6 DÉCEMBRE 1760. — Une lettre par laquelle elle remercie

le prince Xavier des marques d'intérêt qu'il a bien voulu donner à son fils Charles de Brühl, nommé colonel d'infanterie.

BRUHL (Charles), Fils du précédent.

4 septembre 1764. — Une lettre informant le prince qu'il se rend à Varsovie, et l'assurant de son éternel dévouement à la maison de Saxe.

BRUHL (Maurice de), Frère du précédent.

1765-1784. — 14 lettres et pièces diverses. Remerciements pour des actes de générosité, demande de secours et de protection à l'occasion de divers embarras financiers par suite de la liquidation de la succession du comte de Brühl, son père.

27. Liasse, 1760-1790.

CALENBERG (Comte de), Correspondant du Prince à Munich.

1760-1763. — 9 lettres et une pièce.

27 juin 1760. — Corps de Lamotte-Fouquet fait prisonnier de guerre par le général Landon.

8 novembre 1760. — Victoire remportée par le général Daun sur le roi de Prusse.

9 novembre 1760. — Palinodie de la lettre précédente.

30 octobre 1762. — Embarras financiers du comte de Calenberg par suite de pertes au jeu ; demande de caution du prince Xavier pour un emprunt de 8,000 florins.

5 février 1763. — Sur la candidature du prince Clément pour les siéges de Liège et de Freisingen.

CALONNE (de), Contrôleur-général des finances.

1783-1786. — 2 lettres et une copie.

2 aout 1786. — Nouvelle d'une pension de 2,000 livres accordée par le Roi à Mlle de Bellegarde sur la recommandation du prince Xavier.

CAROSÉ (de), Colonel commandant du régiment de Saxe-Hussards.

1789-1790. — 15 lettres et 2 copies.

14 juin 1789. — Demande d'avis sur l'invitation à faire au cardinal de Rohan, archevêque de Strasbourg, pour une bénédiction d'étendarts du régiment de Saxe-Hussards du prince Xavier, qui devait avoir lieu à Saverne.

Sans date. — Note du tailleur du même régiment de hussards, à laquelle sont annexés des échantillons de galons d'or pour les uniformes des officiers.

24 juilles 1789. — Tentative d'émeute réprimée à Haguenau.

31 juillet 1789. — Effervescence de la population de Haguenau et des environs ; mesures prises par M. de Carosé pour prévenir les émeutes.

24 aout 1789. — Serment d'obéissance prêté par le régiment de hussards du prince Xavier à la nation, à la loi et au Roi.

8 février 1790. — Demande de départ de Haguenau du régiment de Saxe-Hussards.

26 décembre 1790. — M. de Carosé annonce qu'il vient d'être nommé membre d'un conseil de guerre siégeant à Toul.

CASTRIES (Marquis de), Ministre de la marine.
1780-1781. — 2 lettres, sur une recommandation du Prince pour l'abbé Boscovith, et marques d'intérêt pour M. de Vigny, officier distingué.

CHABRILLAN (Comte de), Lieutenant-général.
1786-1788. — 2 lettres :
Metz, 6 juillet 1786. — Congé accordé au chevalier de Saxe, officier au régiment des carabiniers de Monsieur.

Lunéville, 12 juin 1788. — Bons témoignages rendus par M. de Chabrillan sur le chevalier de Saxe, servant sous ses ordres :

« Monseigneur,

« J'ai reçu la lettre que Votre Altesse m'a fait l'honneur de m'écrire le 29 mai dernier.

« Monsieur le Chevalier de Saxe est arrivé au corps des Carabiniers pour y servir le Roi, conformément aux ordonnances. Sa conduite militaire et sociale lui obtient les suffrages des commandants du corps, ainsi que l'estime et l'amitié de ses camarades. C'est une justice que je lui dois, Monseigneur, et de laquelle je m'acquitte avec autant de plaisir que d'empressement, persuadé que ce témoignage sincère des qualités personnelles de Monsieur le Chevalier de Saxe ne peut être que très agréable au cœur paternel de Votre Altesse.

« Je supplie Votre Altesse de me conserver un peu de part dans son bon souvenir, et d'agréer l'hommage du profond respect avec lequel j'ai l'honneur d'être, Monseigneur,

« De Votre Altesse,

« Le très humble et très obéissant serviteur,

« Le Cte DE CHABRILLAN. »

CHARLES-THÉODORE, Comte palatin du Rhin.

5 AOUT 1764. — Une lettre adressée au comte de Riaucourt en témoignage de satisfaction.

CHASTEIGNER (Comte de), Lieutenant-Colonel de dragons, commandant en second à Saint-Malo.

1778-1779. — 15 lettres ou pièces.

8 JUILLET 1778. — Il informe le prince Xavier qu'il est appelé à servir sous ses ordres en qualité d'aide-major général des logis.

8 AOUT 1778. — Sur l'établissement du camp de Paramé, près de Saint-Malo.

8 OCTOBRE 1778. — Rapport sur deux corsaires anglais débarqués à Cancale.

18 AVRIL 1779. — Expédition projetée par le prince de Nassau sur l'île de Jersey.

SAINT-MALO, 1er MAI 1779, A 11 HEURES DU SOIR. — Insuccès de cette expédition contrariée par les vents :

« Monseigneur,

« M. le Prince de Nassau était parti hier, environ les six heures du soir, pour aller attaquer l'isle de Gerzay ; il y est arrivé ce matin à 8 heures. Lorsque les batteaux de transport ont eu gagné la plage, les vents ont passé au N. O. et ont forcé M. le prince de Nassau à prendre le large. Enfin, par une fatalité inconcevable, le débarquement n'a pu s'effectuer, quoique touttes les troupes soyent arrivées à environ dix toises de la côte de cette isle. On a tiré quelques volées de canon des redoutes que nos chaloupes canonnières ont fait taire. Nous n'avons pas eu un seul homme de blessé ; toutte la flotte est rentrée ce soir, entre 7 et 8 heures, à l'exception de quelques batteaux qui ont été forcé par le mauvais temps de relâcher à Saint-Malo.

« Les soldats qu'ils portaient passeront la nuit au bivac sur le quay de la porte de Dinan, où je leur ay fait porter du bois de chauffage. Le reste de la légion doit être rentré au camp que j'ai établi à Cézembre.

« Je suis avec respect,

« Monseigneur,

« De Votre Altesse Royalle,

« Le très humble et très obéissant serviteur,

Le C. DE CHASTEIGNER. »

« M*gr* le Comte de Lusace, à Paris. »

10 MAI 1779. — Ordre envoyé par M. de Sartines pour désarmer tous les bateaux préparés par le prince de Nassau.

CHOISEUL (Duc de), Ministre des affaires étrangères.
1760-1764. — 35 lettres, dont 15 du duc au prince Xavier (3 autographes), et 20 de celui-ci au duc de Choiseul :

15 MAI 1760. — Au sujet de la nomination du prince Xavier au commandement de la réserve de la droite en Allemagne.

31 MARS 1761. — Lettre autographe annonçant au Prince la signature de la convention relative au corps auxiliaire saxon.

26 SEPTEMBRE 1761. — Plainte sur l'indiscipline du corps saxon.

24 OCTOBRE 1761. — Réponse du prince Xavier au sujet de la prétendue indiscipline des troupes saxonnes.

28 NOVEMBRE 1761. — Demande du prince Xavier pour aller faire sa cour au Roi, à Versailles, et passer quelque temps auprès de M*me* la Dauphine, sa sœur, pendant les quartiers d'hiver de l'armée.

30 juillet 1762. — Au sujet des pertes éprouvées le 23 juillet à Lutersberg.

14 novembre 1762. — Le prince Xavier demande le grade de maréchal de camp pour M. de Metz ; témoignage de sa belle conduite en Allemagne.

2 avril 1764. — Recommandation, par le duc de Choiseul au prince Xavier, du prince de Holstein.

CLUGNY, Contrôleur général des finances, successeur de Turgot.

15 juin 1776. — Une lettre pour remercier le Prince de la part qu'il a prise à son élévation.

CONTADES (Maréchal de), commandant en chef de l'armée française en Allemagne, en 1759.

7 avril 1784. — Une lettre autographe sur une affaire de recommandation.

CORLIEU (Chevalier de), probablement page ou valet de pied à la cour de Versailles.

1782. — 7 lettres et copie d'une épître en vers, adressées par le chevalier de Corlieu à son père, à Troyes.

Saint-Ildefonse, 26 juin 1782. — Copie d'une lettre adressée au chevalier de Corlieu, par un de ses amis, attaché à la suite du comte d'Artois, qui se rendait au camp de Saint-Roch, pour suivre le siège de Gibraltar. Intéressants détails sur le voyage :

« J'espère, mon cher Chevalier, que vous voudrez bien m'excuser de n'avoir pas pu vous écrire encore. Il n'y a eu pendant la route qu'un courrier expédié de Bayonne, et je n'aurais pu vous apprendre par lui que des détails peu intéressants. L'affluence ordinaire du peuple au passage du prince, augmentée encore par l'intérêt qu'inspire l'objet de son voyage ; la pompeuse réception de M. le duc de Choiseul à Chanteloup, qui, sans fêter, sans s'occuper de rien, semblait avoir mis sa prétention à ce que le prince et sa suite n'eussent pas même l'air de déranger la vie journalière ; les honnêtetés recherchées de M. le maréchal de Mouchy pour le prince et tout ce qui l'entoure ; l'enthousiasme plus qu'ordinaire des habitants de Bordeaux pour le prince ; voilà tout ce dont j'aurois pu vous instruire. Le port de Bordeaux m'a offert un spectacle dont je n'avois pas d'idée. Le prince l'a parcouru sur un brigantin, au milieu de l'artillerie de 800 vaisseaux de toutes grandeurs, et des aclamations d'un peuple innombrable qui couroit les quais ; des trompettes se faisaient entendre, malgré tout ce tapage, et tout exprimait la joie universelle. Des plaisirs d'un autre genre nous attendaient à Bayonne, et ils ont paru d'autant plus intéressants qu'ils étaient achetés par des jours de route très-fatiguants dans ces landes. Les rues couvertes d'herbes odoriférantes, les maisons garnies de tapisseries, des jeunes filles vêtues de blanc jetant des roses devant le prince m'auraient fait trouver les habitants idolâtres si je n'avais moi-même partagé leur délire, tant j'étais touché de la manière honnête et amicale avec laquelle le prince les remerciait de leur zèle ; car il eut été impossible d'y mettre plus de grâce et de bonté.

« On dîna dans une cabane sur le bord de la mer ; des joutes, des danses occupèrent l'après-midi, et le prince fut reconduit chez lui au milieu d'une danse composée des plus jolies personnes de la ville. Il ressortit après souper avec le même cortège pour aller au bal chez un particulier où il dansa quelques contredanses.

« Le lendemain nous quittâmes tristement cette ville, et trois heures après nous n'étions plus en France. Une très-petite rivière sépare la France de l'Espagne, et on serait tenté de croire qu'elle interrompt toute communication entre les habitants de ses rives, tant les deux peuples sont différents : autre langue, autres mœurs, autres vêtements ; il semble que l'on est à mille lieues du pays qu'on vient de quitter. La coiffure agréable des Bayonnaises et leur air de propreté sont remplacés par une simple tresse de cheveux sans poudre qui pend derrière la tête des Biscaïennes. Quoiqu'elles soient assez jolies, le peu de soins qu'elles ont de leurs personnes leur fait perdre tous leurs agréments ; nos élégants abbés sont remplacés par de vilains prêtres couverts d'un chapeau gras, enveloppés dans un sale manteau, qui, fiers de la considération qu'ils ont ici, se croient le droit d'entrer à tous moments dans l'appartement du prince, et de l'ennuyer de leurs harangues qu'il n'entendait point. M. le comte d'Artois a été reçu à la frontière par les députés de la province, les commandants, etc., qui l'ont accompagné pendant trois jours, jusqu'à la sortie de Biscaye. Il est incroyable la joie que les Espagnols ont marquée pendant toute la route, au passage du prince ; on venait de dix lieues pour le voir ; les chemins, les villes étaient remplis d'une multitude de peuple. Des vivats continuels, des chapeaux en l'air, un délire universel nous ont prouvé qu'on avait dans ce pays plus d'enthousiasme encore que dans le nôtre pour le prince. Je crois qu'il ne peut exister de peuple plus gai que celui de Biscaye. Dans tous les lieux où M. le comte d'Artois a couché, il y a eu un bal général ; toutes les nuits on dansait sur les places publiques, on chantait dans les rues, et nous avions besoin de nous rappeler le motif de tout ce tapage pour ne pas nous impatienter de ne pouvoir dormir. Dans les grandes villes, c'était des illuminations ; à Valladolid une comédie, et partout des combats de taureaux. Le passage de M. le comte d'Artois en Espagne coute déjà la vie à plus de 40 de ces animaux, et nous n'avons vu que la plus petite partie. La fureur des Espagnols pour ce spectacle leur persuade que tout le monde doit y prendre le même intérêt ; il n'y a pas de village qui n'eut voulu faire tuer un veau sous ses yeux pour lui faire honneur. M. le comte a eu la complaisance de paraître s'amuser de ces ennuyeux plaisirs ; il a marqué la plus grande sensibilité à tout ce qu'on faisait pour lui et tout le monde en a été enchanté. Les Espagnols peu accoutumés à cette affabilité de la part de leurs princes nous ont souvent dit combien ils nous trouvaient plus heureux qu'eux.

« La longueur de notre marche en Espagne a fait changer l'itinéraire en route et nous sommes arrivés à Ste-Ildefonse le 23 au lieu du 20 juin. M. de Montmorin et M. le prince de Nassau sont venus au-devant de M. le comte d'Artois à la dernière couchée. Le roi d'Espagne avait envoyé des relais et des gardes du corps à trois lieues de Ste-Ildefonse. M. le comte d'Artois est arrivé à 8 heures, après la rentrée du roi qui était à la chasse. J'ai été témoin de la première entrevue ; elle m'a paru trop intéressante pour ne pas vous en faire le détail.

« M. le comte d'Artois, un peu embarrassé en descendant de voiture, a été conduit par M. de Montmorin à l'appartement du Roi, au milieu de la foule qui remplissait les appartements et dont les acclamations doivent l'avoir rassuré. Le Roi l'attendait avec le prince des Asturies, les infants don Gabriel et Antoine, l'infante Marie-Elisabeth et les enfants du prince des Asturies. Toute timidité m'a paru abandonnée. M. le comte d'Artois, lorsqu'il est entré, s'est présenté avec la plus grande aisance, a parlé fort longtemps au Roi et a dit des choses honnêtes à chacun des autres princes ; l'entrevue a duré au moins trois quarts d'heure ; ils ne semblaient tous qu'une famille. Le Roi paraissait attendri ; malgré sa laideur, un air de bonté rendait sa figure intéressante ; dans ce moment, il était entouré de ses petits enfants qui regardaient M. le comte avec curiosité et jouaient avec son épée. Des paysannes les conduisaient, et le contraste de la simplicité de leurs habits avec la magnificence de la cour augmentait l'intérêt du spectacle. Je voudrais qu'un peintre put rendre ce moment tel que je l'ai vu ; la satisfaction et la confiance que l'on voyait sur tous les visages ferait plutôt penser qu'il aurait voulu peindre le retour d'un parent absent depuis longtemps qu'une entrevue de princes.

« M. le comte d'Artois a été ensuite voir les infants et l'infante à leurs appartements ; ils sont venus le reconduire chez lui et y ont retourné le lendemain avant qu'il sortit.

« Il a dîné seul hier, suivant l'étiquette de la cour ; mais il est allé souper chez M. l'ambassadeur, ce qui a paru fort extraordinaire, ici, où l'on a jamais vu les infants aller chez aucun particulier. Il a encore enfreint les usages aujourd'hui pour le faire dîner en public avec les infants qui mangent toujours seuls. Il a été servi à genoux par un gentilhomme de la chambre, comme les infants le sont. M. de Mailly doit faire la même cérémonie dimanche où M. le comte mangera seul en public. Je ne puis rendre la magnificence avec laquelle on traite tout ce qui appartient au prince, et les attentions qu'on a pour que rien ne puisse manquer à personne.

« M. le prince de Nassau est bien accueilli de toute la cour ; on remarque que le prince des Asturies n'avait jamais parlé français en public avant son arrivée. M. de Vaudreuil est celle des personnes de la suite de M. le comte d'Artois à laquelle on a marqué le plus d'attention.

« Le départ pour Madrid est fixé au 2 août ; nous devons être au camp de St Roch le 15. M. de Nassau y retourne avec Mgr le comte.

« Si je peux vous donner une esquisse du camp de St Roch, vous devez être persuadé de tout le plaisir que j'aurai à vous en faire le détail. »

VERSAILLES, 14 AOUT 1782. — Bulletin sur le départ de la flotte pour couvrir le siége de Gibraltar ; nomination du comte d'Estaing au commandement des flottes combinées françaises et espagnoles :

« Notre flotte combinée est partie le 8 pour couvrir le siége de Gibraltar, n'ayant plus rien à faire dans la Manche depuis la rentrée de la flotte de la Jamaïque.

« Les batteries flottantes devaient être prêtes le 1er août. Un sergent qui a déserté de Gibraltar a rapporté au camp de St-Roch que les troupes étaient si mécontentes qu'on craignait une révolte ; que le vin et la viande fraîche y manquaient totalement ; que le peu de salé qui y restait était à moitié pourri, qu'il n'y a que l'espoir dont le général Elliot les flatte d'être bientôt remplacés par une nouvelle garnison qui puisse les contenir. M. de Crillon a fait offrir au commandant de la viande fraîche, et tout ce dont il aurait besoin pour sa table, qu'il a refusé. M. de Crillon a annoncé à tous les officiers de marine que toutes les prises qu'ils feraient leur appartiendraient ; que le roi leur remettait le tiers qu'il s'était réservé.

« On assurait hier à Versailles que M. le comte d'Estaing est nommé commandant des flottes combinées, et qu'il doit partir incessamment pour remplir sa mission. Une flotte de deux cents voiles qui nous arrive de St-Domingue a été signalée par un vaisseau qui l'a rencontré aux îles Açores. »

22 AOUT 1782. — Jugement du parlement contre le comte de Morton qui avait insulté le procureur Pernot à la comédie française.

5 ET 16 SEPTEMBRE 1782. — Nouvelles navales du siége de Gibraltar, et nouvelles diverses de la cour.

SANS DATE. — Copie d'une Épitre satirique en vers adressée A MESSIEURS DU CAMP DE SAINT-ROCH :

> Messieurs de Saint-Roch, entre nous,
> Ceci passe la raillerie ;
> En avez-vous donc pour la vie ?
> Ou quelque jour finirez-vous ?
> Ne pouvez-vous à la vaillance
> Joindre le talent d'abréger ?
> Votre éternelle patience
> Ne se lasse point d'assiéger ;
> Mais vous mettez à bout la nôtre[1].
> Soyez donc battants ou battus,
> Messieurs du camp et du blocus ;

---

1. Ce vers n'a pas de correspondant.

Terminez, car on n'y tient plus.
Fréquentes sont vos canonnades ;
Mais, hélas! qu'ont-elles produit ?
Le tranquille Anglais dort au bruit
De vos nocturnes pétarades,
Ou s'il répond de temps en temps
A votre prudente furie
C'est par égard, je le parie,
Et pour dire : « Je vous entends. »
Quatre ans ont dû vous rendre sages ;
Laissez donc là vos vieux ouvrages ;
Quittez vos vieux retranchements,
Retirez-vous, vieux assiégeants.
Un jour, ce misérable siége
Sera fini par vos enfants,
Si toutefois Dieu les protége.
Mes amis, vous le voyez bien,
Vos bombes ne bombardent rien,
Vos balandres et vos corvettes,
Et vos travaux et vos mineurs
N'épouvantent que les lecteurs
De vos redoutables gazettes.
Votre blocus ne bloque rien,
Et grâce à votre heureuse adresse
Ceux que vous affamez sans cesse
Ne périront que d'embompoint.

CORNY (Chevalier de), Officier au régiment de Saxe-Hussards.

1789-1790. — 6 lettres et un mémoire.

Mai 1789. — Mémoire pour le sieur Merkoff, capitaine de remplacement au régiment de Saxe-Hussards.

4 juin 1789. — Copie de la réponse du prince Xavier sur le mémoire précédent.

4 janvier 1790. — Demande pour M. de Merkoff, fils de M. de Corny, de servir en Corse sous les ordres de M. de Biron.

CROLBOIS (de), Avocat en parlement ; chargé d'affaires du prince Clément, électeur de Trèves, à Paris.

1781-1784. — 15 lettres.

7 juin 1781. — Sur le passage de l'Empereur d'Autriche à Coblentz et la nomination de M. Joly de Fleury au ministère des finances.

Paris, le 10 juin 1781, a 9 heures 1/2 du matin. — Détails sur l'incendie de la salle de l'Opéra à Paris ; 10 à 12 personnes brûlées vives dans ce funeste événement :

« Le feu qui a consumé, la nuit du vendredy au samedy, la salle de l'Opéra dure encore ce matin. Les pompiers travaillent sans relâche à éteindre le foyer de *cet fatal* incendie. Heureusement que les appartemens du Palais-Royal étoient séparés de cette salle par un gros mur d'une épaisseur de 8 pieds qui les a préservés.

« M. le Duc de Chartres commandoit lui-même les ouvriers. On a trouvé jusqu'ici 10 à 12 personnes qui ont péri dans les flammes, qui étoient si affreuses et si vives qu'elles se portoient à un quart de lieue. Un danseur nommé Jardes est du nombre. Les rues des Bons-Enfants, de St-Honoré et l'entrée au Palais-Royal sont interdites. L'incendie a commencé à 8 1 quart, après la sortie de l'opéra, et provient d'un lampion qui a enflammé une toile.

« Je suis avec respect, etc.

« De Crolbois. »

10 avril 1783. — Sur la retraite de M. Joly de Fleury et son remplacement par M. d'Ormesson, comme contrôleur-général. — Projet d'emprunt de 24 millions remboursables en 8 années au moyen d'une loterie.

13 novembre 1784. — Guerre entre l'Autriche et la Hollande ; commencement des hostilités ; attitude de la France.

DECORDE, Officier.

30 aout 1778. — Une lettre informant le prince Xavier de son arrivée à St-Brial avec 50 hommes.

DEUX-PONTS (Duc de).

10 octobre 1764. — Demande de la protection du Prince pour le comte de Schalemberg se rendant en Saxe.

DONOP (Comte de), Chambellan du prince Xavier, capitaine au régiment de Royal-Allemand.

1763. — 3 lettres et une copie.

11 juillet 1763. — Remerciement au Prince pour l'envoi de la clef de chambellan.

30 décembre 1763. — Au sujet de la mort du roi de Pologne, et sur l'élévation possible du prince Xavier à ce trône :

« Monseigneur,

« La patience et le courage de Votre Altesse Royale sont mis à des fortes épreuves ; je ne doute pas que le destin prépare dans sa personne un Roy aux Polonois, qui saura les gouverner par lui-même ; car c'est l'adversité qui fait les grands princes.

« Si dans la plus petite chose, mes services peuvent être de quelque utilité, je supplie Votre Altesse Royale de disposer de ma personne et de tout ce que j'ai au monde ; c'est l'expression du cœur et de la vérité aussi bien que du très profond respect avec lequel je serai toute ma vie

« Monseigneur,
« De Votre Altesse Royale,
« Le très humble et très obéissant serviteur,
« Donop. »

DU MUY, Maréchal de France et ministre de la guerre.

1774. — 3 lettres et 2 notes. Remerciements de félicitations à l'occasion de sa nomination à la guerre ; affaires diverses relevant de son ministère.

ECKART, Valet de pied du Roi, à Versailles ; correspondant secret du prince Xavier.

1787-1788. — 13 lettres informant le Prince de ce qui se passe à la cour.

19 et 20 novembre 1787. — Sur l'assistance du Roi au parlement de Paris pour faire enregistrer un édit en faveur des protestants et un édit d'emprunt de 450 millions.

21 novembre 1787. — Députation du Parlement, pour demander au Roi la convocation des Etats-Généraux et le rappel du duc d'Orléans exilé à Villers-Cotterets :

« Monseigneur,

« Monsieur le primier Présidant avec une débutation du Parlement au nombre de 35 sont venu demander au Roy les assamblées des Etats Généraux. L'on assur que Sa Majesté leur a accordé pour l'année quatre vingt onze, et l'on assur qu'ils ont demandé le rapel de Monsieur le duc d'Orléans et de Messieurs l'abbé Sabatié et de Frédeau qui sont exilé depuis le dernier assamblée des Ducs et Paires au Parlement ; le Roy a refussé.

« Monsieur le Duc d'Orléans à Viller-Codré, M. Sabatié au Mont-St-Michel ; Monsieur l'abé Frédeau à Han, en Picardie. Messieurs les deux abbés sont conseillés en Parlement. »

14, 15, 17, 18 et 21 décembre 1787. — Bulletins de la santé du Roi, incommodé à Versailles.

ESSEN (Baron d'), Ministre de l'électeur de Saxe, à Varsovie.

1769-1775. — 6 lettres en partie chiffrées.

4 août 1769. — Au sujet de la terre de Zabelitz, acquise par le prince Xavier du duc de Salmour.

8 octobre 1774. — Nouvelles intrigues de la cour de Russie à Varsovie :

« L'Impératrice de Russie, dans un moment de contentement sur la paix, échauffée de l'idée de rétablir, malgré le démembrement sa primitive influence en Pologne et d'en exclure ses rivales, a peut-être fait des ouvertures importantes et des confidences pour lesquelles le Grand Général Branuki n'est pas fait d'en être le dépositaire, et dont il m'a l'air de faire un mauvais usage ; aussi, va-t-il compromettre la cour de la Russie, et lui gâter peut-être ses affaires. A peine arrivé à Varsovie, il a demandé en pleine Délégation que la République se manifeste contre les cours de Vienne et de Prusse, de ce qu'elles ont démembré au-delà de la convention de Pétersbourg ; donnant à connoître que la cour de Russie verroit une telle démarche d'un bon œil, puisqu'alors elle se pourra mêler directement des affaires de la Pologne, travailler pour elle et rester la seule et exclusive protectrice de ce païs. . . . .

« Le 1er octobre la Diète a commencé, et comme elle a trouvé les affaires rien moins qu'arrangées par la Délégation, qui a les articles les plus essentiels à régler encore, il n'y a eu que deux sessions et la Diète a été limitée jusqu'au 15 de novembre. On a demandé la sortie des trouppes russes, la cassation de Confédération générale ; enfin que la Délégation ne doit s'occuper que des affaires de la République et qu'aucune affaire particulière ne fut plus mise sur le tapis. Mais comme ni la Russie, ni le Roi, ni le Grand Général y trouveroient leur compte, ces propositions tombèrent à plat, n'ayant point été soutenues. »

23 NOVEMBRE 1774. — Ouverture de la Diète de Varsovie; travaux de démarcation des nouvelles frontières de la Pologne :

« La Diète a été ouverte le 15 du courant. On a commencé par haranguer et par déduire l'impossibilité de finir l'arrangement des affaires de la République, et par représenter la nécessité d'une nouvelle prorogation. Ces harangues ayant duré quelques jours, la Diète a été renvoyée jusqu'aux derniers jours de février. . . .

« Les Commissaires de la République, partis d'ici vers la fin du mois d'octobre pour la démarcation des frontières, conjointement avec les Commissaires des trois Cours, ne sont pas, selon les nouvelles que nous en avons reçu icy, trop avancés dans leur commission.

« Les Commissaires de la Cour de Vienne ne veulent point admettre le plein-pouvoir de ceux de la République, parce qu'il y est dit qu'ils doivent faire la démarcation selon la teneur de la convention de Pétersbourg ; clause de laquelle les premiers ne veulent rien savoir. Ceux de la cour de Berlin suivent une ligne de démarcation toute différente des instructions que la République a données aux siens. Ces derniers ont arrêté leurs opérations et ont fait rapport au Ministre de Pologne ; et comme les Polonais ne doivent pas être les premiers à quitter la partie il y a apparence qu'ils ne retourneront pas de sitôt à Varsovie. Pour la Russie, on est persuadé que la démarcation ne trouvera pas la moindre difficulté. »

17 MARS 1775. — Au sujet des apanages des princes de Saxe en Pologne :

« La République qui a cassé tous les arrérages des pensions crées l'année 1768, a excepté les vôtres sur lesquels on s'arrangera avec moi.

« Agréez, Monseigneur, mes complimens de félicitation sur le succès de vos intérêts ; mais Votre Altesse Royale est en même temps trop éclairée, trop équitable et trop convaincue de mon attachement pour ne point approuver tous les engagemens que j'ai été obligé de prendre le 16, dans un moment où les deux articles de vos apanages et de vos arrérages pendaient à un cheveu, et où il s'agissoit de sauver ou de perdre le tout. Il a fallu dans ce moment critique quelque chose de plus que mes promesses pour le futur ; il a fallu employer des espèces. Vous en êtes, Monseigneur, pour trois cents ducats ; Monseigr votre frère y est pour autant. Je prie Votre Altesse Royale d'avoir la grâce de me les remettre icy.

« Après que le gros de l'affaire est fait, il s'agit de le limer et de lui donner du poli. Je le ferai avec le même zèle avec lequel je vous ai toujours servi, et en me recommandant à la protection et à la haute bienveillance de Votre Altesse Royal, j'ai l'honneur d'être, etc.

« D'Essen. »

ESTANSON (d'), Chef d'escadron au régiment de Saxe-Hussards.
7 avril 1789. — Une lettre pour solliciter de l'avancement.

ESTE (Hercules d').
26 septembre 1780. — Une lettre annonçant la conservation dans leur emploi des comtes Porti. protégés du prince Xavier.

28e Liasse, 1757-1789.

FALCKENHAYN (Baron de), Lieutenant-général.
1778-1789. — 4 lettres de recommandations diverses et remerciements de protection.

FERDINAND-CHARLES-ANTOINE, Archiduc d'Autriche.
8 avril 1767. — 2 lettres, relatives à une demande de tenir sur les fonts de baptême, au nom du prince Xavier, l'enfant dont doit accoucher le mois suivant la princesse Marie, sœur de l'archiduc.

FERRONNAYS (Marquis de la), Maréchal de camp.
13 juillet 1778. — Une lettre informant le prince Xavier.

sous les ordres de qui il doit servir, qu'il se rendra à son poste, à Fougères, le jeudi 16 juillet.

FITZ-JAMES (Duc de), Maréchal de camp.

5 OCTOBRE 1762. — Une lettre remerciant le prince Xavier de la protection qu'il a accordée à son neveu, le major Glascow, pour lui faire obtenir un petit commandement en Languedoc.

FLEMING (Comte de), Ministre du roi de Pologne, à Vienne.

1761-1762. — 85 lettres ou réponses, dont plusieurs en chiffres, sur les affaires politiques et militaires de la Saxe et de la Pologne

1er JUILLET 1761. — Plan de campagne de l'armée russe.

20 NOVEMBRE 1761. — Avis chiffré d'une alliance entre la France et l'Espagne.

5 JUIN 1762. — Défection de la Russie qui donne un corps de 20,000 hommes au roi de Prusse. Projet de poursuivre la guerre entre la France et l'Autriche contre la Prusse.

12 JUIN 1762. — Démarche et ultimatum de la Russie pour engager la cour de Vienne à faire la paix avec la Prusse.

19 JUIN 1762. — Projet mystérieux de campagne de la Russie.

26 JUIN 1762. — Projet d'alliance entre la France, l'Autriche et le Danemarck, en prévision de la guerre que la Russie se prépare à faire à cette dernière puissance. Traduction de la correspondance chiffrée :

« Comme il paroit décidé que l'Empereur (de Russie) en veut au Danemarck, et qu'il n'y a presque plus d'espérance que le différent de ces deux cours s'accommode par la voye de négociation, je puis avoir l'honneur de dire en confidence à Votre Altesse Royale que la cour d'ici (Vienne) n'a attendu que le moment de pouvoir s'assurer des intentions de Sa Majesté Danoise, se prêtera à tout ce qui dépendra d'Elle pour la soutenir et pour s'unir étroitement ensemble. La France qui a toujours conseillé cette mesure en presse la conclusion. En attendant, il y a des gens qui prétendent que la négociation entre le Czar et le Danemarck n'est pas entièrement rompüe. »

4 AOUT 1762. — Intrigues et projets de la Russie. Couronnement de la nouvelle impératrice à Moscou, le 5-16 septembre.

1ᵉʳ SEPTEMBRE 1762. — Sur les bruits de paix entre la France et l'Angleterre :

« Les bruits de paix entre la France et l'Angleterre se sont répandus ici comme ailleurs ; ils avoient même gagné un degré de vraisemblance, et nous commencions à en bien augurer pʳ la pacification générale ; mais il semble que cette espérance flatteuse pour le bonheur de l'humanité, est gênée et arrêtée par l'Espagne qui ne se déterminera qu'avec peine à renoncer aux vües qui l'ont portée à se mêler de la guerre contre l'Angleterre. »

8 SEPTEMBRE 1762. — Rapports de plus en plus étroits entre les cours de Prusse et de Russie :

« Les nouvelles de la Russie sont de jour en jour plus mauvaises, et n'est que trop vrai qu'il nous reste aucune espérance de ce côté-là. Le penchant de la nouvelle Impératrice[1] pour le Roy de Prusse se manifeste, et il n'y a que le Ministre de Prusse qui est fêté et considéré à la cour de Pétersburg.

« On me mandoit de Varsovie que l'Impératrice sembloit vouloir rétablir absolument les Birons dans le duché de Courlande, et que l'ex-Duc étoit déjà en chemin pour s'y rendre. En attendant, il est certain qu'il reste un levain dans le cœur des Russes qui pourra fermenter. La nouvelle Impératrice ne paroit rien moins qu'affermie sur son thrône ; et depuis qu'il semble qu'Elle n'est pas sûre de ses cohortes prétoriennes, et qu'Elle a voulu partager son authorité avec le Sénat, il ne seroit pas étonnant qu'il y eut une nouvelle révolution en faveur du prince Ivan. Dans un pays accoutumé au despotisme, il ne faut jamais rien relâcher des principes par lesquels il a été soutenu.

« (En lettres). Nous reçûmes hier le détail de l'affaire arrivée le 30 à Friedberg. »

18 SEPTEMBRE 1762. — Lettre du prince Xavier au comte de Fleming, relativement au projet de l'impératrice de Russie,

---

1. Catherine, veuve de Pierre III.

de rétablir le duc de Biron dans le duché de Courlande à la place du prince Charles de Saxe :

Je suis bien fâché, tant pour le bien de la cause commune que pour mon Frère, que la nouvelle Impératrice reste attachée au système adopté par feu son mari, et je m'en étonne d'autant plus que cette princesse, entre autres griefs contre Pierre trois, lui reproche l'aveugle attachement qu'il avoit pour le Roy de Prusse, et la défection à l'ancienne alliance qu'elle quitte pour embrasser une neutralité, mais bien partiale.

« Je suis de votre sentiment sur l'inconstance des Russes ; accoutumés à n'avoir qu'un maître, ils auront de la peine à en souffrir plusieurs dans les membres qui composent le Sénat ; ce sera une révolution perpétuelle dans ce pays-là, dont il faudroit profiter dans les premiers moments, car ordinairement cela ne dure pas longtemps. »

16 OCTOBRE 1762. — Nouvelle de la prise de Schweidnitz, en Silésie, par le roi de Prusse.

FONTENAY (Général de), Envoyé extraordinaire du roi de Pologne, puis de l'électeur de Saxe, à Paris.

1757-1769. — Correspondance assez volumineuse, mais incomplète ; à laquelle manquent les années 1757, 58, 59, 61 et 62.

27 AVRIL 1760. — Sur la grave maladie du jeune duc de Bourgogne, fils du Dauphin ; né le 13 septembre 1751, mort le 22 mars 1761.

« Monseigneur,

« Je suis bien mortifié de n'avoir que de mauvaises nouvelles à vous mander de la santé d'un neveu qui vous est bien cher ; son état de jour en jour devient plus fâcheux ; il s'affoiblit, sa plaie est d'une couleur qui inquiète et le pus d'une très mauvaise qualité. On l'a mis depuis peu au lait de chèvre pour toute nourriture. Les rapports des médecins confirment Mgr le Dauphin et Mad. la Dauphine dans l'espérance de son rétablissement ; mais les plus habiles chirurgiens pensent bien différemment. On ne sait comment préparer cet Auguste Couple à un événement qui lui perceroit le cœur.

« La générale La Motte vient d'envoïer chés moi, et m'a fait dire que si il n'y avoit plus d'espérance on donnat de ses gouttes au malade, et qu'elle répondoit qu'elles le tireroient d'affaire. Qui osera hazarder une pareille proposition? Si c'étoit un enfant du commun, on risqueroit de les lui donner, et elles réussiroient peut-être. Les princes, dans une maladie sérieuse sont bien plus à plaindre que les particuliers ; ceux-cy n'ont pas le malheur d'avoir vingt médecins entêtés de leurs opinions et qui ne peuvent s'accorder. La princesse de Condé en a été la victime; Dieu veuille que Mgr le Duc de Bourgogne ne soit pas la seconde ! »

16 OCTOBRE 1760. — Nouvelle de la prise de Montréal et de Pondichéry par les Anglais sur les Français :

« La prise de Montréal décide du sort du Canada. On ne doute point qu'actuellement celui de Pondichéry ne soit le même. Ainsi, voilà les Français expulsés des Indes Orientales et Occidentales ; les Anglois qui avoient si fort déclamé contre la prétendüe monarchie universelle de Louis XIV, viennent de l'établir chés eux par l'anéantissement des forces maritimes de la France, et le privilége exclusif de faire le commerce qu'ils se sont arrogés. Ils s'empareront de l'argent des quatre parties du monde, au moïen de quoi ils seront les maîtres de dicter des loix à toutte l'Europe.

« Les puissances commerçantes sentiront bientôt, mais trop tard, qu'il étoit très important de maintenir l'équilibre sur la mer aussi bien que sur la terre. »

19 NOVEMBRE 1760. — Etat toujours inquiétant du duc de Bourgogne ; accablement du Dauphin et de la Dauphine :

« Le Duc de Bourgogne a eu de nouveau le devoiement ; il avoit diminué hier, mais les médecins et chirurgiens de réputation n'en ont pas plus d'espérance.

« J'étois avant-hier au soir dans l'appartement de la Reine quand Elle en sortit pour aller chés ce P^{ce}. Elle me fit l'honneur de me parler, depuis sa chambre jusqu'à ce qu'Elle fut dans sa chaise à porteurs, et me témoigna être sensiblement touchée de touttes les tribulations que Mad. la Dauphine avoit à soutenir ; et en me citant l'état fâcheux de son petit-fils, Elle me dit qu'Elle ne concevoit la sécurité dans laquelle le Dauphin et la Dauphine étoient sur cet article ; qu'au reste, Elle aimoit mieux qu'ils pussent se flatter plus tôt que de les voir d'avance en proie à leur douleur. L'abattement dans lequel je vis hier Mgr le Dauphin me feroit juger qu'il est mieux instruit de l'état de ce cher fils.

« Le Roi T. C. a été un peu incommodé d'une indigestion qui

lui a fait garder la chambre une couple de jours. Il paroissoit hier en être entièrement remis. »

3 DÉCEMBRE 1760. — Même sujet :

« Ceux qui devoient rendre la santé à la Saxe ne l'ont pas mieux traittée, et, malheureusement je vois que les médecins politiques ne travaillent pas plus efficacem^t à son rétablissement que les militaires. »

17 DÉCEMBRE 1763. — Du prince Xavier sur la mort de l'Électeur, son frère, lui donnant l'administration de la Saxe et la tutelle du jeune prince, son neveu.

11 AVRIL 1764. — De M. de Fontenay, sur un incident apportant une entrave au mariage projeté de M. de Nicolaï :

« Le Marquis de Nicolaï, colonel de dragons, devait épouser avant-hier Mad. de Colandre, jeune veuve très-riche. Ils alloient se jurer à l'autel ce qu'on ne tient pas toujours, quand un M. de Soyecourt est venu mettre opposition, sous pretexte d'une promesse verbale que cette dame lui avait faite de l'épouser. Le Cardinal de Gèvres et autres gens respectables, se sont efforcés de faire entendre raison à ce trouble-fête ; mais c'est un enragé qui n'en veut point démordre, et qui soutient que la Dame se passera de mari, ou n'en aura d'autre que lui. On craint que cela ne fasse une affaire entre ces deux rivaux. Si cette veuve savoit le pari qui a été fait entre le Marquis et M. de Bratkowsky, elle regretteroit encore plus celui qui lui fait perdre de si agréables nuits. »

3 MAI 1764. — Nouvelle de la naissance d'une princesse, fille de la Dauphine.

26 JANVIER 1765. — Affaire de Bretagne, édit sur les finances ; chanson sur le contrôleur-général Laverdy :

« Paris est actuellement occupé de l'affaire de Bretagne et de celle des Suisses. L'une et l'autre font grand bruit. Les têtes du Parlement breton n'ont point dégénéré de leur obstination nationale. Elles étoient sur le point de décréter de prise de corps le duc d'Aiguillon ; mais on me d^{it} hier qu'il y avoit espérance que les choses se concilieroient.

« Le public, peu content de l'édit sur les finances, s'en console en chansonnant le Controlleur général. C'est la vengeance dont il fait le plus volontiers usage. Si Votre Altesse Roïale trouve quelqu'un au fait de l'air des couplets cy-joints (et il est fort connu), Elle verra qu'ils ne sont pas faits pour des oreilles chastes :

Chanson sur l'air de l'onguent pour la brûlure.

Laverdy prêche aux Etats,[1]
Qu'on est las
De leurs ennuyeux débats,
Et raisonne dans son stile
Comme un controlleur habile.

* *

Avez-vous vu son Édit
Plein d'esprit ?
En deux mot il a tout dit.
En moyens qu'il est fertile !
C'est un controlleur habile.

* *

Qu'il l'auroit dit, qui l'eût cru
Qu'un fétu
Tout prêt à montrer le cu,
Aurait appris à la terre
Ce qu'un controlleur peut faire.

* *

La finance des Gaulois,
Aux abois,
Ils n'avoient plus que la voix,
Quand le Roi dans sa détresse
Vite au controlleur s'adresse.

* *

Il scait faire en un moment
Sans argent,
Dédire le Parlement,
Au Choiseul faire la nique ;
C'est un controlleur unique.

* *

La finance dans sa main
Prend un train
A faire bien du chemin ;
Les effets changent de gîte ;
Ah ! qu'un controlleur va vite.

---

[1]. Lettre du Contrôleur général aux Etats de Bretagne.

Sans ce Sully bien placé
L'an passé,
Sur un carton vernissé
Notre sort était sinistre ;
C'est un vigoureux ministre.

*
* *

Celui qui nous l'a donné [1]
Fut loué,
Quoi qu'on le dise un roué
Il juge avec connaissance
Tous les controlleur de France.

15 avril 1765. — Troubles au Théâtre Français ; interruption des représentations ; conflit entre les comédiens :

« Un chirurgien avoit guéri le Sr Dubois d'une de ces maladies qu'il est prudent de payer pour engager l'Esculape au secret. Celui-cy a demandé le salaire de sa cure. Dubois a soutenu y avoir satisfait en vin et en argent, et a offert de l'affirmer par serment. Il a de plus engagé son camarade Blainvillé a le constater également comme témoin. La partie adverse a allégué que le serment des comédiens n'étoit pas admis, et a prouvé que sa juste prétention n'avoit point été acquittée.

« La troupe indignée que deux de ses membres fussent capables de faire un faux serment, s'est assemblée, et d'une voix unanime a rayé l'un et l'autre du tableau ; protestant de ne jamais jouer la comédie avec des gens qui la déshonoroient.

« Lundi étoit le jour de la rentrée du Théâtre qui devoit s'ouvrir par le *Siège de Calais*. Belcour avoit été substitué à Dubois pour le rôle de Moni. Le spectacle étoit rempli avant 4 heures. A trois heures et demie arriva un ordre des gentilshommes de la chambre de jouer le *Siège de Calais* avec Dubois. Ce fut un coup de foudre pour les comédiens ? Leur première résolution fut d'obéir, sans en rien dire à Melle Clairon, qui étoit la plus ulcérée de l'infamie des expulsés. Mais ayant fait réflexion que l'apparition de Dubois sur la scène pourroit opérer un coup de théâtre qui ne seroit pas de la pièce, et faire tomber Melpomène en syncope, on a jugé à propos (pendant qu'elle étoit à sa toilette) de lui glisser un mot de l'ordre arrivé.

« A la nouvelle de la réhabilitation du proscrit, prenant le ton

1. Le duc de Choiseul.

de Cornélie : « Le Roi, dit-elle est maitre de ma vie, mais il ne « l'est pas de mon honneur ; je ne jouerai point avec ce coquin-là. » Sur quoi elle a fait venir une chaise à porteurs, et est allée attendre dans son lit ce qu'il plairoit à Sa Majesté d'ordonner. Lequain et Molé l'ont suivie ; Brisard et d'Auberval, restés seuls, ont pris le même chemin.

La salle regorgeoit de spectateurs. On ne pouvoit donner la pièce annoncée. Dans cette détresse, le reste de la troupe y a substitué *Le Joueur*. Préville a voulu haranguer le parterre, et lui faire comprendre l'impossibilité où ils étoient de satisfaire à leurs engagements ; mais malgré l'amitié du public pour cet acteur, il n'a pu se faire entendre. Parterre et loges n'ont cessé de crier : « *Le Siège de Calais ! Le Siège de Calais !* »

« La nouvelle de la retraite des comédiens s'étant répandue parmi les spectateurs, les épithètes les plus énergique ne leur ont point été épargnées ; ajoutant qu'il falloit les mettre au cachot et la Clairon à la Salpétrière. Ce vacarme a duré jusqu'à sept heures et un quart qu'on a baissé la toile et rendu l'argent.

« Il est venu un ordre de la cour pour mettre les délinquants en prison. On n'a trouvé que Brisard, le plus honnête homme de la troupe et le plus pacifique, et d'Auberval qui a été de compagnie avec lui au fort l'Évêque. Deux médecins et deux exempts de la police sont venus chés Mlle Clairon pour constater si l'état de sa santé permettoit qu'elle y fut transférée. Sur la déposition de la faculté, on l'a laissée dans son lit, en mettant une sentinelle à sa porte. Lequain et Molé ont pris une chaise de poste pour gagner pays.

« Ne trouvés-vous pas singulier, Monseigneur, qu'un ministre vous entretienne de pareilles balivernes ? Pardonnés-le moi ; je me suis imaginé qu'elles vous amuseroient. Je pourrois dire pour ma justification que cet événement a éclipsé l'affaire de Bretagne ; que la tête en tourne aux gentilshommes de la chambre, et que le vainqueur de Mahon a avoué que la sienne en pétoit. L'esprit de parti qui s'est fort accrédité dans ce pays-cy, redouble la fermentation.

P. S. Le Théâtre-François a été fermé hier et devoit l'être aujourd'huy ; mais à deux heures on a affiché : *Le Ch^{er} à la mode et le Babillard.* »

20 AVRIL 1765. — Suite de l'évènement tragi-comique du Théâtre François :

« La lévée du *Siège de Calais* par les spectateurs est une cruelle époque pour les acteurs qui le représentoient.

« Le Quain et Molé qui s'étoient cachés, sont venus se rendre au fort l'Évêque, auprès de leurs camarades ; c'est le parti le plus sage qu'il pussent prendre. Il falloit tôt ou tard en subir la peine. M^{le} Clairon y a aussi été conduite ; mais cette mortification a été un espèce de triomphe pour elle. Mad^e de Sauvigny, intendante de Paris, étoit chés elle quand l'exempt de la police vint la chercher avec un fiacre. L'intendante protesta que ce ne seroit pas dans une pareille voiture ; qu'elle avoit la sienne dans laquelle elle la mèneroit. C'étoit un vis-à-vis : L'exempt ne pouvoit quitter sa prisonnière ; il se mit sur le devant et la dame mit Mad^{le} Clairon sur ses genoux, entra avec elle au fort l'Évêque et lui a journellement tenu compagnie. Jamais cette prison n'a été si illustre ; on y a vu continuellement une douzaine de carrosses.

« Hier, on fit sortir Brisard et Molé du fort l'Évêque pour jouer la comédie, après laquelle on les y ramena. On disait hier Mad^{le} Clairon fort malade. Les Gentilshommes de la Chambre devoient s'assembler aujourd'hui à Versailles, pour juger cette grande affaire. Le public les charge de toute l'iniquité et les dispenseroit volontiers de la direction des spectacles.

« Le jour du grand tumulte, le fils du duc de Fitz-James, partisan de Mlle Dubois, et fort piqué de ce que les comédiens ne vouloient pas jouer avec le père, cria dans les foyers : « Où est « donc cet animal de lieutenant de police, pour mettre tous ces « coquins-là au cachot. » Un exempt qui étoit présent lui représenta qu'on ne se servoit pas de ces termes quand on parloit d'un magistrat de cette espèce. « Va lui rendre, répartit-on en redoublant d'épithètes plus chargées, et dis-lui que c'est le comte de Fitz-James, »

« Le Roi à qui M. de Sartines s'en est plaint, a rayé ce M. de la liste de ceux qui sont nommés de ses voyages.

« Vous aurés encore, Monseigneur, le troisième tome de ce fameux événement qui en sera la clôture. J'espère qu'il sera plus court et vous ennuyera moins.

« Je suis avec un très-profond respect, Monseigneur,

« De Votre Altessse Roïale

« Le très-humble et très-obéissant serviteur,

« Fontenay. »

24 avril 1765. — Suite du même évènement :

« L'évènement tragi-comique qui retient encore les comédiens délinquants au fort l'Évêque, me paroit si peu digne de l'attention de Votre Altesse Royale, que je suis honteux de l'en entretenir si souvent. Mais j'en ai promis la suite, il faut tenir parole jusqu'à ce qu'on m'impose silence.

Le médecin de Mlle Clairon étant venu déclarer au lieutenant de police qu'elle avait une perte considérable, qui la mettoit en grand danger si on ne la tiroit pas de sa prison ; elle est chés elle aux arrêts, et n'y peut recevoir que six personnes qu'elle a nommées ; entr'autres Mad^e l'intendante de Paris ; Mrs de Valbelle et de Villepinte, un anglois, Saurin et Marmontel. Défense de laisser entrer aucun de ses camarades, mâles ou femelles.

La nouvelle d'hier étoit qu'elle avoit envoyé chercher son curé, s'étoit confessée et avoit solennellement et avec les cérémonies requises, renoncé au théâtre. Cette conversion damnera le public qui, en attendant s'égaye en comparant la troupe au Parlément, lui faisant faire des remontrances et donner sa démission.

Un satirique a parodié deux vers du rôle de Mlle Clairon, dans le *Siège de Calais*, et les a tournés ainsi :

> Va, le nom de Clairon, par Frétillon porté,
> Parviendra, quoiqu'impur, à l'immortalité.

8 JUILLET. — Intrigues de cour ; M. le duc de Choiseul et Mme d'Esparbès :

« Il s'est passé une scène il y a une dizaine de jours à Versailles, qui prouve son discrédit[1] et combien son antagoniste[2] se croit ferme sur ses étriers. Cette Dame s'y étoit rendue ; le Duc allant chés le Roi, la rencontre sur l'escalier, l'abordé d'un air de connaissance en lui disant : « Eh ! bon Dieu ! d'où venés-vous ? Il y a « un siècle qu'on ne vous a vüe. On vous a toujours attendüe à « Marly, et, quoique vous n'y ayez point été, vous n'en avés pas « moins occupé la cour et la ville ; il n'étoit question que de vous. » La Dame aussi confuse qu'embarrassée de cette sortie ne sçut que répondre. Il s'en sépara en lui conseillant de continuer à bien faire ses affaires, et en la prenant par le menton. Ayant trouvé le maréchal de Soubise sur son chemin, il n'eut rien de plus pressé que de lui raconter cette conversation.

« Les femmes qui n'aiment pas le Duc (et le nombre en est grand) sont outrées de la pusilanimité de la d'Esparbès, et la

---

1. Mme d'Esparbès.
2. Le duc de Choiseul.

traitent de sotte et de bégueule, et protestent qu'à sa place elles auroient appliqué deux bons soufflets sur les joües ministériales pour leur apprendre à se donner les airs de prendre les dames par le menton.

« Ces petites intrigues seroient de peu d'importance si les finances, la guerre et la marine rendoient ce royaume plus respectable au dehors. Mais jusqu'à présent, on ne s'apperçoit pas que les debtes aient diminué, et que les forces de terre et de mer soient sur un meilleur pied ; et si M. Pitt et ses adhérens reprennent le timon des affaires en Angleterre, la France sera exposée à des affronts qu'elle et l'Espagne ne seront pas en état de repousser.

« Il y a plus d'un an que le controlleur général travaille à établir un plan pour l'acquit des debtes, que l'on dit monter à trois milliards. Jusqu'à présent rien n'a paru qui puisse tranquiliser le public sur la nécessité d'une banqueroute. Le luxe augmente, et les bassesses pour le soutenir, sans qu'on puisse trouver un homme capable (soit pour les finances, la guerre ou la politique) de tirer l'Etat du bourbier où il paroit empêtré. Je ne suis point frondeur, mais je vois avec douleur qu'une puissance à laquelle nous sommes liés par tant d'endroits, soit sur le penchant de sa ruine.

« Le Souverain voudroit opérer le bien, mais il n'a pas cette fermeté et ce courage de l'âme si nécessaires dans une situation aussi critique. »

10 SEPTEMBRE 1765. — Suite des intrigues intimes à la cour de Versailles ; conduite du roi :

« Les intrigues continuent à Versailles. Les ennemis du ministre favori[1], que la dureté de son joug a rendus très nombreux, ne laissent échapper aucune occasion de le dénigrer dans l'esprit du Maitre ; mais il semble que jusqu'à présent ils n'ayent travaillé qu'à l'affermir.

« Je n'ai pas osé confier à la poste la disgrâce arrivée à la favorite de Passy. Vous savés, Monseigneur, que son fils a été baptisé sous le nom de son Père, que sa Mère l'a allaité, et que la conduite de celle-cy a été irréprochable. En conséquence de la promesse qu'on lui avoit faite de le reconnoître, on l'apelloit Mgr dans la maison de la Dame, et toutes les fois que le Patron y venoit, on avoit grand soin de lui présenter sa géniture ; ce qui, à ce qu'on prétend, l'a enfin indisposé dans le tems qu'on le croyoit le plus en crédit. Des Archers sont venus l'enlever et transporter dans un

---

1. Le duc de Choiseul.

couvent à Blois ; le fils a été conduit d'un autre côté, et on l'a fait souvent changer, de mal en pis, pour dépaïser les idées de grandeurs dans lesquelles il avoit été élevé. Ce procédé a paru dur au public, qui a plaint la disgraciée. »

15 FÉVRIER 1767. — Intrigues de la comtesse de Choiseul-Stainville, avec le comédien Clairval; couplets sur ce sujet :

« Les lauriers qui ceignent la tête d'un général ne garantissent pas toujours son front de certaines disgrâces. Vous avés sçu, Monseigneur, que le Comte de Stainville avoit épousé la fille de la Comtesse de Renel, qui, par son grand-père, fermier général et fort riche, lui offrit en perspective une dot de 200/m livres de rentes. Cette jeune Dame s'est bientôt lassée de païer à l'himen le tribut de tendresse qu'il s'arroge. Le Comte de Lausun, la trouvant fort à son gré lui avoit conté son douloureux martire. Mais c'étoit un esclave attaché à son char sans gages. Elle s'étoit coeffée d'un nommé Clairval, acteur de la comédie italienne, assés bien de figure, passablement fat, et qui, par parenthèse, avoit été conjointement avec Caillot, son camarade, au service de la Duchesse de Mazarin, dont ils avoient pris congé, trouvant la besogne trop forte. Une petite loge grillée à la comédie italienne, où l'on pouvoit se dérober aux regards du public, et où Clairval ne manquoit pas de se rendre, étoit le champ de bataille où l'on combattoit pas pour l'honneur du C. de Stainville.

« Un ami du Comte de Lausun, s'étant trouvé dans la loge voisine un jour où l'action fut fort vive, entendit certaines articulations que l'excès du ravissement ne put retenir ; ce qui excita sa curiosité. Il y revint une autre fois de fort bonne heure, se munit d'une vrille, fit un trou à la cloison et vit clairement ce qui se passoit dans son voisinage. Il invita son ami à l'accompagner à la comédie, lui promettant de lui procurer un spectacle plus intéressant que celui qui étoit affiché. Il tint parole, et le Comte de Lauzun, convaincu du bonheur de son rival, n'eut rien de plus pressé que de le publier, et tout Paris en fut imbu le lendemain. Dans le procédé de ces deux amis, vous reconnoitrés, Monseigneur, le caractère françois.

« Le Ministre intéressé à l'affront fait à son frère, et peut-être à lui (car la cronique scandaleuse prétend que dans cette famille on s'est apprivoisé avec l'inceste), fit une mercuriale très amère à sa belle-sœur. Elle ne se déconcerta point, et lui répondit dans ces termes :

« Je suis grosse, et vous pouvés compter que c'est par votre
« frère. Je n'ai rien à vous dire sur le reste ; mais je crois que
« vous lui rendriés un mauvais service si vous l'en instruisiés ;
« cela ne feroit que l'inquiéter inutilement. »

« Le beau-frère se rendit à de si bonnes raisons, garda le secret, et son frère n'a été effectivement instruit de sa disgrâce que huit jours avant l'éclat.

« Les rendés-vous au spectacle ne pouvant plus avoir lieu, la Dame alloit tantôt à petit bruit chès son amant, ou le voioit ailleurs. Comme elle ne gardoit pas beaucoup de mesures, le mari n'a pu l'ignorer plus longtems. Il y avoit d'autant plus de danger à différer de l'en avertir, qu'elle continuoit après être relevée de ses couches.

« La veille du bal que donnoit la maréchale de Mirepoix, qui étoit arrangé par paires qui choisissoient leur masque, et où Mad. de Stainville devoit figurer en païsanne allemande, elle fut souper chés la Duchesse de Valentinois. Sa femme de chambre aïant remarqué certains préparatifs dans la maison, dont elle jugea sainement, la fit avertir que si elle revenoit chés elle, elle seroit immanquablement arrêtée. Toute réflexion faite, elle ne laissa pas de s'y rendre, et eut lieu de s'apercevoir que l'avis n'étoit que trop bien fondé. On lui signifia une lettre de cachet du Roi pour être conduite dans un couvent de Nancy. On saisit ses papiers et en même temps ceux de Clairval. Ce qu'on n'a pas trouvé dans les règles (car la critique cherche toujours à mordre), c'est que le mari se soit chargé de la conduite, et qu'aïant le commandement en Lorraine, il ait choisi un couvent de la capitale pour y enfermer sa femme.

« Après avoir remis la prisonnière à l'abbesse ou supérieure qui est leur parente, l'époux infortuné est revenu ici. La commisération n'est pas la vertu favorite du public dans ces sortes de cas ; aussi, s'est-il épanoui la rate sur cette avanture, et a donné au mari le sobriquet de *Jean-Jacques Rousseau* ; parce que son nom de baptême est Jacques, que sa femme à la confirmation lui a donné celui de Jean, et qu'il est Roux et Sot. On ne peut du moins pas dire qu'il ait fait cette esclandre pour s'emparer du bien de sa femme. Il a remis toute la dot à des tuteurs pour en avoir l'administration au profit de ses deux filles, jusqu'à ce qu'elles soient mariées. La mère n'a que 12,000 l. de pension pour son entretien.

« La femme de chambre a été mise à la Salpétrière et un laquais à Bicêtre, pour avoir été dans la confidence ; ce qui ne paroit pas juste. On ne doit pas supposer à des domestiques assés de délicatesse de conscience pour refuser d'exécuter les ordres de leur maitresse, auxquels la récompense est attachée.

« La galant a poussé l'audace jusqu'à venir dans la maison de la Dame déguisé en servante, deux ou trois jours avant l'éclat, et a été vu par le mari qui l'a laissé sortir. Après avoir si bien joué le philosophe, j'aurois voulu en soutenir le rôle.

« Le Duc de Choiseul, très informé des faits et gestes de Clairval, en a agi aussi généreusement avec lui, disant que c'étoit un acteur agréable au public, qu'il falloit le lui laisser. On ajoute que Mad. de Stainville, informée que Clairval avoit été menacé de cent coups de bâton si il continuoit à la voir, lui en avoit promis deux cents si il s'en abstenoit ; et que celui-ci, aïant consulté son ami et camarade Caillot sur l'embarras où il se trouvoit, ce dernier lui avoit répondu qu'il n'y avoit pas à héziter, et qu'il avoit cent pour cent à gagner.

« Cette avanture a extrêmement mortifié la maison de Choiseul. La Princesse Kinsky s'y trouve mêlée assés indécemment. Parmi les lettres saisies ; il y en a une de Clairval où il assure Mad. de Stainville qu'elle peut se confier en toute sûreté à la Princesse pour remettre les lettres de part et d'autre, et qu'il peut d'autant mieux lui répondre de sa fidélité qu'il a eu l'honneur de sa couche. La confidente se désespère et n'ose se montrer.

« La malignité, toujours acharnée à accabler les époux disgraciés, a débité qu'une nouvelle actrice de l'opéra, jeune et jolie, que le Comte de Stainville avoit pris à son service, peu avant le dénouement de l'intrigue de sa femme, lui avoit signifié à son retour de Nancy, qu'étant soupçonnée d'avoir contribué au parti violent qu'il avoit pris avec Mad. de Stainville, et ne voulant pas se charger d'une telle iniquité ; elle le prioit de ne plus revenir chés elle.

« Le P^{ce} de Guéménée et le vicomte de Chabot, de la même maison, ont eu un petit démêlé dans lequel le dernier a remboursé deux coups d'épée qui ne sont pas dangereux. Le sujet de la querelle n'est pas encore bien éclairci. La Princesse de Guéménée y entre certainement pour beaucoup. Les uns disent que son mari, choqué des assiduités du Vte, lui avoit fait fermer sa porte ;

d'autres, que ce dernier avoit fait des plaisanteries sur le compte de la Princesse, qui n'avoient pas été de son goût. De quelque façon que l'on tourne la raison qui a occasionné ce combat, elle ne peut être que fort désagréable pour Mad. de Guéménée, que la médisance qui ne fait grâce à personne, avoit jusqu'à présent épargnée.

« Après cette lecture, Votre Altesse Roïale pourra s'écrier sans que j'en appelle : « Ah ! le vieux fou ! C'est bien à un ministre de « 82 ans qu'il convient d'écrire dix pages de pareilles balivernes à « son Maître, occupé de toute autre besogne. »

« Pour combler la mesure, je joins ici un petit recueil de chansons qui ne sont pas plus dignes de sa curiosité. »

14 MARS 1767. —. Condoléances sur la mort de la Dauphine.

13 MAI 1767. — Plaintes au sujet de la conduite des Choiseul après la mort de la Dauphine.

30 OCTOBRE 1767. — Intrigues de cour, état de décadence matérielle et morale de la France. M. de Marigny et l'Académie de peinture

10 AVRIL 1768. — Sur la maladie de la Reine, son état de maigreur, son régime alimentaire.

22 MARS 1769 — Sur un projet de voyage du prince Xavier à la cour de France, après l'expiration de son gouvernement en Saxe.

FOREL (Commandeur baron de), Grand maître de l'Électeur de Saxe, ancien précepteur du prince Xavier.

1760-1761. — 23 lettres et un mémoire.

9 AOUT 1760. — Compliments au prince Xavier sur la prise de Cassel.

25 MARS 1762. — Vœux et projets de mariage pour le Prince avec la fille du margrave de Rastadt.

12 AOUT 1763. — Fausse nouvelle des gazettes, annonçant que le roi de France aurait donné au prince Xavier l'hôtel de feu le maréchal de Belle-Isle et la maison royale de Chambord.

FOULON, Intendant des finances, désigné comme contrôleur-général en remplacement de Necker le 10 juillet 1789 ; pendu à Paris par la populace, le 22 du même mois.

1760. — 2 lettres relatives au traitement extraordinaire de 15,000 livres par mois, accordé au prince Xavier pendant la campagne ; avance du montant d'une ordonnance de fonds.

FRÉDÉRIC II, Roi de Prusse.

30 NOVEMBRE 1785. — Copie d'une lettre adressée au général de Tauenzien, sur le mauvais état de son armée de Silésie :

« Mon cher Général de Tauenzien,

« Je vous ai dit lorsque j'étais en Silésie et je vous le répète encore par écrit, que jamais mon armée en cette Province n'a été en un aussi mauvais état que celui dans lequel elle se trouve. Si je prenais des cordonniers ou des tailleurs pour généraux, les Régiments ne pourraient pas être plus mal commandés. Celui de Thaden ne peut pas être comparé au plus mauvais Bataillon de Milice de mon armée de Prusse ; Rothkirk et Schvartz ne valent pas mieux ; Zarimba est si mal discipliné qu'aussitôt que les manœuvres d'automne de cette année seront finies, je me propose d'envoïer un officier de mon Régim^t pour l'instruire. Les soldats d'Erlach s'occupent trop à faire la contrebande, n'ont du soldat que le nom ; le régiment de Keller ressemble à une troupe de païsans ; Hagen a un très-mauvais chef ; le vôtre même n'est pas en trop bon état, et je n'ai été satisfait que de ceux d'Anhalt, Wendessen et du Margrave Henry.

« Je vais vous faire part aussi de mes observations sur les manœuvres ; le Régiment de Schwartz a fait une faute impardonnable auprès de Neisz, en ne se portant point en force sur les hauteurs ; si l'engagement avait été sérieux, la bataille était perdue. Erlach auprès de Breslau a passé par divisions les défilés avec si peu d'ordre et tant de confusion que dans un engagement réel la cavalerie eut taillé l'infanterie en pièces et la bataille eut été perdue.

« Je ne suis point du tout disposé à perdre des batailles par l'ignorance de mes Généraux ; je veux en conséquence que l'année prochaine, si je suis encore en vie, que vous fassiés marcher l'armée dans le camp de Marschwitz, entre Breslau et Ohlau. Mais avant que vous arriviés au camp, vous aurés soin de faire manœuvrer les Généraux inexpérimentés, et vous leur apprendrés leur métier. Les régiments d'Armine et de Kœnig représenteront l'ennemi, et quiconque pour lors ne fera pas son devoir sera jugé par le Conseil de guerre.

« Je blâmerais tout souverain qui serait assés faible de garder à son service des gens qui ne se soucient pas de leur profession ; je ferai donc en sorte de ne l'être avec personne. Erlach restera encore un mois aux arrêts et je vous ordonne de communiquer des copies de ma lettre à l'armée qui est sous vos ordres.

« Je suis
« Votre affectionné Roi,
« Frédéric. »

FRÉDÉRIC, Landgrave de Hesse.

4 mars 1763. — Une lettre demandant l'évacuation de la Hesse par les troupes saxonnes, conformément au traité de paix conclu avec la Prusse.

FRÉMEUR (Marquis de), Colonel commandant au régiment de Royal-Roussillon.

27 août 1778. — Une lettre informant le prince Xavier d'un ordre reçu du maréchal de Broglie.

FRENEL (Comte de), Colonel au régiment de Saxe-Hussards.

20 mars 1789. — Compliments au prince Xavier, nommé commandant de ce régiment.

29ᵉ Liasse, 1740-1787.

GALAISIÈRE (de la), Intendant d'Alsace.

1783. — 2 lettres et un mémoire relatifs à la liquidation de la succession de la princesse Christine de Saxe, abbesse de Remiremont, décédée le 19 novembre 1782.

GERSDORFF (Charles-Auguste de), Ministre de Saxe.
1775-1779. — 3 lettres de peu d'intérêt.

GONDÉ (de), Colonel au service de la Saxe.

1771-1775. — 5 lettres relatives à la sollicitation et à la nomination de M. de Gondé, au commandement du régiment portant en Saxe le nom du prince Xavier.

GOYON (de), Officier.

13 septembre 1778. — Une lettre faisant l'éloge de M. le comte de Sesmaisons, qui servait sous les ordres du prince Xavier en Bretagne.

HAUSSLER (Charles-Gottlob, Baron de), Lieutenant-colonel d'infanterie, chambellan de l'électeur de Saxe.

1780-1781. — 4 lettres, un mémoire et copies de divers certificats, pour solliciter le grade de brigadier en France.

HESSE (Prince Georges de).

27 août 1778. — Une lettre pour recommander au prince Xavier le comte de Weilnau, colonel commandant du régiment de Schomberg-Dragons.

HOLSTEIN (Prince et Princesse de).

1761-1764. — 3 lettres de vœux, compliments et remerciements.

JEAN-ADOLPHE?

26 mars 1740. — Une lettre (texte allemand) adressée au comte de Brühl, pour lui offrir un fief électoral privilégié.

JOLLY DE FLEURY, Contrôleur-général des finances.

1782-1783. — 2 lettres relatives à des recommandations du prince Xavier.

JUMÉCOURT (de), Capitaine au régiment de Royal-Roussillon.

1er et 18 septembre 1778. — 2 lettres, donnant avis au Prince de son arrivée dans l'île de Bréhat avec un détachement de 50 hommes, et lui rendant compte des postes établis dans cette île pour surveiller les corsaires anglais.

JUST, Conseiller d'ambassade et correspondant anonyme du Prince à Dresde.

1757-1775. — 19 lettres ou copies.

5 avril 1757. — Il est décidé qu'il y aura garnison française à Dusseldorf, et que cette ville servira de place d'armes.

9 avril 1757. — Lettre chiffrée relative aux affaires militaires de Saxe; disposition de troupes; 40 lieutenants-généraux et 60 maréchaux de camp servant dans les armées françaises d'Allemagne.

7 mai 1757. — Débuts de la campagne en Bohême; premiers succès des Prussiens.

22 novembre 1758. — Détails sur la nuit tragique du 10 novembre et l'incendie des faubourgs de Dresde par les Prussiens. Triste état de la Saxe.

21 février 1775. — Formulaire de l'étiquette des princes de Saxe.

LAGNASCO (Comte de), Ministre du roi de Pologne à Rome.

1762-1763. — 19 lettres, toutes relatives à des recommandations en faveur du baron de Zurheim, pour obtenir un canonicat de la cour de Rome, et en faveur du prince Clément pour les évêchés de Liége et de Freisingen.

LAMBERT (de), Maréchal général des logis.

1778. — 3 lettres, une copie et 2 états relatifs aux cantonnements des troupes du prince Xavier en Bretagne.

LAMBERT, Contrôleur général des finances.

5 juin 1788. — Une lettre concernant les sieurs de Cuming et de Ponty.

LANGERON (Marquis de), Lieutenant-général.

1778. — 3 lettres relatives aux troupes de Bretagne et à la protection des côtes.

LENOIR, Chef de bureau au ministère de la guerre.

21 SEPTEMBRE 1777. — Une lettre relative à une notification adressée à M. le colonel de Saiffert d'avoir à retourner en Saxe.

LIGUE (CHARLES, Prince de).

PRAGUE, 12 AVRIL 1763. — Une lettre recommandant un officier au prince Xavier.

LINSINGEN (Baron de), Mestre de camp de cavalerie.

16 JUIN 1787. — Une lettre accompagnée d'une note et d'une copie de certificat, pour solliciter la protection du prince Xavier, afin de faire cesser le bannissement dudit baron de Linsingen, motivé par divers actes d'aberration mentale.

LIPSKY (JADDÉE, Comte de) et LIPSKA (JEANNE, Comtesse de).

22 JUILLET 1774. — 2 lettres pour solliciter du prince Xavier une recommandation près de Louis XVI. Intrigues à Varsovie contre le parti de la maison de Saxe.

LOSS (Comte de).

1774-1777. — 8 lettres dont voici la plus intéressante :

21 JUILLET 1774. — Disgrâce des princes du sang; mutations de ministres, avènement de Turgot et de Vergennes :

« Monseigneur,

« Votre Altesse Royale sçait que les princes du sang avaient refusé d'assister au catafalque de St Denis si le Parlement y paraissait. Hier, lorsque M. le Duc d'Orléans et M. de Chartres arrivèrent à Marly, M. de Maurepas alla au devant d'eux pour leur dire de la part du Roi que Sa Majesté les dispensait de paraitre à la cour. On croit que la même chose sera annoncée aux autres Princes.

« M. de Vergennes est entré au Conseil aujourd'hui, après avoir prêté serment ce matin. M. de Boynes a eu sa démission ; c'est M. de la Vrillère qui fut chargé de la lui annoncer. M. Turgot, intendant de Limoges lui succède au département de la Marine.

« J'ai l'honneur de me dire avec un profond respect,

« Monseigneur

« De Votre Altesse Royale,

« Le très-humble et très-obéissant serviteur,

« Le Comte DE Loss. »

LOUIS XV, Roi de France.

VERSAILLES, 1er JUILLET 1759. — Lettre autographe du Roi, contre-signée du maréchal de Belle-Isle, adressée à M. de Bruggen pour lui conférer une commission de maréchal de camp, sous les ordres de M. de Contades, en Allemagne :

« Mons. de Bruggen. Désirant me servir de vous en votre charge de maréchal de camp en mes armées, sous les ordres de mon Cousin le M^{al} de Contades, commandant en chef mon armée en Allemagne. Je vous fais cette lettre pour vous dire que mon intention est que vous vous y employiez pour mon service selon et ainsy qu'il vous sera ordonné par mondit Cousin ou ses lieutenants-généraux qui serviront sous luy. Or la présente n'étant pour autre fin, je prie Dieu qu'il vous ait, Mons. de Bruggen, en sa S^{te} garde.

« Ecrit à Versailes le premier juillet 1759.

« LOUIS »

« Le M^{al} DE BELLISLE. »

LOUIS XVI, Roi de France.

VERSAILLES, 7 AOUT 1788. — Commission d'aide-maréchal général des logis surnuméraire, accordée à M. de Saiffert pour servir sous les ordres de M. le maréchal de Broglie, au camp de Metz, contre-signée de Brienne.

LUYNES (Duc de), Maréchal de camp.

13 août 1778. — Une lettre annonçant au prince Xavier que le duc est appelé à servir sous ses ordres en qualité de Mestre de camp général de dragons.

MARIE-THÉRÈSE, Impératrice d'Autriche.

1757-1759. — 3 lettres :

11 avril 1757. — Sur la situation du prince Xaxier dans les armées d'Autriche.

9 décembre 1759. — Compliment à l'occasion d'un succès remporté à Maxen par le général Beck. — Félicitations au prince Xavier sur sa nomination à la tête du corps saxon.

MAUREPAS (Phélippeaux de), premier ministre de Louis XVI.

1775-1778. — 5 lettres de peu d'intérêt, relatives à diverses demandes du prince Xavier.

30e Liasse, 1760-1777.

MARTANGES (de), Général major, chargé des intérêts du prince Xavier à Paris.

1760-1775. — Forte liasse de lettres in-4°, sur les affaires politiques et militaires de France et de Pologne, avec les minutes des réponses du prince Xavier, au sujet des projets de son élévation au trône de Pologne [1].

24 novembre 1760. — Piquante confidence conjugale.

1er janvier 1761. — Retraite de M. de Saint-Germain, renvoi de ses pensions s'élevant à 102,000 livres, et du grand cordon rouge.

19 mars 1761. — Du prince Xavier, disant qu'il ne se sent aucun éloignement à prononcer les vœux — même celui de

---

[1]. Plusieurs minutes des réponses à faire par le prince Xavier au duc de Choiseul, sont de la main de M. de Martanges.

chasteté — en qualité de Grand-Maître de l'ordre Teutonique.

25 mars 1761. — Mémoire sur le corps saxon, présenté à M. le duc de Choiseul pour obtenir en sa faveur une augmentation de solde.

29 et 30 mars 1761. — Compte-rendu intéressant et détaillé d'une audience particulière accordée par le duc de Choiseul au général de Martanges :

Paris, le 29 mars 1761.

« Monseigneur,

« Je soupirois dans ma dernière lettre à Votre Altesse Roïale, d'avoir presque manqué la Messe les Fêtes de Paques pour travailler à nos affaires ; cette fois-cy, c'est encore pis ; j'ai manqué hier, tout de bon mon dîner pour la même raison. Toute sensible que me puisse être une privation aussi essentielle, je me dois cependant de dire que je n'en ai pas murmuré puisque c'étoit pour le service de V. A. R. Il faut encore que j'aie le cœur meilleur que l'estomach. Au fait, Monseigneur, après avoir attendu hier, depuis 10 h. du matin dans l'antichambre du Seigneur Duc, où, par parenthèse, je lui ai vu expédier plus de 300 personnes, sans en éconduire une seule dont il n'eût pas écouté et reçu les mémoires. J'ai entendu à 2 h. ap. midy ces paroles consolantes : « M. de Martange, vous ne vous en allez pas ; je conte bien vous « voir et vous parler. » Et à cette sommation flatteuse, M. de Martange de s'armer d'une nouvelle dose de patience, d'espérer et de ne presque plus sentir qu'il avoit faim. J'avois cependant encore une bonne grosse demie heure d'attente à soutenir, et c'est un temps assés long pour faire des soliloques à jeun.

« Enfin, à deux heures et demie, je restois seul et je suis entré dans le sanctuaire. C'est le moment de mon triomphe, puisque depuis cette heure jusqu'à 3 h. 3 quarts, je suis resté en tête-à-tête avec le Tout-Puissant, et j'ai fait avec lui ce qu'on appelle une main à fonds. Voilà son début :

« Tudieu ! M. de Martange, s vous n'êtes pas maladroit ; votre
« Mémoire est court et bon ; mais il me semble que ce n'est pas
« comme cela que nous étions convenus que vous le feriés, dans
« notre première conversation. Comment l'entendez-vous, s'il
« vous plaît ? Une diminution d'hommes et une augmentation
« d'argent cela n'est pas mal tourné. »

« V. A. R. peut se représenter l'air et le ton dont cela a été dit. Voicy ma réponse :

« Monsieur le Duc, je suis chargé de vous exposer les intérêts du corps Saxon et je dois les mettre dans tout leur jour avec la plus grande exactitude. Toute mon adresse se réduit à être simple et clair ; c'est l'esprit de la Lettre-Mémoire que j'ai eu l'honneur de vous écrire. La diminution d'hommes que j'ai proposée à V. E. n'est que momentanée, et je suis prêt à entrer dans tous les détails des moyens que M. le Cte de Lusace se propose d'employer pour réparer cette perte. Vous verrés par là qu'elle ne sera pas de longue durée. A l'égard de l'augmentation de dépenses, c'est une affaire de calcul qui se réduit à nous donner un peu moins pour le présent, et pour l'avenir autant que nous avions avant notre accident, ou très peu de choses de plus.

« — Je ne vous fais pas un crime de votre Mémoire, a-t-il repris, je le trouve très-bien ; mais je vous répète seulement que vous y avez mis de l'adresse et que ce n'est pas de cela dont nous étions convenus.

« — Monsieur le Duc, j'ai eu si peu de temps l'honneur de vous entretenir, qu'en vérité, nous n'avons pu convenir de rien. Nous avions ébauché très superficiellement le projet de nouvelle formation, et je suis parti du point actuel où se trouve le corps Saxon, pour vous exposer le plan de Monsieur le Cte de Lusace ; j'ai touché quelque chose des motifs que je crois les plus propres à vous intéresser. Ma proposition et mes moyens sont simples et pris dans la vérité. Je vous ai avoué avec plaisir que le renouvellement de la convention sur le pied proposé étoit une affaire d'amitié et de considération personnelle, et je suis très persuadé que je me suis mis par cet aveu fort à mon aise. Si c'est là ce qui m'a valu le reproche d'adresse que V. E. veut bien me faire, je l'ai mérité ; j'ai pris mes avantages, et j'ai ordre de M. le Cte de Lusace de les prendre toujours avec vous au même titre.

« — Fort bien m'a-t-il dit en riant d'amitié ; vous vous mettés à votre aise. Je ne vous dis pas que vous fassiés mal ; ce qu'il y a de vray c'est que je ferois de même à votre place ; mais avec tout cela, nous étions convenus qu'il falloit faire un traitement particulier pour vos bataillons prisonniers qui serviroient en garnison. Vous n'en dites pas un mot dans votre Mémoire ; cela n'est pas de bonne foy.

« — Je dois vous proposer, Monsieur le Duc, dans mon Mémoire, ce que M. le Cte de Lusace désire, c'est ma charge. Vous m'avés parlé d'une clause de la justice de laquelle je n'ai pas pu disconvenir. J'ai dû en rendre compte à M. le Cte de Lusace ; c'est ma charge et je l'ai faite ; mais ce n'est pas ma charge d'en faire moi-même la proposition à V. E.

« — Mais puisque vous sentés vous-mêmes qu'ils ne peuvent pas être employés autrement, pourquoy ne le pas mettre tout de suite dans votre projet de nouvelle formation ; car vous n'en parlés pas?

« — Il est vray que je n'en ai pas parlé par les raisons que je viens d'avoir l'honneur de vous dire ; mais quand il n'y aura plus que cet article à régler, comme tout ce qui est proposé ne s'oppose point à ce que vous exigés, il sera facile de convenir.

« — Comment voulez-vous que vos deux bataillons prisonniers, qui ne font pas en tout 800 h. soient au pair de deux bataillons qui, dans votre plan, doivent faire 1100 h. et plus. Avec quoi completterés-vous les 300 et tant d'hommes qui leur manqueraient ? avec des recrues?

« — Monsieur le Duc, quand il n'y aura plus que cet arrangement à régler, je vous les mettrai très facilement au pair; c'est une affaire de police intérieure que le Prince peut facilement effectuer, en complètant ses bataillons par les prisonniers de guerre de 1760, ou même par les invalides de la campagne présente ; mais, comme j'ai l'honneur de vous répéter, ce n'est pas le grand point ; avant de nous arranger sur les exceptions, il serait bon de convenir de la règle.

« — Là, de bonne foy, M. de Martange, pouvés-vous faire le service pour 13 bataillons en campagne ?

« — Oui, M. le Duc, et je vous en répons sur mon honneur. Les états que je vous ai donnés sont la vérité même. Nous avons dans le moment actuel 13 bataillons de chacun 598 têtes, et vous verrés que dans six semaines tous nos bataillons seront augmentés de chacun 100 hommes ; vous le verrés.

(Sur cela, grande dissertation sur les moyens que V. A. R. met en usage pour recruter le corps ; récit des officiers qu'Elle envoye et qu'Elle entretient en Saxe et sur la frontière pour recevoir et faire passer les transfuges ; explication de la bonne harmonie qu'il y a entre V. A. R. et Mgr le P^ce Roïal électoral, votre frère, pour concourir à l'exécution de ce projet. Et tout cela a été dit d'un ton sans vanité, aussi persuasif qu'intéressant.)

« — Et votre cavalerie, cela coûteroit un argent du diable.

« A cela, répétition par moy de touttes les raisons qu'il y a à dire sur ce sujet ; récit attendrissant du parti pris par V. A. R. pour l'exécution de son projet ; enfin, cause bien plaidée, puisqu'elle a été gagnée. Arrêté que notre Régiment de cavalerie aura lieu.

« N. B. On ne s'est point expliqué si on entreroit dans les avances demandées pour la remonte et l'équipement, et je me suis bien gardé d'entrer en explication sur cela, dans cet instant ; mais j'ose annoncer à V. A. R. qu'on y entrera au moins pour une partie et que la France se chargera en totalité de l'entretien ; cela est convenu ; les 654 têtes formant 4 escadrons.

« Mais du moins, a-t-il repris, il faudra que nous regagnions cela d'un autre côté, et qu'il y ait au moins un de vos bataillons de refondu ; d'autant plus que ce que vous avez d'officiers ne servant plus...

« — Oh ! Monseigneur, ai-je répliqué en l'interrompant ; au nom de Dieu, ne réformons point d'officiers et laissons subsister les corps. Jusqu'à présent, nous avons semé dans l'espérance de recueillir un jour ; nos officiers nous sont prétieux et pour le présent et pour l'avenir. Conservés-leur le pain et l'honneur ; c'est sur cette baze que nous rebâtirons une armée. Notre honneur présent vous est cher, et je me flatte toujours que notre existence vous intéresse aussy pour l'avenir.

« (Sur cela, grande dissertation politico-militaire sur l'avenir en cas de paix ou de guerre ; principes de votre connoissance avancés par moy et reconnus par luy ; conséquences suivies et également reconnues ; enfin, conclusion presqu'à l'unisson et toutte à notre avantage ; explications très-satisfaisantes ; digressions à l'objet présent de la convention, mais qui lui étoient favorables, et tout cela à propos de ce que j'ai glissé légèrement en mon nom dans le Mémoire dont je vous ai envoyé copie au sujet de la personne de V. A. R., de son crédit vis-à-vis du Roi, son père ; et de la confiance des troupes, officiers et soldats, en Elle).

« Dans ce long à parté entre luy et moy, et qui a été aussi satisfaisant qu'intéressant, il a été question de l'union qui se trouvoit actuellement entre les soldats des deux nations et que je lui ai assurée s'accroître journellement. Je lui ai dit à ce sujet que cela alloit jusqu'aux petites attentions, et que je le laissois le maître d'en juger lui-même par ce que j'allois lui citer d'une bagatelle qui étoit d'autant plus concluante que cela n'étoit pas fait pour être cité ; que les Saxons avoient adopté les batteries d'ordonance françoise ; que dans les plus petites choses, ils se rapprochoient trop des mœurs françoises pour n'en pas toujours partager les vües et les sentiments.

« — Ainsy, M. le Duc, lui ai-je dit à la fin, en vérité, je crois que la France s'obligera elle-même en accordant à la Saxe les avantages que nous sollicitons pour le corps Saxon. (C'est par là que je l'ai ranimé au projet de nouvelle formation.)

« — Notre grand projet, ma-t-il dit, dès le temps que j'étois à Vienne, a été de conserver au Roi de Pologne un fonds d'armée... Cette conservation ne seroit-elle pas plus assurée si tout le corps étoit placé dans des garnisons tant que la guerre durera ?

« (N. B. Cecy étoit un propos avancé pour me faire parler ; il me tentoit, je l'ai vu à n'en pouvoir douter.)

« — M. le Duc, ai-je répondu, l'objet de conserver le corps saxon au Roi de Pologne a toujours été effectivement notre objet primitif ; mais, de bonne foy, en le conservant pour son maître, convenez que vous en auriés bien peu d'opinion si il ne vous annonçoit pas par des services présents l'utilité dont, en s'augmentant à la paix, il peut devenir, et pour son maître, et peut-être pour Vous.

« Permettés-luy d'allier toujours ces deux objets, et en pensant à sa conservation, occupés-vous aussy de sa gloire. Quand vous pourrés nous donner quelques semaines de repos, nous en profiterons pour nous mettre en état de mieux travailler ; c'est l'idée du Prince et les vœux de tout le corps Saxon, je vous en donne ma parole. A la bonne heure que ce qui est par le sort des armes prisonnier de guerre, serve dans des garnisons ; cela est juste, puisqu'ils ne peuvent servir que là ; mais pour le reste, il peut être plus utilement et plus convenablement employé.

« (Sur cela, énumération des circonstances où le corps a bien servi pendant le cours des précédentes campagnes, et tout cela écouté très-favorablement.)

« — Ah ! ça, M. de Martanges, je vais donner des ordres pour faire travailler à un contre-projet dont vous serés content ; mais arrangés-vous comme vous voudrés, je n'entens pas qu'il nous en coute davantage d'argent ; je comptais y gagner, mais vous ne le voulés pas. Vous aurés votre cavalerie entretenüe puisque vous m'assurés que c'est pour le bien de la chose ; nous regagnerons un peu de ce que cela nous coûtera de plus sur le traitement des deux bataillons qui seront en garnison... Deux, mais il y en trois, car vos bataillons de grenadiers ont été pris par les Prussiens.

« — Monseigneur, s'il vous plait, entendons-nous. Les grenadiers qui nous ont été pris par les Prussiens sont les compagnies de différents bataillons de tout le corps ; mais ce ne sont pas des bataillons même. Il n'y a eu effectivement que deux bataillons à drapeaux de prisonniers (les princes Charles et Antoine.) Toutes ces compagnies rentrées au pouvoir du Roy de Prusse, nous reviendront en détail ; en attendant, nous formerons des compagnies de grenadiers de la meilleure infanterie qu'on puisse choisir, et voilà, Monsieur le Duc, pourquoy les compagnies de grenadiers dans le nouveau plan de formation sont proposées comme devant être d'abord plus faibles que celles des fusiliers ; parce qu'avec le temps, à mesure que nos vrais et anciens grenadiers nous reviendront (et ils nous reviendront), croiés-en en ma parole ; nous les remettrons à leur place et ils y seront ce qu'ils y ont été.

« Il m'a écouté comme quelqu'un qu'on persuade, puis a répété :

« — Je ferai incessamment travailler au contre-projet, car cela est instant. L'enverrés-vous à M. le Cte de Lusace avant de terminer ?

« — Oh ! ouy, Monsieur le Duc, cela est indispensable.

« — Allons, et je vous donnerai aussy vos lettres de maréchal de camp.

« De ma part, grands remerciements.

« Il me restoit encore à m'assurer de ce qui concerne nos officiers prisonniers à Magdebourg.

« Je lui ai rendu compte dans le plus grand détail de ce que nous sçavions par eux-mêmes de la façon dont le Roi de Prusse en avoit usé avec eux ; de l'incorporation de nos hommes ; de la séparation de ceux qui avaient donné des revers à Lilienstein ; de ce que nous avions fait en leur envoyant de l'argent à Magdebourg ; de ce qu'avoit écrit M. le Maréchal de Broglie au prince Ferdinand, et enfin de la nécessité qu'il y avoit de les réclamer diversement du Roi de Prusse. Il a approuvé tout ce que nous avions fait, notamment les mesures prises en leur faisant tenir de l'argent, et il m'a assuré qu'il n'y avoit rien de plus juste et qu'il alloit écrire au

Maréchal de Broglie pour les redemander diversement au Roy de Prusse, sur le pied du cartel, et comme officiers au service du Roi. Il m'a même ajouté que si le Roi de Prusse hésitoit, ce qu'il ne croiait pas, on y mettrait la même hauteur et le même intérêt que pour les officiers nationaux des trouppes du Roy, et qu'il en alloit écrire dans ce sens à M. le Maréchal de Broglie.

« Voila en substance, Monseigneur, le précis d'une conférence de 5 quarts d'heure, dont je me flatte que V. A. R. sortira aussi content que moy. J'ai rendu compte le même soir à Mad° la Dauphine, en gros de ma satisfaction et de celle que V. A. R. auroit, en la priant d'en remercier M. le Duc, à la première occasion : « Oh ! pour cela oui, je le remercierai, m'a-t-elle dit, et de bon « cœur. Mon Dieu, que je suis aise qu'il vous ait parlé aussi long-« temps. »

« Je suis revenu cette nuit même pour pouvoir travailler aujourd'hui à l'expédition de mon courrier, et Madame la Dauphine m'a encore envoié pendant la nuit l'incluse pour V. A. R.

« Ainsy, Monseigneur, j'en suis à attendre le contre-projet en question ; mais je suis fondé à croire qu'il sera à peu près conforme à nos espérances, et quand même il y auroit quelques discussions à essuyer et quelques corrections à solliciter pour la satisfaction de V. A. R., je suis encore fondé à espérer de parvenir à le rectifier. Je vais préparer tous nos articles pécuniaires à traiter, tant avec M. le Contrôleur général qu'avec M. le duc de Choiseul lui-même, M. Foulon, M. de Boullogne, etc., etc. Puis viendront nos mémoires particuliers pour les grâces auxquels V. A. R. s'intéresse ; Chaque chose à son tour pour ne rien gâter ; d'abord le bien général, puis le particulier *abs te procedere, nefas*.

« Je goûte d'avance la sorte de tranquilité que vous causera le récit que je viens de vous faire et je suis avec respect,

« Monseigneur,

« De Votre Altesse Royalle,

« Le très humble, très obéissant et très soumis
« serviteur,

« DE MARTANGE. »

Paris, ce 30 mars 1761.

« Monseigneur,

« Dans le courant d'une de ces dissertations confidentes que je vous ai seulement indiquées par ma dépêche, M. le duc de Choiseul est entré avec moy dans l'examen des moyens qu'il y auroit de mettre le ministre du R. V. P. [roi votre père] dans l'obligation de ne plus négliger le militaire aussi cruellement qu'on avoit fait par le passé, et de profiter de la paix, au cas qu'elle eut lieu, pour rétablir en Saxe une armée qui rendit cette puissance respectable à ses voisins ; d'abord pour la conservation de ses possessions, et ensuite pour pouvoir dans l'occasion être utile à l'agrandissement de l'Electorat : Je ne vois, à vous parler vray, M. le Duc, luy répondis-je, qu'une seule voye à prendre pour parvenir à ce but dont depuis le commencement des troubles en Allemagne, j'ose vous dire que j'ay été constamment occupé ; (Il m'a interrompu pour me dire poliement qu'il le sçavoit bien et que c'est pour cela qu'il m'en parloit à moy), et ce moyen, ai-je repris, est dépendant de l'intérêt que vous continuerés de prendre à nous, et du degré de confiance que le Roi voudroit bien donner à M. le Cte de Lusace ; mais pour cela, il faudra que le corps repassant en Saxe à la paix continue à y être à la solde de la France.

« — Mais dans ce cas-là, a-t-il repris, est-ce que le Cte de Bruhl ne s'en rendroit pas maître ? et alors M. le Cte de Lusace n'y pourroit plus rien ; on nous tromperoit sur tout, et on employeroit l'argent à toutte autre fin qu'à celle pour laquelle il seroit donné.

« — Je confesse, M. le Duc, qu'à cet égard vos soupçons pour l'avenir sont fondés sur la connoissance du passé ; mais cependant je crois pouvoir vous dire que la consistance du P. Xavier, aujourd'huy qu'il a mérité comme Comte de Lusace, seroit bien différente en Saxe auprès du Roi son père et à tous égards bien plus imposante vis à vis d'un Ministre qui n'est que courtisan, et qui n'oseroit pas heurter de front le fils de son maistre, prince d'un âge falt et d'une conduite irréprochable, comme il auroit traité le prince dans le temps qu'il ne le considéroit comme un enfant, et que réellement, il n'avoit alors pour luy que la prérogative de sa naissance. Cela m'a fourni l'occasion de récapituler les différentes occasions dans lesquelles V. A. R. avoit gagné sur l'esprit de son père en lui exposant toujours les objets intéressants sous un point de vüe dont la suitte des événemens avoit toujours prouvé la justesse ; je lui ai dit que nous savions même que le Roi avoit dit plusieurs fois dans l'intérieur, et même devant le Cte de Bruhl : « Xavier a pourtant eu raison ; Xavier a pourtant bien fait ; Xavier « s'est pourtant conduit avec prudence dans cette circonstance « difficile. » De façon, que quoique la tendresse du Roi pour lui ne soit pas aussi forte qu'il y auroit lieu de le désirer, il y a cependant nécessairement à présent un degré d'estime et de considération méritée qui lui donnera toujours le droit de représentation vis à vis d'un père qui a l'expérience que son fils ne lui a jamais rien représenté qu'avec de fortes raisons de le faire pour le bien de son service. Le Roi ne peut pas oublier, M. le Duc, lui disois-je, que non-seulement le Cte de Bruhl, mais même tous ses ministres après lui l'avoient induit en erreur et avoient fait une école quand il avoit été question de demander à la France de renvoier le corps Sxaon à la fin de 1759, en Saxe ; et qu'il n'y avoit que ce Xavier qui fait pourtant bien quelquefois, qui eut lutté seul pour le parti de la raison et de la prudence ; et en dernier lieu, M. le Duc, le Prince avoit encore ouvert le parti le plus salutaire en demandant au Roi son père les deux Paleks d'ulans qui sont à l'armée autrichienne pour se joindre au corps qu'il commandoit sur la Werva ; il a même envoyé un courrier à cet effet, dès les 1ers jours de janvier. Le ministre n'a rien répondu au Mémoire utile que le Prince a envoyé à Varsovie ; mais il ne peut pas empêcher que le Roi ne voie actuellem^t que les vues de son fils étoient justes, puisque si on les avoit suivies, on auroit fait une chose très agréable à la France (il en est convenu), et qui auroit vraisemblablement empêché de perdre comme on a fait la Saxe de vüe. Je dis donc, M. le Duc, que d'après touttes ces réflexions, le Roi de Pologne, même en supposant qu'il n'aimât pas son fils, ne peut pas s'empêcher d'avoir de la confiance en ses avis, il a beaucoup gagné en estime. Je veux que l'affection prédominante soit toujours pour le favori ; mais il n'est pas possible qu'il n'y ait considération et attention pour le fils qui voit bien, qui sert bien, et, dès que ce fils sera autorisé, certainement il représentera respectueusement, mais fortement. Il obéiroit sans doute si son père prononçoit contre luy ; mais il y a lieu de croire que, non-seulement le père ne prononcera pas contre un fils qui est dans l'habitude de lui dire de bonnes raisons ; mais même que le Ministre n'oseroit pas s'opposer au Prince dans des arrangements où l'utilité de son maître et les avantages de la Maison Roiale Electorale seroient évidemment liés.

« Après cela, le Duc me demanda beaucoup de choses sur le fonds du caractère de V. A. R., sur ses inclinations et sur ses goûts. Il appuya beaucoup de questions sur la bonté et l'honnêteté de votre cœur, et finit par me dire : « Croiés-vous qu'il n'oubliât
« jamais un service essentiel ? »

« — Il n'en est pas capable, M. le Duc ; avec très peu de dehors, il a le meilleur fonds qu'on puisse souhaiter ; il est essentiellement juste. Je n'entens pas vous nier, qu'il n'y ait beaucoup de taches à l'extérieur, comme de l'empressement, de la timidité dans la conversation ; de l'embarras dans sa façon de se présenter ; trop d'amour pour le particulier ; mais considérés tout cela comme des suites de son éducation. Il a eu le plus sot des gouverneurs possible ; ignorant, avare et hipocrite ; c'est en trois mots le Cte de Belegarde. Il a été de plus, ce Prince, moins chéri que les autres : voilà son enfance. En croissant ; des chevaux, des chiens et des valets : voilà sa jeunesse jusqu'à la guerre. C'est là où son éducation a vraiment commencé. L'intérieur est assurément admirable, et l'extérieur se développera à mesure qu'il sentira lui-même tous les droits qu'il aura acquis de s'expliquer sans embarras. Il est juste au point de n'accorder jamais, par aucune considération, même un mot de recommandation à des gens qu'il n'estimeroit pas.

« Le Duc m'a écouté fort avidement.

« — Effectivement, m'a-t-il dit avec politesse, il n'a jamais mis de vivacité en recommandant personne ; comme il a fait pour vous, et cela lui fait honneur, car vous le servés bien.

« — Cela doit d'autant plus en faire à la bonté de son cœur, M. le Duc, qu'en vérité je ne l'en ai jamais prié, et c'est bien de lui-même ; il ne s'en est même pas vanté vis à vis de moy.

« Comme nous en étions sur ce ton de confiance, et même de confidence plutôt que de négociation, il m'a dit en me regardant fixement.

« Mais s'il est Roi de Pologne, qui est-ce qui aura soin du militaire en Saxe ?

« Je l'ai fixé à mon tour avec les yeux de la reconnoissance en lui disant : M. le Duc, l'évènement dont vous me parlé est dans le cercle des possibilités ; mais cela seroit éloigné.

« — Pourquoi ? a-t-il repris ; c'est à cela que je travaille actuellement, et il y a certain Mémoire que peut-être vous auriés lu (a-t-il dit, en me regardant malicieusement) qui donne de bonnes instructions sur cela.

« J'ai baissé les yeux et j'ai souri.

« Il a repris sérieusement : J'y travaille et je crois qu'on peut faire fonds en France, sur les principes, si notre projet réussit.

« — M. le Duc, ai-je dit à mon tour, les principes de liaison et de reconnaissance sont, je crois, dans le Mémoire, à côté des instructions dont vous venés de me parler ; et je puis vous protester que ces principes sont bien ceux du cœur de M. le Cte de Lusace, et ils y seront invariables ; je vous le dis comme je le crois.

« — Il faut vous en croire, m'a-t-il dit ; personne ne peut mieux le connoître que vous.

« Il ne m'a rien dit de plus à cet égard, et c'est assés honnête. J'ai touché deux mots, le soir même, à Mme la Dauphine de cette confidence particulière et très particulière.

« Madame la Dauphine a été charmée de voir qu'en cas de paix il fut aussi bien disposé à continuer les subsides pour l'entretien du corps Saxon ; et, quand il a été question de la couronne de Pologne : « Ah ! mon Dieu, ouy, dit-elle, il y travaille et on le sçait à Varsovie ; car je l'ai bien vu par la dernière dépêche que le Comte m'a envoiée et qu'il avoit reçue de ce pays-là. Je ne m'en cèle pas, et on auroit tort de m'en vouloir du mal.

« J'ai bien vu par ce peu de mots qu'à Varsovie on devoit avoir un peu d'humeur de cette négociation, et peut-être, mais je ne le sçais pas encore, est-il question de vous couronné par voye d'abdication. Il ne seroit pas étonnant que le Roi votre père, ne fût excité par son Ministre à se récrier à ce sujet, et cela uniquement pour ses intérêts particuliers à lui Bruhl ; car d'ailleurs, le Roi votre père, plus heureux et plus riche dans son Electorat, au sein de ses véritables sujets, ne regrèteroit pas, si on le laissoit à lui-même le triste plaisir de ne porter une couronne que pour faire des ingrats.

« Je n'ai pas vu Fontenay depuis deux jours, et il ne m'a rien dit de tout cela ; vraisemblement même il ne m'en parlera pas, ni moi non plus ; et quand même il m'ouvriroit son cœur, je ne lui ouvrirai pas le mien ; cela est trop important pour mettre d'autres personnes que vous dans ma confidence, et je ne pardonnerois pas même à *Votre Majesté*, si vous la devenés, l'indiscrétion que j'aurois à reprocher à l'Altesse Roiale, si vous ne gardiés pas bien notre secret.

« N. B. — Le même Ministre qui jure toutte la journée à Fontenay et à tous les autres ministres étrangers qu'il n'est point question d'aucune négociation, ni directe ni indirecte pour la paix, m'avoue à moy qu'il travaille à faire passer la couronne de Pologne sur votre tête. Cela ne peut se faire qu'à la faveur d'un arrangement de pacification ; on y travaille donc? Cecy encore pour V. A. R. seule.

« Autre N. B. — C'est cette parfaite intelligence qui subsiste actuellement entre les Ministres de France et de Russie ; ces ouvertures faites en confidence depuis plus de six mois, et dont je vous ai entretenu dans ma dernière lettre particulière ; l'humeur qui perce à Varsovie et à Vienne sur cette intimité. Tout calculé, Monseigneur, il me semble que M. le Duc de Choiseul a fort bien profité de ces instructions qu'il dit être dans certain Mémoire de ma connoissance. Il y a cependant une réflexion qui m'embarrasse ; c'est de scavoir comment le Ministre de Russie suivroit le même plan... après tout, il n'y a qu'à, dans ce pays-là, payer un peu plus cher les Ministres, et la connoissance de leurs intérêts ne les rend pas moins corruptibles.

« Au fait, Monseigneur, voilà où cela en est et ce que j'en sçais.

« Revenons à ce qui concerne notre convention. Le grand article de nos officiers généraux a été discuté et il m'a répété tout ce que vous lui avés entendu dire, avec encore plus de liberté qu'il ne le faisoit devant V. A. R. Enfin que cela ne pourroit pas absolument rester sur le pié où cela etoit actuellement ; que dans la première convention, cela avoit été règlé différemment, que M. le Maréchal de Bellisle avoit fait de son chef une sotise qu'il falloit réparer et qu'il ne devoit rien nous coûté de nous expliquer à ce sujet dans l'acte de renouvellement de la convention.

J'ai eu là fort à faire, je vous assure, et la besogne n'étoit rien moins qu'aisée ; mais enfin, après bien des si, des mais, des convenances, des considérations, j'ai emporté qu'il n'y auroit rien de changé *par écrit* à ce qu'il avoit plu au Roy de nous accorder, dans les précédens actes de renouvellement ; que les pouvoirs resteroient entre les mains de nos officiers et qu'il n'y auroit à cet égard rien de *stipulé* de contraire à ce qui avoit subsisté les deux précédentes campagnes ; en engageant cependant la parole de V. A. R. qu'elle feroit sur cela la police dans l'intérieur de son corps, et qu'Elle auroit attention que l'officier général saxon ne commandât point l'officier général françois du même grade, suivant ce qui avoit été exprimé dans la première convention ; mais que cet engagement verbal ne seroit point confirmé par écrit puisque cela ne pouvoit se faire sans un air de mécontentement et une espèce de dégradation, après ce qui avoit été accordé en 1758, et que de telle façon que cela pût être énoncé, cela ne pourroit qu'être sensible aux officiers généraux du corps Saxon, et faire perdre quelque chose du crédit de V. A. R. surtout auprès du Roi son père ; que M. le Cte de Bruhl étoit homme à donner une mauvaise couleur à cet arrangement et à persuader qu'il y auroit ou peu d'attention de la part de ce prince pour les intérêts du corps, ou peu de considération de la part de la France pour sa recommandation ; que cela ne pourroit jamais produire qu'un très mauvais effet. J'ai eu grand besoin d'appuyer à plusieurs fois sur cette considération ; enfin il est revenu à mon avis, et je crois que c'est tout ce que nous pouvions gagner. Cela ne dépendant que de V. A. R., il lui sera aisé de donner des ordres à ses officiers généraux et de leur faire goûter la justice de ce qu'Elle leur prescrira en son nom, et pour le bien du service du Roi son père ; puisqu'après tout, ainsi que me l'a très fort répété M. le Duc de Choiseul, en cela ils sont traités comme les officiers généraux Autrichiens, et ils ont encore de plus les pouvoirs de Maréchaux de camp que les Autrichiens n'ont pas. A cela, il n'y a rien à répondre, et je crois, après ce que V. A. R. a vu et entendu de la façon de penser du Duc sur cet article, qu'Elle ne sera pas fâchée que cela soit arrêté de la façon que je lui marque ; c'est, je pense, tout ce que nous pouvions espérer de mieux.

« Quand il a été question entre le Duc et moy de nos officiers prisonniers à Magdebourg, j'ai essayé de le faire parler, en m'étendant sur les égards que je croiois que le Roi de Prusse auroit toujours, non-seulement pour les demandes ; mais même pour les recommandations de la France ; surtout s'il étoit question de quelques pourparlers de pacification, dans lesquels je me garderois bien de vouloir pénétrer, et que je ne lui citois qu'en tous cas ; mais il n'a pas voulu mordre à l'hameçon, soit qu'effectivement il ne soit question de rien entre la France et la Prusse, ce qui est possible, soit qu'il ne lui ai pas plû de me mettre dans la confidence ; ce qui est encor tout simple. Il ne m'a pourtant pas paru fâché de ce que je lui disois à ce sujet, et s'est contenté de me répondre dans le sens dont je vous ai rendu compte dans ma dépêche, et qui est tout ce que nous pouvons ministérialement *(sic)* demander de plus. En tout nous n'avons point je crois à nous plaindre, ains au contraire fort à nous loüer, à ce qu'il me semble et pour le moment présent, et pour l'avenir.

« J'oubliois de dire à V. A. R. qu'il n'est rien moins qu'ami de M. de Chevert dont il ne fait aucun cas, et, en m'en parlant avec confiance, il m'a dit que ce n'étoit qu'un bavard et un claque-dent.

J'ai trouvé l'expression énergique et assés équivalente à celle de menteur (cecy entre nous.)

« Je me flatte, Monseigneur, que vous me pardonnerés d'avoir été deux jours à faire mes dépêches ; mais dans des affaires de la nature de celle dont je vous rens compte, je ne puis m'aider de personne, et cela est un peu long à ce qu'il semble à mes pauvres doigts ; mais enfin, ils vous sont consacrés, ainsi que le reste de mon existence. N'allés pas perdre au moins ce qu'ils vous ont tracé ; ce seroit encore pis qu'à Minden.

« Tous les bataillons de gardes sont partis pour Liège où est leur rendés-vous. Le départ de la Maison est toujours fixé au 10 d'avril ; les uns croient que c'est tout de bon que la campagne aura lieu, d'autres que ce qu'on fait n'est qu'une représentation et une montre de ce qu'on pourroit faire. V. A. R. sçait les raisons qui me font pencher pour la seconde opinion.

« Je suis avec respect,

« Monseigneur,

« De V. A. R.

« Le très humble, très obéissant et très soumis serviteur,

« DE MARTANGE. »

P. S. — Je viens de recevoir dans l'intant, Monseigneur, votre lettre du 24 ; je vois que V. A. R. s'impatiente un peu de n'être pas où le bien du corps l'appelle. Je partage bien cette impatience ; mais je la prie de ne la pas laisser paroître ; il est important de ne montrer que de la satisfaction pour ne pas se faire d'ennemis, dans un temps où avec un peu plus ou un peu moins de mal, nous parviendrons à notre but. Comptez, Mgr, qu'avant peu, il faudra bien que tout le monde se repose ; le corps Saxon sera dans la classe générale et à sa place ; à tel endroit qu'on l'envoiât avant que les cantonemens généraux du reste de l'armée soient décidés ; on courroit risque d'avoir à le déplacer comme trop près ou trop éloigné. Il faut bien entrer dans ces raisons et surtout s'y prêter gayement ; cela est essentiel pour quadrer à tout ce que j'ai dit et traité avec M. le Duc de Choiseul de la vérité de l'intérêt que prend V. A. R. à ce qui peut faire réussir les vües de cette nation-cy. *Experto crede Roberto*, c. a. d. daignés vous en fier à l'expérience d'un vieux serviteur qui sera comblé de vous voir où vous devés être. C'est bien le moment de la politique et de l'attention sur vous pour être et paraître aimable.

Pardonnés mes avis à mon zèle ; je ne vous envoye pas de mauvais cahiers pour le plan que vous avés à suivre, et je désire sûrement autant que vous même que vous arriviés au but que je vous souhaite au nom de tout mon attachement pour V. A. R. »

6 juin 1761. — (En post-scriptum). Projet d'intervention de l'Espagne contre l'Angleterre. Vol de 400,000 livres à M. le duc par Mme de Bois-Girault, mise à la Bastille.

27 janvier 1765. — Journal en cinq cahiers de 8 à 10 feuillets chacun, où le général de Martanges rend compte au prince Xavier d'un entretien avec la Dauphine sur l'administration de ce prince en Saxe, et la dépendance volontaire où il paraît être vis-à-vis de l'Électrice douairière, sa belle-sœur. Motifs de crainte et de jalousie de la Dauphine. Dangers d'un refroidissement entre elle et son frère. Projet de lettre pour le prince à sa sœur.

P.-S. — Craintes exprimées par la Dauphine d'être empoisonné. Sa haine pour les Choiseul. Projet de faire faire un voyage au Dauphin au mois de mars, pour essayer de rétablir sa santé. — Observations du premier médecin du Roi, au sujet de son petit sérail du Parc-aux-Cerfs.

13 février 1767. — Annexe chiffrée faisant allusion à l'affaire de la comtesse de Stainville, au sujet de sa ressemblance avec la princesse de Lamballe.

28 février 1767. — Sur la maladie de la Dauphine ; sa maigreur et sa faiblesse.

Du 8 au 13 mars 1767. — Bulletin de la maladie de la Dauphine et sa mort.

Dresde, 25 mars 1767. — Du prince Xavier au sujet de la mort de sa sœur.

« Nos malheurs sont donc comblés ! mon cher M. Martange, et notre espoir détruit ! Le courrier porteur de cette accablante nouvelle est arrivé avant-hier au matin. Elle m'a mise dans un état terrible ; ce coup, quoique prévu, n'en est pas moins cruel et me pénètre de la douleur la plus amère. Elle n'existe donc plus cette sœur si chère, et il ne me reste d'elle que le souvenir ! Quelle perte irréparable pour moi, et comment remplacer une amie si solide et si respectable ! Qui m'auroit dit que je ne la reverrois plus et que je la quittois pour toujours, lorsque je pris congé d'elle la dernière fois ! De quel côté que je me tourne, je ne vois que des sujets de pleurs : Ses Enfants, la France, la Saxe ; tout m'offre un tableau funeste, et accable mon cœur de tristesse.

« Nous aurions tort tous les deux de craindre pour les papiers qui lui ont été confiés ; elle étoit trop prudente et prévoyante pour les laisser à la merci des gens qui pouvoit en faire un usage contraire à ce qu'ils n'étoient destinés ; et je suis persuadé qu'elle les aura mis en sûreté d'une façon ou d'autre. »

13 AVRIL 1767. — Lettre chiffrée du général de Martanges, au sujet de la correspondance et des papiers et mémoires brûlés ou laissés par la Dauphine. Inquiétudes sur la destination de ces papiers ; intrigues pour en connaître la fin :

« Ce Paumier qui a servi V. A. R. pendant ses voyages à Versailles, est devenu un homme important par la faveur singulière que feu Mad. la Dauphine, et surtout Mad. Adélaïde lui ont accordée. Cette dernière a fait créer pour lui une place de premier valet de chambre dans sa Maison ; et l'accès que cette charge lui donne a ajouté encore à la confiance dont la princesse l'honore. C'est par ce canal que j'ai cherché à sonder le terrain et que je suis déjà parvenu à m'éclairer sur bien des points importans, dont ledit Paulmier a été témoin oculaire.

D'abord, il est certain que Mad. la Dauphine a brûlé beaucoup de papiers avant sa mort ; mais aussi elle en a conservé une grande quantité. Trois semaines ou un mois avant sa fin, elle avoit parlé à Mme Adélaïde en lui disant qu'elle les arrangeroit pour qu'ils lui fussent tous remis d'abord, et qu'elle l'instruiroit de ceux qu'elle devoit remettre au roi, de ceux qu'elle garderoit ; ceux qui devoient être remis à Mme la Princesse Christine, et tant pour elle que pour V. A. R.

« Les espérances que M. Tronchin[1] fit concevoir à Mme la Dauphine sur le rétablissement de sa santé (phrase non traduite) qu'elle s'étoit proposé de faire à Madame. Ce ne fut qu'à l'aproche de la mort, le 12 mars, que sa confiance dans l'Evêque de Verdun lui fit remettre le tout à ce Prélat qui n'en aportat qu'une partie à Mad. qui ne crut plus devoir alors s'en charger ; peut-être parce qu'elle étoit fâchée de ce que Madame la Dauphine ne s'étoit pas directement confiée à elle ; mais alléguant la crainte qu'elle avoit

---

1. Son médecin.

que le Roi ne lui imputat à faute de recevoir des papiers qui avoient l'air d'être soustrait.

« Paulmier m'a assuré que la plus grande partie de ces papiers qui regardaient la correspondance de V. A. R. et une autre liasse de Mémoires concernant les intérêts de la Maison de Saxe étoient passées entre les mains du Roi, et uniquement à sa disposition ; qu'ils avoient été placé dans une pièce dont il n'y avoit que le Roi qui *ait* la clef. Qu'il croyoit même que le Roi avoit respecté les secrets de Mad. la Dauphine jusqu'à ne pas les lire, et qu'il s'étoit contenté de les mettre sous son scellé particulier. Dans une autre conversation, il m'a dit qu'il y avoit eu des gens assés mal intentionnés pour jetter des soupçons sur l'attachement que Mad. la Dauphine conservoit pour sa Maison, et qu'on avoit voulu envenimer l'esprit du Maitre sur cette quantité de Mémoires qu'elle conservoit concernant les intérêts de la Saxe : Hélas ! mon Dieu ! lui ai-je répondu, il est bien à souhaiter pour l'honneur de cette vertueuse dame que le Roi ait pénétré dans le secret de toute cette correspondance ; il n'y aura certainement vu que des témoignages bien éclatans de la pureté du cœur et des vües de Mad. la Dauphine ; je l'ai assés connüe pour en être bien convaincu.

« — Monsieur, m'a-t-il répondu à son tour, elle avoit certainement bien de la confiance en vous ; je le sais mieux que personne ; le Roi le sait bien aussi, et il sait aussi à quoi s'en tenir sur le compte de bien des gens. » Et il s'est arrêté là, comme en sachant plus, mais n'en voulant pas dire davantage ; puis, il a repris qu'il croyoit au reste qu'une partie des papiers de la famille et de cette correspondance avoit été remise à Mad. la Princesse Christine. V. A. R. conçoit avec quelle précaution et quelle circonspection je suis forcé de ménager ma curiosité sur cette matière, malgré toute l'impatience que j'ai de tirer tout ce qu'il sait ; la prudence me prescrit indispensablement de m'arrêter où je voudrois le plus me porter en avant. Je me suis préparé deux ou trois entretiens avec lui à la faveur desquels j'espère parvenir par degrés à savoir au juste tout ce qu'il sait, et me mettre en état d'en rendre compte exact à V. A. R. Par tout ce qu'il m'a dit jusqu'à présent, je suis porté à croire que la partie esssentielle de nos Mémoires n'a point été brûlée, et que le Roi en a pris connoissance, et peut-être en a dit quelque chose à Mad. Toute inquiétante que soit cette opinion, je m'y arrête, et, malgré les risques qui y sont attachés, le bien que je verrois à savoir le Maître exactement instruit de nos projets et de l'utilité respective qui en reviendroit à la France comme à la Saxe me fait passer par dessus tout ; et, au fond, qu'a-t-on à craindre quand on n'a dit et écrit que la pure vérité, et qu'on l'a fait avec une intention aussi pure qu'elle.

« La facilité avec laquelle le petit Paulmier se livre, m'a confirmé le soupçon que j'avois depuis longtemps que sa maîtresse voudroit s'entretenir avec moi, et peut-être s'expliquer mais de façon cependant que l'audience qu'elle m'accorderoit parût n'être qu'un acte de bonté personnelle. Pour entrer à cet égard dans ses vües, j'ai parlé audit Paulmier de mes affaires particulières de la ferme générale, de l'intérêt que Mad. la Dauphine y avoit prise, des craintes que j'avois à cet égard, et que cette perte, si elle avoit lieu me seroit d'autant plus sensible que je n'avois aucune pension ni traitement du militaire.

« — Oh ! certainement, me répondit le Paulmier ; on se fera un plaisir de s'intéresser pour vous, et il faudra que vous tâchiés d'avoir une audience particulière d'elle. M. de Choiseul fait tout ce qu'elle veut et elle m'a même dit une fois qu'elle étoit étonnée que Mad. la Dauphine n'eut pas recommandé en mourant ceux qui lui avoient été aussi entièrement attachés, et vous surtout. A cela, je répondis simplement que j'étois trop heureux qu'elle se fut souvenue de moi pendant quelques instants de sa vie, et que je n'étois pas assés vain pour m'imaginer qu'elle eut dû s'en occuper dans des momens aussi intéressans que ceux de sa mort. Hélas ! ajoutai-je, est-il bien sûr même qu'elle se soit souvenue de sa Maison ?

« — Oui, me répondit-il ; j'en suis sûr que c'étoit même cinq ou six jours avant sa mort qu'elle la recommandat au Roi, et la Princesse Christine, et surtout, dit-elle, mon cher Xavier qui est particulièrement attaché au service de Votre Majesté.

« J'ai été fort aise de ce que Paulmier m'a dit à ce sujet et qui quadre parfaitement juste à l'époque du jour que le Roi me vit sortir de la dernière audience qu'elle m'ait accordée. Le tems qui me presse ne me permet pas d'en écrire davantage pour cette poste. V. A. R. recevra par la prochaine la suite de cette relation intéressante dont je puis dire d'avance que j'ai lieu de tirer quelque augure très favorable pour la continuation de nos projets.

Suite sur le même sujet :

. . . .

« Comme je pressois le petit Paulmier pour le faire parler, il allat jusqu'à me dire ces propres termes : « Que voulés-vous,

« Monsieur, que je vous dise ; j'en savois un peu trop pour ces
« gens-là, et tout ce qui s'est fait me passoit par les mains. »
Pour entendre cette énigme, il faut savoir que l'occupation de
toute cette société intime étoit de composer une vie détaillée de
feu M. le Dauphin ; et les cahiers en étoient portés de l'un à l'autre
par ledit Paulmier qui me dit encore que cette histoire avoit transpiré, et que la société l'avoit soupçonnée lui d'avoir trahi le secret
et de l'avoir livré à M. de Choiseul. Entre vous et moi, je serois
assés porté de le croire, car il m'ajoutat peu de temps après que
si M. de Choiseul avoit été aussi méchant qu'eux, ils auroient été
tous écrasés. Quoi qu'il en soit, Mad. a pris hautement la défense
dudit Paulmier, et l'a mis à couvert de tout. Vous concevés Mgr
que dans une histoire aussi confidente, composée par des gens
aussi intéressés aux évènemens et aussi instruits, les articles des
ministres de Mad. de Pompadour et des Jésuites devoient être assés
intéressans. Le Roi a vu tous ces papiers là ; mais n'en a-t-il pas
vu d'autres qui nous intéressent davantage ? C'est ce que je tâcherai d'approfondir. »

14 OCTOBRE 1767. — Projets de mariage entre le Dauphin
(Louis XVI) avec la princesse Amélie de Saxe et le prince
électeur de Saxe avec la princesse Élisabeth de France :

« Monseigneur, quoique l'éclaircissement que j'ai fait passer à
V. A. R. par ma dernière, en date du 5 du courant, ne nous laisse
plus aucun doute sur l'impossibilité actuelle d'effectuer la double
alliance qui faisoit l'objet de nos désirs ; je n'ai aucun reproche à
me faire ni sur la conduite que j'ai tenüe avec Madame, ni sur les
démarches que j'ai faites auprès de vous, à la recommandation de
cette princesse dans l'objet de m'assurer auprès d'elle un accès que
je regarde toujours comme pouvant être utile au service de
V. A. R. même indépendamment des mariages que nous avons
projettés. »

24 OCTOBRE 1767. — Parallèle entre la Dauphine et la princesse Adélaïde, sa belle-sœur :

[Écriture.]

. . . .

« J'ai rempli une partie de mon objet en arrivant à Madame.
Mais quelle différence, Monseigneur, entre la confiance, j'ose dire
méritée dont Madame la Dauphine honoroit un serviteur éprouvé,
et les premières bontés d'une Princesse auprès de laquelle je n'ai

d'autre mérite, (si c'en est un) que l'attachement qu'Elle m'a connu pour sa Belle-Sœur ! Et quelle différence surtout entre les caractères de ces deux Princesses ! Ce n'est pas que Madame Adélaïde n'ait beaucoup de goût pour les affaires ; Elle les aime, Elle les saisit avec facilité ; Elle en désire le succès avec ardeur ; mais il s'en faut bien qu'Elle ait ni la constance dans les résolutions, ni la solidité de la marche dont la pauvre Dauphine étoit susceptible. Distraite par tous les amusemens du jour, Elle s'occupe de tout avec la même vivacité et, au moïen des petites complaisances que les Ministres ont pour elle dans les choses purement de faveur, ils l'empêchent de s'occuper autant qu'Elle le devroit de celles qui par leur importance seroient bien plus dignes d'Elle ; et par là, ils réduisent à des actes de tendresse et de condescendance personnelle tout le crédit qu'Elle a réellement auprès du Roi son Père, et qu'il ne tiendroit qu'à Elle d'étendre jusqu'à la confiance. Le travail et la réflexion la fatiguent et la rebutent, et autant Elle est susceptible d'activité dans une affaire prompte qui l'intéresse, autant je la juge incapable de méthode dans une affaire de longue haleine où il faudroit gagner son terrain pied à pied. Je ne puis pas douter qu'Elle n'ait souhaité au moins aussi ardemment que nous le mariage de l'Electeur avec sa Nièce, et même celui du Dauphin, et à son deffaut, de M. le Comte de Provence avec Madame Amélie. . . . .

21 NOVEMBRE 1767. — Longue correspondance chiffrée au sujet d'un projet d'alliance étroite à contracter entre la cour de France et celle de Saxe ; combinaisons de mariage entre les princesses de Saxe et les princes de France.

7 JUIN 1770. — Projet d'acquisition de deux terres en France pour le prince Xavier : celle de Vaudreuil en Normandie, et celle de Pont en Champagne.

30 DÉCEMBRE 1775. — Retraite de M. de Martanges à Honfleur.

MARTANGES (Mme de), Femme du précédent, le suppléant quelquefois pour la correspondance.

1769-1777. — 30 lettres :

3 JANVIER 1771. — Sur la disgrâce de MM. de Choiseul et

de Praslin, et leur exil dans leurs terres de Chanteloup et de Villars près de Melun.

18 avril 1773. — Demande du prince Xavier pour nommer avec Mme de Martanges, l'enfant dont doit accoucher Mme Rivière dans le courant de mai.

27 janvier 1777. — Parrainage du prince Xavier avec la princesse Christine du petit-fils (fils dont vient d'accoucher sa fille) de Mme de Martanges.

31. Liasse, 1757-1790.

MIROMÉNIL (Hue de), Garde des sceaux.

1775-1782. — 5 lettres :

13 octobre 1775. — Sur les qualités à donner aux parties dans les lettres de ratification de l'acquisition de Pont-sur-Seine.

21 février 1776. — Au sujet de la nomination aux offices de la justice de Pont.

MONTAUT (Comte de), Maréchal de camp, premier veneur de Monsieur.

1779-1782. — 125 lettres, la plupart relatives aux nouvelles et affaires de l'époque et sur les réformes et économies à apporter dans la maison du prince Xavier.

16 février 1779. — Acquittement de l'amiral Keppel; manifestations en sa faveur.

23 février 1779. — Projet de légitimation des enfants du prince Xavier.

4 mars 1779. — Conseils de réforme pour la maison du Prince, qui pourrait économiser 3 ou 400,000 livres par an, et payer ses dettes en cinq ou six ans.

10 avril 1779. — Nouveaux conseils de ne pas dépenser annuellement plus de 150,000 livres qui est le traitement qu'il touche de la France.

16 août 1779. — Courrier de M. d'Estaing apportant à Versailles la nouvelle de la prise de l'île Saint-Vincent.

12 SEPTEMBRE 1779. — Détails sur le combat naval de Grenade entre d'Estaing et Biron.

2 OCTOBRE 1779. — Projet de voyage; nouvelles de la cour et de la ville :

« Monseigneur,

« J'ai reçu hier la laitre que vous mavés fait l'honneur de m'écrire de Paris du 25 par laquelle vous me mandés que vous avés été à Versailles. Le marquis de Teinbrune m'en avait fait part par une lettre qu'il m'a écrite du 27 me disant que vous aviés été au levé du Roy le 25, que Sa Majesté vous avet reçu on ne peut pas mieus. Soyés bien conveincu, Monseigneur, que lorsque vous aurés besoin du Roy pour vos enfans qu'il ne s'y refusera pas, il est juste et a le cœur bon ; vous devés être bien tranquil à ce sujet et vous l'éprouvérés sûrement.

« Le fils de Chancenay, lieutenant aux gardes francèses a été envoyé au château de Ham, en Picardie, pour avoir fait des chansons.....

« Nous avons finy nos afaires dans le païs depuis quelques jours ; nous repartirons le jeudi 14 pour aller coucher à Bar-sur-Cène, le 15 nous yrons à Troy et le 16 à à Pon, où nous ariverons vers le 5 à six hures, nous n'aurons pas besoin de chevaux aux Granges ; l'Evêque étant à Paris, le voyage de St Lié n'aura pas lieu pour cette année..... »

11 DÉCEMBRE 1781. — Enregistrement à la chambre des comptes des lettres de naturalisation des enfants du prince Xavier :

« Monseigneur,

« J'arive dans le moment de la chambre des conte où j'ay été avec le duc de Narbonne et le marquis de Teinbrune, on nous y a lu les lètres patentes, par lesquelles le Roy reconnet vos enfans Mrs et Mesdemoiselles de Saxe, toutes nommés par leur nom de baptèmes, naturalissés francès et fils de légitime mariage de Monseigneur le prince Xavier de Saxe, honcle du Roy et Madame la comtesse Spinoulty, sa femme.

« La lecture ayant été faitte, nous avons tous les trois levé la mein et juré que nous vous connessions, ainsi que Madame la comtesse et vos enfans, très-bons catholique, apostolique romein. Voilà quelle a été notre mission que nous avons remply avec bien de la satisfaction. »

28 janvier 1782. — Fêtes splendides données au Roi par la ville de Versailles :

« Les fêtes ont été superbes mais un peu dispendieuses. Le Roy a demandé ce qu'elles pourroit couter à la Ville ; on n'a peu lui dire, les états n'en étant pas faits ; il a été reçu avec les plus grandes aclamations ; il n'y a pas eu d'acsidant veu le bon ordre qui y a été porté par le régiment de gardes francèses.

« On a assure que Sa Majesté avet ordonne de lui rendre compte de toutte la dépance quavet occasionné les fettes. On voit par là combien il aime l'ordre et l'économie ; il a arrêté touttes les dépances, tant en batimants que autre chose, ne voulant fère absolument que l'indispensable. Il y a eu des personnes que l'on lui a proposé pour des grâces pécuniaires, il a répondu qu'ils en avoient assés, étant mauvais sujets et dissipateurs, qu'il viendroit au secours des honêtes jans lorsque les finances le lui permettroit ; mais qu'il ne protéjét pas les autres. »

4 mars 1782. — Nouvelle de la mort de Mme Sophie, sœur du Roi. Affaires maritimes ; le duc de Crillon devant Gibraltar avec 4,000 Espagnols :

« Madame Sophie est morte, hier dimanche, à trois heures du matin ; elle avoit tourné à la mort samedi sur les trois heures après-midi, au moment où l'on s'y attendait le moins. Elle a été douze heures dans les souffrances les plus cruelles, jusqu'au moment de sa mort ; on prétend que son corps s'est tout décomposé. On l'entendoit crier de la terrasse du jardin. Elle a demandé d'être enterrée sans nulle cérémonie ; en conséquence elle partira de Versailles ce soir à six heures pour être transportée à St-Denis, et elle sera demain mise dans le caveau tout uniment.....

« On disait hier que le duc de Crillon alloit se rendre devant Gibraltar avec 4,000 Espagnols, la grosse artillerie et les bombes.

« M. de la Motte-Piquet est rentré à Brest le 26 au soir sur le *Robuste*, avec le *Pégase*, la *Gloire* et un cutter. Deux de ses vaisseaux se sont séparés, l'*Actif* et le *Zodiaque*, etc. »

MONTBARREY (Prince de), Ministre de la guerre.
1778-1779. — 18 lettres ou copies relatives à des affaires militaires. Instructions données au prince Xavier pour les

revues des troupes placées sous ses ordres; réponses à des demandes de commissions pour des officiers, etc.

MONTCHENU (Marquis de), Maréchal de camp.
14 juin 1764. — Une lettre par laquelle l'auteur se plaint de n'être pas employé comme officier-général.

MONTESQUIOU (Marquis de), Maréchal de camp.
23 avril 1784. — Une lettre et sa copie relatives à une demande de faveur pour M. de Pellegrue.

MONTEYNARD, Ministre de la guerre.
1771-1772. — 3 lettres relatives à diverses demandes en faveur de MM. de Martanges, d'Erbach, de Schomberg, etc.

MONTMORIN, Ministre des affaires étrangères.
6 septembre 1787. — Une lettre et une instruction imprimées au sujet d'un traitement de 300 livres accordé à M. de Cuming de Craigmilen.

MONTPEZAT (Duc de).
1779. — 3 lettres et un billet confidentiel sur les liaisons entretenues par le duc de Montpezat aux bords du Loth.

MORTEMART (Jean-Victor, duc de), Brigadier d'infanterie.
1779. — 2 lettres relatives au régiment de Lorraine dans lequel il servait.

NARBONNE (Duc de).
1781. — 2 lettres et 3 copies.
11 décembre 1781. — Témoignage à la chambre des comptes pour l'enregistrement des lettres de naturalisation des enfants du prince de Saxe.

NECKER, Directeur général des finances.
1778-1788. — 4 lettres. Remerciements de félicitations et affaires diverses.

NICOLAÏ (de), Premier président de la chambre des comptes.
9 DÉCEMBRE 1781. — Une lettre relative à l'enregistrement des lettres de naturalisation des enfants du prince de Saxe.

NOAILLES (Comte de). Duc de Mouchy.
17 DÉCEMBRE 1764. — Une lettre de rappel de souvenir.

ORANGE (GUILLAUME V, Prince d').
1770. — Une lettre (texte allemand), faisant part au prince Xavier de la naissance d'une fille : Frédérique-Louise ; née le 28 novembre 1770.

ORMESSON (d'), Conseiller d'Etat, contrôleur général.
1783-1790. — 5 lettres relatives à des admissions et à des refus d'admission des demoiselles de Cuming à Saint-Cyr.

PAULMY (Marquis de), Ambassadeur de France à Varsovie.
1763-1764. — 2 lettres et 2 copies.
30 JANVIER 1764. — Demande du grade de lieutenant-général au service de la Saxe pour le comte de Marainville.

PLANTADE, Commissaires des guerres.
9 SEPTEMBRE 1790. — Félicitations sur le bon état du régiment de Saxe-Hussards, sous les ordres du comte de Lusace.

POLERUZKY (Comte de), Maréchal de camp au régiment de Schomberg Dragons.
19 JUILLET 1778. — Une lettre sur la situation dudit régiment.

PRASLIN (Duc de), Ministre des affaires étrangères.

19 mars 1765. — Une lettre par laquelle il informe le prince Xavier de l'autorisation accordée à M. de Martanges de se rendre à la cour de Saxe.

PUYSÉGUR (de), Ministre de la guerre.

1789. — 10 lettres et 6 copies.

1er mars 1789. — Nomination du prince Xavier au commandement du régiment de hussards, vacant par la mort du marquis de Conflans. A l'avenir ce régiment portera le nom de *Saxe-Hussards*.

22 avril 1789. — Offre d'une place de major en second dans le régiment de Royal-Auvergne, pour le chevalier de Saxe.

REX (Charles-Auguste, Comte de), Ministre de Francfort, à Dresde.

1761-1764. — 3 lettres :

10 juin 1761. — Au sujet des recrues saxonnes.

28 février 1764. — Sur la défense faite à la comtesse de Rex d'accompagner son mari à la cour de Saxe.

13 mars 1764. — Nouvelles plaintes au sujet de 'humiliation infligée à la comtesse de Rex.

REX (Comtesse de), Epouse du précédent.

Sans date. — Une lettre par laquelle la comtesse supplie le prince Xavier, administrateur de la Saxe, de révoquer la défense faite à cette dame de suivre son mari à Dresde.

RIAUCOURT (Comte de), Ministre plénipotentiaire de l'électeur de Saxe à la cour palatine.

1762, 1768 et 1771. — Correspondance incomplète ; lettres et minutes diverses, dont quelques-unes chiffrées, la plupart relatives aux négociations avec la cour de Munich pour le mariage de l'électeur de Saxe avec la princesse Amélie de Bavière, et aux négociations pour la grand'maîtrise de l'Ordre teutonique, à laquelle aspirait le prince Xavier.

RIEF (Baron de), Lieutenant-général des armées autrichiennes.

1763-1764. — 2 lettres. Demande de passer au service de la Saxe avec son grade de lieutenant-général.

RIGOLEY D'OGNY, Intendant général des Postes.

1777-1787. — 5 lettres et une copie :

12 avril 1777. — Réponse à une demande d'établissement d'un bureau de poste à Pont-sur-Seine.

24 décembre 1779. — Attribution de 184 livres de gages à la poste de Pont.

ROCHAMBEAU (Vicomte de), Colonel de cavalerie.

12 juin 1789. — Une lettre dans laquelle il se félicite de l'arrivée à son régiment du chevalier de Saxe.

32ᵉ et 33ᵉ Liasses, 1768-1790.

RIVIÈRE (Jean-Baptiste), Conseiller de légation, chargé d'affaires de l'Électeur de Saxe à Paris, et correspondant du prince Xavier.

1768-1790. — Deux fortes liasses de lettres in-4°. Nouvelles politiques et autres sur les événements contemporains.

4 juin 1770. — Détails de l'affreux accident arrivé à Paris le 31 mai, dans la fête donnée à l'occasion du mariage du Dauphin (Louis XVI):

« Monseigneur,

« Votre Altesse Royale lira dans la Gazette cy-jointe les détails de l'affreux événement qui a terminé les réjouissances publiques. Hier, dans Paris, on faisait monter le nombre des morts à sept ou huit cents. M. le Maréchal de Biron, M. le Maréchal de Richelieu, et d'autres personnes de la première distinction ont couru risque de la vie. M. d'Argental, ministre de Parme a eu l'épaule démise. M. l'abbé Ruze, ministre de Bâle, fut foulé aux pieds et perdit une bague de prix ; M. le Cᵗᵉ de Crents, ministre de Suède, n'a dû son salut qu'à une voiture derrière laquelle il a eu le bonheur de pouvoir monter, et M. le Cᵗᵉ de Werthem n'a échappé au péril qu'en se jettant dans une maison qui, heureusement, s'est trouvée ouverte et que l'on a refermée sur le champ. Il y est resté jusqu'à deux heures après minuit sans pouvoir en sortir. Quoique la Gazette dise que cet accident n'étoit ni à prévoir ni à prévenir, le public en rejette toute la faute sur M. le Prevôt des Marchands, et hier, un inspecteur de police me dit que M. de Sartines avoit écrit trois fois à M. Bignon pour l'engager à faire combler les rigoles qui ont occasionné cette tuerie.

« Le trait respectable de sensibilité et de bienfaisance de M. le Dauphin et de Mad. la Dauphine a répandu de la consolation parmi le peuple.

« Votre Altesse Royale connoît le cœur paternel du Roy, et se représentera facilement à quel point il a été pénétré de douleur de ce désastre.

« Le bal de M. l'Ambassadeur de l'Empereur fut très-beau ; il y régnoit beaucoup d'ordre et de magnificence. Toutefois, il a éprouvé le dégoût de voir nombre de ses billets renvoyés par la noblesse qui le boude un peu de la négociation qu'il a traitée ici pour les distinctions à accorder à la Maison de Lorraine.

« La fête de M. l'Ambassadeur d'Espagne aura lieu dimanche prochain. On prépare un feu d'artifice ; mais l'on prend toutes les précautions possibles pour prévenir toute sorte d'accidens. »

17 SEPTEMBRE 1770. — Opinion de M. Séguier, avocat général, sur les philosophes :

« M. Séguier, avocat général, a dénoncé au Parlement, dans un Réquisitoire très-bien écrit, plusieurs ouvrages qui renferment des principes tendant à anéantir la religion, les lois et l'autorité royale ; il a qualifié la secte connue ici sous le nom de Philosophes, de confédération d'hommes téméraires qui veulent tout détruire pour pouvoir gouverner. M. Thomas, dans un discours de réception à l'Académie Françoise a paru attaquer M. Séguier. Le Gouvernement a défendu l'impression de ce discours. »

17 DÉCEMBRE 1770. — Enregistrement forcé d'un édit du Roi dans un lit de justice ; protestation du Parlement :

« Monseigneur,

« Depuis ma précédente, par laquelle Votre Altesse Royale aura reçu le précis de ce qui s'est passé au Lit de Justice, les Chambres se sont assemblées pour protester contre l'enregistrement forcé, et ont député le premier Président au Roy pour le supplier de retirer son Edit, et pour l'informer que les Membres de son Parlement se croyant flétris par les termes de cet Edit, ne pouvoient continuer les fonctions sacrées de la Magistrature. Le Roy répondit : « La « conduite que tient mon Parlement prouve la nécessité de l'Edit « que j'ai donné. Allez lui dire de reprendre ses fonctions. » Malgré cet ordre réitéré jusqu'à quatre fois, tout service a cessé au Palais et conséquemment au Châtelet. Le Roy a refusé de voir le premier Président qui a été député tous les jours vers lui. Hier, il y eut une assemblée des Chambres avec les Ducs et Pairs ; elle a été remise à jeudi. Quelques personnes prétendent que Sa Majesté auroit peut-être la bonté de modifier son Edit, et de là, les nouvellistes infèrent certitude de guerre avec l'Angleterre. »

21 et 28 juillet 1775. — Expédition de la flotte espagnole sur les côtes d'Afrique ; état de défense de la ville d'Alger ; insuccès de l'expédition ; état des pertes.

25 octobre 1776. — Meurtre commis en chasse par M. Berthelot sur M. de Birague.

Même date. — Épigramme sur M. Necker :

 « La dissipation en finance est énorme ;
 Afin de lui donner une meillleur forme,
  Un Genêvois par la cour est nommé :
 Personne ne doit mieux entendre la réforme
  Qu'un réformé. »

2 septembre 1777. — Visite de l'Empereur d'Autriche aux Invalides de Paris ; placet très-spirituel que lui adresse un sous-officier.

1er octobre 1777. — Milord Harcourt noyé dans un puits en voulant sauver son petit chien.

Même date. — Critique en vers du salon de peinture :

 « Il est au Louvre un galetas
 Où, dans un calme solitaire,
 Les chauves-souris et les rats
 Viennent tenir leur cour plénière.
 C'est là qu'Apollon, sur leurs pas,
 Des beaux-arts ouvrant la carrière,
 Tous les deux ans tient ses états
 Et vient placer son sanctuaire.
 C'est là, par un luxe nouveau,
 Que l'art travestit la nature ;
 Les bonnes mœurs sont en peinture

Et les bourgeois en grand tableau.
Près d'Henri-Quatre en miniature ;
Chaque figure, à contre-sens,
Montre une autre âme que la sienne ;
St-Jérôme ressemble au Temps,
Et Jupiter au vieux Silène.
C'est là qu'un commis ignoré,
Narcisse amoureux de lui-même,
Vient, dans un beau cadre doré,
Montrer son visage à la crème ;
C'est là qu'on voit des *Ex-voto*,
Des amours qui font la grimace ;
Des perruques par numéro,
Des chianlits sous des cuirasses,
Des inutiles de haut rang,
Des importants de bas-mérite :
Plus d'un Midas en marbre blanc
Plus d'un grand homme en terre cuite ;
Jeunes morveux bien vernissés
Vieux barbons à mine enfumée ;
Voilà les tableaux entassés
Sous l'encan de la renommée.
Et, selon l'ordre et le bon sens,
Tout se trouve arrangé de sorte
Qu'on voit l'abbé Terray dedans,
Et que Sully est à la porte. »

23 NOVEMBRE 1777. — Intéressants détails sur Mlle Déon, dite le *Chevalier d'Eon* ; sa présentation à la cour[1].

4 JUIN 1778. — Sur la nomination du prince Xavier à un

---

[1]. Le chevalier d'Eon de Beaumont était bien réellement un homme, ainsi que le constata l'autopsie de son corps faite à Londres en 1810 ; mais pendant une grande partie de sa singulière existence, il fut regardé par les gens les plus sérieux comme une femme qui avait pris le costume et les habitudes d'un autre sexe. Il était le protégé de M. le prince de Conti et fut employé en qualité d'agent secret de Louis XV en Russie, où il accompagna le chevalier de Douglas en se faisant passer pour sa nièce sous des habits de femme. Le chevalier d'Eon fut présenté à l'Impératrice de Russie qui se l'attacha en qualité de *lectrice*. L'année suivante (1756) il paraissait à la même cour en costume masculin comme secrétaire du chevalier de Douglas. Plus tard (1763) il fut envoyé à Londres comme secrétaire d'ambassade sous le duc de Nivernais. (Voir les *Mémoires de d'Eon*, par M. Gaillardet, et la *Correspondance secrète inédite de Louis XV*, par M. E. Boutaric.)

commandement en Bretagne sous les ordres du maréchal de Broglie. — Détails sur la fin de Voltaire :

« Monseigneur,

« C'est avec la plus vive joye, que je viens d'apprendre et d'écrire en Saxe la justice rendue à Votre Altesse Royale par le choix que le Roi vient de faire d'Elle pour être employée à l'armée du Maréchal de Broglie.

« Permettés moi, Monseigneur, de mettre à vos pieds l'hommage de mes très respectueux complimens à cet égard. J'espère qu'Elle ne tardera pas à se rendre ici, et que nous aurons le bonheur de lui faire notre cour incessamment.

« Quelques lettres particulières, venues de Cadix même, à M. le Cte d'Aranda, annoncent que M. le Cte d'Estaing a passé le détroit le 13. Cependant cette nouvelle laisse encore quelques incertitudes après elle.

« Ce fut le 31 mai, à onze heures du soir, que le célèbre Voltaire termina sa carrière. Voici des détails sur sa fin que je tiens de M. Tronchin, son médecin. Celui-ci, témoin de la contraction perpétuelle d'esprit et de corps qu'occasionnoient à M. de Voltaire ses visites, ses courses et l'ivresse meurtrière des éloges dont il étoit accablé, lui conseilla, s'il vouloit prolonger sa vie, de retourner jouir du calme et du repos à Ferney.

« Ce poëte n'en tint compte et, pressé de faire un discours pour une assemblée de l'Académie Françoise à laquelle il devoit présider, prit beaucoup de caffé afin de se donner plus d'action et de chaleur. Il y réussit tellement que le lendemain il se plaignit d'un feu d'entrailles qui le dévoroit. Le M^{aal} de Richelieu le vint voir et lui proposa l'usage d'un calmant dont lui-même se servoit avec succès ; c'étoit de l'opium préparé. M. de Voltaire pour en accélérer l'effet doubla les doses, et bientôt tomba dans un affaissement qui amena une fin prochaine. Le curé de St-Sulpice vint pour remplir des devoirs auxquels il paroit que le malade s'est refusé, ou n'a plus été en état de se prêter.

« Son corps a été transporté dans un carosse de remise en Bourgogne[1], dans une abbaye de l'abbé Mignot son neveu, où il a été enterré.

« Les Comédiens ont eu défense de jouer ses pièces dans ce moment-cy, et les journalistes de parler de lui.

---

1. A l'abbaye de Scellières, près de Romilly, en Champagne.

« Voici une épigramme sur sa mort :
>> Du célèbre Arouet admirés la planette ;
>> Il naquit chez Ninon et mourut chez Ninette. »

6 juillet 1779. — Investissement de Gibraltar par le troupes combinées franco-espagnoles.

4 février 1780. — Défaite de la flotte espagnole par les Anglais devant Gibraltar.

10 octobre 1780. — Démission ou renvoi de M. de Sartines, remplacé par M. de Castries au ministère de la marine.

7 décembre 1780. — Mort de l'Impératrice-Reine d'Autriche ; deuil de la cour.

27 mai 1782. — Défaite de la flotte française par les Anglais, le 12 avril ; prise de cinq vaisseaux et de l'amiral de Grasse à bord du *Formidable*, par l'amiral Rodney.

2 septembre 1782. — Arrivée du comte d'Artois au camp de St-Roch, sous Gibraltar.

27 septembre 1782. — Insuccès de la grande attaque contre Gibraltar ; incendie des bateaux.

15 novembre 1782. — Levée du siége de Gibraltar converti en blocus.

9 mars 1783. — Détails d'un tremblement de terre désastreux à Messine ; toute la ville engloutie, à l'exception de deux églises.

10 juin 1784. — Arrivée du roi de Suède à Versailles.

17 aout 1785. — Arrestation du cardinal de Rohan, impliqué dans l'affaire du Collier de la Reine :

« Monseigneur,

« Votre Altesse Royale sera peut-être déjà informée de Versailles de l'évènement qui s'y est passé avant-hier, jour de l'Assomption

« Le Cardinal de Rohan, en sa qualité de Grand Aumonier devoit officier, lorsqu'à onze heures le Roi le fit apeller, et comme il tardoit à venir S. M. lui envoya un valet de chambre pour lui dire de venir sur le champ. Entré dans le cabinet du Roi il y trouva la Reine, M. de Vergennes, le Garde des Sceaux et le Baron de Breteuil. Après y être resté quelque tems, il sortit par la gallerie pour se rendre à la chapelle, lorsque M. de Villeroy l'arrêta en lui disant qu'il avoit ordre du Roi de s'assurer de sa personne. Il fut conduit à Paris accompagné de M. d'Agoust, Capitaine aux Gardes, avec une escorte, et le Lieutenant de Police vint mettre les scellés sur ses papiers. On croyoit dans les premiers momens qu'il étoit conduit dans un château-fort ; mais je sçais par le P^{ce} de Montbazon, son frère, qu'il est dans son hôtel et qu'il a la permission de voir sa famille ; mais toujours sous la garde de M. d'Agoust.

« Votre Altesse Royale juge bien que cet acte d'éclat occasionne les conjectures les plus multipliées et les plus bizarres. La version la plus accréditée est que le Cardinal a compromis le nom de la Reine en achetant pour elle soi-disant un collier de diamans de plus d'un million chez le joaillier Bohmer, pour lequel il a fait des billets et qu'il a vendu ou mis en gage. La bassesse et l'impudence de cette action devroit en faire rejeter la croyance, et l'on souffre à la raconter, mais le détail en est généralement répandu. »

22 AOUT 1785. — Arrestation de la comtesse de Lamothe, impliquée dans la même affaire :

« Monseigneur,

« J'ai reçu la lettre dont Votre Altesse Royale vient de m'honorer. J'ai eu l'honneur de lui marquer dans ma précédente qu'il y avoit une femme impliquée dans l'affaire du Cardinal de Rohan. Voici les détails les plus accrédités à ce sujet :

Henry-Deux, roi de France, eut un bâtard qu'il reconnut et dont les descendans réduits à la misère, vivent dans le fond d'une province 1, en conservant le nom de Valois ; une fille de ce nom épousa un M. de la Motte qui, avoit un petit emploi. Née avec de la beauté et l'esprit d'intrigue, elle vint à Paris et sa descendance ayant été reconnue, elle y trouva de l'accueil, des protecteurs ; et entr'autres le Cardinal de Rohan. C'est elle qui a voulu s'approprier le collier, et qui, au moyen de sa signature ordinaire de *Marie-Antoinette de France*, a induit en erreur le joaillier Bohmer, et est parvenue à le faire dessaisir de ses diamans. Comment le Cardinal est-il en second dans cette escroquerie ? c'est ce qu'il est difficile, ou même impossible de concevoir. Mad. de la Motte vient d'être arrêtée en Champagne, où elle s'étoit retirée il y a quinze jours, et on l'a conduite à la Bastille. Le Cardinal y est toujours détenu et on y a fait meubler avant-hier un appartement pour lui. Des personnes

---

1. A Fontette, département de l'Aube, arrondissement de Bar-sur-Seine.

de sa famille m'assurent qu'il est fort tranquile, et qu'il nie constamment d'avoir eu aucune part à cette odieuse manœuvre, que celle d'une crédulité plus que puérile. Il a été interrogé hier par le Cte de Vergennes et par le Maal de Castries. Votre Altesse Royale juge bien que le public a de la peine à se persuader qu'il n'y ait pas d'autres inculpations à sa charge.

« On ignore encore quelles sont les dépositions de Mad. de la Motte. Le collier est, dit-on, passé partie en Hollande partie en Angleterre. »

8 MAI 1788. — Arrestation de MM. d'Esprémenil et Goaslard, au milieu du Parlement, à Paris.

31 AOUT 1788. — Efferververscence populaire à Paris, à l'occasion du rappel de Necker aux finances.

18 SEPTEMBRE 1788. — Autres troubles à l'occasion de de la retraite du garde des sceaux. Arrêt défendant les attroupements.

29 ET 30 AVRIL 1789. — Détails sur une émeute au faubourg Saint-Antoine :

« Monseigneur,

« Je vais mettre sous vos yeux aujourd'hui ce que nous avons recueilli de plus sûr relativement aux tristes journées dernières.

« Il couroit déjà des bruits sourds d'émeute et de révolte que la police auroit peut-être pu prévenir avec moins de sévérité. Les trouppes rassemblées pour les élections de Paris étoient rentrées dans leurs quartiers ordinaires et tout étoit tranquile, lorsque, le lundi 27, une trouppe de mutins, presque tous garçons ouvriers ou gens sans aveu, se réunirent pour aller chercher dans sa maison le S. Réveillon, riche manufacturier de papiers peints ; ils l'accusoient, ainsi qu'un certain Henriot, salpétrier du Roi, d'avoir, dans une des assemblées du tiers, proposé de réduire à quinze sols la paye des journaliers. Ne les ayant pas trouvés, ils érigèrent deux potences, dans la place de Grève, et ils pendirent en effigie les deux prétendus coupables. De là, ils se reportèrent à la maison du S. Henriot où ils commirent assés impunément des excès. Cependant le cri de révolte s'étoit généralement répandu dans Paris ; les soldats qui n'étoient pas consignés dans leurs casernes, étoient, à mesure qu'ils y rentroient, envoyés par détachement pour dissiper le tumulte, et garder les postes importans. La fermentation continua toujours assés pour déterminer la marche entière de plusieurs compagnies des gardes françoises qui passèrent la nuit dans le quartier St-Antoine, et ils y laissèrent tout tranquile le lendemain matin qu'ils se retirèrent. On en étoit si persuadé que le mardi 28, à une heure avant-midi, le lieutenant de police étant allé faire son rapport au Parlement, l'assura que tout étoit calme. On n'en rendit pas moins un arrêt contre les attroupemens, qui ne produisit aucun effet. A midi, les mêmes gens de la veille, au nombre d'une centaine, venus par la rue St-Louis au Marais, où ils avoient acheté du pain et des flambeaux, armés de gros bâtons ferrés et de buches, arrivèrent au fauxbourg St-Antoine. Toute la populace de ce quartier se joignit à eux, et alors commença le désordre.

« Malheureusement, il y avoit ce jour-là une course de chevaux à Vincennes, qui attiroit de ce côté une grande foule de curieux ; ce qui augmenta la bagarre, et occasionna toutes sortes de scènes scandaleuses. Tout ce qui avoit l'air d'être noble étoit grièvement insulté ; on forçoit les passans à crier : Vive le Roi ! vive le Tiers et M. Necker !

« Les trouppes ordinaires de la garde n'étoient point assés fortes pour disperser les mutins. D'ailleurs n'osant pas employer des voyes de fait sans ordre, l'on ne pouvoit agir. On envoya chercher à Charenton de la cavalerie, et 80 chevaux de Royal-Cravatte arrivèrent à toutes jambes ; mais il n'étoit plus tems ; le peuple s'opposa aux trouppes. Des charges partielles réussirent mal aux cavaliers, dont plusieurs furent démontés, leurs chevaux s'étant abattus sur le pavé. On s'empara de leurs armes ; des pierres, des tuiles, des couteaux placés au bout des bâtons les assaillirent, et cette cavalerie, ainsi malmenée, fut repoussée jusqu'à la barrière où elle prit poste. Pendant ce tems des gardes françaises s'établirent à la maison du S. Réveillon pour la protéger ; mais peu militairement ce semble puisqu'elles étoient placées dans la rue adossés au mur de la maison, tandis que les mutins escaladoient le jardin, dont l'enceinte est fort considérable à la vérité.

« Mad. la Duchesse d'Orléans, revenant de la course fut arrêtée près de la barrière où l'escadron des Cravattes, remplissant toute la largeur de la rue, contenoit le peuple. Des cris de : Vive le Tiers ! Vive Orléans ! retentissent de tous côtés. M. d'Aunoi qui commandoit ce poste, supplia Mad. la Duchesse de passer par un autre chemin, lui représentant que la rue du fauxbourg St-Antoine ne lui offroit pas une route sûre. Les postillons tournoient déjà leurs chevaux lorsque le peuple les saisissant par la bride, menaçant les postillons, mettant des bâtons dans les roues, se mit à crier : « Ces gueux-là n'empêcheront pas notre bonne Duchesse de « passer ; nous vous aimons, nous vous adorons ; mais plutôt que « de vous voir leur céder nous vous mettrions en poussière. » La Princesse leur jetta sa bourse qu'ils refusèrent ; un d'entr'eux qui la ramassa fut aussitôt assommé par ses camarades. Il fallut donc céder à leurs instances, et les soldats s'étant ouverts pour laisser un passage à Mad. la Duchesse, le peuple s'y précipita aussitôt en foule, à la suite de la calèche, et les cavaliers de nouveau dispersés, n'eurent d'autre ressource que de se rallier à la barrière où ils attachèrent leurs chevaux et mirent pied à terre. Un courrier, ayant apporté de Versailles l'ordre du commandement général dans Paris à M. du Châtelet, les gardes françoises arrivèrent en force vers trois heures ; elles furent attaquées par le peuple à coups de pierres. La colonne qu'on n'avoit point fait arriver sur un front assés large pour remplir la rue fut environnée, et M. d'Artaignan, voyant sa compagnie pressée de toutes parts et prête à être enfoncée, fit le premier faire feu à ses soldats. Ce fut alors que les Cravattes, postées à l'autre bout de la rue commencèrent à fusiller de leur côté pour la balayer ; mais les trouppes qui survinrent, manquant toujours de la même précaution de boucher absolument tout passage, le peuple eut toujours la même facilité de se mouvoir de tout côté. La fusillade devint plus vive, et fut continuée une partie de la nuit. Les mutins entrés dans les maisons jettèrent des tuiles, des meubles et tout ce qu'ils trouvèrent sous la main et les troupes entretinrent ainsi une espèce de feu de billebande, sans gagner ni perdre du terrain. Pendant ce massacre inutile, l'on détruisoit tout l'intérieur de la maison du pauvre Réveillon. Tous ses meubles ont été mis en pièces et brûlés ; on n'a laissé sur pied que les gros murs. Une quantité de pièces de vin qu'ils avoient défoncées dans les caves en avoit enivré une partie ; d'autres s'empoisonnèrent avec de l'eau seconde et des préparations chimiques pour les teintures. A huit heures du soir, des renforts de gardes Suisses arrivèrent avec du canon. Le peuple qui remplissoit les avenues, fatigué du carnage de la journée, commençoit à se retirer. Enfin, on devint maître de la maison de Réveillon, où les uns furent pris, les autres égorgés, et le calme se trouva à peu près rétabli.

« Il est entré à Paris hier quatre régimens de cavalerie ou dragons et un d'infanterie ; ces troupes étoient bien nécessaires pour reposer les autres excédées d'un service continuel. On peut porter sans exagération à plus de deux cent cinquante hommes le nombre des tués ou blesssés dans cette émeute. Les trouppes doivent avoir souffert : il y a de ma connoissance un officier des Gardes-Suisses et un de Royal-Cravate de blessés, et un maréchal des logis de la garde de Paris de tué par une comode qui l'a écrasé lui et son cheval. Tout paroit très tranquile à présent ; mais à Caen et à Orléans, il y a, à l'heure ou j'écris, des révoltes semblables excitées par des gens sans aveu. »

6 ET 7 OCTOBRE 1789. — Invasion du château de Versailles par la populace de Paris ; le Roi et sa famille forcés de venir à l'hôtel de ville.

22 OCTOBRE 1789. — Emeute occasionnée par la famine un boulanger pendu.

26 OCTOBRE 1789. — Les troubles et l'anarchie se propagent dans plusieurs villes de province.

15 JUILLET 1790. — Serment du Roi à la fête du Champ-de-Mars.

3 AOUT 1790. — Agitation à Paris, en apprenant l'envahissement de la frontière par les Autrichiens.

SACKEN (Comte de), Ministres des affaires étrangères, à la cour de Dresde.

1769-1780. — 7 lettres en français et copie d'un rapport en allemand.

9 MARS 1769. — Nouvelles de la cour de Vienne, concernant la négociation pour la grand'maîtrise de l'Ordre Teutonique.

30 MAI 1769. — Envoi d'un rapport secret (texte allemand) sur la même affaire.

SAINT-ESTÈVE, Capitaine en second au régiment de Royal-Roussillon.

1778. — 3 lettres et 2 rapports :

21 SEPTEMBRE. — Rapport sur un corsaire gènevois poursuivant quatre vaisseaux marchands, venant du côté de Saint-Malo et se dirigeant vers Brest.

SAINT-GERMAIN (Comte de), Ministre de la guerre.

1775-1776. — 3 lettres, dont une autographe. Remerciement de compliments à l'occasion de sa nomination ; assurance de bons offices pour le prince Xavier.

SAINT-PRIEST (Comte de), Ministre de la maison du Roi.

9 mars 1790. — Une lettre relative à une demande d'établir à Pont le siége de la justice du district.

SARSFIELD, Officier au régiment d'Ecosse.

12 septembre 1778. — Une lettre pour demander de la poudre et des balles, en cas d'attaque des côtes de Saint-Brieuc par la flotille de Jersey.

SARTINES (de), Lieutenant général de la police, puis ministre de la marine.

1776-1778. — 3 lettres relatives à diverses recommandations.

SAXE (Chevalier de) ?

1763-1764. — 3 lettres et 2 copies. Discussion sur M. de Marainville recommandé par M. de Paulmy pour entrer au service de la Saxe, avec le grade de lieutenant-général.

SCHOENBERG (Charles-Frédéric de).

28 décembre 1769. — Une lettre relative au jeune baron de Stein, page à la cour de Dresde.

SCHULENBURGT (Daniel de), Chevalier Teutonique.

1761. — Une lettre et une copie, au sujet de la réception de M. de Bénigsen dans l'Ordre Teutonique.

SÉGUR (Marquis de), Maréchal, ministre de la guerre.

1781-1784. — 12 lettres. Remerciements de compliments, assurances d'intérêt.

16 janvier 1781. — Avis d'envoi de deux cavaliers de maréchaussée en résidence à Pont : « Ils seront considérés comme auxiliaires de la brigade de Nogent. »

SOLMS (Comte de), Lieutenant général, conseiller privé de Saxe.
1760-1764 — 35 lettres. Affaires politiques et militaires de la Saxe ; négociation d'emprunt pour le compte du prince Xavier, etc.

STACHELBERG (Baron de), Ministre plénipotentiaire de l'Impératrice de Russie à Varsovie.
15 avril 1773. — Une lettre anonyme d'un ami du prince Xavier, accompagnant une copie de la déclaration suivante au sujet des affaires de la Pologne :

« Comme il paroit que l'on employe toutes sortes des moyens pour permettre la présente confédération générale à différentes événements arbitraires, et pour la faire principalement dépendre de la Diette, le soussigné, Ministre Plénipotentiaire de S. M. l'Impératrice de toutes les Russies, se voit obligé de déclarer qu'il ne permettra pas aucunement des réflexions de cette nature ; mais que la Confédération ne finira que lorsque les circonstances n'exigeront plus sa durée, lorsque les traitées de cession avec les trois puissances seront conclus, et que les arrangements par rapport au Gouvernement auront été réglés en entier, de concert avec les dictes Puissances.

« Fait à Varsovie ce 15/26 avril 1773.

« Le Baron de Stachelberg. »

STAIN (Frédéric de), Page à la cour de Dresde.
1770-1772. — 2 lettres :
24 avril 1772. — Demande de recommandation pour entrer au service du duc de Courlande comme officier de chevau-légers.

STAURELBERG (Comte de).
1776. — 3 lettres d'assurances de bons offices.

TABOUREAU DES RÉAUX, Contrôleur général.

1776-1777. — 2 lettres sur sa nomination et une demande d'emploi.

TERRAY (l'Abbé), Contrôleur général.
1774. — 3 lettres et un imprimé.

TIMBRUNE-VALENCE (Marquis de), Lieutenant général, inspecteur général à l'Ecole militaire de Paris.
1779-1787. — 7 lettres.
13 décembre 1781. — A propos de l'acte de naturalisation des enfants du prince Xavier.
27 août 1782. — Sur la mort de l'abbé de Saxe.
5 décembre 1786. — Sur le fils de M. de Cuming, retiré de l'Ecole militaire de Brienne.
9 juillet 1787. — A M. de Cuming, pour lui annoncer la nomination de son fils à une sous-lieutenance en pied dans le régiment de Bussigny.

TOULOUSE-LAUTREC (Comte de), Maréchal de camp au régiment de Condé-Dragons.
26 et 29 août 1778. — 2 lettres relatives au départ de Guingamp du régiment de Condé-Dragons, et demande de séjourner à Saint-Brieuc pour faire bénir les guidons donnés par le prince de Condé.

TOUR-DU-PIN (La), Ministre de la guerre.
1789-1790. — 10 lettres ou copies :
5 août 1789. — Il annonce sa nomination à la guerre au prince Xavier et l'assure de ses bons offices.
31 décembre 1789. — A propos d'une demande de la croix de Saint-Louis pour M. de Martanges.
19 février 1790. — Changement du régiment de Saxe-Hussards, envoyé d'Haguenau à Brisack.
19 juin 1790. — Le même régiment envoyé à Metz.

TURGOT, Contrôleur-général.
20 février 1776. — Une lettre relative à l'expédition d'un passeport.

UNGER, Conseiller de légation de l'Électeur de Saxe à la cour de Munich.

1760-1778. — 18 lettres et 2 copies :

20 MAI 1774. — Notification de la mort de Louis XV, à la cour de Bavière.

26 JUIN 1776. — Sur l'arrivée et la présentation du comte Spinucci à la cour de Bavière.

30 OCTOBRE 1776. — Mémoire des dépenses du comte Spinucci à Amberg, montant à 1270 livres par mois.

VAUGUYON (Duc de LA), Gouverneur des Enfants de France.

1766-1770. — 4 lettres :

1er FÉVRIER 1766. — Sensibilité des jeunes princes et princesses au sujet de la mort du Dauphin.

21 MARS 1767. — Condoléance sur la mort de la Dauphine, sœur du prince Xavier :

« Altesse Royale,

« Pénétré de la plus vive et de la plus juste douleur qui fut jamais, à peine me reste-t-il la force de dire à Votre Altesse Royalle qu'au milieu de tous les sentiments qui déchirent mon cœur, je suis plus sensible que je ne puis l'exprimer à son affliction extrême.

« La terre n'estoit pas digne de posséder l'auguste Princesse que nous pleurons ; elle sera jusqu'au tombeau l'objet de mes larmes. Oserois-je espérer que le souvenir des bontés et de la confiance dont elle m'honora si constamment portera V. A. R. à me regarder comme l'homme du monde qui sera toujours le plus attaché à sa personne et à toute la Royale famille de Saxe.

« J'ai l'honneur d'être avec respect, etc.

« Le Duc de LA VAUGUYON. »

VAULX (Comte de), Directeur du corps des ingénieurs géographes militaires.

24 FÉVRIER 1779. — Une lettre relative à une demande d'emploi.

VERGENNES (Comte de), Ministre des affaires étrangères.

1774-1786. — 26 lettres et 4 copies :

1ᵉʳ AOUT 1774. — A l'occasion de sa nomination au ministère.

7 SEPTEMBRE 1778. — Recommandation des intérêts du prince Xavier à M. le marquis d'Entraigues.

12 JUIN 1782. — Admission du jeune prince de Saxe dans l'ordre de Malte.

18 MARS 1783. — Projet d'entrevue et invitation à dîner du prince Xavier par le comte de Vergennes.

15 MAI 1784. — Recommandation par la cour de France à celle de Varsovie des intérêts du prince Xavier en Pologne, pour la reconnaissance et le paiement régulier de ses apanages.

VIGNY, Capitaine de frégate.

1779-1783. — 3 lettres :

CADIX, 25 FÉVRIER 1783. — Implorant la protection du prince Xavier, afin d'éviter de passer en conseil de guerre, pour avoir perdu sa frégate dans un combat naval où il avait été grièvement blessé.

VILLEPATOUR (DE), Maréchal de camp d'artillerie.

1778. — 2 lettres relatives à l'inspection des côtes de Bretagne, de Saint-Malo à Brest.

VRILLIÈRE (Duc de LA).

18 JANVIER 1773. — Une lettre demandant une charge dans les gardes de M. le comte d'Artois.

VURMB, Conseiller privé à la cour de Dresde.

DÉCEMBRE 1763. — 2 lettres et un mémoire pour demander au Prince-Administrateur un poste et des appointements convenables.

WICKÈDE, Chambellan du roi de Pologne.

8 MARS 1780. — Une lettre d'offres de services au prince Xavier pour négocier ses arrérages en Pologne.

YSEMBOURG (Maurice, Prince d'), Conseiller d'Etat privé à la cour de Varsovie.

1763-1764. — 8 lettres et une minute de réponse. Plaintes et récriminations sur son éloignement de la cour et des affaires depuis la mort du roi de Pologne ; demande de protection ; assurance de respect.

ZAPT, Conseiller à la cour de Dresde.

16 juin 1768. — Une lettre double relative à la grande maîtrise de l'ordre Teutonique qui doit bientôt vaquer et conviendrait au prince Xavier de Saxe.

ZAUWYSKEIN (Comte de).

1760. — 7 lettres d'affaires militaires.

9 mai 1760. — Avis que le prince Albert de Saxe a été proclamé lieutenant-général de cavalerie au service de l'Autriche.

ZURHEIM (Baron de), Chambellan du prince-évêque de Wurtzbourg.

1762-1764. — 4 lettres et 4 minutes de réponses, sur des demandes de protection et de bons offices pour obtenir une prébende de Rome.

Troisième Section.

CORRESPONDANCES DIVERSES.

Lettres d'agents d'affaires et de particuliers.

1º Correspondance française.

35ᵉ Liasse, 1762-1789.

ACKER, Secrétaire particulier du prince Xavier, à Pont-sur-Seine.

1784-1788. — 9 lettres relatives à des affaires personnelles.

ARCHEVÊQUE DE PARIS.

1778-1783. — 6 lettres et une copie au sujet de divers petits services réciproques. — Autorisation accordée à l'abbé Silvestre de recevoir la prêtrise à Troyes.

AUBERT, Propriétaire à Paris.

1781-1783. — 15 lettres et pièces diverses relatives à la location au prince Xavier d'un hôtel sis à Paris, rue Neuve-des Mathurins.

AUTUN (Yves-Alexandre de MARBEUF, évêque d'), Titulaire de la feuille des bénéfices.

1779-1783. — 7 lettres en réponses à des demandes de bénéfices pour les abbés de Barruel, de Belloc, Lallemand et du Sauzay.

A. DIVERS. — (Correspondance de peu d'intérêt).

1768-1789. — 25 lettres des auteurs ci-après : Allart, Alliot (Mᵐᵉ), Allouffe, Aloy, Amant, André, Anis (dit S. Jean), Anselme, Antichamp, Antonio, Arnoult, Aubert (frères), Aubry, Auguste Ruz et Avet.

BARBERIE (De la), Chargé d'affaires du Prince, à Paris.

1783-1787. — 150 lettres d'affaires diverses ; acquisition et appropriation d'hôtel ; nouvelles du jour, etc.

16 août 1785. — Sur l'arrestation du cardinal de Rohan, à propos de l'affaire du Collier :

« Il est arrivé hier un évènement qui cause beaucoup de surprise ; M. le Cardinal de Rohan a été arrêté au sortir du Cabinet du Roy et conduit à la Bastille. On ignore les raisons de cette disgrâce à laquelle il paroit qu'il étoit bien loin de s'attendre, car il étoit en rochet et dans l'intention d'officier à la chapelle.

12 janvier 1786. — Emeute des Savoyards à Paris.

4 décembre 1787. — Sur la disgrâce du marquis et de la marquise de Pelagrue, gendre et fille de M. de la Barberie, au service du prince Xavier.

13 décembre 1787. — Au sujet de sa disgrâce personnelle :

« Quant à ce qui me regarde personnellement, je regrette infiniement que mes services ne soient plus agréables à V. A. R. Je ne crois pas qu'Elle puisse m'accuser d'intérêt ; Elle n'a pas sûrement oublié que ce n'est qu'après beaucoup de résistance et pour obéir à son ordre exprès, que j'ai accepté les appointemens qu'Elle me donnoit, bien modiques certainement, si on les compare à ceux qu'Elle donnoit auparavant (à M. Pommier). »

BEAUHARNAIS (Marquise de), à Paris.

1783-1784. — 3 lettres, 2 copies, un mémoire et une note relatifs à l'hôtel loué par le prince Xavier, rue Neuve-des-Mathurins, et acheté par le marquis de Beauharnais, avant l'expiration du bail.

BELLOC (de), Vicaire général, à Troyes.

1777-1780. — 5 lettres, dont 2 relatives aux chasses de Cosdon dépendant du chapitre de Troyes, et 3 sur le séjour de l'évêque de Troyes à Grenoble, son retour et son projet d'aller faire sa cour à M. le comte de Lusace, à son château de Pont.

BETHMANN, Consul d'Autriche à Bordeaux.

1776-1782. — 7 lettres relatives à divers envois de caisses de vin du Médoc.

BEUST (Frédérique, Baronne de).

Eisenac, 28 mars 1762. — Une lettre remerciant le prince Xavier de l'envoi d'un présent; envoi d'une cocarde en retour :

« Monseigneur,

« Je me suis trouvé dans la dernière confusion, et recevant de Votre Altesse Roiale un présent aussi précieux qu'inopiné. J'en ai été d'autant plus frappée puisque je n'attendois rien moins que la possibilité qu'un si grand Prince, au milieu de la plus grande cour de l'Europe, accablé de tant d'affaires importantes, puisse porter son attention jusqu'à un objet aussi petit qu'un compérage à Eisenac. Etant un peu revenue de ma surprise, j'ai admiré la magnificence et la beauté d'un présent qui, en lui-même, trop précieux pour moi, l'est encore plus parce qu'il vient de la gracieuse main d'un Prince si respectable par sa haute naissance et par ses éminentes qualitées. Ils me manquent des expressions pour me remercier dignement de cette inestimable souvenir, et les sentiments de ma vive reconnaissance égaleront toujours le plus profond respect, avec lequel j'ai l'honneur d'être,

« Monseigneur,
« De Votre Altesse Royale,
« La très humble et très obéissante servante,
« Frédérique, bar. de Beust.

« P. S. — Faire une cocarde pour un Prince Roïal, c'est l'ouvrage d'une grande Princesse; je tâcherai d'en faire une pour le Héros et Chef des braves Saxons, et si j'étois assez habile, j'y mélerois des Lauriers. »

BOCCARD (François-Xavier de), Jésuite, aumônier du prince Xavier à Dresde.

1761-1785. — 65 lettres ou pièces diverses. Vœux et compliments au prince Xavier à l'occasion de sa fête ou du jour de l'an.

15 février 1762. — Permission accordée au Prince de faire gras pendant le carême, à Versailles, pour raison de santé.

2 novembre 1770. — Priviléges et dispenses de Rome accordés aux princes et princesses de la maison de Saxe.

24 août 1774. — Intéressants renseignements biographiques sur l'abbé de Barruel :

« Monseigneur,

« Dans la dernière lettre que j'ai eu l'honneur d'écrire à Son Altesse Roïale, je lui avois marqué que j'avois écrit à un de mes amis, à Vienne, pour avoir l'information que S. A. R. désiroit et je l'ai enfin reçue hier. Voici la copie de la lettre datée du 17 août :

« Ne faisant que revenir de mon petit voyage à Presbourg, je
« n'ai pas pu répondre à votre chère lettre avant ce moment. J'y
« répond d'autant plus volontiers qu'il s'agit de donner informa-
« tion d'un sujet que j'ai bien connu, bien aimé et beaucoup
« estimé. Je vous dirai donc que l'abbé Baruel, natif du Vivarez,
« autrefois de la province de Toulouse, par attachement à la Com-
« pagnie, se transporta à Prague où il fit sa théologie, et fut
« incorporé dans la province de Bohême. Son troisième an achevé,
« il fut envoié ici au Thérésien, où il a demeuré un an en qualité
« de professeur françois et Préfect d'un cavalier polonois dont je
« ne me souviens plus du nom. Ensuite étant rappellé par ses
« parents dans son païs pour arranger un certain héritage, il
« voiagea avec certains cavaliers en Italie, qu'il parcourut presque
« toute, et s'embarqua à Naples pour Marseilles, d'où il a regagné
« son païs, et d'où je n'ai plus eu de ses nouvelles. C'est au reste
« un excellent sujet, d'un caractère charmant et enjoué ; versé
« dans toutes les belles sciences particulièrement dans la belle lit-
« térature et poésie pour laquelle il a un goût et une inclination
« décidée. Avec tout cela, je vous avouerai avec ma franchise
« helvétique que je doute qu'il soit propre pour l'éducation de
« jeunes enfans, étant trop vif et pas assez posé pour avoir toute
« la patience qu'il convient et pour observer tous les ménagements
« qu'il auroit à observer dans des situations semblables. Mais il
« seroit très bon et capable pour de jeunes seigneurs déjà un peu
« avancés dans les études. Il peut cependant se faire que depuis
« les deux ans qu'il est absent d'ici, il soit devenu plus rassi, plus
« posé et plus circonspect, et qu'il ait gagné sur sa vivacité et un
« peu légèreté françoise. D'ailleurs, c'est le plus aimable homme
« et charmant avec ses égaux et dans la conversation. Pour ce qui
« regarde la langue allemande, il l'avoit très bien apprise, et la
« parloit joliment et purement ; mais il peut aussi se faire qu'il
« l'ait oubliée pendant ces deux ans. Voilà une information juste
« et exact du sujet en question, et telle que crois devoir donner

« quand on veut être informé sincèrement et quand il s'agit de
« choisir quelqu'un pour une éducation. »

6 AVRIL 1785. — Testament du père de Boccard. (Copie faite par le père Hertz, vicaire apostolique à Fribourg, et envoyée au prince Xavier par Ignace de Boccard, membre du conseil souverain de la République Helvétique, neveu du père de Boccard) :

« Au nom du Père, du Fils et du St Esprit,

« Ayant été persuadé dès le tems que j'étois entré dans la Compagnie de Jésus, qu'il étoit plus aisé de se passer des biens de ce monde que d'en faire un bon usage, je n'ai jamais cherché à amasser, quoique j'aurois pu le faire dans le poste que j'occupois à la cour de Saxe, et pour cette raison j'ai fort peu à donner.

« Cependant pour marque de reconnaissance et de souvenir de toutes les bontés que la famille m'a toujours témoigné, j'ai cru devoir disposer ainsi du peu qu'on trouvera après ma mort :

« Mon frère le conseiller Simon de Boccard[1] sera mon héritier universel du peu qui pourroit rester après déduction des legs suivants :

« 1º Je laisse à mon neveu Ignace de Boccard la montre de voïage à répétition ;

« 2º A ma nièce de Diesbach, l'écuelle d'argent avec l'assiette ; à ma nièce de Proroman, la montre d'or, et à ma nièce de Maillardoz, trente ducats.

« 3º Le reliquaire de St Xavier, garni de pierres de Zabeltitz, avec l'image de ce saint mourant, est pour les religieuses de Montorges ; celui de St-Louis de Gonzague, garni de la même manière, est aux religieuses de Ste-Ursule, à Fribourg en Suisse ;

« 4º Le domestique que j'aurai quand je viendrai à mourir, aura mes habits, le linge et les autres petites choses que mon cousin de Forell, capitaine des Cent-Suisses de l'Electeur de Saxe, jugera à propos de lui donner ; comme aussi en argent à proportion du tems qu'il m'aura servi. Si c'est encore Etienne Roletzky, il aura en argent cent écus. La femme dudit Roletzky, dix écus, et leur fils Jacque Roletzky, cinq écus avec l'étui de chagrin noir, la cuiller, fourchette et couteau à manche d'argent que cet étui contient ;

« 5º On donnera à Michel Anvrai, domestique de mon cousin de Forell, deux louis d'or, le louis à cinq écus ; aux deux Cents-

---

1. Mort avant le père Boccard.

Suisses et Hédasque qui m'ont servi, à chacun la somme de deux louis d'or à cinq écus, et les habits noir de drap.

« 6° Les plats d'étain et autres petits ustensiles de table dont je me servois ordinairement appartiendront à mon domestique Etienne Roletzki.

« 7° Les livres qui sont dans la bibliothèque des confesseurs avec le nom de Jésus, et au bas F. X. B. doivent y rester ; les autres livres marqués de même seront vendus, et l'argent donné aux pauvres ;

« 8° On donnera les bréviaires, les diurnaux au R. P. d'Hémel pour qu'il les mette, ou dans la chambre des RR. PP., ou dans la sacristie ;

« 9° L'on doit m'enterrer avec le crucifix peint qui se trouve auprès de mon lit. Je prie qu'on m'enterre tout simplement, sans aucun convoi et de grand matin. N'incommodons personne après notre mort.

« On fera dire trente messes et l'on donnera vingt écus d'aumône.

« Mr de Forell, capitaine des Cent-Suisses, voudra bien prendre la peine d'exécuter mon Testament ; et, pour petite marque de ma reconnaissance, il peut disposer de toutes les estampes et meubles qui sont à moi. Il prendra aussi les 5 tomes de sermons écrits de ma main ; mais je verrois avec plaisir que ces tomes de sermons fussent, après sa mort, mis avec mes autres livres qui sont à Fribourg. De plus je veux que l'on se rapporte, pour ce qui ne seroit pas expliqué ici, à lui seul, comme il est instruit de mes volontés. En cas que M. de Forell ne se trouve point à Dresde quand je viendrai à mourir, je prie le R. P. Hertz ou le P. d'Hémel de faire exécuter ce que je marque ici.

« Enfin, je prie Son Altesse Royale le Prince Xavier de Saxe, d'accepter le crucifix qui est dans mon Prie-Dieu, en marque de mon parfait attachement, et comme un petit souvenir après tant de bontés qu'il m'a témoigné pendant tout le temps que j'ai été attaché à sa personne.

• Dresde, ce 6 avril 1785.

« François-Xavier Boccard. »

BOCCARD, Chevalier de St-Louis, colonel du régiment d'Estavagé au service de la Suisse.

8 AVRIL 1786 — Une lettre annonçant la mort du père

de Boccard, son oncle, et recommandant toute sa famille aux bontés du prince Xavier.

36º Liasse, 1760-1791.

BOULLARD, Notaire à Villeneuve-le-Roi, et procureur fiscal à Chaumot.

1777-1789. — 50 lettres :

16 JUILLET 1779. — Sur un projet de réunion de la justice de Chaumot à celle de Courtenay.

26 MARS 1780. — Procès-verbaux et poursuites contre des braconniers de Villeneuve.

10 SEPTEMBRE 1780. — Contestation avec les habitants de Chaumot, au sujet d'une vaine pâture de prés dépendant de la seigneurie :

« Monseigneur,

« J'ai l'honneur de vous rendre compte que la plus part des habitans de Chaumot avoit projetté de mener leurs bestiaux pètre dans la pièce de prés qui est le long du canal de Chaumot, près à régins suivant vos titres ; conséquamment personne n'y peut y mettre de bestiaux si ce n'est les propriétaires ou fermiers.

« Ces habitans prétendant que cette pièce de prés n'étoit point à reguins et y ont en conséquence mené leurs bestiaux, sous prétexte, disoient-ils que le fermier y metroit les siens. Je les ai fait assigner à requete du fermier non point pour leur y faire des frais, mais pour conserver les droits de Votre Altesse Royale. Je les ai fait condamner aux frais seulement, et défense leur a été faite de récidiver à l'avenir. »

SANS DATE. — Requête de divers habitants de Chaumot au prince Xavier, au sujet de la même contestation :

« Les habitans de la paroisse de Chaumot ont l'honneur de représenter très respectueusement à S. A. R. que depuis son absence il s'élève journellement querelles et procès pour la pâture des bestiaux.

« Que le 7 de ce mois, le sr Mollevant fermier, de Mardelin, ayant permis à plusieurs habitans de lâcher leurs vaches dans ses prés après la fauchaison, les bergers et autres paysans ont profité de la même permission, parce qu'il n'y a aucun herbage dans l'étendue de la paroisse, et ils ont essuyé des procès à ce sujet.

Ces malheureux se jettent aux pieds de V. A. R. et ont l'honneur de la supplier de réfléchir que s'ils étoient dépouillés de la liberté justement reconnue et accordée par le sr Molvant, ils seroient privés des fumiers et engrais nécessaires à l'engrais et culture des terres.

« Les mêmes vassaux de V. A. ont encore l'honneur d'exposer que les régisseurs des anciens seigneurs ont fait mettre en prés 14 arpents de terre appelées les anciennes pâtures qui servoient de communes; que toujours ils ont respecté et respecteront les volontés de leur seigneur; mais ils osent réclamer avec confiance la justice et la bonté de V. A. qu'ils ont l'honneur de supplier de leur accorder la permission d'envoyer pâturer leurs bestiaux sur lesdits 14 arpents de prez après la fauchaison d'iceux.

Les vassaux de Votre Altesse continueront les vœux qu'ils adressent chaque jour au ciel pour la conservation des précieux jours de leur seigneur devenu leur protecteur et bienfaiteur.

« Guillaume CARIAT, Mathieux CARIAT, CHEBIER, pour plusieurs habitants qui ne savent pas signer, POTEAU, maréchal, CAPET, LAGNEAU. »

20 FÉVRIER 1789. — Assemblée des habitants de Villeneuve-le-Roi, à l'effet de députer près du prince Xavier pour réclamer au sujet d'un droit de chasse qu'ils prétendent leur appartenir.

17 AVRIL 1783. — Incendie à Chaumot, occasionné par la femme Jean Roux, atteinte d'aliénation mentale.

22 AOUT 1783. — Récolement d'inventaires des archives seigneuriales de Chaumot.

1er JUIN 1787. — Projet d'établir un nouveau district ayant son siége à Villeneuve-le-Roi.

8 MAI 1788. — Affaires judiciaires, assassinat; décret de prise de corps.

———

BRASSEUR, Avocat en parlement, régisseur de la terre de Chaumot.

1785-1790. — 75 lettres :

30 JUILLET 1785. — Demande de congé pour aller prêter serment à Paris, comme avocat en parlement.

19 JUILLET 1788. — Renseignements demandés sur les justices de Chaumot et de Mardelin.

30 août 1788 — Envoi d'un extrait des formalités observées pour l'acquisition de la terre de Bussy-le-Repos.

14 février 1789. — Envoi d'un état de distribution de secours aux indigents des paroisses de Chaumot, Cornan et Courtoin.

30 juillet 1789. — Patrouilles faites dans les bois de Chaumot sur une fausse alerte de prétendus brigands cachés dans les environs.

12 août 1789. — Appréhensions au sujet d'un arrêté de l'Assemblée nationale, du 5 août.

4 novembre 1790. — Demande d'avis pour accepter les fonctions des fonctions de Juge-de-Paix offertes au sieur Brasseur.

BRATKOWSKY, Aide-de-camp du prince Xavier en Allemagne.

1762-1763. — 5 lettres relatives à diverses affaires personnelles peu importantes.

BRETÈCHE (De La), Seigneur de Romilly.

1784-1791. — 8 lettres :

23 janvier 1790. — Offre de vente, au comte de Lusace, de la terre de Romilly, dont le revenu annuel est évalué à 36,000 livres.

7 avril 1790. — Projet de vente de cette terre à une compagnie hollandaise au prix de 800,000 livres, pour y établir une manufacture de draps imperméables.

BRIENNE (Comtesse de).

1789. — 2 lettres avec les minutes de réponses relatives à des invitations et à des promesses d'aller passer quelques jours au château de Brienne, pendant l'hiver, à cause des évènements qui rendent Paris inhabitable :

« Monseigneur,

« Permettés-moi que je conserve l'espérance de recevoir Votre Altesse Royale. Je compte passer l'hyver à Brienne, les évènements sont tels que Paris est inhabitable, et trop douloureux pour ceux qui ont toujours aimé, chérit, respecté ce qui doit être respecté, chérit et aimé.

« Le tems a été si affreux jusqu'à présent qu'il donne l'espoir que la saison avancée sera moins mauvaise que l'automne.

« J'espère que la santé de M^{de} la Vicomtesse d'Esclignac bientôt ne vous donnera plus d'inquiétudes, et alors, Monseigneur, M. de Brienne et moi serons bien heureux si Votre Altesse Royale vouloit nous donner la marque de bonté de nous mettre à portée de lui renouveller l'assurance du respect avec lequel je suis,

« Monseigneur,

« De Votre Altesse Royale,

« La très-humble et très-obéissante servante,

« La Comtesse DE BRIENNE. »

Brienne, 15 octobre 1789.

BRUYS, Procureur-général de l'étroite observance de Cluny.

1778-1779. — 7 lettres et un extrait, relatifs à une réclamation des droits de quint et requint dus par le prince Xavier au prieur de Courtenay pour le fief de Montgérin.

BRUNSWICK (Duchesse de).

1760. — 3 lettres et 2 copies, relatives à une demande de passeports pour la duchesse et ses filles désirant se retirer au château de Saltzthal, pour éviter les malheurs de la guerre.

B. (DIVERS).

1774-1791. — Environ 100 lettres des auteurs ci-après : Bacon, Bailloir (de), Barban, Barost, Basselaine, Baugency, Baulny, Baumann, Baussancourt (de), Bazaine (curé de Saint-Aubin), Beaumont (de), Beauregard, Bela (le chevalier de), Bellancourt, Benoist, Berghe, Berthier, Bertrand (garde général), Benzendorf, Bezenval (de), Besner, Bidas (de), Bidel, Biémont, Blétry, Bodin, Boileau, Boisclaireau, Boisjouvin, Bomand (curé de Marnay), Bonnefoy, Bonneville, Bons-Davy, Bordas, Bouguerel, Bouillé (curé de

Romilly), Boulcier, Bouquet (curé de Ferreux), Bourdier, Bourgeois, Bourgl, Boussiron, Brichard, Briel (de), Brien (O), Brisson, Broé (de), Brohen, Bussy, Byrn (O.)

37ᵉ et 38ᵉ Liasses, 1772-1799.

BOUDET, Trésorier du prince Xavier.

1772 1770. — Deux fortes liasses de lettres, format in-4° : Rapports de gestion financière ; règlements de comptes et affaires diverses.

DE TROYES, 15 JUIN 1773. — Sur un premier projet d'acquisition du château de Pont :

« Monseigneur,

« J'ai reçu la lettre de Votre Altesse Royale hier, du 31 mai. Elle aura vu par celle que j'ai eu l'honneur de vous écrire du 13 d. c. que la malheureuse affaire de Pont avoit été consommé avant mon arrivée icy, sans l'ombre de la plus petite ressource ; mais comme j'ai apris depuis qu'elle est environnée de chatteaux, Votre Altesse Royale doit s'en consoller aisément ; d'autant qu'Elle n'auroit pas put y être tranquille.

« Comme il nous reste encore deux objets en vue, j'espère, d'après ce que M. Régnier m'en a dit, que l'un des deux pourra indemniser Votre Altesse Royale de la perte de Pont. L'un est à Dormans que j'irai voir incessamment, et l'autre le Vaudreuil qui me paroit encore plus intéressant puisqu'il la met à même de se débarrasser du triste Chaumot, sans débourser beaucoup d'argent comptant. »

10 JANVIER 1775. — Défense du valet Bernard et de la femme de chambre Rose, accusés d'avoir eu des relations intimes à Chaumot.

JANVIER ET FÉVRIER 1776. — Bulletins de la maladie de Mᵐᵉ la comtesse de Lusace.

24 AVRIL 1777. — Renseignements sur les seigneuries et les justices relevant du domaine de Pont. — Projet de mise en ordre du chartier de Pont.

16 AOUT 1777. — Exil de l'abbé de Solignac à Péronne ; lettre de Sᵗ-Léger sur cet évènement ; copie de l'ordre du Roi.

12 MAI 1782. — (En post-scriptum) Projet de fête à

donner à Dresde par l'électeur de Saxe, à l'occasion de la naissance d'un prince ou d'une princesse.

4 MAI 1785. — Renseignements particuliers sur Johann-Michaël Loos, engagé au service du prince Xavier pour les fonctions de *wagenhalter* (cocher).

9 JUIN 1784. — Sur la bonne administration de la terre de Zabelitz par la princesse Elisabeth.

4 JUILLET 1787. — Présent d'un service en porcelaine de Saxe à faire de la part du prince Xavier au baron de Krohne à Berlin, pour l'envoi d'un *Catéchisme de droit*, dont il est l'auteur. — Plusieurs lettres du baron de Krohne, au sujet de la souscription du Prince à son ouvrage.

DRESDE, 13 AVRIL 1790. — Compliments naïfs et exagérés sur l'heureux rétablissement de la santé du Prince :

« Monseigneur,

« Daignez agréer, hô cher Maître ! Daignez, dis-je, agréer l'hommage respectueux du cœur plus que sensible de votre fidel serviteur sur votre heureux rétablissement. Dieu a exaucé mes prières et mes vœux !... Oui, sa bonté divine, certainement touchée de l'état de mon âme éplorée, plongée depuis si longtems dans un abime de chagrins amère, vient enfin de lui rendre son essor et la vie par les nouvelles agréables que nous venons de recevoir. Mais cette âme n'existera plus que pour rendre journellement à l'Être suprême mille actions de grâces de l'insigne bienfait qu'elle vient de nous accorder par la prolongation de vos jours précieux. Elle a par là rétabli la joy dans tous les cœurs, etc., etc. »

39e et 40e Liasses, 1756-1779.

BUSSY (DOMINIQUE), Camérier privé de l'Électeur de Saxe, trésorier du prince Xavier à Dresde.

1756-1779. — Deux fortes liasses de lettres et « soumis-rapports » sur la gestion des intérêts du Prince à Dresde et à Varsovie. Il y a dans ces lettres et rapports périodiques une lacune de 1763 à 1769, pendant l'administration du Prince en Saxe :

De 1776 à 1779, la correspondance est signée par le caissier KALLERT (Charles-Chrétien), « à cause de l'indispo-

« sition continuelle de Mons. Bussy, dont la faiblesse est si
« forte qu'il ne peut tenir une plume dans la main. »

41ᵉ Liasse, 1755-1791.

CAJOT (Dom), Directeur des religieuses de l'abbaye du Paraclet.

20 octobre 1782. — Une lettre sollicitant un secours pour aider l'abbesse à construire un bâtiment.

CÉRAM (J. Évêque de), Supérieur du séminaire des Missions-Étrangères à Paris.

9 juillet 1774. — Une lettre rendant un témoignage flatteur de l'esprit et de la conduite de M. l'abbé de Barruel :

« Monseigneur,

« Je suis charmé que M. l'abbé de Barruel me présente l'occasion de rendre un témoignage authentique à ses vertus et à ses talens. Voilà six mois qu'il demeure au séminaire des Misssions Etrangères, et, pendant ce tems, il n'a cessé de nous donner des preuves multipliées et de la régularité de sa conduite, et de la variété de ses connaissances.

« Je sais d'ailleurs qu'il appartient à une famille très honnête du Vivarais et que, dans l'état qu'il avait embrassé cy-devant, il a toujours rempli avec distinction les emplois qui lui avaient été confiés par ses supérieurs.

« Je suis donc persuadé, Monseigneur, que Votre Altesse ne pouvoit jetter les yeux sur quelqu'un qui fut plus en état de répondre parfaitement à la confiance dont elle voudra bien l'honorer et dont je ressentirai, en mon particulier, la plus grande satisfaction.

« C'est dans ces sentiments que je suis avec tout le respect possible,

« Monseigneur,
« De Votre Altesse, etc.
« † J. Évêque de Céram. »

CHARPENTIER (Mᵐᵉ), Directrice de la poste à Nogent-sur-Seine.

1779-1780. — 5 lettres relatives à des difficultés soulevées par le projet de mettre les lettres pour Pont et les environs dans le paquet de la directrice de Nogent, chargée de les retirer et d'en faire un paquet spécial pour être envoyé à Pont par les courriers, matin et soir.

CLICQUOT, Architecte du prince Xavier.

1782-1790. — 90 lettres ou notes diverses, un sous-seing privé et un mémoire-requête.

9 avril 1784. — Sous-seing privé entre le prince Xavier et le vicomte d'Allemand, par lequel celui-ci vend au Prince une maison sise à Paris, rue du Faubourg Saint-Honoré, appelée l'hôtel de Verges, moyennant la somme de 367,400 livres.

4 Septembre 1785. — Réclamation au sujet du congé annoncé au sieur Clicquot des fonctions d'architecte du Prince, et mémoire-requête pour implorer sa commisération.

16 octobre 1786. — Lettre de M. Tronson, avocat en parlement, à Paris, au sujet du règlement de compte et de l'indemnité à accorder au sieur Clicquot, après son retrait d'emploi.

CONTRIS (l'abbé).

1777. — 2 lettres relatives à l'abbé Bénincara, demandé pour être le précepteur du prince Xavier et engagé pour un poste près de la personne du duc de Modène.

COOKE (Mme de Butler de), Sous-Gouvernante des Enfants de France à Versailles.

1755. — 3 lettres au délégué de Champagne pour réclamer une prompte information au sujet de l'arrestation et de l'incarcération à Troyes de M. Cooke de Billy, son frère.[1]

C. DIVERS.

1770 à 1791. — 90 lettres des auteurs ci-après :

Cabrit; Camuzat (curé de St-Martin-la-Fosse); Carrière; Carteron; Casanova; Castel (van); Cauvin; Cazal; Cecchi

[1]. Voir correspondance politique *d'Argenton*.

et Fils ; Chames ; Chardon ; Chastellux-du-Mesnil ; Chébré ; Chollot ; Chrétien ; Coëtlogon ; Collet ; Comet aîné ; Corbin ; Coriolis de Séran ; Corpel ; Costel (curé de Chaumot) ; Councler et Cie ; Coutant.

42ᵉ Liasse, 1776-1789.

COUDRAY, Concierge du château de Pont-sur-Seine.

1776-1789. — Une liasse de lettres, notes et rapports grand et petit format. Correspondance incomplète à laquelle manquent les années 1777, 1779, 1780 et 1784. Rapports détaillés sur tout ce qui se passe à Pont et dans les environs.

5 juin 1778. — Sur le passage du corps de Voltaire à Pont le 1ᵉʳ juin :

« Le premier de ce mois le corps de M. de Voltaire est passé sur les 11 heures et demie, dans une voiture à 6 chevaux, devant la porte du château, se rendant à l'abbaye de Scellières où son corps sera inhumé.

« Son cadavre est arrivé à Scellières en robe de chambre où il a été déposé sur une table, assis sur son séant dans une salle. »

22 juillet 1778. — Visite du château de Pont, le 13 juillet, par M. de Boulongne, grand trésorier de France.

5 août 1778. — Sur la visite du même château par M. le duc d'Uzès et Mme de Boulongne, le 23 juillet.

15 septembre 1778. — Ordre donné aux habitants de Pont d'avoir en permanence chez eux un tonneau plein d'eau, à cause des incendies très fréquents dans les environs :

« J'apprends dans l'instant que la police de Pont a donné ordre à tous les habitants de la ville d'avoir chacun chez eux un tonneau plein d'eau par précaution pour l'incendie de feux qui deviennent très fréquents dans les environs de 3 à 4 lieues de cette ville. »

17 juillet 1782. — « Le nouveau curé de Pont a pris hier possession de sa cure et a été bien *carionné*. »

43ᵉ et 44ᵉ Liasses, 1771-1791.

CUMING (William de), Capitaine des chasses.

1771-1791. — Deux fortes liasses de lettres, format in-4°.

Rapports sur des faits de chasse, délits, procès, battues, envois de gibier, etc.

11 et 21 février 1773. — Détails d'une rixe sanglante entre un garde-chasse et des paysans, à Chaumot. Mort du paysan blessé par le garde.

Pont, 1er avril 1780. — Avis d'arrivée à Pont de Mgr Spinucci, évêque de Macérata, frère de Mme la comtesse de Lusace :

« Monseigneur,

« Je l'honneur de rendre comte à V. A. R. que Monseigneur l'Evêque de Macherata, frère de Madame, est arrivé ici hier au soire. Je lé faite loger dans la chambre de Madame de Montau. Je lé reçu de mon mieux ; il a un valet de chambre et un laqué avec lui. Ils ne savent pas parler français de tout, et je les faite nourrire à la messone en attendent vos ordres. Si jé mal faite, je suis fâché ; mais jé cru qu'il ette désent d'agire ainsi.

« Mdselle Cécille se porte très bien.

« Je l'honneur d'être avec respect,

« Monseigneur,
« De Votre Altesse Royale,
« Le plus dévoué des serviteurs,
« de Cuming. »

22 février 1784. — Secours en pain et en bois accordés aux malheureux des localités relevant de la terre de Pont.

14 mars 1782. — Délégation, instructions et pouvoirs donnés à M. de Cuming pour représenter le prince Xavier à l'assemblée de la noblesse à Troyes.

45e Liasse, 1750-1790.

DAUCHE, Curé de Pont-sur-Seine.

1779-1780. — 6 lettres et une copie de titre.

11 septembre 1779. — Demande d'immunité de taille pour 27 arpents de terre et 4 arpents 1/2 de prés dépendant de la cure.

15 mars 1780. — Demande de parrainage du prince Xavier et de sa famille pour les quatre nouvelles cloches de l'église de Pont :

« Monseigneur,

« Nos deux premières cloches étant cassées ; nous avons pris le parti de les faire refondre toutes quatre, pour que l'accord en soyt exact. M̄ʳˢ les habitans et moy supplions Votre Altesse Royale de vouloir bien, à leur bénédiction, nommer la première avec Madame la Princesse.

« Nous vous prions aussi de vouloir bien nous accorder Messieurs et Mesdemoiselles vos enfans ou quelqu'un de votre Auguste Famille pour nommer les autres. La fonte se fera entre Pâques et Pentecôte.

« J'espère que la santé de Madame la Comtesse sera parfaitement rétablie. J'ai appris avec la plus sensible satisfaction qu'elle avoit très bien soutenu le voyage[1]. Son état ira sans doute de mieux en mieux. Je supplie Votre Altesse Royale d'être bien persuadée des vœux que je fais à cet égard.

« Si Votre Altesse le permet, nous ferons appliquer vos armes sur les cloches. J'ai l'honneur d'être avec un très profond respect de Votre Altesse Royale,

« Monseigneur,
« Le très humble et très obéissant serviteur,

« Dauche.
« *Curé de Ponts.* »

5 avril 1780. — A Mᵐᵉ la comtesse de Lusace. Vœux de rétablissement de santé pour le baptême des cloches :

« Madame,

« C'est avec la plus sensible satisfaction que j'ai appris que votre chère santé alloit de mieux en mieux. Cela me fait concevoir l'espérance flatteuse que vous pourrez nommer en personne nos cloches, dont Son Altesse Royale m'a dit que vous vouliez bien accepter la nomination avec Elle, et Messieurs et Mesdemoiselles vos enfans. Tout sera Auguste dans cette cérémonie : La cérémonie par elle-même ; les Parreins et Mareines ; le Ministre de la Bénédiction ; car j'espère que Monseigneur l'Evêque de Macérata, votre digne frère, à qui j'ai eu l'honneur d'en parler, ayant eu celui de lui faire ma cour, pendant le peu de tems qu'il a passé ici, la fera. J'en ai prévenu Son Altesse Royale, à qui j'en ai demandé l'agré-

---

1. De Paris pour aller consulter Tissot.

ment ; j'espère qu'il ne me désaprouvera point d'en avoir fait quelque avance auprès de sa Grandeur.

« J'ai l'honneur de vous observer que nous avons quatre cloches ; il nous manquera en conséquence un parein pour une ; à moins que son Altesse Royale n'en nomme deux. Si non vous voudrez bien nous faire la grâce de nous indiquer un parein qui se présenteroit dans la personne de Monseigneur de Macérat, si cela étoit de votre gré et qu'il le voulut accepter.

« Je viens de prier, par le même ordinaire, Son Altesse Royale de vouloir bien nous marquer quels noms il désiroit qu'on inscrivit sur les cloches ; parce que c'est une des premières opérations du fondeur. Je vous prie aussi de vouloir bien nous faire marquer quels sont ceux que vous désirez donner ; et d'être bien persuadée de tout mon désir pour votre prompt rétablissement ; ainsi que du profond respect avec lequel j'ai l'honneur d'être,

« Madame,
« Votre très humble et très obéissant serviteur,

« DAUCHE,
« *Curé de Ponts.* »

SANS DATE. — Demande de protection au sujet d'une contestation relative à la possession d'un terrain revendiqué par la commune de Pont.

DEFERRÉ DE CHARMOY (le Chevalier), Conservateur des chasses du Prince à Villeneuve-le-Roi.

1782-1789. — 22 lettres et 10 copies.

14 AVRIL 1782. — Sur une contestation de droit de chasse entre les habitants de Villeneuve et le prince Xavier.

30 JANVIER 1785. — Renseignements et observations sur la route projetée de Courtenay à Sens.

7 FÉVRIER 1787. — Demande d'inféodation de la ferme de Bussy, adressée par M. Moreau de la Rochette au prince Xavier ; observations sur le mémoire présenté à ce sujet.

22 NOVEMBRE 1789. — Dévastation des bois de Chaumot et de Villeneuve par les paysans.

DELPECH-DUPLESSIS LELAY (Mme), Vendeur de la terre de Chaumot au prince Xavier.

1771-1787. — 8 lettres et 8 copies ou pièces diverses.

19 AOUT 1771. — Demande de protection pour obtenir le grade de colonel à son fils Paul-Marie Duplessis-Lelay, comte de Guébriant, capitaine au régiment de Picardie.

1er AVRIL 1781. — Demande, à titre obligeant, du remboursement de la somme de 475,000 livres restant due sur l'acquisition de la terre de Chaumot.

DEPOILLY, Architecte du Prince à Paris.

1777-1779. — 35 lettres sur des règlements de compte, mémoires, travaux et commissions.

DUBOIS-SALBERT DE FORGE (Mme), Dame de compagnie de Mme la comtesse de Lusace.

1778. — 6 lettres et 4 minutes ou copies ayant trait, pour la plupart, à une intrigue dévoilée ou imaginée entre Mme Dubois et le prince de Furstemberg.

DUCLOS-DUFRESNOY, Notaire, chargé des affaires du Prince à Paris.

1776-1790. — 18 lettres et 2 copies.

13 MAI 1776. — Annonce du renvoi des ministres Turgot et Malesherbe, et leur remplacement par MM. de Cluny et Amelot.

13 AOUT 1783. — Affaires relatives à la démission de M. Pommier, administrateur général des biens du Prince.

12 AVRIL 1784. — Situation financière de la maison du prince Xavier établie à propos de l'acquisition de l'hôtel de Verges. Il résulte de cet état que le total des remboursements à faire par le Prince dans l'espace de quatre ans, s'élève à 1,659,000 livres en principal, sans compter 110,000 livres d'arrérages, rentes ou intérêts à payer annuellement, indépendamment des frais ordinaires de sa maison.

31 MARS 1788. — Négociation pour un emprunt d'argent avec MM Spinola et Durazzo, banquiers à Gênes.

DURAZZO (Jacques-Philippe), Banquier, noble Génois.

1775-1790. — 5 lettres et 7 copies ou pièces diverses.

29 mai 1775. — Copie d'une lettre du marquis Durazzo au sujet d'un contrat d'emprunt de 900,000 livres, par le prince Xavier à la ville de Gênes, pour l'acquisition de la terre de Pont.

22 février 1788. — Avis d'échéance au 1er mai du remboursement second quart de l'emprunt ci-dessus, montant à 270,000 livres, déjà prorogé d'une année.

1er avril 1788. — Demande de prolongation d'échéance faite par le prince Xavier pour son remboursement d'emprunt à divers banquiers de la ville de Gênes; motivée par les frais que lui a occasionné le mariage de la princesse Elisabeth, sa fille.

D. DIVERS.

1750-1789. — 70 lettres des auteurs ci après :

Damour, David (texte anglais), Deconchy, Delaroche, Delarue, Dembowsky, Denis, Desguerrois (curé de Pont), Desinçay, Des-Issarts, Detaille, Devarennes, Devaux, Devawille, Dieudonné, Divoux, Dollet, Dollot, Donat, Drais, Drouas-de-Savigny, Drummont, Ducker (Frédéric, baron), Duclos fils, Duhamel, Duhantoire, Dumay, Duplessis, Dupuis, Duiet, Durfus (baron de), Durfort (comte Louis de), Duval (l'abbé), Duval de Rhumilly.

ELISABETH-SOPHIE-MARIE, Duchesse douairière de Brunswick.

1761. — 4 lettres et 2 copies.

10 octobre 1761. — Prière au prince Xavier de ménager le château de Brunswick, dans le cas où la ville serait investie par les Saxons, et demande de passe-ports et de sauve-garde pour la duchesse et ses gens dans le cas où elle pourrait se retirer dans un de ses baillages.

13 octobre 1761. — Remerciements des marques d'attention dont le Prince l'a comblée.

ÉVÊQUE DE TROYES.

1775-1789. — 19 lettres.

20 décembre 1775. — Passage à Pont de l'évêque se rendant à Troyes pour une ordination.

17 septembre 1779. — Semonce au curé de Gelannes et projet de le changer de poste.

31 décembre 1782. — Lettre autographe, signée : F. Bénigne, au sujet de l'antipathie qu'éprouvait l'abbé de Saxe pour l'abbé Lallemant, son instituteur.

27 avril 1784. — Avis de nomination à la cure de Pont, de l'abbé Pesme, vicaire de Barbonne.

20 octobre 1787. — Dispense de bans pour le mariage de la princesse Elisabeth avec le duc Henri d'Esclignac.

27 octobre 1787. — Promesse de se rendre à Pont le mardi 7 novembre, pour donner la bénédiction nuptiale aux jeunes futurs.

ÉVÊQUE DE SAINTES.

21 mai 1788. — Lettre au sujet d'une réclamation de M. Pommier, prétendant que les travaux faits pour améliorer les prés de Bernières étaient une cause d'inondation pour la ferme du Clos et les maisons basses de Marnay.

E. DIVERS.

1760-1788. — 14 lettres et 7 copies des auteurs ci-après : Einsiedel (comte d'), Emmerich, Epoigny, Eschenauer, Eveillard.

46· Liasse, 1763-1789.

FALLOIS (de), Ingénieur-major au service du roi de Prusse.

30 avril 1776. — Une lettre et un mémoire sur l'envoi d'un volume et au sujet de la publication d'un *Mémoire pour servir à l'histoire de la Saxe.*

FAVIER,[1] Secrétaire de correspondance au service du prince Xavier, à Paris.

[1]. Nous ignorons si ce Favier est le même que celui qui fut secrétaire du comte de Broglie et qui plus tard toucha une pension de 6,000 livres comme agent de la correspondance secrète de Louis XVI. (Voir la *Correspondance secrète de Louis XV*, par L. Boutaric.)

1763-1768. — Environ 200 lettres adressées pour la plupart sous le titre de : « Très cher Fils » à Héwald, secrétaire particulier du Prince à Dresde, pendant son administration. Toute cette correspondance est fort intéressante et faite avec assez d'esprit quoique sans orthographe ; elle s'occupe des nouvelles et faits divers de la cour et de la ville ; des publications, des spectacles, etc.

12 Août 1763. — Procès contre les moines Bernardins, à propos d'un fait d'enlèvement assez curieux:

« Très cher Fils,
« Les évènements de cette grande ville deviennent rares ; je n'ai à vous parler que d'un procès singulier qui se plaide au grand Conseil, qui est fort intéressant, et où un très grand monde se rend les jours d'audience. Voicy le fait :

« Un jeune homme s'étend fait Bernardin en province, et s'en étend repenty après avoir fait ses vœux, c'est échappé, est venu en cette ville, s'est mis garçons de boutique chez un mercier, marchand fort à son aise. Ce mercier, après quelque tems, étant devenu très maladif, et étant très content du jeune homme, l'a marié avec sa fille, et est mort. Au bout de quelques années les Bernardins, ayant sceus où étoit leur déserteurs, ils ont obtenu une lettre de cachet et l'ont fait enlever, ont fait enfermé la femme à Ste-Pélagie, et les enfants ont été déclarés bâtards, et tout le bien confisqué. La déplorable femme a été plus d'un an sans pouvoir donner de ses nouvelles à ses parens. Mais y ayant enfin réussi sa famille a porté plainte à la justice et cette affaire se plaide vivement aujourd'hui. La femme redemande son bien et cent mille livres de dédommagement aux moines. Sa prétention paroist si juste qu'on ne doute pas qu'elle ne gagne son procès.

« Les Italiens ont donné hier un nouvel opéra-comique intitulé : *Les deux Talents*.

« Le Roy fait faire un jardin à Compiègne, sur le modèle de celui des Thuileries. »

25 avril 1764. — Envoi d'un sixain satirique *sur la Mort de la Pompadour* :

Cy-git d'Etiole et Pompadour
Qui charma la ville et la cour.
Femme infidelle et maîtresse accomplie,

L'himen et l'amour n'ont pas tord.
Le premier de pleurer sa vie,
Le second de pleurer sa mort.

8 SEPTEMBRE 1764. — Détails sur un empoisonneur par ricide condamné à être roué et brûlé vif à Abbeville.

30 DÉCEMBRE 1764. — Envoi d'une pièce de vers sur le nouvel opéra :

. . . .

« Je joins à cecy des couplets sur les opéra sérieux en général ; c'est une critique assez plaisante ; en voicy l'air :

DESCRIPTION DE L'OPÉRA.

J'ai vu le Soleil et la Lune
Qui faisoient des discours en l'air ;
J'ay vu le terrible Neptune
Sortant bien frisé de la mer.

J'ay vu l'aimable Cithérée
Aux doux regards au teint fleury
Dans une machine entourée
D'amour natifs de Chambéry (de Savoyards).

J'ay vu le maître du tonnerre,
Attentif au coup de sifflet,
Pour lancer ses feux sur la terre,
Attendre l'ordre d'un valet.

J'ay vu du ténébreux empire
Accourir avec un pétard
Cinquante lutins pour détruire
Un temple de papier brouillard (le Palais d'Armide).

J'ay vu des dragons intraitables
Montrer les dents sans offencer ;
J'ay vu des poignards admirables
Tuer les gens sans les blesser.

J'ay vu l'amant d'une bergère
Lorsqu'elle dormoit dans un bois,
Prescrire aux oiseaux de se taire
Et lui, chanter à pleine voix (dans Issé).

J'ay vu des guerriers en alarmes
Les bras croisés et le corps droit
Crier cent fois : « Courons aux armes ! »
Et ne point sortir de l'endroit (1er acte d'Armide).

J'ay vu, ce qu'on ne pourra croire,
Des Tritons, animaux marins,
Pour dancer, troquer leur nageoire
Contre une paire d'escarpins.

Dans le char de M. son père
J'ay vu Phaéton tout tremblant
Mettre en cendre toute la terre
Avec des rayons de fer blanc.

J'ay vu Roland, dans sa colère,
Employer l'effort de son bras
Pour pouvoir arracher de terre
Des arbres qui n'y tenoient pas.

J'ay vu des ombres très palpables,
Le teint d'un très beau coloris.
J'ay vu l'Enfer, j'ai vu les Diables
A quinze pieds du Paradis.

J'ay vu Diane en exercice
Qu'accompagne chiens et piqueurs,
J'ay vu derrière la coulisse
Le gibier courir les chasseurs.

17 FÉVRIER 1765. — Envoi de l'épître de Voltaire au chevalier de Boufflers.

SANS DATE. — Journal des nouvelles de Paris; annonce de la tragédie de *Calas*, par Voltaire.

SANS DATE. — Sur l'affaire des comédiens du Théâtre-Français : Dubois, Le Quin, Mole, Briffart et Mademoiselle Clairon.

19 DÉCEMBRE 1766. — Envoi des « *Couplets qui ont été faits et chantés à Chantilly, dans le séjour qu'y a fait le roi Louis XV:* »

Que l'on gouste icy de plaisirs !
 Où pourrions-nous mieux être ?
Tout y satisfait nos désirs,
 Et tout les fait renaître.

N'est-ce pas icy le jardin
 Où notre premier père
Trouvoit sans cesse sous sa main
 De quoy se satisfaire ?

Ne sommes-nous pas encor mieux
    Qu'Adam dans son bocage?
Il n'y voyoit que deux beaux yeux
    J'en vois bien davantage.
Dans ce séjour délicieux
    Oh! que l'on voit de pommes
Faites pour charmer tous les dieux
    Et damner tous les hommes.

Amis, en voyant tant d'appas,
    Quels plaisirs sont les nôtres!
Sans le péché d'Adam, hélas!
    Nous en verrions bien d'autres,
Il n'eut qu'une femme avec lui,
    Encore c'étoit la sienne.
Icy je vois celles d'autruy
    Et ny vois point la mienne,
Il buvoit de l'eau tristement
    Auprès de sa compagne
Nous autres nous chantons gaîment
    En sablant du Champagne
Si l'on eut fait dans un repas
    Cette chère au bonhomme
Le gourmand ne nous auroit pas
    Damnés pour une pomme.

FAVRE, Prieur de l'abbaye de Scellières.

2 ET 8 JANVIER 1778. — 2 lettres relatives à la fourniture à faire par le prince Xavier aux prieurs et religieux de Scellières de 6 perdrix, 12 lièvres et 24 lapins, chaque année, aux termes d'une transaction en date du 14 juillet 1775, pour l'abandon du droit de chasse des religieux sur les territoires de Minay et Malminoux.

FERDINAND (Prince de Rohan), Archevêque de Bordeaux.

1774-1778. — 2 lettres et 2 copies toutes relatives à une ancienne contestation entre le seigneur de Pont et les religieux de Scellières, au sujet d'une rente de deux petits septiers de blé à prendre sur le moulin de la Villette à Quincey.

FOACIER, Receveur des tailles à Sens.

1783-1786. — 3 lettres et 7 copies ayant trait à deux objets : 1° à la confection du chemin de Sens à Courtenay ; 2° à un projet de vente de bois situés sur les territoires de Courtoin, Domat, Egriselles et Vernoy.

FOLARD (Mme de), née MANTIER.

1777-1787. — 7 lettres et 5 copies ou extraits, sur le testament de l'électeur de Saxe et les difficultés relatives au règlement du douaire de l'Electrice mère.

FORBACK (M^mo de), Duchesse douairière de Deux-Ponts.

1776-1789. — 18 lettres et 2 copies.

25 MAI 1778. — Sur l'ouverture du testament de feu l'électeur de Saxe, en ce qui concerne le douaire de sa mère fixé à 60,000 florins de rente et de 235,000 florins de capital ; avec quoi elle devra entretenir toute sa maison.

24 NOVEMBRE 1781. — Hommage de gratitude au prince Xavier à l'occasion des premiers succès militaires des jeunes ducs de Deux-Ponts.

« Monseigneur,

« Les succès militaires de Mess. de Deux-Ponts me sont d'autant plus précieux qu'en les rendant dignes du sang qui coulle dans leur veine, il leur donne quelques droits sur les bontés de Votre Altesse Roïale. L'homage de leur premier laurier vous sont due, Monseigneur ; permettez qu'il vous soit offert par la main de la plus heureuse des mères qui vous est tendrement attachée par touts ses sentiments réunis et qui est avec le plus profond respect

« Monseigneur,
« De Votre Altesse Royale,
« La très humble et très obéissante servante,
« M^ise douairière du feu Duc de DEUX-PONTS. »

FRANCK, Banquier du prince Xavier à Strasbourg.

1771-1789. — 97 lettres adressées au secrétaire des commandements du Prince, et relatives à divers envois de caisses et d'argent.

25 OCTOBRE 1789. — De la veuve Franck sur la mort de son mari ; continuation d'affaires et offres de service :

« Monseigneur,

« La mort de mon mari vient de me plonger, ainsi que mes deux filles, dans l'affliction la plus profonde. La protection dont Votre Altesse Royale a honoré le défunt, m'engage à lui faire part de cet évènement douloureux.

« Résolue de continuer les affaires de banque, j'ose recommander ma maison à la bienveillance de Votre Altesse Royale et lui offrir ses services ; son empressement et son exactitude justifieront la confiance qu'on voudra mettre en elle.

« Je suis avec respect,

« Monseigneur,

« De Votre Altesse Royale,

« La très humble et très obéissante servante,

« De FRANCK, née de TURCKEIM. »

F. DIVERS.
1779-1789. — 17 lettres des auteurs ci-après :
Fain, Fariat, Favel, Favi, Favier, Ferrand, Ferré, Fleury, Fline, Fol, Forell, Fouquiau, Frenaye.

47ᵉ Liasse, 1758-1790.

GAULT, Médecin du prince de Condé, à Groslay.
1782-1783. — 4 lettres et une copie relatives à une maladie du chevalier de Saxe, pour laquelle M. Gault fut appelé comme médecin juré.

GIESEL, Architecte et dessinateur du prince Xavier, à Pont-sur-Seine.
1776-1782. — 75 lettres relatives à divers travaux d'augmentation et d'appropriation exécutés au château de Pont.

GILLOTTE DE LARCINERIE, Curé de Chaumot.
1ᵉʳ NOVEMBRE 1773. — Une lettre adressée à la comtesse de Lusace pour l'informer de la mauvaise conduite de divers serviteurs du château de Chaumot.

GIRAUD (de), Cardinal à Rome.
1776-1777. — 2 lettres autographes :

27 février 1776. — (Texte italien). Au sujet d'une demande en faveur de Mgr de Spinucci.

18 février 1777. — Nouvelle de la nomination de Mgr de Spinucci à l'évêché de Macérata.

GOHR (Baron de), Chambellan du prince Clément, archevêque électeur de Trèves ; au service de la princesse Christine, sa sœur.

1781-1784. — 9 lettres relatives à l'envoi au prince Xavier de porcelaines de Saxe et de vins de Hongrie. Vente des effets provenant de la succession de la princesse Christine.

GOUDARD Frères, Banquiers à Lyon.

1769-1790. — Environ 300 lettres relatives à des envois d'étoffes et à des commissions diverses pour le compte du prince Xavier.

GRESSARD (Maurice), Aumônier du Prince à Pont-sur-Seine.

1778-1784. — 18 lettres. Nouvelles du château de Pont ; compétitions et jalousie d'autorité parmi les serviteurs.

8 août 1778. — Excursion à Nogent et au Paraclet avec les jeunes princesses de Saxe :

« Monseigneur,

« J'ay l'honneur d'annoncer à Votre Altesse Royale les choses les plus gratieuses et intéressantes, touchant vos trois petites Demoiselles qui se portent toutes les trois on ne peut pas mieux. Elles se sont beaucoup divertics cette semaine. Nous avons été deux fois nous promener en voiture ; la première fois à Nogent ché les R. P. Capucins, le jour de Notre-Dame des Anges, où ils y avoient ce jour-là des indulgences plénières. Si nous ne les avons pas gangnés en entier, nous espérons que Dieu voudra bien récompenser notre bonne volonté, car nous avons assistés au salut dans cette intention, au sortir duquel les R. P. ont eu la bonté de nous faire goûter ; après lequel nous avons été voir tirer l'oiseau qui n'étoit pas loin du couvent desdits Pères Capucins.

« Le quatre de ce mois, nous sommes allés au Paraclet. Il n'y a point de sorte de politesse, d'attention, de bonté, de caresse et de complaisance que Madame l'Abbesse n'aye eu pour les Demoiselles, jusqu'à jouer aux petits jeux avec elles plus d'une heure, pendant lequel temps elle a toujours eu Mademoiselle Christine sur ses bras ; après quoi il a fallu goûter. Ensuite, elle a voulu elle-même nous mener à la promenade dans son jardin.

« Il m'a paru qu'elle a été fort sensible à notre visite et qu'elle en a été fort satisfaite, ainsi que toutes les autres Dames qui sont toutes bien contentes d'avoir pour supérieure une Dame aussi respectable que vertueuse. Comme il y aura une prise d'habit, le premier jour du mois prochain, Madame l'abbesse a fort engagée les trois Demoiselles à cette cérémonie, qui se fera sur les dix heures du matin. Peut-on leur procurer ce plaisir et cette satisfaction ? Et peuvent-elles, ce jour-là, dîner avec Mme l'Abbesse ? qui les a priées avec beaucoup d'insistance. J'attends les ordres de Votre Altesse Royale pour les effectuer.

« Je suis avec un profond respect,

« Monseigneur,

« De Votre Altesse Royale,

« Votre très humble et très soumis serviteur,

« Fr.-Maurice Gressard. »

5 septembre 1778. — Nouvelle excursion des mêmes pour assister à une prise d'habit au Paraclet.

GUÉRIN, Architecte, à Paris.

1788-1790. — 15 lettres relatives à divers travaux ; sculpture en bois d'un écusson pour les armoiries du prince Xavier.

19 avril 1780. — *Post scriptum* annonçant le retour du duc d'Orléans acclamé par les Parisiens, et l'incendie du théâtre des *Menus-Plaisirs*, rue des Poissonniers, où plusieurs personnes sont brûlées.

GUÉRIN-DUMÉNIL, Lieutenant de maréchaussée à Nogent-sur-Seine.

16 mai 1783. — Une lettre et une copie au sujet de l'arrestation au château de Pont du cuisinier Simon, accusé de différents vols commis à Paris.

G. DIVERS.

1758-1789. — 70 lettres des auteurs ci-après :

Gagnol, Gallaire, Gau, Gaudelet, Gaultier (curé), Gaumont, Gauthier; Geerth, Gent, Gentier, Gérard, Gérard-de-Leau, Gervilliers, Gervinus, Giamboni, Giétuleurier, Gironne, Globig, Gobin (curé de Crancey), Gochnat, Gotthard, Gottlob, Graft, Grancher, Gréau, Grégory, Grégory (Albert-Frédéric), Guénard (curé de Foucherolles), Guillemot, Guillard, Gunther.

48e Liasse, 1757-1791.

HERBILLON, Archiviste et régisseur au château de Pont.

1777-1780. — 200 lettres, dont une partie adressée à M. Maucler, avocat à Paris.

27 juin 1777. — Contestation avec l'abbé de Scellières au sujet d'une redevance de deux septiers de blé à prendre sur le moulin de la Villette à Quincey, avec copie des titres établissant cette redevance.

14 février 1778. — Recherches sur les limites des seigneuries de Pont, Marnay, Saint-Aubin et La Chapelle.

15 décembre 1778. — Nomination de nouveaux officiers de justice au bailliage de Pont-sur-Seine.

10 août 1780. — Exécutoire décerné sur le domaine de Pont, afin de paiement de la somme de 469 livres 17 sols, au profit du geolier de Pont.

HESSE (Mme la Landgrave de).

18 février 1762. — Une lettre donnant des nouvelles de l'armée et du carnaval de la cour.

H. DIVERS.

1759-1791. — 50 lettres des auteurs ci-après :

Haillecourt, Haquin, Hayaux, Hennin, Hérard, Herbillon (curé), Herrmann, Hessaldin, Hétry, Hofmann, Houel, Houy, Houzelot, Hund, Hutelin.

JABOT, Curé de Villeneuve-aux-Riches-Hommes.

1777-1780. — 6 lettres, dont 2 de son frère.

26 NOVEMBRE 1779. — Au sujet des affaires embarrassées de son frère, fermier du moulin de Pont-sur-Seine.

5 JANVIER 1780. — Arrestation et emprisonnement pour dettes, du sieur Jabot, meunier, frère du suppliant en sa faveur.

4 AVRIL 1780. — Contestation au sujet de la saisie des biens du sieur Jabot, meunier, vendus à son frère le curé.

JAILLANT, Bailly à Sens.

1782. — 2 lettres et un rapport relatifs au jugement rendu contre Jeanne Rivière de Chaumot, atteinte de folie, et coupable d'avoir mis le feu à sa maison.

JAUBERTHOU, Médecin à Paris.

1777. — 3 lettres relatives à la vaccination des enfants du prince Xavier ; avis de voyage à Pont pour cette opération qui doit avoir lieu du 15 au 20 octobre.

JOSEPH, Évêque d'Augsbourg, landgrave de Hesse.

30 NOVEMBRE 1764. — Une lettre autographe relative à la coadjutorerie de son évêché pour le prince Clément :

« Monsieur mon Cousin,

« Je suis confu des remerciement que V. A. R. veut bien me faire, et des expressions dont elle a la bonté de se servir au sujet de la coadjutorerie pour le prince son frère, dans la lettre qu'elle me fait l'honneur de m'eccrire en date du 17 du courant. Les calités éminentes de vertu que posede le Prince Clément; outre l'honneur que j'ay d'apartenire de si près à la sérénissime Maison de Saxe n'exiget pas moins de moy que j'emploiasse toutes mes forces pour le faire réussire dans ce projet dont il en résulte la gloire de Dieu, le bien de mon Évêché et ma consolation, ayant pour coadjuteur un si digne Prince que j'aime tendrement et que je respecte.

« V. A. R. veuile bien me continuer les sentiments de bontés et d'amitié qu'elle veut bien me témoigner me faisant la justice d'être persuadée du respectueux attachement avec lequel j'ai l'honneur d'être,

« Monsieur mon Cousin,
« De V. A. R.,
« Votre très humble et très obéissant serviteur et Cousin,
« Joseph, Évêq. d'Augsb., Landgr. de Hesse. »

JOULLY-DEVARENNES, Prévôt général de la maréchaussée à Paris.

1778. — 4 lettres au sujet du désarmement des braconniers dans la partie de Sens et de Courtenay, et sur l'éloignement d'un mauvais sujet du voisinage de Pont.

JURKOWSKY, Gentillomme de la chambre de l'électeur de Saxe, attaché au service du prince Xavier.

1775 ET 1778. — 9 lettres :

22 OCTOBRE 1775. — Détails d'une rixe entre les garçons du village de Chaumot et ceux du château :

« Monseigneur,

« Votre Altesse Royale nous a fet bien peur dernièrement en nous annonçant qu'Elle avoit une espèce de révolte des menuisiers à Pont ; il faut bien que nous nous revangions actuellement en vous annonçant qu'un petit échantillon de la révolte nous avons eu aussi à Chaumot.

« Voilà de quelle manière la chose s'est passée. Pendant la vendange, les garçons des paysans s'amuser entre eux en jettant des pommes un contre l'auttre ; les garçons du jardinier se mêler de cette partie, et a la place des pommes jetter les pierres sur les garçons paysans. La querelle commençat d'abord là, et la vengeance de la partie offensée a été remis au premier rencontre. Dimanche dernier, une quinzaine des garçons de Chaumot ont allé chés Courtois où ayant trouvé les deux garçons jardiniers, les ont battus d'importance. Aujourd'hui, vers six heures, tous les gens de la livrée s'étant rassemblés on monte tous au village, armés de gros bâtons, et intentionnés de rosser le premier garçon paysan qu'ils rencontreroient. Effectivement ils ont attrapé deux et ils les ont rossé ; cependant, il n'y eut point sang répandu. Sur quoi les fammes des paysans ont accourru tout de suite au château, pour annoncer que la livrée fait tapage en haut. Je monte d'abord au village, où tout été tranquil, et je ne plus trouvé personne des domestiques, ayant descendu après au château. J'examiné cette affaire pour découvrir la raison de ce vacarme ; mais jusqu'à présent je né pas pu d'apprendre d'auttre chose, si non qu'un des paysans d'ici a dû dire aujourd'hui que nous sommes 45 paysans du complot pour rosser un après l'auttre tous les gens de la livrée. Je soupçonne donc ou que les garçons du jardinier se sont mis sous la protection de la livrée (ce qu'aucun ne veut pas avouer, ou peut-être aussi que les filles des paysans qu'elles ne détestent sûrement pas la livrée) sont la cause de toute cette querelle.

« Je ne manquerais pas, Monseigneur, de m'informer plainement de cette affaire pour vous rendre par la première un compte exacte. J'espère qu'actuellement tout est fini ; j'ai grondé tous ces Messieurs d'importance, un après l'auttre ; j'aurais tout le soin d'empêcher que ces Messieurs ne recomencent de nouveau, et si par hazard oui, le moteur de la révolte, je ferais enfermer par la maréchosé.

Madame la comtesse se porte bien, Monseigneur, à l'exception du peut de mot de gorge ; Mademoiselle Elisabeth se plaigne aussi du mot de gorge ; Mademoiselle Cunégonde a une petite altération à cause des dens : Monsieur Louis est entièrement rétabli, Monsieur Joseph, Mademoiselle Marianne et Béatrice se portent à merveille.

« Je me jette à vos pieds, Monseigneur, et j'ai l'honneur d'être, avec un profon respect,

« Monseigneur,
« De Votre Altesse Royale,
Le très humble et très obéissant serviteur,
C. M. JURKOWSKI.

10 JUILLET 1778. — Visite faite au château de Pont par l'intendant de Valenciennes et son épouse ; nouvelles diverses de la ville et du château.

14 AOUT 1778. — Compte-rendu d'une petite fête intime au château de Pont.

6 SEPTEMBRE 1778. — Détails d'un incendie de 110 maisons à Saint-Just, où trois personnes périssent dans les flammes.

J. DIVERS.

1770-1787. — 5 lettres des auteurs ci-après :
Jefurtz, Johin, Juniès.

KŒNIG (de), Directeur des plaisirs de l'électeur de Saxe.

1775-1777. — 3 lettres relatives à des congés prolongés accordés à Mme Favier pour venir en France.

KOLLONRATH (Mme), à Prague.

1757-1760. — 15 lettres :

27 avril 1757. — Fuite de la ville de Prague à l'approche de l'ennemi.

8 aout 1757. — Triste situation de la Saxe en général et de la ville de Dresde en particulier par suite de la guerre.

18 mars 1758. — Félicitations au prince de Saxe au sujet de son élévation au grade de Lieutenant général.

KORNMANN, Banquier à Paris.

1780-1785. — 32 lettres sur des questions d'escompte, recouvrements et règlements de compte.

9 mars 1782. — Avis de remboursement de la somme de 301,292 livres « hors de banque » effectué par MM. Brentano et Cimaroli de Gênes, pour le compte du prince Xavier.

1er septembre 1784. — Offre d'un hôtel à vendre à Paris :

« Sur ce qu'on m'a dit que S. A. R. cherchoit à acquérir
« un hôtel à Paris, j'ai l'honneur de lui proposer celui que
« je possède rue Coq-Héron. »

K. DIVERS.

1769-1788. — 28 lettres des auteurs ci-après :

Karrer, Kelchner, Keller, Kister, Knolt, Kopft, Konigsfeld (d'Eyck), Korlowsky, Kustner.

19e Liasse. 1769-1775.

LAURENS (du), Régisseur et correspondant du Prince à Paris.

1769-1775. — Forte liasse de lettres, format in-4° :

18 décembre 1769. — Légitimation par le Roi de deux

filles du comte de Charollais. — Trois banqueroutes considérables :

« Depuis ma dernière lettre, le Roi a légitimé deux filles que feu M. le Comte de Charolois avoit eu de sa fréquentation avec Melle Caron, fille d'un procureur au Parlement de Grenoble ; l'aînée qui a 17 ans, s'appellera Mad^{elle} de Charollois, et la cadette Mlle de Bourbon. La première doit épouser M. du Poujet, frère de Mad. la Marquise de Lamberti, dame d'honneur de Mad. la P^{sse} de Conti. Les lettres-patentes de légitimation de ces deux D^{lles} porte que Sa Majesté leur accorde les mêmes droits, rangs, honneurs et prérogatives dont jouissent les Princesses de son sang.

« Il y a eu ici, depuis quatre jours, trois banqueroutes considérables, et des personnes qui par état ne sont pas faites pour faire faillites.

« La 1re de 3 millions 300 mille livres, par le sieur Kernel, trésorier de M. le Prince de Conti ;

« La 2e par le s^r Le Roux, caissier des états de Bretagne, pour cent mille louis (2,400,000 l.).

« La 3e par le sieur Billiard, caissier de la ferme générale des postes ; il a été arrêté et conduit à la Bastille ; on ignore le montant de sa faillite. »

26 MARS 1770. — Partie de jeu chez Mme Prévôt, M. le duc de la Trémoïlle soupçonné de tromperie :

« On joue un assez gros jeu chez une femme de finance appelée Mad. Prévot, qui est fort riche. M. le duc de la Trémoïlle s'y trouva avant-hier à une partie de jeu de vingt-un ; M. le duc présente à son tour un 21 composé d'un as de treffle et d'une figure ; une autre personne avoit eu deux cartes le point de 19, composé aussi d'un as de treffle avec un huit de pique. On compta le nombre des cartes qui étoient distribuées aux diverses personnes qui composoient cette partie avec ce qui restoit dans la main de celui qui tenoit ; on trouva le nombre exact des 52 cartes ; on assembla ensuite les quatre couleurs, pour découvrir la carte qui manquoit à la place de l'un des deux as de treffle on vit que c'étoit un quatre de carreau ; on prit une bougie pour voir sous la table, on trouva ce quatre aux pieds de M. le Duc à qui le banquier demanda pendant deux fois s'il prétendoit être payé de son vingt-un ; il répondit affirmativement ; il le fut, et la partie finit à l'instant. »

9 AVRIL 1770. — Statue de Voltaire érigée par les gens de lettres :

« Les gens de lettres de cette ville (Paris) ont érigé une statue de grandeur naturelle, en marbre, par souscription, à M. de Voltaire, qui, dit-on, sera placée dans la nouvelle salle qu'on va faire de la Comédie françoise.

« Ces Messieurs ont choisi M. Pigalle pour l'aller sculpter à Ferney. Il partira d'ici à la fin du mois de juin et sera de retour au mois de septembre. La figure en marbre sera délivrée dans trois ans.

« M. Pigalle a dit que ce seroit le dernière ouvrage qu'il feroit.

« Personne n'a été admis à souscrire pour cette dépense que les seules gens de lettre ; malgré la grande quantité de personnes qui se sont présentées pour y contribuer. La souscription a été remplie dans le même instant qu'on a proposé d'ériger cette statue, pour laquelle M. Pigalle n'a demandé que ses déboursés. Exemple unique dans les lettres.

« Je suis avec respect, etc.

« Laurent. »

23 avril 1770. — Préparatifs pour les fêtes à l'occasion du mariage du Dauphin.

30 avril 1770. — Demande de la décoration de la croix de chevalier servant de Malte.

14 mai 1770. — Fêtes du mariage du Dauphin ; richesse, pesanteur et incommodité des habits de cour :

« Monseigneur,

« Tout le monde n'est occupé ici que des fêtes du mariage de Monseigneur le Dauphin, qui commenceront après demain, tant à la cour qu'à la ville.

« Les gazettes informeront mieux que je ne pourrois le faire Votre Altesse Roïale du détail de ces fêtes ; mais je doute fort qu'elles puissent rendre au juste l'excès de magnificence auquel elle est portée par toutes les personnes de la cour. La richesse des habits est poussée au-dessus de tout ce qu'on peut imaginer ; ce qui les rend lourd et très incommode. J'ai vu celui du Roi qui pèse trente-neuf livres ; celui du Duc des Deux-Ponts, 43 livres ; deux pour M. le Duc de Gontault dont l'un pesoit 45 livres et l'autre 47 ; etc. . . . .

4 juin 1770. — Envoi d'un bulletin manuscrit, extrait des *Nouvelles à la main*, sur la catastrophe du mercredi, 30 mai, à l'occasion des réjouissances du mariage du Dauphin.

19 juin 1770. — Envoi d'une épître de Voltaire à Mme Necker, à propos du projet de statue à lui élever :

« Je joins encore une copie d'une réponse de M. de Voltaire à Mme Necker, sur la proposition qu'elle a faite aux gens de lettres de ce païs d'ériger une statue à M. de Voltaire. »

M. de Voltaire à Mme Necker.

« Quelle étrange idée est venue
Dans votre esprit sage, éclairé ?
Que vos bontés l'ont égaré,
Et que votre peine est perdue ?
A moi, chétif, une statue !
Je serois d'orgueil enivré.
L'ami Jean-Jacque a déclaré
Que c'est à lui qu'elle étoit due ;
Il la demande avec éclat :
L'univers par reconnoissance,
Lui devoit cette récompense ;
Mais l'univers est un ingrat.
C'est vous que je figurerai
En beau marbre d'après nature
Lorsqu'à Paphos je reviendrai,
Et que j'aurai la main plus sûre.
Ah ! si jamais de ma façon
De vos attraits on voit l'image
On sait comment Pygmalion
Traitoit autrefois son ouvrage. »

13 aout 1770. — Souscription du roi de Prusse à la statue de Voltaire :

« Le Roi de Prusse a demandé, par une lettre à M. Dalembert, à souscrire pour la statüe que les Gens de Lettres érigent à M. de Voltaire, et quelle somme il devoit donner pour son contingent. M. Dalembert a répondu ce matin au Monarque qu'il suffisoit d'un écu pourvu que Sa Majesté permette que son nom soit mis au nombre de ceux des gens de lettres, où il étoit déjà depuis long-temps avec célébrité, comme philosophe, poëte et historien. »

22 octobre 1770. — Souscription du roi de Danemarck pour le même objet :

« Le Roi de Danemarck a envoïé ici deux cens Louis pour contribuer à ériger la statue de M. de Voltaire. »

15 avril 1771. — Edits concernant la suppression du Parlement, de la Cour des Aides et du Grand Conseil.

27 mai 1771. — Exil de 45 conseillers au Chatelet.

10 février 1773. — Avis d'impression d'une estampe du mausolée du maréchal de Saxe, sculptée par Pigalle, dédiée au prince Xavier.

3 mars 1773. — Envoi des vers de Voltaire adressés au sculpteur Pigalle, sur la statue du poète que cet artiste était chargé d'exécuter par les gens de lettres.

30 aout 1773. — Copie d'une lettre de Voltaire à Mme Du Barry :

« Madame,

« M. de la Borde[1] m'a dit que vous lui aviés ordonné de m'embrasser des deux côtés de votre part.

« Quoi ! deux baisers sur la fin de ma vie
Quel passeport vous daignés m'envoïer !
Deux, c'en est trop, adorable Egérie,
Je serois mort de plaisir au premier.

« Il m'a montré votre portrait ; ne vous fâchés pas, Madame, si j'ai pris la liberté de lui rendre les deux baisers.

« Vous ne pouvés empêcher cet homage
Faible tribut de quiconque a des yeux ;
C'est aux mortels d'adorer votre image
L'original étoit fait pour les dieux.

« J'ai entendu plusieurs morceaux de la *Pandore*, de M. de la Borde, ils m'ont paru dignes de votre protection ; la faveur aux véritables beaux-arts est la seule chose qui puisse augmenter l'éclat dont vous brillés.

« Daignés, Madame, agréer le profond respect d'un vieux solitaire, dont le cœur n'a presque plus d'autres sentiments que ceux de la reconnaissance.

« Voltaire. »

13 mai 1774. — Les *on-dit* de la cour et de la ville, sur les divers changements ministériels et autres, après la mort de Louis XV.

7 aout 1775. — Avis de la naissance du duc d'Angoulême :

---

1. Premier valet de chambre du roi et musicien-compositeur.

« Monseigneur,

« Madame la Comtesse d'Artois et accouchée hier après midi, et le courrier en est arrivé ici pour apporter la nouvelle au Prévôt des Marchands et échevins à trois heures. C'est un prince que le Roi a nommé Duc d'Angoulême ; cet événement a fait supprimer l'édition de la *Gazette de France* auquel on ajoutera un supplément et cette Gazette ne sera distribuée que demain.

« Le Roi, la Reine, tous les Princes et la cour étaient hier d'une joie inexprimable.

« Je suis, avec un très-profond respect, Monseigneur. »

25 octobre 1775. — Nomination de M. de Saint-Germain au ministère de la guerre, en remplacement de M. Du Muy décédé.

6 novembre 1775. — Épitaphe en vers pour le maréchal Du Muy, décédé le 10 octobre, à la suite de l'opération de la pierre :

Sincère dans les cours, austère dans les camps,
Stoïque, sans humeur, généreux sans faiblesse
Le mérite, à ses yeux, fut la seule noblesse.
Sous le joug du devoir il fit fléchir les grands ;
Méprisant leur crédit et païant leurs blessures,
Il obtint leur estime et brava leurs murmures ;
Juste dans ses refus, juste dans ses bienfaits,
Il n'eut point de flatteurs et ne voulut point l'être.
Il fut l'ami, mais non le censeur de son Maître.
Placé près d'un héros, objet de nos regrets,
Leurs mânes dans ce temple habitent confondus.
L'Etat leur doit un double hommage ;
L'un fut le Caton de notre âge,
L'autre en eut été le Titus.

50ᵉ Liasse, 1763-1790.

LANDENBERG (Baron de), Grand Maître de la maison de S. A. R. la princesse Christine, abbesse de Remiremont.

1782-1783. — 9 lettres et 11 mémoires, relatifs à la mort et à la succession de la princesse Christine.

19 novembre 1782. — Détails sur la mort de la princesse Christine à Brumath.

27 novembre 1782. — Envoi du journal de la maladie de

la princesse et du procès-verbal des médecins qui ont procédé à l'ouverture du corps.

BRUMATH, 28 DÉCEMBRE 1782. — Détails du transport et des obsèques de la princesse Christine à Remiremont :

« Le départ du convoi pour Remiremont ayant été fixé au lundi 9 du courant, nous avons transféré le corps de S. A. R. dimanche 8 à dix heures du matin, en l'église paroissiale de Brumath. Toute notre maison hommes et femmes et tout Brumuth a assisté à cette lugubre cérémonie. L'on a d'abord célébré un service solemnel ; après-dinés, vêpres des morts. Le corps est resté déposé à l'église pendant la nuit, et le lendemain après une messe basse, on l'a mis sur le char destiné au transport, attelé de six chevaux drapées, avec des armoiries sur le drap mortuaire de satin blanc galoné en argent. Il y avoit pour insignes une couronne royale, la crosse, le cordon, placard et croix de l'ordre de St Romain. L'on s'est mis en marche dans l'ordre suivant :

« 1º Deux de nos postillions montant chaqun un de nos cheveaux drappé avec des armoiries.

« 2º Une voiture à six cheveaux dans laquelle étoient deux prêtres séculiers en surplis, plus les Srs Fintz et Waida.

« 3º Le char mortuaire orné le mieu qu'il a esté possible de le faire, sur lequel se trouvoient, outre le corps, le Père confesseur avec un autre capucin et le jeune Siber en surplis faisant fonction de porte-croix, avec deux valets de pied.

« 4º Un officier chevalier de St Louis, un brigadier et 4 cavaliers de la maréchaussée.

5º Une voiture à six cheveaux dans laquelle se trouvoient Mme de Herwath, mon neveu, moi et le sécrétaire Zeis.

« 6º Une à six cheveaux dans laquelle étoient la femme de chambre de Mad. d'Herwath, le suisse et deux valets de pied.

« Les gens de livrées, y compris les voituriés au nombre de 23, estoient en chapeaux détroussés avec de longs crêpes.

« Dans cet ordre nous somment partit de Brumath le 9, vers 8 heures du matin. Tout le long de notre routte, les curés par le district desquelles nous passions se sont trouvés processionnellement sur la chaussée pour donner l'eau bénite et dire le *De profundis*, pendant lequel intervalle l'on sonnoit dans leurs églises.

« Dans les endroits où nous passions la nuit, nous faisions nostre entrée aux flambeaux, allions déposer le corps à l'église paroissiale, où nous estions reçeu par le clergé qui chantoit ensuite le *Libera*, et le lendemain, après une messe basse, nous chargions le corps avec les mêmes cérémonies. Nous avons passé la première nuit à Benfelden, la 2ᵉ à Colmar, la 3ᵉ à Thann et la 4ᵉ à Bussany. A Strasbourg, Schlestat, Colmar et Thann, on a tirés le canons lors de notre passage.

« Enfin le 13, entre 5 et 6 heures du soir, nous sommes arrivés à Remiremont au son des cloches et bruit du canon. Le clergé et le chapitre nous attendoit à l'entrée de la ville avec environ 250 flambeaux. Nous passâmes la ville processionnellement et allâmes déposer le corps de feue notre auguste maîtresse dans la chapelle du palais abbatiale.

« Le lendemain samedy, après le diné, office des morts au grand chœur auquelle nous avons touts assisté. Vers 5 heures, il est venu à la chapelle abbatiale une députation des Dames pour reconnoître S. A. R. que, pendant l'office on avait découvert et parés de ses ornements abbatieaux ; de quoi a d'abord esté dressé procès-verbal.

« Comme le catafalque élevé dans l'église du chapitre estoit trop mesquin, j'en ai pendant la nuit fait construire un plus convenable. Dimanche 15 à 9 heures du matin, le clergé et le chapitre est venu avec tout les corps chercher S. A. R. à sa chapelle. On l'a porté ainsy à découvert sous un day par la moitié de la ville et de là à l'église où l'on a de suite célébré trois services, et finalement après avoir fait avec elle le tour de l'autre moitié de la ville, l'on est rentré à la chapelle abbatiale où s'est fait la triste cérémonie, car S. A. R. n'a pas d'abord esté mise en terre, et n'a pu l'être que le jour suivant, vers 10 heures du matin, attendu que ne voulant pas la laisser enterrer dans une fosse ordinaire, qui avoit esté pour ce préparé, nous avons fait faire à la hâte un caveau bien conditionné qui n'a absolument pû estre achevé que le lundy. Il est précisément à la place où estoit le prie-Dieu sur lequel V. A. R. entendoit ordinairement la messe avec nostre auguste défunte. Comme son corps est parfaitement embeaumé et renfermé dans un cercueil de plomb et un dit de chêne, il pourra se conserver pendant quelques siècles.

« Nous sommet repartit de Remiremont ledit lundy à midy et sommes arrivés ici le 19.

« A mon retour, j'ai trouvé les deux dernières dont Votre Altesse Royale a daigné m'honorer, et entre autres une lettre de

M. le marquis de Ségur et une de M. Joli de Fleury, dont vous vous trouverés, Monseigneur, si jointes les copies.

« En conséquence de celle du ministre des finances, je me suis abbouché avec M. l'Intendant avec lequelle je suis convenu de faire vendre d'abord les chevaux; il a en outre insisté sur la suppression des appointements de toute la maison pour le premier de janvier. Je luy ay remontré la misère qui ne manqueroit pas de s'en suivre, si dans la 10 aine, tant de pères de famille et étrangers se trouvoient sur le pavé, s'en qu'on leur donnat de quoi se sustenter du moins jusqu'à la décision de la cour. Mais je n'ay rien pu gagner sur luy, sinon qu'il seroit libre à un chacun de rester au château jusqu'à ce que la saison soit moins rude, touttes fois sans appointemens, bois ni linge.

« Avec toute l'humanité possible, Monsieur de la Galaisière nostre Intendant, chargé de commission a les mains liées et est obligé de s'en tenir à la rigueur de l'usage; il n'y a donc que V. A. R. qui puisse, en cette occasion, comme père et protecteur de tant d'orphelins, demander pour eux et leur obtenir la grâce qu'ils demandent.

« J'ay l'honneur d'être avec le plus profond respect, etc.

« LANDENBERG, grand M. de f. S. A. R. »

31 DÉCEMBRE 1783. — État général de la succession de la princesse Christine qui, par son testament, a fait le roi Louis XVI son légataire universel.

Il résulte de cet état que l'actif de la succession s'élève à.................................... 400,916 livres,
et le passif à...................... 816,931 livres,
d'où suit un déficit de..............:... 416,015 livres.

STRASBOURG, 11 MARS 1783. — Avis que le Roi n'accepte pas le testament de sa tante Christine :

« Monseigneur,

« J'ay l'honneur de faire part à Vostre Altesse Royale du précis de la lettre que M. Joli de Fleuri vient d'écrire à M. l'Intendant d'Alsace ; elle porte en substance.

« 1º Que le Roy n'accepte pas le testament ;

« 2º Que Sa Majesté ne s'engage, quant à présent ni aux payements des dettes de feu S. A. R., ny aux pensions de ses gens.

« 3º Que les legs seront confondus avec le reste de l'actif, à l'exception de la boëtte léguée à Mme la princesse de Piémont, que le Roy fera racheter ; les portraits de famille ne seront également pas vendus ;

« 4º M. l'Intendant est nommé commissaire pour procéder incessamment avec un procureur général à la levée des scellés, inventaire et vente.

« 5º Enfin se réserve Sa Majesté de donner ses ordres ultérieurs relativement à la liquidation sur le rapport qui luy sera fait, après que tout l'actif aura esté réalisé.

« Cela est, à la vérité, quant à la forme, un peu plus dur que ce qui m'avoit esté annoncé de Paris ; mais au fond cela revient au même ; toujours paroit-il certain que Sa Majesté est décidée à payer le déficit et à faire honorer la mémoire de son auguste tante.

« Voilà, Monseigneur, le principal de mes vœux. Il paroit, en outre, que la maison sera pensionnée et j'en trouve la certitude dans la lettre dont Vostre Altesse Royale vient de m'honorer, et la confirmation évidente dans le secours de 600 livres que M. l'Intendant vient de me remettre ce matin pour être distribué aux plus nécessiteux de la maison, suivant la répartition par luy faite.

« J'ay l'honneur d'estre avec le plus profond respect,
« Monseigneur,
« De Vostre Altesse Royale,
« Le très-humble et très-obéissant serviteur,
« Le B. DE LANDEBERG,
grand M. de f. S. A. R. M^{de} la p^{sse} Christine de Saxe. »

LA ROCHEFOUCAULT (Sœur de), Abbesse du Paraclet.
1775-1776. — 2 lettres, un billet et une copie au sujet d'une contestation de chasse entre le prince Xavier et l'abbesse du Paraclet, et de la délimitation de leurs bois.

LEFEBVRE, Docteur en Sorbonne, curé de Sainte-Croix de Provins.
6 NOVEMBRE 1787. — Une lettre accompagnant l'envoi d'un discours latin composé par lui, à l'occasion du mariage de la princesse Elisabeth de Saxe.

LEGRAND, Intendant des bâtiments du duc d'Orléans à Paris.
1774-1776. — 18 lettres relatives à des commissions

diverses dont la plus importante a trait à une négociation avec le prince de Rohan, en 1774, pour l'acquisition de la terre de Pont.

LEMOT (EDME-LOUIS), Notaire et procureur fiscal, régisseur de la terre de Pont.

1781-1790. — 95 lettres grand format, relatives à sa gestion ; protestations de zèle dans les fonctions qui lui sont confiées ; travaux divers, baux, locations, etc.

OCTOBRE 1778. — Copie des lettres-patentes portant suppression des offices royaux du baillage de Pont, avec faculté au prince Xavier d'y commettre des officiers de son choix.

LUBOMIRSKA, Princesse palatine de Lublin.

30 NOVEMBRE 1763. — Une lettre et sa réponse du 11 décembre, relatives à des assurances réciproques d'estime et d'amitié.

LUYNES (Cardinal de), Archevêque de Sens.

1763-1785. — 8 lettres :

OCTOBRE 1763. — Sur la mort du roi de Pologne.

12 NOVEMBRE 1779. — Remède secret pour la guérison des dartres vives, communiqué au cardinal de Luynes, qui l'a expérimenté plus de 300 fois avec succès, et propose de l'employer pour la guérison de la comtesse de Lusace.

24 JANVIER 1784. — Sur une demande de secours de la communauté de la rue du Bac, à Paris.

L. DIVERS.

1764-1790. — 75 lettres des auteurs ci-après :

Lachausse, Lahogue, Laforge, Lambert, Lange (curé d'Avant), Lange, Larguillon-Lefèvre, Laurenceau, Laurent-de-la-Croix, Laurent, Laverduré, Laverne F^{res}, Law, Lecourt, Lefert, Lehoc, Lemaier, Lamoce, Lépine, Leriche, Lesage, Lindenau (HENRI, Comte de), Linelli (Comte de), Longdnut, Lormeau, Louis, Luyt.

51ᵉ Liasse, 1757-1790.

MALOËT, Médecin du Roi à Paris.

1782. — 2 ordonnances sur le régime à suivre par le chevalier de Saxe pendant sa maladie.

MARCHAND, Président du district des Capucins-Saint-Honoré.

16 et 29 SEPTEMBRE 1789. — 2 lettres relatives à un don patriotique de 3,000 livres, offert par le prince Xavier :

« Monsieur, [1]

« Je suis chargé par l'assemblée générale du district des Capucins-St-Honoré de vous prier, Monsieur, de vouloir faire agréer à M. le Cᵗᵉ de Lusace l'assurance de sa gratitude pour le don patriotique de Son Altesse sérénissime. Le prix d'un sacrifice si généreux a été vivement senti par l'Assemblée, et je m'estime heureux, Monsieur, d'être en ce moment l'interprète de ses sentiments.

« Je vous remercie aussi des bons offices que vous avez rendus au district dans cette occasion et vous prie, Monsieur, de ne pas douter de ma reconnaissance particulière, et de la parfaite considération avec laquelle j'ai l'honneur d'être

« Monsieur,
« Votre, etc.
« MARCHAND, »
Président.

MARDEUIL (FAGNIER DE), Procureur au bureau de finances de Châlons.

1779-1780. — 2 lettres :

10 SEPTEMBRE 1779. — Sur la saisie féodale des terres de Pont et de Crancey pour cause de défaut de foi et hommage.

MARGUÈRE, Procureur du roi au bailliage de Nogent-sur-Seine.

1778. — 2 lettres relatives aux dégâts occasionnés par les lapins sur le territoire de Faverolles.

---

1. Cette lettre est adressée à M. Saiffert, chargé d'affaire du Prince.

MAUCLER, Avocat en Parlement à Paris, chef du conseil privé de S. A. R. le prince Xavier de Saxe.

1777-1785. — 95 lettres ou copies.

21 mai 1777. — Recherche d'actes pour la déclaration authentique du mariage du prince Xavier.

19 juin 1777. — Projet de lettre de naturalisation pour les quatre enfants du Prince nés en Saxe et en Italie, afin d'arriver à la validation du mariage de S. A R. — A cette lettre est annexée une pièce : *Observations* sur les causes de validité du mariage secret contracté par le prince Xavier, avec la comtesse Spinucci, alors qu'il était administrateur de la Saxe.

6 mars 1778. — Projet de lettres-patentes pour la suppression du bailliage royal de Pont-sur-Seine.

24 septembre 1778. — Expédition desdites lettres taxées 370 livres 13 sols.

14 mars 1779. — Demandes des officiers du bailliage de Nogent-sur-Seine à l'effet de connaître des cas royaux sur le bailliage patrimonial de Pont.

28 mars 1779. — Contestation avec le procureur général de l'ordre de Cluny, au sujet du fief de Montgérin mouvant de l'abbaye.

15 mai 1779. — Envoi d'observations contre la demande précitée des officiers du bailliage de Nogent.

19 aout 1779. — Avis de rejet de ladite demande.

4 septembre 1779. — A propos des saisies féodales de la terre de Pont et de la baronnie de Crancey, à la requête du Procureur du roi au bureau des finances de Châlons, pour cause de défaut de foi et hommage.

10 novembre 1779. — Au sujet d'une demande d'acquisition de la terre et du château de Chaumot par un M. Barjol qui en offre 1,000,000 de livres, dont 200,000 livres comptant, 400,000 dans un an et 400,000 dans deux ans.

13 décembre 1779. — Envoi d'un exemplaire imprimé de l'arrêt réunissant à Pont l'exercice de toutes les justices du bailliage.

12 janvier 1780. — Brouille avec M. Pommier ; résignation par M. Maucler de ses fonctions de chef du conseil du prince Xavier.

15 avril 1785. — Plaintes des habitants de Villenauxe au sujet de deux prétendus commissionnaires du prince Xavier qui mettent la disette sur le petit marché de cette ville en enlevant toutes les denrées.

26 février 1786. — Droits féodaux à acquitter par le prince Xavier avant l'enregistrement de l'acte de foi et hommage par la chambre du domaine.

MERCY (Mme de), Abbesse de Ville-Chasson, à Provins.

1784-1785. — 6 lettres et copies diverses :

6 aout 1784. — Recommandation de Mme la comtesse de Garault pour faire l'éducation des Demoiselles de Saxe.

20 avril 1785. — Concession accordée à M. de Cuming de la conservation des droits de chasse et de pêche sur l'étendue des terres et seigneuries d'Ervanville, de Mérainville, de Rosoy-le-Vieil, de Sainte-Rose, etc.

23 avril 1785. — Projet de vendre au prince Xavier les droits honorifiques de trois paroisses.

MIGNOT, Abbé de Scellières, neveu de Voltaire.

1775-1779. — 3 lettres.

14 aout 1775. — Abandon au prince Xavier de tous les droits de chasse dépendant de l'abbaye de Scellières ; moyennant une rente en gibier.

MIRABEAU (Victor-Maurice Riquetti-Caraman). D'une ancienne famille originaire de Toscane ; mais depuis longtemps établie en Provence. Seigneur de Roissi, d'Albiac et du Canal du Languedoc ; maréchal de camp, premier gentilhomme de la chambre du roi de Pologne ; né le 16 juin 1727 ; fils de Victor-Pierre-François, comte de Caraman, lieutenant-général des armées du roi, mort le 21 avril 1750. Il épousa le 26 octobre 1750 Marie-Anne-Gabrielle-Joseph-François-Xavier d'Alsace-d'Hénin-Liétard, princesse de

Chimay et d'Empire, née le 29 mars 1728, sœur aînée du prince de Chimay dont il eut deux fils.

28 mars 1781. — Une lettre relative à un projet de mariage entre le fils aîné du comte de Caraman et la jeune princesse Elisabeth de Saxe. Cette lettre est accompagnée de la notice biographique suivante sur le prétendant :

« Le fils aîné du Cte de Caraman Lieutenant G^ral des armées du Roy, Lieut. g^l de la province du Languedoc et commandant dans le païs Messin, a 100,000 livres de rentes assurées, soit en substitution, soit en portion de patrimoine ; sa femme est sœur aînée des Princes de Chimay les deux qui restent, mariés depuis près de 20 ans, ne vivent point avec leurs femmes, et s'ils meurent sans enfants leur substitution va de droit aux enfants de Mme de Caraman, selon le droit de primogéniture. La grandesse d'Espagne est attachée à la terre de Chimay, et d'ailleurs tous les biens de cette maison, saisis depuis plusieurs générations, par l'inconduite des derniers titulaires ; mais toujours substitués, sont d'une telle nature qu'avec 400,000 livres on liquidera plus de 60,000 livres de rente en belles terres en Flandre. Or, le père qui a beaucoup d'ordre et de conduite, et qui est jeune encore, qui a tout liquidé chez luy, en même temps qu'il marie très convenablement ses filles, se mettra fort en état de subvenir dans le temps aux avances et aux frais de tels arrangements.

« A l'égard du sujet, il est bien jeune encore ; mais bien fait naturellement sage et retenu, et montre un fort bon cœur. On peut aisément en prendre des informations, car il est actuellement à la cour de Dresde avec le marquis d'Entraigues, Min^tre de France en cette cour.

« Il a deux sœurs mariées, l'une avec le Mis de la Saxe, colonel d'infanterie, l'autre au Vte de Sourches colonel en second : la troisième va épouser le mois prochain le Vte de Vaudreuil, neveu, pupille et héritier de celui qui est en faveur. Les autres le seront de même. Mais dans cette famille, rien n'est en déduction de ce qu'on a dit ci-dessus de l'aîné.

« A l'égard de la naissance, qui est l'article sur lequel doit s'exercer la détraction, il est certain que la fortune de cette maison vient du célèbre inventeur du canal de Languedoc ; mais il est de fait que dans les patentes d'érection de ce canal en seigneurie du 1er ordre, pour l'inventeur et ses hoirs et successeurs, le Roy les reconnoît pour être de *l'encien maison de Riqueti*, *établie* depuis

500 ans en Provence. Ces patentes sont de l'année 1666. En 1670, lors de la révision et confirmation de toute la noblesse du royaume, ils firent viser leurs titres de descendance, et furent confirmés dans leur état par le jugement des Commissaires du Roy. Or, ceci ne fut point seulement pour les familles suspectes ; mais toutes les maisons du royaume, les Rohan, les Bouillon, les Montmorency, tous enfin furent soumis alors à cette formalité comme en effet elle seroit devenue illusoire si elle n'eut été générale.

« En 1674, ils prirent des lettres de réhabilitation pour des dérogeances qu'on leur opposoit, dans le temps où ils étoient tombés dans la pauvreté, *en tant que besoin seroit*. Mais ils n'ont jamais eu besoin de lettres de noblesse, et ils ont touts leurs titres de jonction, qui ont été visés quand leur fille a été chanoinesse. Cette maison, dont ils prouvent la descendance et dont ils sont avoués, et celle de M. le Mis de Mirabeau qui en est le chef ont le même nom et armes, au lambel près.

« Quant aux mœurs, c'est un vrai paradis que cette maison. Le père est homme d'honneur et d'esprit, appliqué à son métier, laborieux, accrédité dans ce genre ; doux dans son domestique ; très rangé et estimé au dehors. La mère est une femme sage, pieuse, joignant la plus grande exactitude et la plus inusitée aujourd'huy aux devoirs pieux, aux usages et à l'habitude du grand monde qui prend chez elle tout autre forme qu'il n'a ailleurs. Leur maison est l'asile de la paix de l'attention et des plaisirs honnêtes ; soupers, concerts et une nombreuse famille qui ne fait qu'un. »

MISSONNET, Subdélégué de l'intendance de Paris au département de Nogent-sur-Seine, bailli de Pont-sur-Seine.

1781-1788. — 8 lettres et 4 copies :

13 NOVEMBRE 1781. — Sur l'évasion d'un prisonnier, et à propos des réjouissances publiques faites à Pont à l'occasion de la naissance du Dauphin :

. . . .

« Les réjouissances publiques à l'occasion de la naissance de Monseigneur le Dauphin ont été faites dimanche dernier dans la ville de Pont. Jaloux de rendre hommage à la vérité, je peux, Monseigneur, féliciter Votre Altesse Royale sur la décence avec laquelle le tout s'est passé, et sur l'enthousiasme et la joye que vos vassaux ont manifestés en cette rencontre. Combien, Monseigneur, cette sensibilité doit flatter notre heureux Monarque et rendre chers à son cœur le bonheur et le soulagement de ses sujets. »

6 OCTOBRE 1783. — Avis d'incarcération au dépôt de Saint-Denis du nommé Gédry, de Saint-Aubin, atteint de folie furieuse.

26 FÉVRIER 1784. — Répartition de secours en nature accordés par le prince Xavier aux malheureux dans le district de Nogent.

25 FÉVRIER 1788. — Information contre le nommé Louis Leclerc, dit *La Rose* ou *l'Enfant Rouge*, tendant à son éloignement de Pont.

MONTAREY (de), Directeur général des postes.
1779-1780. — 3 lettres relatives à l'établissement d'un bureau de poste à Pont.

MOREAU DE LA ROCHETTE.
1785. — 2 lettres et une copie relatives à un projet de canalisation de la rivière de Chaumot pour le transport des bois sur Paris.

MORISSEAU (JEAN-CHARLES), Valet de chambre du prince Xavier à Dresde.
1757-1768. — 200 lettres grand format. Correspondance incomplète à laquelle manquent les années 1758, 1759, 1764, 1765, 1766 et 1767. La plupart de ces lettres annoncent des envois de caisses et d'objets divers.

29 JUILLET 1760. — Etat pitoyable de la ville de Dresde ; misère de ses habitants.

M. DIVERS.
1767-1790. — 85 lettres des auteurs ci-après :
Malfiley, Marcolini, Margot, Marsangy, Martin (curé de Revauville), Martin, Maucksch, Maugin, Mayeu fils, Mayure, Méguard, Mercier (curé de Villeneuve-au-Châtelot), Mérin, Mesnage, Meynier, Mittey, Mœvus, Moisnet de Platbuisson,

Mondon (de), Montandos (Mme de), Montesson (Mme la comtesse de), Moreau, Morin, Motet, Mourdin, Moyen, Mursh.

52° Liasse, 1768-1790.

NIARE, Curé d'Egriselles-le-Bocage.

1780-1784. — 3 lettres et 2 copies.

16 octobre 1780. — Sur la recommandation du prince Xavier au prône.

29 novembre 1782. — Au sujet de la reconstruction du clocher de l'église d'Egriselles.

17 avril 1784. — Plaintes au sujet de l'inexécution par le sieur Gravel des ordres du Prince, pour le soulagement de pauvres nécessiteux des paroisses d'Egriselles et de Cornast.

26 juin 1784. — Assignation en réparation d'honneur donnée par le sieur Gravel, régisseur de Chaumot au curé d'Egriselles.

NICK, Suisse à l'hôtel du prince Xavier, à Paris.

1779-1790. — Environ 400 lettres ou rapports relatifs à diverses commissions et touchant parfois incidemment aux nouvelles du jour. Nous citerons seulement les plus intéressantes qui datent des dernières années :

20 aout 1788. — Troubles à Paris; prise et incendie de plusieurs corps de garde par la populace; menaces contre le chevalier Dubois.

18 septembre 1788. — Envoi d'un exemplaire imprimé de la *Sentence du Chatelet*, rendue le 17 septembre : « Faisant « défense de nouveau à toutes personnes, de quelque con- « ditions et qualités qu'elles soient, de s'attrouper, soit de « jour soit de nuit, comme aussi de lancer aucun pétard ou « fusée, tirer des boëtes, allumer aucun feu, ni porter « aucune torche ou flambeau ou autres instruments nuisi- « bles et pouvant servir à troubler l'ordre et la tranquilité « publiques. »

29 avril 1789. — Sédition dans le faubourg St-Antoine; quatre à cinq cents personnes tuées ou blessées :

« Monseigneur,

« La sédition du faubourg St-Antoine a duré toute la nuit dernière ; l'on a fait feu sur les séditieux. L'on compte 400 à 500 personnes tuée ou blaissée. L'on a jetté des pierres par les fenêtres. La troupe est encore sur les armes avec 10 pièces de canons. Il y a 2 régiments de cavalerie qui sont Royale-Cravatte et Bourgogne.

« Nick. »

15 juillet 1789. — Exécution du gouverneur de la Bastille et du prévôt des marchands, après la prise de cette place par la bourgeoisie :

« L'on a décapité le Gouverneur de Batille hier, après la rediction de cette place à la bourgeoisie, et le Prévot des Marchand a subio le même sort, et plusieurs autres. 4 canonniers ont été pandus pour avoir fait feu sur cette bourgeoisie. Les gardes-française ont changé de Maitre et sont à la solde de la Ville ; sont des sergent qui les commande ; tous les officiers ont abandonné ce corps ; l'on en arrêté a 4 hier en bourchois qui voulois sortir la ville ; on dit qu'ils ont été pandu sur le champ.

« L'on menace de prendre les jeanse de livré pour monter la garde, et de servire pour loger les Normands qui doivent arrivé les hôtel où il y a pas de maitre. L'on a pris toute les cannons et fusils des Invalides et les canons de la ville, ils serves à la bourgeoisie. Il y a eu batterie de 14 cannons vis-à-vis l'hôtel de Beauvau, et toute les avenue sont barricadé.

« Il faut illuminé par toute la ville pendant la nuit. Il y a des endroits dans la ville où l'on dépave pour monter les pavés dans les chambres.

« Nick. »

21 juillet 1789. — Arrestation de M. Berthier de Sauvigny à Compiègne :

« Il est partie de Paris ce matin à six heures 300 bourgeois à cheval, pour aller cherché M. Berthier de Sauvigny qui a été arrêté à Compiègne déguisés en famme.

« Nick. »

23 juillet 1789. — Pendaison de M. Foulon en place de Grève :

« M. Foulon a été pandue hier à la Grève et après décollés. Sa tête a été portée par la ville au bout d'une pique, et son corps traîné par les rües.

« Hier, à 8 heur du soir, M. de Sauvigny est arrivés à Paris et conduit tous de suitte à l'hôtel de ville où il a subie le même suplice que son beau-père.

« Au premier la corde a cassée 2 fois ; à la 3ᵉ c'est un menuisier qu'il l'a monté et étranglé. A M. Berthier, la corde a aussy cassé un fois ; il est mort vers 9 heur du soir.

« L'on cherche à présent M. Clerc, valet de chambre du Roy. Paris est tranquil.

« NICK. »

21 AOUT 1789. — Contribution demandée par le district des Capucins-Saint-Honoré pour l'entretien de la garde nationale :

« J'ais étés au district ; la réponse que ces Messieurs mon fait sur ce que je leur et demandé ce qu'il voulois à Votre Altesse Royale. Il m'ont dit qu'il faloit que toute les seigneurs serois obligée de contribuer pour l'entretien de la garde national. Je leur et demandée s'il y auroit un taxe. Il mon répondu que chacun donnerois à volontée ; il mon dit aussy que Votre Altesse Royale avoit un fils, et qu'il serois bien charmée d'avoir un jeune seigneur comme lui à leur tête. Je leur et répondue qu'il étoit au régᵗ, et que je comptois quant partant du régᵗ il irois à Malthe.

« NICK. »

7 OCTOBRE 1789. — Demande de vivres, par le président du district, pour la troupe de Versailles :

« Le président du district des Capucins est venu hier luy-même à l'hôtel de Votre Altesse Royale pour demander tous de suite des vivre pour la troupes qui étoit à Versailles, que l'on fait monter au moins à 40,000 âmes compris la populace. Comme j'ai vu que riche et pauvre portois des vivres au district, j'aurois cru devoir manquer de ne pas fair comme les autre ; j'ai été chez le boulangé et chez le chertuitier qui fournice la maison ; j'ai pris 2 soldats du district pour escorte à qui j'ai fait donner 12 pains de 4 livre et chez le chertuitier des servelas et du fromage d'Italie, et des cotelette. Cela a monté pour le dernier à 12 l. 18 s., et pour le boulangé à 7 l. 4 s.

« V. A. R. saura par les journeaux ce qu'il c'est passé à Paris et à Versailles.

« NICK. »

29 NOVEMBRE 1789. — Demande de l'état du personnel

du prince Xavier à Paris, pour les gardes à monter ou à payer en argent.

N. DIVERS.

1768-1782. — 3 lettres des auteurs ci-après : Nicolas Chantate (abbé de Pontigny), Nistitz, Noël.

53. Liasse, 1755-1790.

OLENSCHLAGER, Banquier à Francfort.

1762 1780. — 48 lettres exclusivement consacrées à annoncer des envois ou à rendre compte de commissions; formant une collection très incomplète et sans intérêt général.

ORTEN (Henry d'), Régisseur de la terre de Chaumot

1776-1780. — 34 lettres consacrées à rendre compte de sa gestion; manipulations et envois de vins des récoltes de Chaumot

12 avril 1777. — Sur un incendie de 30 à 40 arpents de bois, appartenant au prince Xavier, et situés sur le territoire d'Egriselles.

O. DIVERS.

1780-1789. — 8 lettres des auteurs ci-après : Ogé, Olivet (d') Ossun (Mme d').

PELAGRUE (Marquis de), Grand-Maître de la maison du prince Xavier.

1782-1787. — 24 lettres et 2 copies.

12 aril 1785. — Certificat donné au sieur Vallin, oiseleur à Paris, pour le transport de 200 hases de lièvres, 500 œufs de perdrix rouges et 200 œufs de perdrix grises, destinés à repeupler les plaines de Pont-sur-Seine.

PELAGRUE (Marquise de), Grande-Maîtresse de la Maison de Mme la comtesse de Lusace, et surintendante des jardins de Pont-sur-Seine.

7 lettres datées sans millésime relatives aux affaires de sa charge.

PESMÉ, Curé de Pont-sur-Seine.

1784-1790. — 2 lettres et un certificat :

28 AVRIL 1784. — Pour annoncer au prince Xavier sa nomination à la cure de Pont.

1ᵉʳ NOVEMBRE 1788. — Sur la cherté des denrées et la misère du peuple à Pont.

22 MAI 1790. — Certificat attestant que M. de Cuming est père de neuf enfants dont les noms suivent.

PILLERANT, Trésorier militaire à Lunéville.

1788. — 4 lettres relatives à une somme de 6,700 livres payée pour le compte du prince Xavier au chevalier de Saxe et au colonel Saiffert.

PILGRAM (FRANÇOIS-ANTOINE DE), Banquier à Munich.

1778-1785. — 28 lettres :

9 SEPTEMBRE 1778. — Retour du comte de Spinucci à Munich. Offres de service.

14 AVRIL 1779. — Ordre du prince Xavier de ne plus rien payer au comte Spinucci, à moins d'avis exprès.

21 FÉVRIER 1781. — Petite escroquerie du comte Spinucci en quittant la Bavière.

7 MAI 1783. — Remboursement, par le prince Xavier, des 840 livres escroquées par le comte Spinucci au banquier Pilgram.

POLENTZ (DE), Gentilhomme du prince Xavier, chargé de ses intérêts à Chaumot.

1775-1777. — 43 lettres relatives à des affaires de gestion et nouvelles diverses.

POLIGNAC (DE).

23 JUIN 1775. — Une lettre pour faire recommander, par le prince Xavier, un jeune abbé à l'Archevêque de Trèves.

PONIKAU (JEAN-FRÉDÉRIC DE), Conseiller d'État privé à Dresde.

1760. — 2 lettres et 3 minutes de réponses.

2 juin. — Négociation pour un emprunt d'argent.

25 aout. — Compliment de fête et sur la prise de Cassel.

PONIKAU (Jean-Georges de)
1764-1767. — 2 lettres d'informations et renseignements sur des secrétaires demandés pour le service du prince Xavier, administrateur de la Saxe.

PONIKAU (Mme veuve Frédéric de).

PONIKAU (Mme veuve Frédéric de).
1764. — 3 lettres : Compliments de condoléances sur des pertes de famille ; félicitations sur l'administration de la Saxe ; et remerciement pour une confirmation de pension.

PONIKAU (Mme ou Mlle de).
Cassel, 15 janvier et 15 février 1765. — 2 lettres relatives à l'envoi d'un portrait du prince Xavier et aux fêtes du Carnaval :

« Son Altesse Royal,

. . . .

« Votre Altesse a peu être souvant donné son porteroit, mais jamais à personne à qui il a fait plus de plaisir qu'à moi. Je me met à vos pié, mon Seigneur, en vous remerciant très-humblement.

« Le carnaval de Dresde est donc bien vif, puisque Votre Altesse dit qu'elle a changé de visage ; cet un peu fort d'en profiter à ce point. Ce lui de Cassel n'est pas de même : il est si lenguissante que chaquin conserve sa bouté ; il ni a qu'un seul ball en masque par saimène, à la cour, et ont dirige ça si modestement qua 2 heur chaquen est dans son lit. Enfin, Dieu a fait ce païs ci pour la guerre mais pas pour l'amour ni pour les autre plaisir de la vie humaine. Votre Altesse jugera si ont s'amuse bien ; ce seigneur n'aime pas les femme ; il est fort à la prussienne en toute fasons ; un jolie aide-de-camp ou un pape, d'être tous les jour à la parade fait le bonheur de sa vie ; croigent alors qu'il est un seconte Roi de Pruisse.

« Je ne manquerai surement pas de parolle, je serai de retour en Saxe pour la foire de Leipzig, et jattant ce moment avec la plus grande impassiance.

« Madame la Landgrave et princesse Hedwig pressante leur respect à Votre Altesse Royal. La première ne veu pas absolument croire que Votre Altesse ne sois plus si beau ; elle dit que c'est la modestie qui vous fait parlé.

« Auserai-je supplier Votre Altesse Royal de me mettre au pier de Medame ces sœurs, et vous mon Seigneur, je vous prie humblement, n'oublié pas la *greisfrau*.[1] Soyer persuadée que personne au monde vous soit plus respectueusement attacher que celle qui a l'honneur d'être,

« De Son Altesse Royal,

« La très-humble et très-obéissante servante,

« De Ponickau. »

P. DIVERS.

1755-1790. — 45 lettres des auteurs ci-après : Pacifique, Paillot, Papillon, Panlick, Patris (curé de Gelannes), Pelée-de-Saint-Maurice, Pérégo, Peronneau, Petitjean, Picard, Pichot, Pierron, Pijon, Piron, Plunkett, Poinsot, Poncet, Poncy, Prével.

54ᵉ Liasse. 1779-1792.

POLLE-DEVIERME, Avocat et notaire au Parlement à Paris ; procureur au conseil du prince Xavier.

1779-1792. — Liasse d'environ 400 lettres sur des affaires de contestations diverses, baux, marchés, compromis.

6 OCTOBRE 1779. — Poids étalons pour servir à la vérification dans la seigneurie de Pont demandés à la cour des monnaies, dépositaire du poids matrice de Charlemagne.

9 JUIN 1781. — Nouvelle de l'incendie de l'Opéra à Paris, arrivé le vendredi 8 juin à 8 heures un quart du soir, dans lequel périrent 40 personnes.

15 DÉCEMBRE 1781. — Avis d'enregistrement des lettres patentes de naturalisation des enfants du Prince au Parlement et à la Cour des comptes.

22 OCTOBRE 1782. — Notes et observations à propos de quelques difficultés survenues au sujet de l'aveu à fournir de la terre de Chaumot, relevant du comté de Courtenay.

2 JUILLET 1783. — Délibération du conseil du Prince au

---

1. *Greisfrau*, vieille femme.

sujet de l'hôtel occupé par lui à Paris, et vendu par le sieur Aubert au marquis de Beauharnais.

3 SEPTEMBRE 1790. — Apposition des scellés au château de Pont et à l'hôtel du faubourg Saint-Honoré à Paris, par suite de la mort de M. de Saiffert, intendant général de la maison du prince Xavier.

27 AVRIL 1792. — Règlement de contestations et litiges avec les fermiers du Prince, en son absence.

55º, 56º et 57º Liasses, 1771-1787.

POMIÈS DE BERTRENDY ou POMMIER, ancien Commissaire des guerres, Secrétaire des commandements du prince Xavier et Administrateur général de ses affaires.

Aucun des serviteurs du Prince ne parait avoir été honoré au même point que celui-ci de sa confiance et de son amitié. Il le comparait à Sully, peut-être pour se comparer lui-même à Henry IV. Mais il ne jouissait pas au même degré de la sympathie de la comtesse de Lusace qu'il tenait un peu en tutelle. Aussi, était-il souvent un sujet de querelle entre elle et son mari, qu'elle finit par décider à le mettre à la retraite en 1783.

1771-1787. — 3 fortes liasses de lettres grand format, dans la collection desquelles manquent les années 1772 et 1773. Nouvelles de la cour et de la ville ; affaires générales de famille et d'administration.

24 MARS 1774. — Sur l'heureux accouchement de Mme la comtesse de Lusace. (Naissance de la princesse Cunégonde le 18 mars.)

13 JUIN 1774. — Nouvelles de la cour ; le Roi et ses frères se font inoculer (vacciner).

6 AOUT 1774. — « Mme la comtesse d'Artois vient d'ac-
« coucher très-heureusement d'un Prince. » (Duc d'Angoulême).

12 MARS 1776. — « Le comte de Guignes est nommé duc
« par la protection de la Reine ; le marquis de Noailles le
« remplace à l'ambassade de Hollande et le duc de Vau-
« guyon remplace ce dernier. »

3 AOUT 1776. — « Mme la comtesse d'Artois est accou-
« chée très heureusement aujourd'huy à une heure du
« matin, d'une fille. »

23 MAI 1777. — Sur le séjour de l'Empereur d'Autriche François-Joseph, frère de la reine Marie-Antoinette, à Paris :

« L'Empereur est toujours à Paris ; il a été au pavillon de Lucienne et a causé un quart d'heure avec Mad. Du Barry qui étoit sortie dans ses jardins pour luy laisser la liberté de voir plus à son aise le pavillon. L'Empereur ayant demandé si la maîtresse de la maison étoit sortie ; on luy a dit qu'elle étoit dans le jardin ; alors il a été la chercher, luy a donné le bras jusqu'au pavillon, et ils ont causé d'une manière fort agréable ; l'Empereur en a été charmé. »

2 OCTOBRE 1777. — Intrigues de cour ; le Roi d'un parti, la Reine de l'autre, Monsieu et Madame (le comte et la comtesse de Provence d'un troisième : « Le Roi veut le
« bien, n'a pas la force de le faire, travaille sans connais-
« sance, se laissant aller aux différentes impressions que
« l'on cherche à luy donner ; ne voullent pas se laisser
« mener et l'étant souvent. »

30 DÉCEMBRE 1777. — Sur le choix de Mlle de Vanesbeck comme gouvernante de Mesdemoiselles de Saxe.

1er MAI 1778. — Consultation au sujet de la validation du mariage du prince Xavier.

2 AVRIL 1779. — Nouvelles de la santé de la Reine, attaquée de la rougeole.

23 OCTOBRE 1781. — Accouchement de la Reine, naissance d'un Dauphin.

20 NOVEMBRE 1781. — Négociations au sujet de la naturalisation des enfants du prince de Saxe. A cette lettre est annexée la réponse du Prince qui remercie son négociateur Pomiès dans les termes les plus affectueux et les plus reconnaissants.

11 SEPTEMBRE 1782. — Observations sur le chevalier de Saxe, et les soins à prendre pour son éducation très-

négligée ; nécessité de s'occuper spécialement de le mieux diriger, soit pour en faire un officier, soit pour en faire un prélat digne de sa maison :

« M. le chevalier de Saxe est absolument abandonné à luy-même ; sans nuls talens, sans envie d'en acquérir, sans émulation, sans nuls principes de religion ; il est totalement son maître, sort seul, va comme les autres officiers avec la jeunesse et est son maître ; cela est même indispensable dans son état. Il a le goût des chevaux et des chiens ; il a de la facilité pour les exercices du corps, les aimant et y réussit ; il n'a nuls politesse ni savoir-vivre. Voilà tel qu'il est et tel qu'il est connu ; je parle le langage de la vérité à V. A. R. »

16 octobre 1782. — Embarras financiers de M. Pomiés avec le banquier Kornmann ; demande de 80,000 livres accordées par le prince Xavier.

25 octobre 1782. — Mariage déclaré du prince Xavier à faire figurer dans l'*Almanach royal de France* pour 1783.

12 novembre 1782. — Projets d'alliance pour la princesse Elisabeth de Saxe : Le comte de Caraman n'est pas trouvé sortable ; mais le duc de Lévis conviendrait beaucoup :

« ... Le Ministre[1], d'après le nom de la personne, a trouvé la chose sortable convenable, et m'a dit : Quand on proposera pour Mesdames de Saxe des alliances de cette nature, je tomberay toujours d'accord, et le Roi ne pourra qu'approuver une semblable alliance ; au lieu que celle de M. le Cte de Caraman eut été entièrement déplacée et peu convenable. Mesdames de Saxe peuvent ne point épouser des princes, mais elles feront toujours des alliances quand elles se marieront avec la haute noblesse du Royaume et qu'elles épouseront des maisons qui ont des alliances avec tous les princes et la maison de France. D'ailleurs un mariage de cette nature sera en même tems convenable à la maison de Lévis qui est faite pour avoir le brevet de duc, et Mad. de Saxe aura le tabouret et ne dégradera pas de sa parenté puisqu'elle conservera, par le fait, le titre de cousine du Roy qu'elle a par les liens du sang. »

12 février 1783. — Choix d'un instituteur pour le che-

---

[1] M. de Vergennes.

valier de Saxe, et projets d'établissements pour tous les enfants du prince Xavier.

27 AVRIL 1783. — Négociation à la cour de France pour le mariage projeté de la princesse Elisabeth avec le marquis de Lévis, sous les auspices de Monsieur, frère du Roi, et de M. de Vergennes, ministre.

12 ET 14 MAI 1783. — Insuccès de la négociation ci-dessus.

15 ET 16 JUIN 1783. — Retraite de M. Pomiès.

58ᵉ Liasse, 1763-1790.

QUILLIER, Receveur des droits à l'abbaye de Saint-Germain-des-Prés, à Melun.

1778-1780. — 5 lettres et une copie relatives à une demande de régie de la terre de Chaumot, et à un projet d'augmentation de ses revenus par une meilleure exploitation.

RAMBURES (Mᵐᵉ DE), Comtesse de LIGNY.

1773-1786. — 6 lettres et une copie.

10 NOVEMBRE 1773. — Réclamation du droit de vente sur la terre de Chaumot.

23 SEPTEMBRE 1779. — Difficultés entre Chaumot et Courtenay, au sujet du projet de réunion des deux justices à Chaumot.

4 JUIN 1784. — Demande de l'aveu et dénombrement de la seigneurie de Chaumot.

REYNAUD, Expéditionnaire en cour de Rome à Paris.

1786. — 3 lettres et 5 copies relatives à une demande de brefs du Pape, à l'effet de faire obtenir aux princesses Élisabeth et Marie-Anne de Saxe, chanoinesses au chapitre de Neuville-en-Bresse, des pensions sur des bénéfices ecclésiastiques. Copies de ces brefs, datés de Rome, le 30 août 1786.

RIEFFEL, Médecin du prince Xavier, à Pont-sur-Seine.

1778-1788. — 100 lettres dans la collection desquelles manque l'année 1787.

Février-mars 1778. — Bulletins de la santé de Mme la comtesse de Lusace, pertes de sang et maux de gorge.

6 mai 1778. — Lettre adressée à Herbillon sur un voyage à Riboltzau où il accompagne la comtesse de Lusace pendant la saison des eaux.

ROUCY (Mme de), Abbesse du Paraclet.
1778-1779. — 5 lettres et une minute, dont les plus intéressantes ont trait à un abandon de droit de chasse au profit du Prince, et à un bénéfice résigné par le curé de Saint-Aubin.

ROUGEMONT Frères, Banquiers à Paris.
1771-1781. — 80 lettres ayant toutes pour objet des affaires de banque ; change, escompte, avances de fonds, etc.

14 mai 1776. — Négociation d'un crédit pour Mme la comtesse de Lusace pendant son séjour aux eaux de Bagnères-de-Luchon.

15 mai. — Demande de recommandations pour des maisons de commerce de premier ordre, dans le midi de la France ; afin d'ouvrir des crédits au prince Xavier pendant le voyage qu'il doit faire dans ces contrées.

ROUSSEAU, Bailly de Pont-sur-Seine.
1779-1780. — 12 lettres dont les principales sont relatives à un projet de réunion des petites justices à Pont, et au ressort de la justice de Pont attaché à Troyes pour les cas royaux.

R. DIVERS.
1763-1790. — 55 lettres des auteurs ci-après :
Raffara, Rameau et Fils, Raulet (abbé du Val-des-Écoliers), Rayberg, Regnault, Ricard, Ricci, Richard, Rivière et consorts, Rivot (curé de Saint-Aubin), Rochelembert (marquis de), Rohan-Guéménée (princesse de), Rohner, Rougeot, Rouillé, Roux, Roquebrune (de), Roscé (Mme de), née Ernhenfeld, Royer de Roynebourg-Rozé, Rumerskirch (baron de).

59. Liasse. 1771-1777.

RÉGNIER, Intendant de la maison du prince Xavier.

1771-1777. — Une liasse d'environ 400 lettres traitant pour la plupart de gestion et administration de biens, acquisitions, locations, ventes, etc.

5 JUIN 1772. — Envoi de divers états et mémoires concernant la terre de Chaumot : 1° *Mémoire* sur le prix de l'acquisition de la seigneurie de Chaumot moyennant 1,085,705 livres ; 2° *Mémoire* des droits de lots et ventes qui ont été payés pour raison de ladite acquisition, s'élevant à 107,208 livres 14 sols 2 deniers.

6 OCTOBRE 1772. — Visite et description du château de Pont-sur-Seine ; projet de l'acquérir :

« Monseigneur,

« J'ai enfin été vendredy dernier à Pont, d'où je ne suis revenu que le dimanche parce qu'il y a 16 lieues de Chaumot ; mais la plus belle route possible.

« Ce château est situé dans la plus agréable position ; il est à mi-côte, on domine du rez-de-chaussée par-dessus les maisons de la petite ville de Pont qui est située au bas du parc. La vue plane sur une vallée admirable et l'on voit à plus de 4 ou 5 lieues tout autour de soi ; excepté du côté du grand chemin de Paris à Troyes qui passe à une portée de fusil.

« A la face du château, du côté de la ville, est un premier parterre en terrasse. Ensuite on descend un escalier en fer à cheval, au bas duquel est un second parterre aussy en terrasse, après lequel est un grand potager en quatre quarrés au milieu desquels est un grand bassin, dans lequel est un jet d'eau qui monte à environ 20 pieds. Ensuite du potager est une grande grille de fer et un mur qui sépare le potager d'avec une pièce d'eau vive en miroir, presque aussy grande que celle de Chaumot ; des deux côtés de laquelle sont des allées de tilleuls d'Hollande qui forment une promenade très agréable ; tout ce détail est en face du château.

« Le château est composé d'un vestibule pas infiniment grand ; néanmoins plus que celui de Chaumot ; une belle salle à manger deux beaux antichambres, et deux beaux appartements très complets de droite et de gauche, en entrant par le vestibule. De son lit, on voit à plus de 3 à 4 lieues.

« Au premier étage est une gallerie servant de sallon de compagnie, qui règne au-dessus de l'arrière corps dudit château ; en ce que les deux appartemens du rez-de-chaussée forment avant-corps ou pavillons ; deux beaux appartemens au-dessus de ceux du rez-de-chaussée ; aux deux bouts de ladite gallerie deux ailes très considérables qui forment une cour à peu près de la largeur du château de Chaumot, mais beaucoup plus longue. Il y a des appartemens au rez-de-chaussée, et deux très-beaux premiers ; des chambres de domestiques au second. La cour est terminée par un balcon qui communique d'une aile à l'autre.

« Les cuisines, offices, ressorts, buchers, etc. sont sous le château. Il est mieux bâti que les pavillons de Chaumot ; ceux qui vivront dans un siècle n'y feront pas mettre une pierre.[1] J'oubliois d'observer qu'au second étage du principal corps de bâtiment sont encore de très beaux appartemens de maître.

« Une assés belle avant-cour, deux basse-cour de droite et de gauche ; une des quelles sert de ferme et l'autre pour le propriétaire ; des écuries pour plus de 60 chevaux. Des eaux et commodités à l'angloise au premier étage du château ; un parc en plein bois persé d'allées, planté en charmilles qui donnent du couvert ; mais le propriétaire a coupé les massifs depuis deux ans. Il contient environ 25 à 30 arpents clos de murs. A côté du parc et près le château sont des allées de tilleuls qui forment un très beau couvert ; de l'autre côté du grand chemin de Paris est une grande avenue qui monte au bois qui en sont à environ 1000 toises. Ces bois que l'on appelle le Parc de Pont sont en une seule pièce et contiennent environ 7 à 8 cents arpens ; ils sont très bien percés. Il y a du gibier de toute espèce singulièrement : du cerf, de la biche ; ce qui forme une chasse agréable.

« La rivière de Seine passe au bout du parc tenant au château ; on la voit du rez-de-chaussée arroser une très-vaste prairie qui forme un point de vue le plus beau possible. Trois paroisses que l'on voit du dedans du château sont des dépendances de la seigneurie. Les terres y sont très bonnes ainsi que les prairies. Enfin, c'est un lieu délicieux et en bon air ; à 25 lieues de Paris et 10 de Troyes, et grande route.

« A l'égard du revenu, tout le monde assure qu'il est de 36/m l. pour le moins. . . . . »

3 NOVEMBRE 1772. — Détails complémentaires sur le

---

1. Le magnifique château de Pont-sur-Seine, construit en 1630, par le surintendant Bouthillier de Chavigny, fut incendié et détruit le 14 mars 1814, par les troupes et sur l'ordre exprès du prince royal de Wurtemberg.

château de Pont. A cette lettre est annexée la copie sans date d'une lettre du sieur Huiron, président de l'élection et maire de la ville de Nogent-sur-Seine, sur le même sujet :

« . . . Il y a trois fois autant de logement que dans celui de Chaumot. A l'égard du mobilier il est magnifique et très à la moderne ; on y a dépensé plus de 40/m l. depuis 10 ans. Si la position convient à Votre Altesse Royale, je ferai un voïage sur les lieux pour vérifier au juste les revenus, d'après que V. A. R. aura vu le château si elle juge à propos d'y passer en revenant d'Allemagne. Voici la route lorsque l'on est à Troyes : La première poste est les Grés, des Grés aux Granges, des Granges à Nogent (Pont est situé sur la grande route, entre les Granges et Nogent ; mais il n'y a point de poste à Pont) de Nogent en va à Bray ; de ce dernier endroit à Pont-sur-Yonne et de cet endroit à Sens. »

« 23 MARS 1773. — Location et appropriation d'une maison située sur le boulevard, à Paris, pour le prince Xavier.

23 JUIN 1773. — Visite et projet d'acquisition du château de Dormans, en Champagne.

21 JUILLET 1773. — Visite et projet d'acquisition du château de Vaudreuil, en Normandie.

12 SEPTEMBRE 1774. — Projet de louer l'hôtel précédemment occupé par M. Turgot ; — projet de vendre la terre de Chaumot.

3 JANVIER 1775. — Séance du parlement ; anecdote sur le comte d'Artois et le comte de Provence son frère :

« Dans l'avant-dernière séance au Parlement, M. le comte d'Artois eut envie d'aller à la garde-robe ; il ne sçavoit où, ny comment faire ; il sorti de la grand'chambre, chercha de porte en porte ; le hazard le conduisit à celle du sacristain de la Ste-Chapelle, à qui il demanda une chaise-percée. Celui-ci qui n'en avoit pas lui offrit un pot-de-chambre ; mais il étoit trop petit. Il lui offrit un plat à salade que le prince fut obligé d'accepter. Comme il avoit faim, il lui demanda s'il n'avoit pas du pain ; l'abbé répondit : « Oui, et de bon vin. » Le prince mangea et bu et rentra dans la grand'chambre ; raconta son histoire à Monsieur qui avoit les mêmes besoins. M. le Comte d'Artois conduisit Monsieur chez son hôte qui se fit honneur de le recevoir.

« Ces deux princes bienfaisans pour récompenser leur hôte, lui ont fait accorder la place d'aumônier de la vénnerie qui vaut 2000 l. de rente, avec la faculté de garder son bénéfice. »

10 JANVIER 1775. — Envoi d'une copie de l'arrêté du Parlement du 30 décembre 1774, rendu toutes chambres réunies.

22 FÉVRIER 1775. — Sur un nouveau projet d'acquisition de la terre de Pont.

1er JUIN 1776. — (De Mme Régnier). Sur son voyage à Bagnères-de-Luchon, avec Mme la comtesse de Lusace.

BAGNÈRES, 21 SEPTEMBRE 1776. — (De la même) Avis de retour vers le 10 ou 12 octobre ; assurances sur des recommandations concernant Mme la comtesse de Lusace.

60e et 61e Liasses, 1769-1790.

SAIFFERT (Baron de), Ancien colonel, ancien aide-de-camp du prince Xavier, son chargé d'affaires et correspondant général.

Entré dès sa 13e année au service de la Saxe et placé comme cadet dans un régiment d'infanterie, le jeune de Saiffert obtint la permission de s'absenter pour continuer ses études. Il fut fait officier de dragons en 1756, et prit part, en cette qualité, à la guerre qui éclata, à ce moment, avec la Prusse. En 1758, il fit partie du corps saxon à la solde de la France sous les ordres du prince Xavier qui en fit son aide-de-camp. Après la conclusion de la paix, en 1763, il resta attaché à la personne du Prince, devenu bientôt après administrateur de la Saxe. Il fut fait major en 1766, lieutenant-colonel en 1768 et colonel au commencement de 1769. Quand le prince Xavier, fixé en France, fut appelé au commandement d'une division en Bretagne, en 1778, il manda à M. de Saiffert de venir le rejoindre pour servir de nouveau sous ses ordres avec son grade de colonel. Celui-ci quitta alors le service de la Saxe pour s'attacher à celui de la France, ou plutôt au service particulier du Prince qui l'honorait de toute sa confiance et de toute son amitié.

1769-1790. — La volumineuse correspondance du colonel

de Saiffert avec le prince Xavier forme deux liasses de lettres grand format, écrites en cursive anglaise assez fine et hardie :

15 mai 1770. — Observations et remontrances au prince Xavier sur son projet de se fixer pour quelque temps dans une petite ville d'Italie, incompatible avec sa qualité de prince étranger.

21 juin 1770. — Avantages que présenterait l'acquisition de la terre de Chaumot pour en faire la résidence du prince Xavier.

26 juillet 1770. — Nécessité et avantages pour le prince Xavier de se fixer en France et d'y acquérir une terre importante.

8 juin 1771. — Demande d'audience au roi de Sardaigne pour le prince Xavier de Saxe, voyageant en Italie sous le nom de comte de Goertzig.

16 septembre 1773. — Insuccès de négociations financières en Allemagne.

6 juillet 1782. — Plaintes du colonel de Saiffert au sujet d'une réduction sur la pension que lui faisait le prince Xavier.

1783-1788. — Affaires générales d'intérêt, d'administration et de correspondance.

4 janvier 1789. — Secours en nature de 35 livres de pain par semaine, accordé par le prince Xavier aux nécessiteux des diverses paroisses relevant de la châtellenie de Pont.

13 juillet 1789. — Troubles à Paris ; effervescence générale.

19 février 1790. — Détails sur le jugement et l'exécution de M. de Favras, à Paris.

62ᵉ Liasse. 1760-1790.

SAINT-LÉGER (Gounion de), Lieutenant de maréchaussée, inspecteur général des chasses du prince Xavier.

1776-1779. — 14 lettres sur les mesures à prendre pour a répression du braconnage dans les bois de Chaumot ;

désarmement des braconniers, jugement prononcé contre eux, etc.

8 juillet 1778. — Dispute du garde général du Prince avec les jeunes gens de Saint-Aubin, à la fête de ce village.

SAINTE-SUZANNE (de), Lieutenant-général de maréchaussée, à Paris.

15 juin 1781. — Une lettre et un mémoire au sujet de la répression du braconnage sur les chasses du prince Xavier.

SALMOUR (Casimir de), Noble à Turin.
1764-1765. — 4 lettres relatives à l'offre de la place de gouverneur du jeune Prince-Électeur de Saxe; excuses de ne pouvoir accepter ces fonctions; recherche d'un autre seigneur italien pour la place de grand maître à la cour de Saxe; recommandation du jeune comte de Turin pour cet emploi.

SARTORIUS et Cie, Banquiers à Paris.
1789-1790. — 61 lettres exclusivement consacrées à annoncer des envois de sacs ou de barils d'argent à Pont par le coche de Nogent, et à des réceptions de lettres de change.

SEYFFERT, Médecin particulier de la maison du Prince.
1774-1776. — 40 lettres :
7 et 9 février 1774. — Affaire pseudo-scandaleuse de Bernard et de Rose; justification des accusés par une preuve physique.

21 janvier 1776. — Bulletin de la santé de Mme la comtesse de Lusace; souffrances intérieures, insomnies, vapeurs, etc.

8 mars 1776. — Sur le duel du prince de Solms avec le chevalier de Longémac.

21 mars 1776. — Caractère de la maladie secrète de Mme la comtesse de Lusace.

SCHONBERG (de), Brigadier des armées du Roi, chargé des intérêts du Prince en France.

1768-1771. — 20 lettres relatives à la pension de 150,000 livres que le prince Xavier tient de la bonté du Roi, et dont M. de Schonberg est chargé de faire accélérer le paiement.

SELLON Frères, Banquiers à Paris.

1782-1787. — 70 lettres relatives à des réceptions de lettres de change et à des envois d'argent.

SILVESTRE (de), Secrétaire du Prince.

1771-1776. — 150 lettres, dont une partie est écrite en allemand et quelques unes en italien.

13 juin 1775. — Sur l'absence du prince Xavier qui assiste aux fêtes du sacre à Reims.

10 juin 1776. — Sur la maladie du comte d'Artois (rougeole ou petite vérole).

26 juillet 1776. — Instructions du prince Xavier pour la mise en ordre, au château de Pont, des Archives rapportées de Dresde.

SILVESTRE (Marie de), Mère du précédent.

1772-1786. — 4 lettres et une copie :

10 juin 1772. — Demande de recommandation auprès de l'Electeur de Saxe pour faire liquider la succession de M. de Fontenay.

14 juin 1777. — Sollicitation d'un congé pour un voyage à faire par son fils à Paris, dans le but d'y rechercher un établissement.

SOPHIE, Landgrave de Hesse.

9 janvier 1764. — Demande d'admission pour son fils à la cour de Dresde.

SOPHIE, Princesse de Nassau-Saarbruck, née comtesse d'Erbach.

1760-1765. — 5 lettres et 5 copies.

17 février 1760. — Sollicitation en faveur du comte d'Erbach, son cousin, colonel à la suite du régiment de

Nassau-Saarbruck, pour être admis à servir en qualité d'aide-de-camp du prince Xavier.

19 octobre 1763. — Compliments de condoléance sur la mort du roi de Pologne.

S. DIVERS.

1765-1787. — 70 lettres des auteurs ci-après :

Saint-Jorre (chanoine de Sens), Saint-Jory (prêtre de l'Oratoire), Saint-Sernin (vicaire général d'Arras), Salguet, Samson, Sauvalle, Schalekhauser, Schamberg, Schmitd, Schonfeld, Schuartz, Schwartz, Seigneur, Séjan, Ségrestan, Séguin, Seurat, Simon, Simplice, Socard, Soret, Sorets (curé de Courtoin), Speizer, Stemberg, Stemkelberg, Supot.

63. Liasse, 1757-1792.

TALMONT (Princesse de), née de Jabloniska.

1763. — 2 lettres et 3 copies au sujet de l'hôtel du maréchal de Belle-Isle que le Roi devait, disait-on, concéder au prince Xavier.

TISSOT, Médecin à Paris.

1780-1783. — 70 lettres et minutes. Consultations, ordonnances et recettes de médicaments pour le traitement de Mme la comtesse de Lusace.

28 janvier 1783. — Réception et remerciement de l'envoi d'une caisse de porcelaines de Saxe, dont Mme la comtesse de Lusace a fait cadeau au médecin Tissot en témoignage de gratitude pour les bons soins qu'elle en a reçus.

TRÉCOURT (de), Abbé de Saint-Séverin-lèz-Château-Landon, Vicaire Général de Tarbes, puis d'Angers.

1774-1789. — 14 lettres et 6 copies :

30 août 1774. — Conservation des chasses de la seigneurie de Mellereau, dépendant de l'abbaye de Saint-Séverin, offerte au prince Xavier.

29 mars 1777. — Procès du Prince avec les religieux de St-Séverin, au sujet de la réparation du presbytère de Courtoin.

29 janvier 1779 — Demande d'aveu et dénombrement des terres appartenant au Prince, et relevant de l'abbaye de Saint-Séverin.

4 juin 1779. — Assassinat d'un garde par des braconniers sur le fief de Mellereau.

31 mars 1787. — Projet d'aliénation du fief de Mellereau, évalué à 2,500 ou 3,000 livres de rentes. Terres qui en dépendent.

TROUART-KIOLLE, Inspecteur des chasses à Pont.

1776. — 6 lettres relatives à des rapports de tournées ; plaintes sur le garde de Gelannes imposé à une amende ; chasse d'une louve et de ses petits dans le bois du Fayet, à Crancey, par les louvetiers du Roi.

TURPIN-DE CRISSÉ (Comte), Maréchal-de-Camp.

1762-1763. — 6 lettres :

20 juillet 1762. — Humiliation des armes françaises en Allemagne ; appel au patriotisme des Saxons.

10 août 1762. — Félicitations sur le succès obtenu par le prince Xavier sur les Prussiens, le 23 juillet, près de Cassel.

TURPIN DE CRISSÉ (Comtesse), née comtesse de Lowendal.

1763-1775. — 6 lettres sur les objets suivants : Remerciement de l'envoi du portrait du prince Xavier ; condoléances sur la mort du roi de Pologne, sur celle du Prince Électeur de Saxe et sur celle de la Dauphine de France ; remerciement pour une grâce accordée au chevalier Turpin son fils.

T. DIVERS.

1777-1788. — 25 lettres des auteurs ci-après :

Tapin, Tarin, Tarquhanson, Tehmen, Tellière (de la), Thévenon, Thierreux, Thierry, Thomas, Thomazon, Touchard, Toutin, Trudon, Troussard.

VALET (O.-A.-F.), Valet de chambre du prince Xavier, à Dresde.

1757-1759. — 34 lettres relatives à des commissions diverses et aux nouvelles de la guerre.

12 SEPTEMBRE 1759. — Sortie des Prussiens de Dresde, après trois années d'occupation. Nombreux déserteurs.

26 NOVEMBRE 1759. — Nouvelles anxiétés occasionnées par les succès et l'approche des troupes prussiennes.

31 DÉCEMBRE 1759. — Imminence d'une grande bataille entre les Prussiens et les Autrichiens, dans les environs de Dresde.

VILLAIN DE MAIZIÈRES, Régisseur de la terre de Pont.
1780-1781. — 5 lettres relatives à des querelles et discussions parmi les gens de la maison du Prince, à Pont. Affaire du meunier Jabot. Plantations dans le parc de Pont.

VINCENT, Curé de Quincey.
1778-1784. — 3 lettres : Au sujet de la reconstruction du presbytère de Quincey, et d'une querelle entre le curé et MM. Lemot et Missonnet.

VULPIAN, Avocat en parlement, conseiller du Prince, à Paris.
1780-1792. — 50 lettres ou copies ; ayant trait à divers objets litigieux et autres.

4 MAI 1786. — Envoi d'un brevet du Roi relatif aux pensions à accorder à Mesdemoiselles de Saxe.

30 AOUT 1786. — Avis d'arrivée du bref du Pape concernant les princesses Elisabeth et Marie-Anne de Saxe, et portant dispense pour obtenir chacune 40,000 livres de pension sur des bénéfices ecclésiastiques.

16 MARS 1790. — Démarches pour obtenir le siége de la justice du district à Pont.

27 MARS 1790. — Grave maladie du prince Xavier ; appréhensions de sa mort ; prévisions en cas de cet évènement.

20 FÉVRIER 1791. — Départ de Mesdames, tantes du Roi, pour l'Italie.

28 NOVEMBRE 1791. — (A M. Lemot, régisseur). Relati-

vement à l'absence du Prince et à sa qualité d'étranger, pour échapper à la loi contre les émigrés :

« Monsieur,

« Vous vous compromettriez, ainsi que M. de Cuming et M. Acker, et moi encore plus, si nous prenions sur nous de fixer le domicile du prince S. A. R. (ainsi que la princesse) sont en France *étrangers* et non *françois* ni naturels, ni naturalisés ; et lorsqu'il fut question de la naturalisation de MM. et D^{les} leurs enfants, elle y fut bornée pour bonnes et justes causes. Il importe au prince, a bien des égards, et surtout relativement à la Saxe, de rester saxon, et la déclaration de domicile en France, depuis que S. A. R. y est, interprétée suivant les décrets de l'Assemblée, pourroit donner lieu à la prétention qui pourroit être nuisible et élevée de deux côtés, qu'il s'est reconnu tacitement naturalisé et qu'il est françois.

« Je vais, par le 1er courrier, écrire au prince, et j'attendrai ses ordres que je le prierai de nous faire parvenir le plus promptement possible que faire se pourra. Si on vous presse, vous pouvez répondre que le prince n'est pas françois mais étranger ; qu'il n'a en France que des résidences en divers lieux et que s'il y en avoit une principale et que l'on put regarder comme un domicile ou l'y comparer, elle seroit à Paris, en son hôtel rue du faubourg St Honoré (cy-devant rüe Neuve-St-Augustin, précédemment rue Charlot) ; que c'est dans la capitale que le prince a toujours eu sa principale demeure, tant comme oncle du roi, lieutenant g^{ral} et attaché à la cour, que par choix continué ; qu'au surplus le prince est absent avec sa famille depuis plus d'un an et jour, et qu'on ne peut tirer aucune conséquence de sa résidence antérieure au château de Pont. »

5 JANVIER 1792. — (Au même). Sage réflexion d'un paysan sur l'inégalité nécessaire dans les conditions sociales des citoyens.

« Je vous remercie, Monsieur, du propos dont vous me faites part du bon paysan ; ce n'est pas celui d'un sot. J'en entendis un, il y a quelque tems qui me rappela également que le bon sens a son gîte partout. Un bonhomme de campagne apportant un petit fermage au propriétaire et lui ayant dit : « Serviteur à M. le Marquis ! » celui-ci l'ayant repris comme usant d'un terme prohibé ; l'autre lui dit : « Allés, allés, Monsieur, vous serés toujours M. le Marquis, comme je serai Jacques N. Est-ce que si tous les doigts de ma main étoient égaux je pourrois m'en servir comme je m'en sers. »

V. DIVERS.

1767-1790. — 65 lettres des auteurs ci-après :

Vaillant, Valcôme (de), Vallière, Vallin, Vandenesse (de), Vannes (de), Varon, Vaudrimé, Vaudry, Venevault, Verneuille, Verrier, Vialard, Viard, Victor (l'abbé), Viet, Vigogne, Villereau (le chevalier de), Vincent, Vincent-Ofrais, Vinot, Vintel, Volff.

WEIMER (Ott. de), Secrétaire des commandements du prince Xavier.

1778-1780. — 7 lettres relatives aux voyages à Riboltzau avec Mme la comtesse de Lusace ; à Dinan, avec le prince Xavier, et à Londres seul. Détails sur cette dernière ville, ses modes et ses mœurs.

W. DIVERS.

1766-1789. — 35 lettres des auteurs ci-après :

Waast, Waldelin, Wambold (de), Wariomon, Willemann, Weichs, Werrenbert, Wys (de).

ZEIS, Secrétaire des commandements de la princesse Christine de Saxe, abbesse de Remiremont.

1782-1787. — 25 lettres et 3 inventaires concernant la succession de la feue princesse Christine.

Brumath, 4 décembre 1782. — Détails intéressants et précis sur la mort et les obsèques de la princesse Christine :

« Monseigneur,

« Il sera consolant pour V. A. R. d'apprendre que feue notre très-chère et très-auguste maîtresse, a vu approcher le trépas avec la fermeté et résignation d'une vraie héroïne chrétienne. Après avoir confessé le 17, entre 9 et 10 heures du matin, elle a d'abord voulu recevoir le Seigneur ; mais sur ce qu'il a été trouvé que le danger n'étoit pas assés imminent pour le lui administrer par forme de viatique, elle a résolu de le recevoir par dévotion ; ce qu'elle a fait la nuit suivante, d'abord après minuit. Vers 2 heures, elle a fait son testament, dans la diction duquel elle a montré tout le sang-froid d'une personne bien portante ; cela l'a occupé jusque vers 6 heures, après quoi elle m'a dicté la lettre pour le Roy, laquelle il ne lui a plus été possible de signer. Entre 9 et 10 heures du matin, la faiblesse augmentant à vue d'œil, elle a reçu le Saint-Viatique et l'Extrême-Onction. Vers midi le bas-ventre a commencé à durcir ; alors l'auguste malade est tombée dans l'assoupissement qui accompagne d'ordinaire la gangrène. Pendant l'après-midi, elle s'est réveillée à différentes reprises, ne distinguant plus les personnes qui entouroient son lit ; mais les reconnoissant à la voix, et ayant du reste toutte la présence d'esprit qu'il est possible d'avoir dans de si critiques instants. Depuis cinq heures du soir, elle n'a plus donné de marques de connoissance, sommeillant toujours et (ce qui est extraordinaire) respirant avec l'aisance d'une personne pleine de santé. De cette manière, et sans donner le moindre signe d'agonie, même sans seulement remuer aucunement les lèvres, cette auguste, cette excellente maîtresse s'est éteinte le 19 à 3 heures moins un quart du matin, laissant la désolation la plus extrême dans toutte sa maison, dont elle étoit à si juste titre adorée.

« En conséquence des ordres du Roy, les obsèques se feront à Remiremont. Dimanche 8, le corps sera déposé ici en l'église paroissiale ; toute la maison assistera au convoy ; il y aura un service et après le dîner, vêpres des morts. Le lundi 9, à 6 heures du matin, l'on placera le corps sur un corbeillard, attelé de 6 chevaux drappés. Le convoy sera composé d'une voiture pour les 4 prêtres, dont il y en aura toujours 2 avec un porte-croix sur ledit corbeillard, plus 2 autres voitures à 6 chevaux pour le deuil. Le convoy sera précédé de deux gens d'écurie à cheval et escorté par une brigade de maréchaussée commandée par un officier. Le cercueil sera couvert d'un drap mortuaire de satin blanc et il y aura par-dessus une couronne royale, une crosse, le placard et le cordon de l'ordre de Saint-Romain. Dans cet ordre au nombre de 31 personnes, tout y est compris. L'on partira de Brumath et ira dîner à Graffenstaaden et coucher à Benfeld ; le 10, dîner à Séélestad et coucher à Colmar ; le 11, dîner à Isenheim et coucher à Thann ; le 12, dîner au pied de la côte de Bussau et souper à Bussau ; le 13, dîner à l'Etraye et coucher à Remiremont ; le 14 se feront les obsèques.

« Il est ordonné à tous les curés par le district desquels le convoy passera de se trouver en chappe sur la chaussée pour donner l'eau bénite, et de faire, pendant ce temps, sonner dans leurs églises ; Dans les endroits où l'on s'arrettera pour dîner, le curé fera, avec sa communauté, des prières près du corps jusqu'au départ du convoy, et dans les endroits où l'on passera la nuit, le curé recevra le corps à la porte de son église, dans laquelle il le déposera et chantera le *Libera*, et le lendemain matin, il fera la même cérémonie. Pour lesdites cérémonies, le cercueil sera toujours précédé du Suisse, entouré de 8 valets de pied portant des flambeaux et suivis par le deuil.

« L'entrée du château, le vestibule, l'escalier et l'antichambre sont tendus en noir, et la chambre mortuaire l'est en blanc. Notre auguste maitresse repose à découvert dans ses deux cercueils, l'un de plomb, l'autre de chêne, sur une estrade de 3 degrés surmontée d'une couronne dont sort en 4 coins un manteau royal. Jusqu'ici, elle n'a que son habit des pénitents de Bavière ; mais à Remiremont, elle sera par-dessus habillée en abbesse.

Nous avons ici, depuis le malheureux jour du décès, 4 religieux qui se relèvent de 2 heures en 2 heures ; toutte la maison s'assemble 2 fois par jour pour prier en communauté. A neuf heures du matin, l'on dit l'office des morts, suivi d'une messe, et à 6 heures du soir les vêpres des morts, le chapelet et les litanies. Pendant la journée, le concours d'étrangers est inconcevable. Lors du passage du convoy par Strasbourg, l'on tirera le canon, l'on prendra les armes à tous les corps de garde, et l'on battera aux champs ; l'on sonnera dans touttes les églises et le clergé des paroisses St-Jean, St-Pierre-le-Jeune, de la cathédrale de St-Pierre-le-Vieux et de St-Louis se présentera pour donner l'eau bénitte.

« Les Dames du parti de feu S. A. R., assemblées en chapitre, ayant avec elles Mad. la Doyenne, ont écrit en cour pour demander le cœur et le corps de cette auguste maitresse. Les Dames opposantes en ont fait autant de leur côté. Les 1res ont reçu réponse du Ministre et son silence envers les secondes leur doit faire sentir combien le Roy désapprouve leurs démarches factieuses.

« Voilà, Monseigneur, touttes les particularités que je puis rapporter pour le présent à Votre Altesse Royale, relativement à l'instant désastreux dans lequel nous nous trouvons. Il ne me reste qu'à joindre mes très-humbles prières à celles que vient de lui faire M. le Grand-Maitre,[1] en la suppliant de daigner nous

---

1. Le baron de Landenberg.

servir à tous de père dans cette occasion désolante et solliciter près du Roy l'exécution du testament ; notamment de l'article 3, au défaut de quoi la plus grande partie de notre pauvre maison se trouveroit réduite à la plus grande des misères.

« En mon particulier, je supplie Votre Altessse Royale, de vouloir bien m'accorder sa puissante protection sur laquelle je fonde désormais touttes mes espérances.

« J'ai l'honneur d'être avec le plus profond respect,

« Monseigneur,

« De Votre Altesse Royale,
« Le très-humble, très-obéissant et très-soumis
« serviteur,

« ZEIS. »

10 AVRIL 1784. — « État de la succession de feue Son « Altesse Royale Madame la Princesse Christine de Pologne, « Duchesse de Saxe, Abbesse de Remiremont, etc., au « 19 novembre 1782, époque de son décès. »

5 JUIN 1784. — Heureuse nouvelle que le Roi se charge du déficit de la succession de la princesse Christine, sa tante, s'élevant d'après l'état ci-dessus, à 148,353 livres, 16 sols 4 deniers.

12 OCTOBRE 1784. — Ordonnance rendue par M. de la Galaisière, intendant d'Alsace, au sujet de la succession de la princesse Christine.

17 OCTOBRE 1784. — Avis du prochain mariage de M. Zeis avec Mlle Hewald la cadette, fille du secrétaire du prince Xavier.

ZINZENDORF (FRÉDÉRIC, Comte de), Envoyé extraordinaire de l'Electeur de Saxe à la cour de Suède.

1767-1768 — 6 lettres.

15 MARS 1767. — Demande d'argent au Prince-Administrateur, à l'occasion de son prochain mariage.

14 JUILLET 1768. — (A M. Saiffert.) Avis d'arrivée à Stockolm ; détails sur son voyage.

2° Correspondance allemande.

Cette correspondance, émanant en grande partie d'agents et de serviteurs attachés aux gages du prince Xavier, a généralement trait à des questions spéciales de service et d'administration qui n'offrent aucun intérêt public. Nous nous bornerons, en conséquence, à mentionner les noms des auteurs avec l'indication pure et simple de la date et de l'importance matérielle de leur correspondance.

64. Liasse, 1717-1790.

BENIGSEN (Gustave de), à Vienne.
2 mars 1763. — Une lettre.

BOTTGER (Baron de), à Dresde.
1717. — 5 lettres adressées à l'électeur de Saxe Frédéric-Auguste.

BOTTLOB (Frédéric de).
1769-1771. — 6 lettres.

BREUNR (A. S.).
1777-1790. — 150 lettres dont une en français.

DANRING (Heinrich-Moritz de), premier lieutenant?
14 novembre 1775. — Une lettre.

DINAN (Mme Magdalena).
1769. — 20 lettres.

DYSKIEWIEZ (Joseph), Concierge du Prince à Dresde.
1774-1788. — 150 lettres.

GOTTLIEB (Johann).
1776-1785. — 12 lettres.

GOTHUL (August).
1775-1790. — 14 lettres.

GRUTSCHLER (Johann-Friedrich), Major?
28 avril 1776. — Une lettre.

HASBERT (Johann-Friedrich)..
1774-1775. — 2 états mensuels de la terre de Zabelitz.

HEINSIUS.
1769. — 2 lettres et 2 pièces.

HÉRALDIN.
1761. — 2 lettres.

HERRMANN (Truton-Xaver).
1785. — 7 lettres et courts rapports.

HETZER.
22 août 1767. — Une lettre.

HEWALD, Secrétaire des commandements du Prince.
1769-1771. — 50 lettres, états et spécifications.

HŒUSLER (Carl-Gottlieb), Capitaine dans le régiment du prince Xavier en Saxe.
1773-1777. — 18 lettres ou rapports.

JAHN, Médecin.
1769-1778. — 90 lettres en allemand, et plusieurs mémoires sur les eaux de Pougues, écrits en français.

65e Liasse. 1757-1789.

LINCKE (Paul-Christian), Conseiller des assises de l'Électeur à Dresde.
1773-1781. — 70 lettres ou plus soumis rapports. (*Unterthulter*).

LOCHMANN (Benedict-Bottlob).
1769. — 2 lettres et 2 copies.

MEERFELD (de).
1760. — 2 lettres.

MEHNER (Johann Christian).
1769-1778. — 3 lettres.

MULLER (Anna-Maria).
1760-1769. — 8 lettres.

NEUMANN (John-Gottlob), de Zittau.
6 septembre 1770. — Une lettre.

POLLNITZ.
1779-1789. — 14 lettres.

SALBEBG.
1769-1772. — 14 lettres.

SALTHER (Carl).
1773-1774. — 6 lettres grand in-folio.

SIGISMOND (Georges).
1760. — 3 lettres.

TELLERS (Romanus), Docteur en droit à Leipsig.
1769-1773. — 12 lettres dont une en français.

TEUTCHLER (Jules-Ferdinand).
30 octobre 1757. — Une lettre sollicitant une place de grand écuyer près de la reine de Pologne.

TOLBEN (Comte de).
3 mars 1763. — Une lettre.

TRARTLIG (Abraham).
1773-1774. — 95 lettres.

TRAUTGOTT (Carl-Rehniz), à Dresde.
1777-1778. — 3 lettres.

TRUTZSCHLER (Julius-Ferdinand), à Varsovie.
1757. — 2 lettres.

VALTHER (Carl-Adolph), Ecrivain de cuisine de l'Electeur de Saxe, à Dresde.
1771-1776. — 12 lettres.

WENTZEL (Anton).
1773. — 12 lettres.

WIRTH (Frantz).
1785-1789. — 17 lettres.

ZIMMER (Paul).
1769-1770. — 2 lettres.

66ᵉ et 67ᵉ Liasses, 1769-1790.

BOSER (Johann-Gottfried), Inspecteur des meubles du prince Xavier.

1769-1790. — 2 fortes liasses de lettres, rapports et états de mobilier.

68ᵉ et 69ᵉ Liasses, 1769-1777.

LACHAPELLE (Carl), Ecuyer du prince Xavier.

1769-1777. — 2 liasses de lettres et rapports sur l'état des écuries du Prince.

70ᵉ Liasse, 1769-1789.

NAWATZKI (Carl-Michael), Valet de chambre.

1769-1789. — Une très forte liasse de lettres et rapports sur l'état de la garde-robe du Prince.

71ᵉ à 76ᵉ Liasses, 1769-1785.

SCHUBERT, Fourrier de la chambre de l'Electeur de Saxe, à Dresde.

1769-1785. — 6 fortes liasses de lettres, paquets et rapports divers.

3º Correspondance italienne.

Indépendamment de la correspondance italienne de la famille de Spinucci, que nous avons rapportée dans la première section, nous avons encore à rapporter ici celle de plusieurs correspondants italiens dont les lettres, comme celles de la série précédente, n'offrent qu'un intérêt secondaire, et que, pour la même raison, nous signalerons très sommairement.

77ᵉ 78ᵉ et 79ᵉ Liasses, 1769-1789.

AGDOLLO, (Marquis d'), Conseiller de cour de l'Electeur de Saxe à Venise, et agent particulier du prince Xavier.

1769-1789. — 3 énormes liasses de lettres in-4°, dont quelques-unes en français ; toutes relatives aux nombreuses missions et commissions dont il était chargé pour le compte du Prince, tant à Dresde qu'à Venise.

80ᵉ et dernière Liasse, 1759-1789.

ANTONIO, Archevêque d'Adéra.
Paris, 23 mai 1786. — Une lettre.

BÉNINCASA (l'abbé François).
1777. — 5 lettres dont une en italien et 4 en français, relatives à la place de précepteur des princes de Saxe offerte à l'abbé Bénincasa.

BERGAMINI (Alessandro).
1769-1771. — 3 lettres.

BIANCONI (Comte de), Conseiller de la cour électorale de Saxe près du St Siége.
1770-1779. — 24 lettres dont une partie en français :
3 février 1770. — Offre de sa maison, à Rome, pour le pied-à-terre du prince Xavier.
7 mars 1770. — Projets de location d'appartements pour le Prince à Rome, et plan des pièces proposées.
5 décembre 1770. — Audience du Pape et bref de Sa Sainteté accordée au comte Bianconi.
27 février 1771. — Nouvelle que Sa Sainteté a conféré à l'archidiacre Spinucci l'abbaye de St-Hiriasso, dans l'évêché de Fermo.

BOSCHI, Cardinal :
1774 et 1777. — 2 lettres.

BOSCOWICH, Abbé :
1775-1782. — 10 lettres et 2 copies.

CHIGI (Alessandro) :
1771-1786. — 100 lettres.

CHIGI (Violante).
1771-1774. — 50 lettres.

CIMAROLI (Joseph-Brentano), Banquier, à Gênes.
1769-1782. — 50 lettres, dont une partie en français, relatives à des négociations et affaires d'argent.

CIOJA (Fortunato), Banquier à Rome :
1770-1777. — 15 lettres.

DONGYNE (Ferdinand) :
1770-1773. — 10 lettres.

FALLINI (Giovani), Abbé, aumônier de l'Electeur de Saxe, à Rome.
1770-1771. — 12 lettres.

FOSCHI (Alessandro) :
1770-1776. — 8 lettres et une copie.

MARCOLINI (Comte de) :
1768-1773. — 8 lettres.

ORSI (Giusto), Banquier à Florence :
1771. — 20 lettres.

PALAGI (Berthelemy), Banquier à Sienne.
1771-1774. — 12 lettres, dont plusieurs en français.

PORTI (Antonio) :
1761-1789. — 30 lettres.

SIKKEFIO-TARUFI.
1770-1771. — 6 lettres grand format.

VERGANI (Donato), Banquier à Bologne.
1771-1777. — 20 lettres.

VIVANI (Domenico) :
1770-72 et 73. — 3 lettres.

DIVERS.
1759-1782. — 30 lettres.

FIN DE LA CORRESPONDANCE DE XAVIER DE SAXE.

INDEX ALPHABÉTIQUE

DES PRINCIPAUX NOMS DE PERSONNES ET DE LIEUX

CITÉS DANS CET OUVRAGE.

INDEX ALPHABÉTIQUE.[1]

A

Abbeville, 266.
Académie Française, 228, 231.
Acis et Galathée, opéra, 87.
Acker, 244, 316.
Acton (chevalier d'), 145.
Adélaïde de France, 109, 216, 219, 220.
Agdollo (marquis d'), 41, 154, 324.
Agen (évêque d'), 58.
Agoust (d'), 233.
Aguesseau (marquis d'), 145.
Aiguillon (duc d'), 145.
Aire (évêque d'), 61.
Aix-la-Chapelle, 73.
*Albert-Casimir, prince de Saxe, duc de Teschen, — Lettres, 70, 71, 72, — 77, 81, 138, 140, 243.
Alcouffe (d'), 93.
Alembert (d'), 280.
Alger, 229.
Aligre (marquis d'), 145.
Allart, 244.
Allemagne (empereur d'), 149.
Almanach de la cour de Saxe, 154.
Almanach royal de France, 30, 303.
Allemand (vicomte d'), 30, 257.
Alliot (Mme), 244.
Allouffe, 244.
Aloy, 244.
Amant, 244.
Amberg, 126.

Amélie de Bavière, 226.
Amélie de Saxe, 110, 219.
Amélie (princesse), 140.
Amelot, 145, 262.
Amitié (l') *à l'épreuve*, opéra, 92.
Andlau (baron d'), 145.
André, 244.
Anhalt, 194.
Anis, dit St-Jean, 244.
Angleterre, 180, 205.
Angoulême (duc d'), 281, 282, 301.
Annecy, 25.
Année (l') *littéraire*, 49.
Anonymes, 128.
Anselme, 244.
Antichamp, 244.
Antoine-Clément, prince de Saxe, 109, 110.
Antoine (infant), 170.
Antoine, comte de Porti, 123.
Antonelli (cardinal) 31, 127.
Antonio, 244.
Antonio, archevêque d'Adéra, 325.
Anvrai (Michel), 248.
Apchon (comte d'), 145.
Aranda (comte d'), 231.
Arcambat (marquis d'), 146.
Archevêque de Paris, 244.
Argenson (marquis d'), ministre, 146.
Argental (d'), 227.
Argenton (d'), 257, (en note.)
Armine, 195.
Arnoult, 244.

---

1. Les noms marqués d'un astérique sont ceux des correspondants dont on a rapporté quelques extraits des lettres.

INDEX ALPHABÉTIQUE.

Artaignan (d'), 236.
Artois (comte d'), *V.* Charles-Philippe.
Artois (comtesse d'), 282, 301, 302.
Asturies (prince des), 170, 171.
Aubert, 244.
Aubert, 301.
Aubert, frères, 244.
Auberval (d'), 186.
Aubry, 244.
Augsbourg, 73, 74, 75.
Auguste III, roi de Pologne, 12, 146.
Auguste Ruz, 244.
Aunoi (d'), 235.
Autorité (de l') *du Pape*, 50.
Autriche, 8, 174, 179.
Autriche (archiduc d'), 23, 24, 76.
Autriche (empereur d'), 14, 120, 174, 229.
Autriche (impératrice reine d'), 41, 80, 232.
Autrichiens, 73, 82, 237, 315.
Autun (Yves-Alexandre Marbeuf, évêque d'), 44, 244.
Avet, 244.
Avignon, 25.
Azzolini, 122.

B

Babillard (le), comédie, 186.
Bacon, 253.
Bagnères de Luchon, 25, 26, 305, 309.
Bailloir (de), 253.
Bâle, 25.
Barban, 253.
*Barberie (de la), 118, 245.
Barbonne, 264.
Bardon de Bellegarde (Mme), 64, 65.
Barjol, 289.
Barost, 253.
*Barruel (l'abbé Augustin de), 23, 42, 49, 50. — Lettres 51, 52, 53, — 244, 247, 256.
Bar-sur-Aube, 25.
Bar-sur-Seine, 222.
Barthès de Marmouères, 146.
Basseleine, 253.
Bastille (gouverneur de la), 295.

Baudouin (Alphonse et Claire), 112.
Beaugency, 253.
Baulny, 253.
Baumann, 253.
Baussancourt (de), 253.
Bautzen, 9.
Bavière (cour de), 126, 127, 241.
Bayonne, 26, 168, 169.
Bazaine, 253.
Béatrice (comtesse Spinucci, mère) 118, 119.
Béatrice de Saxe, 28, 59, 60, 67, 276.
Beauharnais (marquis de), 30.
Beauharnais (marquise de), 245.
Beaumont (de), 253.
Beauregard, 253.
Beaurepaire, 33.
Beck (général), 200.
Bédaro, 122.
Bela (chevalier de), 253.
Belcour, 185.
Bellancourt, 253.
Bellegarde (comte de), 3, 5, 6, 7, 40, 60, 106, 139, 210.
Bellegarde (Mlle Eglé de), 114, 115, 116, 164.
Belle-Isle (maréchal de), 12, 146, 147, 199, 212.
Belloc (l'abbé de), 44, 244, 245.
Beloselsky (prince de), 147.
Benfelden, 284, 318.
Bénigne, 264.
Bénincasa (l'abbé François), 325.
Bennigsen, (comte de), 148, 238, 321.
Benoir (chevalier de), 147.
Benoist, 253.
Benoist-Joseph d'Albret, 125.
Benzendorf, 253.
Bergamini (Alessandro), 325.
Berghe, 253.
Berlin, 9, 45.
Bernard et la Rose (affaire de), 42, 50, 65, 66, 254, 311.
Bernardins, 265.
Berne, 25.
Bernes (chevalier de), 53.
Bernetti (cardinal), 123.
Bernières, 264.
*Bernis (cardinal de), 43, 120, 147. — Lettre 148.

Berthelot, 229.
Berthier, 253.
Bertier de Sauvigny, 148, 295, 296.
Bertrand (du), 53.
Bertrand, 253.
Bertuchet (comte de), 160.
Bervic, 48.
Besançon, 25.
Besner, 253.
Bessière (de), 61.
Béthisy (sœur de), 65.
Bethmann, 245.
Beuveilles, 69.
*Beust (Frédérique, baronne de), 246.
Bezenval (de), 253.
Bianconi (comte de), 41, 325.
Bidas (de), 253.
Bidel, 253.
Biémont, 253.
*Bien-Connue (la), 128, 129, 130, 131.
Bignon, 227.
Billiard, 278.
Binsel, 96.
Birague (de), 229.
Biron (duc de), 148, 149, 181, 227.
Blainville, 185.
Bléau, 118.
Blétry, 253.
*Block (général de), 129, 153, 154.
Boccard (l'abbé François-Xavier de), 246, 247. — Testament, 248, 249, 250.
Boccard (chevalier de), 249.
Boccard (Ignace de), 248.
Boccard (Simon de), 248.
Bodin, 253.
Bohême, 136.
Bohmer, 233.
Boisclaireau, 253.
Boileau, 253.
Bois-Girault (Mme de) 215.
Boisjouvin, 252.
*Boisse (marquis de), 32. — Lettre 149.
Boisse (vicomte de), 150.
Bolza (comte de), 138.
Bomand, 253.
Bondi, 85.
*Bonneau (de), 154, 155, 156.

Bonnefoy, 253.
Bonneville, 253.
Bons-Davy, 253.
Borbeck, 79.
Bordas, 253.
Bordeaux, 169.
Borde (de la), 281.
Bordeux, médecin, 19.
Borgia (cardinal), 119.
Boschi (cardinal), 325.
Boscovith (l'abbé), 165, 325.
Boselli (cardinal), 119.
Bosen, 83.
Boser (Johann-Gottfried), 324.
Bottger (baron de), 321.
Bottlob (Frédéric de), 321.
*Boudet, 17. — Lettres, 254, 255.
Bouflers (chevalier de), 267.
Bouguerel, 253.
Bouillé, 253.
Boulcier, 254.
*Boullard, 250, 251.
Boullongne (de), 150, 207, 258.
Boulogne, 15, 48.
Bouquet, 254.
Bourbon (de), 150.
Bourbon (Mlle de), 278.
Bourdier, 254.
Bourgeois, 254.
Bourgl, 254.
Bourgogne (duc de), 181, 182.
Boussiron, 254.
Boutaric, 8 (en note), 264 id.
Bouthillier de Chavigny, 18, 307 (note).
Boynes (de), 199.
Brancas (comte de), 107.
Brancas (duchesse de), 85.
Branuki (général), 176.
Brasseur, 251, 252.
Bratkowsky (de), 183, 252.
Bray, 308.
Brédat, 116.
Bréhat (Ile de), 196.
Brentano, 277.
Breslau, 194, 195.
Brest, 237.
Bretagne (affaires de), 25, 152, 183, 184.
Bretèche (de la), 252.
*Breteuil (baron de), 62. — Lettre 150, — 232.

INDEX ALPHABÉTIQUE.

Bretonnière (la), 150, 151.
Breunr (A.-S.), 321.
Brichard, 254.
Briel (de), 254.
Brien (O.), 254.
Brienne (Loménie de), 44, 45.
Brienne (comte de), 45, 151.
*Brienne (comtesse de), 252, 253.
Brisard, 186, 207.
Brisson, 256.
Broé (de), 254.
Broglie (maréchal duc de), 10, 11, 43, 45, 104, 151, 152, 195, 199, 206, 207, 231.
Brohen, 254.
Brown (de), 103.
Bruggen (de la), 153, 199.
*Brühl (comte de), 6, 12, 157. — Lettres, 158 à 163, 208, — 209, 211.
Brühl (comtesse de), 157, 163.
Brühl (Charles de), 164.
Brühl (Marurice de), 164.
Brumath, 92, 65, 282, 283, 317, 318.
Brunière, 153.
Brunswick (château de), 263.
Brunswick (duchesse de), 252.
Bruys, 253.
Bude, 70.
Bussang, 284, 318.
Bussevent (chevalier de), 153.
Bussy, 254.
Bussy (Dominique), 255, 256.
Bussy-le-Repos, 252.
Byrn (O.), 254.

C

Cabrit, 257.
Cadix, 231.
Caen, 237.
Cagliostro (comte de), 94.
Caillot, 199, 162.
Cajot (dom), 45, 256.
Calais, 32, 33, 47.
Calas, tragédie, 267.
Calenberg (comte de), 164.
Calonne (de), 164.
Cambrai (archevêque de), 58.
Camuzat, 257.
Cancale, 151.

Capucins-St-Honoré (district des), 34, 288, 296.
Caraman (comte de), 30, 290, 291, 303.
Carlich, 79, 96.
Carmes, 88.
Caroline de Savoie (princesse), 110.
Caron (Mlle), 278.
Carosé (de), 164, 165.
Carrière, 257.
Carteron, 257.
Casanova, 257.
Cassel, 11, 81, 163, 193, 299.
Castel (van), 257.
Castries (marquis de), 165, 232, 234.
Catéchisme de droit, 255.
Catherine II, impératrice de Russie, 180, 181.
Cauvin, 257.
Caux (chevalier de), 61.
Cazal, 145, 257.
Cecchi et Fils, 257.
Cécile de Saxe, 27, 28, 65, 114, 115, 116, 259.
Cent-Suisses, 248, 249.
*Céram (J., évêque de), 256.
Cézembre, 167.
Chabot (vicomte de), 192.
*Chabrillan (comte de), 165, 166.
Chabrillant (de), 45.
Chacenay (de), 222.
Châlons (évêque de), 85.
Chambéry, 25.
Champbenoist (abbaye de), 68.
Chanteloup, 221.
Chantilly (couplets faits et chantés à), 267, 268.
Chapelle-Godefroy (la), 273.
Chardon, 258.
Charles-Christian de Saxe, duc de Courlande, 72, 73, 103, 181.
Charles-Philippe, comte d'Artois, plus tard roi de France, sous le nom de Charles X, 23, 24, 86, 108 (note), 110. — Voyage en Espagne pour se rendre au camp de Saint-Roch 168 à 171 — 232. — Piquante anecdote, 308, — 312.
Charles IV, roi d'Espagne, 110.
Charles (prince) ? 71.
Charles-Théodore, comte palatin, 166.

INDEX ALPHABÉTIQUE. 333

Charlotte de Lorraine, 38 (note).
Chames, 258.
Charollais (comte de), 278.
Charollais (Mlle de), 278.
Charpentier (Mme), 256.
Chartres (évêque de), 53.
Chartres (duc de), 87, 174.
*Chasteigner (comte de), 166, 167.
Chastellux-du-Mesnil, 258.
Châtelet (du), 236.
Châtelet (sentence du), 294.
Chaumot (château de), 17, 41, 42, 46, 65, 113, 118, 128, 230, 251, 252, 254, 261, 262, 275, 289, 300, 304, 306, 307, 308, 310.
Chébré, 258.
Chemnitz, 81.
Cher-Cœur, 131, 132, 133, 134.
Chevalier (le) à la mode, comédie, 186.
Chevert (de), 104.
Chigi (Alessandro), 325.
Chigi (Violante), 325.
Chimay (princesse de), 291.
Choiseul (duc de), 12, 24, 40, 97, 105, 106, 158, 159, 161, 162, 167, 168. — Intrigues de cour, 188, 189, 190, — 192. — Audience accordée à M. de Martanges, 201 à 215 — 218, 219, 220.
Chrétien, 258.
Choiseul-Stainville (comte de), 190, 191.
Choiseul-Stainville (comtesse de) — Intrigue avec le comédien Clairval, 190, 191, 192, 215.
Chollot, 258.
*Christine, princesse de Saxe, abbesse de Remiremont ; 16, 17, 19, 20, 21, 22, 44, 46, 70, 84. — Lettres 86 à 96 — 195, 216, 217, 221, 271. — Détails de ses funérailles, 282 à 286. — Autres détails sur sa mort et ses obsèques, 317 à 320.
Christine-Sobine de Saxe, 28, 57, 60, 118.
Cimaroli (Joseph-Brentano), 277, 326.
Cioja (Fortunato), 326.
Claire-Marie de Saxe, 28.
*Claire-Marie de Spinucci, comtesse de Lusace, 13, 15, 16, 25, 26, 27, 29, 46, 56, 66, 76, 77, 79, 82, 83, 97. — Lettres 112 à 118 — 119, 124, 125, 126, 222,

254, 260, 261, 270, 276, 289, 301, 305, 309, — maladie secrète, 311, — 313, 317.
Clairon (Mlle), 185, 186, 187, 188, 267.
Clairval (intrigues du comédien), 190, 191, 192.
Clément XIV, pape, 119.
*Clément-Venceslas, prince de Saxe, archevêque-électeur de Trèves, 14, 40, 41, 45, 73, — Lettres 74 à 80, — 99, 101, 164, 197, 274.
Clerc, 296.
Clicquot, 257.
Clouet (l'abbé), 43, 53.
Clugny, 168.
Cluny, 262, 289.
Coblentz, 96.
Coëtlogon, 258.
Colandre (Mme de), 183.
Collection ecclésiastique, 50.
Collet, 258.
Collier (affaire du), 80, 98, 232, 233, 234, 245.
Colmar, 284, 318.
Cologne (électeur de), 14.
Comédie-Française, 279.
Comet ainé, 258.
Commercy, 89.
Compiègne, 263.
Condé-Dragons (régiment de), 240.
Condé (princesse de), 182.
Conflans (marquis de), 32, 98, 226.
Constance, 25.
Contades (maréchal de), 11, 104, 168, 199.
Conti (prince de) 230, (note).
Conti (princesse de), 278.
Contris (l'abbé), 257.
Cook du Billy, 146, 257.
Cooke (Mme de Butler de), 257, 146.
Corbin, 258.
Coriolis de Séran, 258.
*Corlieu (chevalier de) ; — Intéressants détails sur un voyage en Espagne avec la suite du comte d'Artois, 168, 169, 170, 171. — *Epître satirique à Messieurs du camp de St-Roch*, 172, 173.
Cornan, 252.
Corny (chevalier de), 173.
Corpel, 258.
Costel, 258.

*Coudray, 258.
Councler et Cⁱᵉ, 258.
Courtenay, 250, 261, 275, 304.
Courtoin, 252.
Courtois, 275.
Coutant, 258.
Crancey (baronnie et commune de), 26, 27, 288, 289.
Crents (comte de), 227.
Crillon (duc de), 172, 223.
*Crolbois (de), 173, 174.
*Cuming (William de), 32, 114, 115, 197, 224, 240, 258. — Lettre 259 — 290, 298, 316.
Cunégonde, princesse de Saxe ; 46, 60, 79 (note), 96, 97.
Cunégonde de Saxe, 26, 28, 276, 301.
Czartorisky (prince Adam), 155, 156, 163.

D

Damécourt, 62.
Damour, 263.
Danemarck, 179, 180.
Danemarck (roi de), 280.
Danring (Heinrich-Moritz), 321.
Dantzig, 157.
Darmstadt (landgrave de), 92.
*Dauche, curé de Pont ; 42, 43, 259. — Lettres, 260, 261.
Daun (maréchal), 8, 10, 73, 81, 82, 143, 158, 164.
*Dauphin. V. Louis, dauphin de France.
*Dauphine. V. Marie-Josèphe de Saxe, dauphine de France.
David, 263.
Deconchy, 263.
Decorde, 174.
Deferré de Charmoy, 261.
Delaroche, 263.
Delarue, 263.
Delpech-Duplessis-Lelay (Mᵐᵉ Marie-Madeleine), 17, 262.
*Demauroy (vicomte), 53. — Lettres, 54, 55, 152.
Dembowsky, 263.
Denis, 263.
Depoilly, 262.
Desguerrois, 263.
Desinçay, 263.
Des-Issarts, 263.

Detaille, 263.
Deux-Ponts (duc de), 25, 82, 98, 110, 174, 269, 279.
Deux-Ponts (princesse de), 77.
Deux-Siciles, (roi des), 39.
Devarenne, 263.
Devaux, 263.
Devarville, 263.
Diesbach (de), 248.
Dieudonné, 263.
Digne (évêque de), 108.
Dinan, 26, 151, 317.
Dinan (Mᵐᵉ Magdalena), 321.
Divoux, 263.
Dollet, 263.
Dollot, 263.
*Dominique Spinucci, évêque de Macérata, 27, 43, 77, 119. — Lettres, 120 à 125. — 147, 259, 260, 261, 271, 325.
Donat, 263.
*Donop (comte de), 175.
Dongyne (Ferdinand), 326.
Dormans (château de), 17, 254, 308.
Douglas (de), 230.
Drais, 263.
Dresde, 6, 8, 9, 10, 40, 41, 85, 95, 96, 197, 277, 293.
Drouas de Savigny, 263.
Drummont, 263.
Dubarry (Mᵐᵉ) ; 21, 281, 302.
Dubois, comédien, 185, 267.
Dubois (Mˡˡᵉ), 186.
Dubois-Salbert de Forges (Mᵐᵉ), 262.
Duclos-Dufresnoy, 262.
Duclos fils, 263.
Ducker (Frédéric, baron de), 263.
Duhamel, 263.
Duhantoire, 263.
Duiet, 263.
Dumay, 263.
Dumuy (maréchal) ; 104, 175. — Epitaphe en vers, 282.
Duplessis, 263.
Duplessis-Lelay, comte de Guébriant, 262.
Dupuis, 263.
Duras (Mᵐᵉ de), 62.
Durazzo (Jacques-Philippe), 262, 263.
Durfort (comte Louis de), 263.

Durfus (baron de), 263.
Dusseldorf, 197.
Duval (l'abbé), 263.
Duval de Rhumilly, 263.
Dyhern, 10.
Dyskiewiez (Joseph), 321.

E

Eckart, 175, 176.
Egra, 9
Egriselles, 294.
Einsiedel (comte d'), 159, 264.
Elisabeth de France, 219.
*Elisabeth-Marie, princesse de Saxe ; — Lettres, 97, 98, — 136, 255.
*Elisabeth de Saxe, duchesse d'Esclignac ; 26, 28, 30, 31, — Lettre 60, 61, — 62, 63, 67, 72, 73, 148, 258, 263, 264, 276, 286, 291, 303, 304, 315.
Elliot (général), 172.
Elwangen, 77.
Emmerich, 264.
Endemione, pastorale, 99.
Enfant-Rouge (l'), 148.
Entraigues (marquis d'), 29, 291.
Eon (le chevalier d'), 230.
Epinal, 89.
Epoigny, 264.
Elisabeth-Sophie-Marie, duchesse douairière de Brunswick, 263,
Erbach (comte d'), 224, 312.
Ercoland, 16.
Erdal (Mme), 129, 131.
Erlach, 194, 195.
Erlinge, 138.
Ervanville, 290.
Eschenauer, 264.
Esclignac (Henri, duc d'), 31, 60, 61, 62, 274.
*Esclignac (Legardouch, vicomtesse d'), 61, 62, 63.
Espagne, 169, 170, 180, 186, 215.
Espagne (ambassadeur d'), 228.
Espagne (roi d'), 40, 73, 171.
Esparbès (Mme d'), 188, 189.
Espréménil (d'), 234.
*Essen (baron d'), 79, 96, — Lettres, 176, 177, 178.
Estaing (comte d'), 171, 172, 221, 222, 231.

Estanson (d'), 178.
Este (Hercules d'), 178.
Etats-Généraux, 175, 176.
Etraye, 318.
Eveillard, 264.
Evêque de Troyes, 245, 264.
Evêque de Saintes, 264.
Evêque (fort l'), 186, 187, 188.

F

Fain, 270.
Falckenhayn (baron de), 178.
Fallini (Giovani), 326.
Fallois (de), 264.
Fariat, 270.
Favel, 270.
Faverolles, 288.
Favi, 270.
Favier ?, 270.
*Favier (de), 103, 264, — Lettres 265, 266, 267.
*Favier (Mme), 41, — Lettre 65, 66, — 67, 68, 277.
Favras (de), 310.
Favre, 268.
Fay (sœur de), 68.
Félix, 33.
Ferdinand, archiduc d'Autriche, 178.
Ferdinand (prince), 153, 154.
Ferdinand de Rohan, cardinal-archevêque, 17, 42, 58, 80, 165, 232, 233, 245, 268, 287.
Fermo, 43, 113, 120, 121, 122.
Ferrand, 270.
Ferrare, 15.
Ferré, 270.
Ferronnays (marquis de la), 178.
Fintz, 283.
Firmin-Didot, 18 (note).
Fitz-James (duc de), 48, 179, 187.
Flavie, 99.
*Fleming (comte de), 179, 180, 181.
Fleury, 270.
Fleury (duc de), 144, 270.
Fline, 270.
Florence, 15, 17, 84.
Foacier, 269.
Fœrstemann (docteur Ernst), 47 (note).

23

Fol, 270.

Folard (Mme de), née Mantier, 269.

Fontainebleau, 46, 86.

*Fontenay (général de), 102, 108, 109; — Lettres : sur la maladie du duc de Bourgogne 181, 182; sur la prise de Montréal et de Pondichéry 182; sur le mariage projeté du marquis de Nicolaï 183 ; sur un édit de finances, 183 ; chanson sur le contrôleur général Laverdy, 184, 185 ; sur un conflit des comédiens au Théâtre-Français, 185 à 188 ; sur des intrigues de cour 188 à 190 ; sur une intrigue de la comtesse de Choiseul avec le comédien Clairval 190 à 193 ; — 211, 312.

Fontette, 233 (note).

Forback (Mme de), duchesse douairière de Deux-Ponts, 269.

Forel (baron de), 3, 12, 40, 193, 248, 249.

Forell ?, 270.

Foschi (Alessandro), 326.

Foulon, 62, 194, 207, 295.

Fouquiau, 270.

Français, 80.

France (cour de), 8, 9, 13, 158, 159, 160, 161, 179, 180, 189, 193, 200, 220, 213, 242.

*France (reine de), *V.* Marie-Leczinska et Marie-Antoinette.

France (roi de), *V.* Louis XV et Louis XVI.

Francfort, 10, 45, 80.

Franck, 269.

*Franck (veuve), née de Turckeim, 269, 270.

François-Joseph, empereur d'Autriche, 70, 71, 72, 76, 302.

Françoise de Corvin Craninska, duchesse de Courlande, 72.

*François-Xavier, prince de Saxe, comte de Lusace, cité dans tout l'ouvrage. — Lettres au roi son père, 4, 5, 6, 7. — A sa mère, 7. — A Morisseau, 9, 10, 11. — Au Dauphin, son beau-frère, 12. — A la Dauphine sa sœur, 13. — A l'Empereur d'Autriche, 14, 15. — Au roi de France, 15. — Au duc de Choiseul, 15. — A l'abbé de Barruel. 23, 24. — Au colonel Saiffert, 24, 25. — A sa sœur Cunégonde, 26. — A sa sœur Christine, 16. — (Sur la maladie et la mort de Louis XV, 19, 20, 21, 22 et 23), 28, 29, 30. — A son fils le chevalier de Saxe, 32, 33. — A sa femme, 114, 115. — A M. de Martanges sur la mort de la Dauphine, 215, 216.

Frankenberg, 5.

Frédeau, 176.

*Frédéric II, roi de Prusse, 9, 81, 82, 85, 138, 157, 158 ; — Lettre, 194, 195. — 213, 280.

Frédéric-Auguste III, électeur de Saxe, roi de Pologne, 3, 8, 12, 39, 40, 46, 107, 139, 152, 158, 162, 163, 208, 209, 313, 314.

Frédéric-Auguste IV, électeur et ensuite roi de Saxe, 29, 76, 77, 110, 227, 311, 312.

*Frédéric-Christian, électeur de Saxe, 5, 6, 8 ; — Lettres, 80, 81, 82, — 99, 101, 314.

Frédéric, landgrave de Hesse, 193.

Freisingen, 73, 74, 75.

Frémeur (marquis de), 193.

Frenaye, 270.

Freyberg, 137.

Fribourg, 25.

Furstemberg (prince de), 262.

G

Gabriel (don), 170.

Gagnol, 273.

Gaillardet, 230 (note).

Galaisière (Chaumont de la), intendant d'Alsace ; 44, 95, 195, 285, 286, 320.

Galifet (de), 117, 118.

Gallaire, 273.

Garault (Mme la comtesse de), 290.

Gau, 273.

Gaudelet, 273.

Gault, 270.

Gaultier, 273.

Gaumont, 273.

Gauthier, 273.

Gazette de France, 822.

Gédry, 293.

Geerth, 273.

Gelannes, 264.

Gênes (ville de), 42, 263.

Genève, 25.

Geneviève, 114, 115.

Gent, 273.

Gentier, 273.

Gérard, 273.
Gérard de Leau, 273.
Gersdorff (Auguste de), 195.
Gervilliers, 273.
Gervinus, 273.
Gèvres (cardinal de), 183.
Giamboni, 273.
Giargot, 117.
Gibraltar (ville et siège de), 168, 171, 172, 173, 223, 232.
Giesel, 270.
Giétuleurier, 273.
Gillotte de Larcinerie, 270.
Giraud (cardinal), 43, 270.
Gironne, 273.
Giuseppe (comte de Spinucci père), 125, 126, 127.
Glascow, major, 179.
Globig, 273.
Glück, 23.
Goaslard, 234.
Gobelins, 88.
Gobin, 273.
Gochnat, 273.
Goertzig (comte de), 15, 310.
Gohr (baron de), 271.
Gondé (de), 196.
Gontault (duc de), 279.
Gotha, 5.
Gothul (August), 321.
Gotthard, 273.
Gottlieb (Johann), 321.
Gottlob ?, 273.
Goudard frères, 271.
Goyon (de), 196.
Graffenstaaden, 318.
Graft, 273.
Grancher, 273.
Granges (les), 25, 116, 222, 308.
Grasse (amiral), 232.
Gravel, 294.
Gréau, 273.
Grégoire, chanoine, 128.
Gregorio (comte Spinucci), 126.
Grégory, 273.
Grégory (Albert-Frédéric), 273.
Grenade (combat naval de), 222.
Grenoble, 25.
Grés (les), 308.
*Gressard (l'abbé Maurice), 271, 272.

Grodno, 155.
Groselheim, 10.
Grutschler (Johann-Friedrich), 321.
Guéménée (prince de), 192.
Guéménée (princesse de), 192, 193.
Guénard, 273.
Guérin, 272.
Guérin-Duménil, 272.
Gucuserie (Mlle de la), surnom de la princesse Christine, 87, 89.
Guignes (comte de), 301.
Guillard, 273.
Guillelmi, 99.
Guillemot, 278.
Gunther, 273.

H

Haddick (général), 9, 45.
Haguenau, 165.
Haillecourt, 273.
Ham, 167.
Hanovre, 80.
Haquin, 273.
Harcourt (milord) 229.
Hasbert (Johann-Friedrick), 322.
Haussler (baron de).
Hayaux, 273.
Hayn, 15.
Hédasque, 249.
Hedwig (princesse), 299.
Heinsius, 322.
Hémel (d'), 249.
Hennin, 273.
Henri II, roi de France, 162, 233.
Henri IV, roi de France, 230.
Henriot, 234.
Henry (margrave), 194.
Héraldin, 322.
Hérard, 273.
Herbillon, 273, 305.
Herbillon (l'abbé), 273.
Herbin, 55.
Herculanum, 46.
Hermann, 33, 273, 322.
Hertz, 248, 249.
Herwath (Mme d'), 283.
Hessaldin, 273.
Hesse, 193.
Hesse (prince de), 58, 196.
Hesse (Mme la landgrave de), 273.
Hétry, 273.
Hetzer, 322.

… 338 … INDEX ALPHABÉTIQUE.

Hewald, 154, 265, 322.
Hewald (Mlle), 320.
Hildeshein, 74.
Histoire du clergé de France, 50.
Hœusler (Carl-Gottlieb, 322.
Hofmann, 273.
Hollande, 79, 174.
Holstein (prince de), 196.
Hongrie, 70.
Houel, 273.
Houy, 273.
Houzelot, 273.
Hubertsbourg, 163.
Huiron, 308.
Hund, 273.
Hurion (curé de Pont), 42, 43.
Hutelin, 273.

I

Ill (rivière), 55.
Inspruck, 71.
Invalides, 88.
Italie, 15, 113, 310.

J

Jabot, 273, 274, 315.
Jaillant, 273.
Jahn, médecin, 322.
Jardes, 174.
Jauberthou, 274.
Jean-Adolphe ? 196.
Jean-Jacques Rousseau, sobriquet du comte de Choiseul, 191.
Jean-sans-Terre, surnom du prince Xavier, 87, 89.
Jefurtz, 276.
Jersey (île de), 151, 166.
Johann-Michaël Loss, 255.
Johin, 276.
Joly de Fleury, 174, 196, 285.
Joseph, 118.
*Joseph, évêque d'Augsbourg, 274, 275.
*Joseph-Xavier, chevalier de Saxe; 27, 28, 30, 44, 45. — Lettre, 48, 49 — 51, 52, 54, 55, 56, 57, 80, 98, 111, 152, 165, 226, 227, 242, 276, 302, 303, 304.
Josèphe, impératrice d'Autriche, 72.
Joséphine-Anne, 101.
Joueur (le), drame, 186.
Joully-Devarennes, 275.

Journal ecclésiastique, 49.
Jumécourt (de), 196.
Juniès, 276.
*Jurkowsky, 25. — Lettre, 275, 276.
Just, 197.

K

Kallert (Charles-Chrétien), 255.
Karrer, 277.
Kavanagh, colonel, 10.
Kelchner, 277.
Keller, 277.
Keller, général prussien, 194.
Keppel (amiral), 221.
Kernel, 278.
Kinsky (princesse de), 192.
Kister, 277.
Knolt, 277.
Koch, 54.
Kœnig, 195.
Kœnig (de), 277.
Kohrtyol, 5.
Kollonrath (Mme), 277.
Komarzenski (général), 156.
Konigsfeld (d'Eyck de), 277.
Kopft, 277.
Korlowsky, 277.
Kornmann, 277, 303.
Kozminski (l'abbé), 155.
Krohne (baron de), 255.
Kustner, 277.

L

Labano-Navarre, 63.
Lachapelle (Carl), 324.
Lachausse, 287.
Laforge, 287.
Lagnasc (abbé de), 108.
Lagnasco (comte de), 197.
Lahogue, 287.
Lallemand (l'abbé), 44, 55, 56, 244, 264.
Lamballe (princesse de), 215.
Lambert ? 287.
Lambert (de), 197.
Lambert, contrôleur des finances, 197.
Lamberti (marquise de), 278.
La Martinière, 18 (note).
La Motte (comtesse de), 233, 234.
Lamotte-Fouquet, 164.

INDEX ALPHABÉTIQUE.

Lamotte-Piquet, 225.
La Motte (Mme la générale), 181.
*Landenberg (baron de), 282. — Lettre, 283, 284, 285, — 286, 319.
Landon (général), 73, 164.
Landwerhagen, 11.
Lange, 287.
Lange (curé), 287.
Langeron (marquis de), 198.
Langres, 25.
Languedoc (canal de), 291.
La Rochefoucauld (cardinal de), 58.
La Rochefoucauld (sœur de), abbesse du Paraclet, 286.
Larguillon-Lefèvre, 287.
Laurenceau, 287.
*Laurens (du) ; 41, 277. — Lettres : Légitimation de deux filles du comte de Charollais, 278 ; le duc de la Trémouille soupçonné de tromperie dans une partie de jeu, 278 ; statue érigée à Voltaire par les gens de lettres, 279 ; fêtes du mariage du Dauphin, richesse et pesanteur des habits de cour, 279 ; épitre de Voltaire à Mme Necker, 280 ; lettre en vers du même à Mme Dubarry 281 ; naissance du duc d'Angoulême, 282 ; épitaphe en vers pour le maréchal Dumuy, 282.
Laurent-de-la-Croix, 287.
Laurent, 287.
Lausanne, 25.
Lauzun (comte de), 190.
Laverduré, 287.
Laverdy, contrôleur général, 183, — Chanson sur lui, 184, 185.
Laverne frères, 287.
Law, 287.
Leclair (la), 155, 156.
Leclerc (Louis), dit la Rose ou l'Enfant-Rouge, 293.
Lecourt, 287.
Lefebvre, 286.
Lefert, 287.
Legrand, 286.
Lehoc, 287.
Leipsig ; 81, 138.
Lemaier, 287.
Lemoce, 287.
Lemot (Edme-Louis), 34, 287, 315.
Lenoir, 198.

Lépine, 287.
Le Quin, 186, 187, 267.
Leriche, 287.
Lesage, 287.
Lettres provinciales, 50.
Lettres sur le divorce, 50.
Lévis (duc de), 30, 303, 304.
Leytour (évêque de), 58.
Liège, 74, 78.
Ligue (prince de), 198.
Limberg, 77.
Lincke (Paul-Christian), 322.
Lindenau (Henri, comte de), 287.
Linelli (comte de), 287.
Linsingen (baron de), 198.
Lipsky (comte et comtesse de), 198.
Lithuanie, 157.
Lochmann (Benedict-Bottlob), 322.
Longdnut, 287.
Londres, 317.
Lorient, 151.
Lorraine, 142, 143.
*Loss (comte de), 198, 199.
Louis, 287.
Louis-Auguste, duc de Berry, 110, 111.
*Louis Dauphin de France, 4, 12, 40, 86, 90, 95, 99, 102, 103. — Lettres, 106, 107, — 108, 181, 182, 241.
Louise-Marie de France, 86, 109.
*Louis XV, roi de France, 8, 15, 19, 20, 21, 22, 41, 72, 86, 92, 96, 175, 176, 182, 183, 193. — Lettre, 199, — 217, 228, 229, 230, 241, 264 (note), 267, 278, 281.
*Louis XVI, roi de France, 18 (note). — Lettre, 27 — 34, 42. — Permission, 64 — 78, 79, 93, 94, 95, 96, 219, 222, 223, 227, 228, 232, 237, 264 (note), 279, 285, 286, 301, 302, 318, 320.
Louis-Rupert, abbé de Saxe, 27, 28, 30, 32, 33, 44, 49, 50, 51, 52, 56, 57, 58, 59, 122, 124, 125, 240, 264, 276.
*Louis-Stanislas, Monsieur, comte de Provence, plus tard roi de France sous le nom de Louis XVIII, 23, 24. — Lettre, 111, — 302, 304.
Louvre (salon de peinture au), 229.
Lowemberg, 9.
Lubomirska, princesse palatine de Lublin, 155, 156, 287.

INDEX ALPHABÉTIQUE.

Luchezini, 157.
Lucrezia Ciccolini, 126.
Lulli, 87.
Lunéville, 73 (note), 91.
Lusace, 3.
Lusace (comte de), *V.* François-Xavier de Saxe.
Lusace (comtesse de), *V.* Claire Spinucci.
Lusko, 157.
Lutersberg, 168.
Luxembourg, 88.
Luxembourg (prince de), 58.
Luynes (cardinal de), 58, 69, 287.
Luynes (duc de), 200.
Luyt, 287.
Lyon, 113.
Lyon (l'archevêque de), 44.
Lystitz, 82.

M

Macérata, 119, 120, 122, 124, 125, 127, 147.
Macérata (évêque de), *V.* Dominique Spinucci.
Magdebourg, 9, 213.
Maillardoz (de), 248.
Mailly (de), 171.
Malesherbe, 262.
Malfiley, 293.
Malgrange, 89, 142, 143.
Malminoux, 268.
Maloët, 288.
Malte (ordre de), 30.
Manheim, 130, 131.
Marainville (de), 105, 225.
*Marchand, 288.
Marcolini (comte), 29, 293, 326.
Mardelin, 250, 251.
Mardeuil (Fagnier de), 288.
Margot, 293.
Maria Spinucci, comtesse de Porti, 120, 121, 122, 123, 126.
Marie-Amélie de Saxe, 111.
Marie-Amélie-Auguste de Deux-Ponts, électrice de Saxe, 111.
Marie-Amélie de Saxe, reine de Naples, 16, 98, 99.
Marie-Anne de Saxe, 15, 26, 28, 30, 31, 61, 63, 64, 65, 67, 118, 119, 127, 148, 276, 304, 315.
*Marie-Anne Sophie, électrice de Bavière. — Lettres, 99, 100, 101, — 134.

Marie-Anne-Thérèse de Saxe, 112.
*Marie-Antoine de Bavière, électrice de Saxe, 13, 77, 80. — Lettres 82, 83, 84, — 110, 153, 154, 215, 269.
Marie-Antoinette d'Autriche, reine de France, 233, 302.
*Marie - Antoinette d'Autriche, reine de Pologne ; 6, 46. — Lettres, 108, 109, 158.
Marie-Auguste de Saxe, 110.
Marie-Caroline de Savoie, 112.
Marie - Christine, archiduchesse d'Autriche, 70, 72, 77.
Marie-Clotilde de Savoie, 112.
Marie-Elisabeth (infante), 170.
Marie-Josèphe de Saxe, dauphine de France, 4, 8, 11, 17, 40, 77, 91, 99. — Lettres, 102 à 106, 108, 159, 163, 182, 193, 213, 215, 216, 217, 218, 219, 220, 241, 314.
*Marie-Leczinska, reine de France. — Lettres, 107, — 143, 155.
Marie-Thérèse, impératrice d'Autriche, 70, 200.
Marie-Thérèse de Savoie, 112.
Marigny (de), 293.
Marly, 86.
Marnay, 150, 264, 273.
Marsangy, 293.
Marschwitz, 195.
*Martanges (de), général-major, 8, 11, 12, 41, 85, 105, 107, 150, 200. — Compte-rendu d'une audience du duc de Choiseul, 201 à 215 — 216, 217, 218, 219, 220, 224, 226, 240.
Martanges (Mme de), 220, 221.
Martin (curé).
Martin, 293.
*Maruscha, 134, 135.
Maucksch, 293.
Maucler, avocat, 43, 289, 290.
Maugin, 293.
Maurice de Saxe, maréchal de France, 41.
Maurepas (comte de), 43, 200.
Maximilien de Saxe, 111.
Maximilien - Joseph, électeur de Bavière, 99, 100, 101, 126.
Mayence (électeur de), 14.
Mayeu fils, 293.
Mayure, 293.

INDEX ALPHABÉTIQUE.

Mazarin (duchesse de), 190.
Mazelle père, 146.
Meerfeld (de), 322.
Méguard, 293.
Mehner (Johann-Christian), 322.
Mellereau (seigneur de), 313, 314.
Mémoire pour servir à l'histoire de Saxe, 264.
Mémoire sur le Jacobinisme, 49.
Menus-Plaisirs (théâtre des), 272.
Mérainville, 290.
Merci (de), 25.
Mercier, 293.
Mercy (Mme de), abbesse de Ville-Chason, à Provins, 290.
Mérin, 293.
Merkoff (de), 173.
Merville (Mme), comtesse de Garault, 68, 69.
Mesnage, 293.
Messine, 232.
Metz (de), 168.
Mévolhon (de), 56.
Meynier, 293.
Mignot, abbé de Scellières, 231, 290.
Milan, 15.
Minay, 268.
Minden, 11, 81, 163.
*Mirabeau (Victor-Maurice Riquetti Caraman), 290, 291, 292.
Mirandole, 113.
Mirepoix (Mme la maréchale de), 191.
Mirkow (de), 149.
Miroménil (duc de), ministre, 43, 44, 221.
Misnie, 15.
*Missonnet, 292.
Mittey, 293.
Mœvus, 293.
Moisnet de Platbuisson, 59, 293.
Molé, 186, 187, 267.
Mollevaut, 250, 251.
Mondar, 59.
Mondeville, 88.
Mondon (de), 294.
*Monsieur, *V.* comte de Provence.
Montandos (Mme de), 294.
*Montaut (comte de), 18, 104, 221. Lettres, 222, 223.
Montbarrey (prince de), 43, 223, 293.

Montbazon (princesse de), 233.
Mont-Cassin, 16.
Montchenu (marquis de), 224.
Montesquiou (marquis de), 224.
Montesson (Mme la comtesse de), 294.
Monteynard, 224.
Montgérin (fief de), 273, 289.
Montigny-Lencoup, 56.
Montmorin (de), 62, 170, 224.
Montorges (religieuses de), 248.
Montpellier, 25.
Montpezat (duc de), 224.
Montréal, 182.
Mont-Saint-Michel, 176.
Moravie, 9.
Moreau, 294.
Moreau de la Rochette, 261, 293.
Morin, 294.
Morisseau (Jean-Charles, 9, 45, 293.
Mortemart (duc de), 224.
Morton (de), 172.
Mostouski (comte), 25.
Motet, 294.
Mouchy (maréchal de), 168.
Mourdin, 294.
Moyen, 294.
Munich (ville et cour de), 41, 99, 126, 226.
Muirzek (comte de), 156.
Muller (Anna-Maria), 322.
Munster (Mlle de), 131.
Mursh, 294.

N

Naples, 15, 16.
Naples (roi de), 16.
Narbonne (duc de), 222, 224.
Nassau (prince de), 58, 151, 166, 170, 171.
Nawatzki (Carl-Michaël), 324.
Necker, 62, 194, 225, — Epigramme en vers, 229, 231.
Necker (Mme), 280.
Neisz, 194.
Neufchatel, 25.
Neumann (John-Gottlob), 323.
Neuville-en-Bresse (chapitre de), 30, 44, 64, 304.
Niare, 294.
*Nick, 118. — Lettres, 294, 295, 296.

Nicolaï (marquis de), 183, 225.
Nicolas Chantate (abbé), 297.
Nimes, 25.
Nistitz, 297.
Nivernais (duc de), 230.
Noailles (duc de), 92, 225.
Noailles (marquis de), 301.
Noël, 297.
Nogent-sur-Seine, 116, 271, 289, 292, 293, 308.
Nollent (Thérèse-Joséphine de), 69, 70.
Notre-Dame de Paris, 87.
Notre-Dame de Pont (prieuré de), 50.
Nouvelles à la main, 279.
Nuit (la), tableau du Corrége, 87.

O

Oberg, 10, 45, 104.
Ode sur l'avénement de Louis XVI, 50.
Ohlau, 195.
Ogé, 297.
Opéra (incendie de l'), 174, 300.
Opéra (description de l'), en vers, 266, 267.
Olenschlager, 297.
Olivet (d'), 297.
Orange (Guillaume V, prince d'), 225.
Orange (Frédérique-Louise d'), 225.
Oratoire (général de'), 44.
Orléans, 237.-
Orléans (duc d'), 46, 87, 175, 176.
Orléans (duchesse d'), 235, 236.
Orloff (prince d'), 154.
Ormesson (d'), 174, 225.
Orten (Henry d'), 297.
Orsi (Giusto), 326.
Ossun (Mme d'), 297.

P

Pacifique, 300.
Paillot, 300.
Palais-Royal, 87.
Pampelune, 26.
Pandore, opéra, 281.
Panlick, 300.
Panthémont (abbaye de), 30, 62, 68.
Pape, 31, 41, 75, 76, 79, 100, 120, 121, 147, 148. — Brefs 304, 315, 323.
Papillon, 300.
Paraclet, 117, 271, 272.
Paramé (camp de), 26, 153, 166.
Parc-aux-Cerfs, 215.
Paris (archevêque de), 58, 69, 79.
Paris (ville de), 17, 22, 27, 46, 92, 95. — Emeutes et troubles, 234, 235, 236, 237, 245, 252, 294, 295, 296, 310.
Parlement de Paris, 228, 281, 308, 309.
Pathémont (comte), 74.
Patriote (le) véridique, 50.
Patris, 300.
Pau, 26.
Paulmier, 217, 218, 219.
Paulmy (marquis de), 105, 225.
Pays-Bas, 70.
Pégot, 43.
Pelagrue (marquis de), 224, 245, 297.
Pelagrue (marquise de), 297.
Pelée-de-Saint-Maurice, 300.
Pépa, surnom de la Dauphine, 85, 107.
Pépi, comtesse d'E**, 135, 136, 137, 138, 139, 140.
Pépikowska (comtesse de), 99.
Pérégo, 300.
Pernot, 173.
Péronneau, 300.
Perpignan, 25.
Pesme, curé de Pont-sur-Seine, 44, 264, 298.
Peste, 16.
Pétersbourg (cour de), 158, 180.
Petitjean, 300.
Pfœrth (château de), 158.
Picard, 300.
Pichot, 300.
Piémont (princesse de), 285.
Pierre Ier, czar, 159.
Pierron, 300.
Pigale, sculpteur, 41, 279.
Piganiol de la Force, 18, note.
Pijon, 300.
Pilgram, 298.
Pillerant, 298.
Piombino (prince de), 31, 127.
Pirna, 9.

Piron, 300.
Pise, 17.
Pitt, 189.
Plansolles (l'abbé), 60.
Plautade, 225.
Plombières, 85, 87, 89, 90.
Plunkett, 300.
Poinsot, 300.
Polentz (de), 25, 298.
Poleruzky (comte de), 225.
Polignac (de), 298.
Polle-Devierme, 300.
Pollnitz, 323.
Pologne (affaires de), 70, 72, 74, 80, 120, 157, 160, 161, 162, 163, 176, 177, 178; 200, 208.
*Pologne (reine de), V. Marie-Antoinette d'Autriche.
*Pologne (roi de), V. Frédéric-Auguste III.
*Pomiès ou Pomier de Bertrendy; 20, 22, 262, 264, 290, 301. — Lettres, 302, 303 — 304.
Pompadour (Mme de), 158, 159, 219. — Sixain sur sa mort, 265, 266.
Pompéi, 16, 46.
Poncet, 300.
Poncy, 300.
Pondichéry, 182.
Poniatowsky (prince Stanislas de), 12, 40.
Ponikau (Jean-Georges de), 299.
Ponikau (Jean-Frédéric de), 298.
Ponikau (M^{ne} veuve Frédéric de), 299.
*Ponikau (Mlle de), 299, 300.
Pons (de), 87.
Pont-sur-Seine (ville et château de), 17, 18, 23, 29, 26, 28, 30, 31, 34, 35, 42, 46, 54, 56, 114, 115, 116, 117, 122, 148, 150, 220, 221, 222, 227, 239, 254, 258, 259, 261, 264, 270, 273, 275, 276, 287, 288, 289, 292, 297, 298, 300, 301. — Visite et description, 306, 307, 308, — 309, 310, 312, 315.
Pont-sur-Yonne, 308.
Ponty, 197.
Porti (Antonio), 326.
Palagi (Berthelemy), 326.
Porti (comtesse de), V. Maria Spinucci.
Porti (petite), 117.

Portici, 16.
Potocka (comtesse), 66.
Potocki (comte), 155, 156.
Pouget (du), 278.
Pougues (eaux de), 322.
Prague, 139, 277.
Praslin (duc de), 40, 221, 226.
Prével, 300.
Prévôt (Mme), 278.
Prix (sieur), 155, 156.
Proroman (de), 248.
Provence (comte de), V. Louis-Stanislas.
Prusse, 8, 9, 13, 157, 163, 179, 308.
*Prusse (roi de), V. Frédéric II.
Prussiens, 73, 74, 80, 81, 315.
Psyché, comédie, 88.
Puységur (de), 62, 226.

Q

Questions décisives, 50.
Quillier, 304.

R

Raffara, 305.
Rambures (Mme de), comtesse de Ligny, 304.
Rameau et fils, 305.
Rastatt (margrave de), 12, 193.
Ratisbonne.
Raulet (abbé), 305.
Rayberg, 305.
Regnault, 305.
*Régnier, 43, 254. — Lettres, 307, 308, 309.
Régnier (Mme), 309.
Reims, 312.
Remiremont (abbaye de), 88, 89, 90, 91, 92, 93, 95, 121, 284, 318.
Réveillon, 234, 235, 236.
Rex (comte et comtesse de), 226.
Reynaud, 304.
Rhin, 77, 78.
Riaucourt (comte de), 166, 226.
Riboltzau, 26, 305, 317.
Ricard, 305.
Ricci, 305.
Richard, 305.
Richelieu (maréchal de), 103, 227, 231.
Rief (baron de), 227.
Rieffel, 304.
Riffel, 115, 116, 118.

Rigoley-d'Ogny, 227.

*Rivière (Jean-Baptiste), conseiller de légation à Paris, 34. — Détails de l'accident arrivé à Paris, le 31 mai 1770, dans la fête donnée à l'occasion du mariage du Dauphin, 227, 228. — Epigramme sur Necker 229. — Critique du salon de peinture, 229, 230. — Détails sur la fin de Voltaire, 231. — Arrestation du cardinal de Rohan et de la comtesse de la Mothe, au sujet de l'affaire du Collier de la Reine, 232, 233, 234. — Détails d'une émeute au faubourg Saint-Antoine, 234, 235, 236, 237.

Rivière (Mme), 221.

Rivière (Jeanne), 274.

Rivière et consorts, 305.

Rivot, curé de Saint-Aubin, 305.

Rochambeau (vicomte de), 227.

Rochelembert (marquis de la), 305.

Rochefort (prince de), 58.

Rodney (amiral), 232.

Rohan (cardinal de), V. Ferdinand de Rohan.

Rohan-Guéménée (princesse de), 305.

Rohner, 305.

Roletzky (Étienne), 248, 249.

Romanzoff, feld maréchal, 156.

Rome, 15, 16.

Romilly, 252.

Roncevaux, 26.

Rosenberg (de), 25.

Roscé (Mme de), 305.

Rosoy-le-Vieil, 290.

Rotenhan (de), 131.

Rothkirk, 194.

Roucy (Mme de), abbesse du Paraclet, 43, 305.

Rougemont frères, 305.

Rougeot, 305.

Rouillé, 305.

Rousseau, 305.

Roux, 278.

Roux (Jean), 251.

Roux de Roquebrune, 305.

Royal-Cravatte (régiment de), 234, 235, 236, 237.

Royer, 305.

Roynebourg (de), 305.

Rozé, 305.

Rubens, 88.

Rumerskirch (baron de), 305.

Russes, 74, 80.

Russie, 136, 157, 159, 160, 176, 179, 180.

Russie (impératrice de), 230.

Ruze (l'abbé), 227.

S

Sabatier, 176.

Sacken (comte de), 237.

Saiffert (colonel, baron de), 24, 42, 151, 198, 199, 288, 301. — Notice, 309, — 310, 320.

Saint-Antoine (faubourg), 294, 295. — Emeute, 234, 235, 236.

Saint-Aubin, 273, 311.

Saint-Brial, 174.

Saint-Cloud, 87.

Saint-Denis, 87, 223.

Sainte-Chapelle, 87, 308.

Saint-Empire, 135.

Saint-Estève, capitaine, 237.

Sainte-Ildefonse, 168, 170.

Sainte-Pélagie, 265.

Sainte-Rose, 290.

Sainte-Suzanne, 311.

Sainte-Ursule (religieuses de), 248.

Saint-Germain (comte de), 200, 238, 282.

Saint-Germain-des-Prés (abbaye de), 304.

Saint-Hiriasso (abbaye de), 325.

Saint-Jorre, 313.

Saint-Jory, 59, 313.

Saint-Just (incendie à), 276.

Saint-Léger (Gounion de), 254, 310.

Saint-Lyé, 222.

Saint-Malo, 166, 167, 237.

Saint-Priest (comte de), 238.

Saint-Roch (camp de), 168, 171, 172.

Saint-Romain (ordre de), 218.

Saint-Sébastien, 26.

Saint-Sernin, 313.

Saint-Séverin-lez-Château-Landon (abbaye de), 313, 314.

Saint-Sévero (prince de), 31, 127.

Saint-Sulpice, 88, 231.

Saint-Vincent (île), 221.

Salberg, 323.

INDEX ALPHABÉTIQUE.

Salguet, 313.
Salmour (Casimir de), 311.
Salmour (Mme de), 138.
Salon de peinture (critique en vers du), 229.
Salpétrière, 88, 186, 192.
Salther (Carl), 323.
Saltzthal de), 253.
Samson, 313.
Sandkowski, évêque, 157.
Sardaigne (roi de), 310.
Sarre, 73 (note).
Sarsfield, 238.
Sartines (de), 43, 167, 187, 228, 232, 238.
Sartorius et Cie, 311.
Sauvalle, 313.
Sauvigny (Mme Bertier de), 187, 188.
Sauzay (du), abbé, 53, 56, 244.
Saxe (affaires et guerre de), 9, 13, 70, 72, 80, 81, 102, 103, 131, 132, 133, 136, 137, 146, 153, 157, 159, 162, 197, 209, 220, 239, 277, 309.
Saxe (chevalier de) ? 238.
Saxe (électeurs de), *V.* 'Frédéric-Auguste III, Frédéric-Christian et Frédéric-Auguste IV.
'Saxe (électrice douairière de), *V.* Marie-Antoine de Bavière.
Saxe (roi de), *V.* Frédéric-Auguste IV.
Saxe-hussards (régiment de), 32, 173, 195, 225, 226, 240.
Sceau (de), 99.
Scellières (abbaye de), 258, 268, 273, 290, 231.
Schaffouse, 25.
Schalekhauser, 313.
Schalemberg (comte de), 174.
Schamberg, 313.
Schélestadt, 318.
Schloss-Host, 72.
Schmidt, 313.
Schoenberg (Charles-Frédéric de), 238.
Schomberg-Dragons (régiment de), 225.
Schonberg (de), 224, 311.
Schonbrun, 71.
Schonfeld, 313.
Schubert, 324.
Schulenburgt (Daniel de), 238.

Schuartz, 313.
Schwartz, 194, 313.
Schweidnitz, 9, 181.
Sedlitz, 6, 7, 40.
Segrave (de), 153.
Séguier, 228.
Séguin, 313.
Ségur (marquis de), 44, 238, 285.
Seigneur, 313.
Ségrestan, 313.
Seine (rivière de), 307.
Séjan, 313.
Sellon frères, 312.
Sens, 261, 275.
'Sentou (veuve), 140, 141.
Sept-Ans (guerre de), 8.
Sesmaisons (comte de), 196.
Seurat, 313.
Seyffert, médecin, 43, 311.
Siber, 283.
Siége de Calais, drame, 185, 186, 187, 188.
Sienne, 15, 16, 46.
Sigismond (Georges), 323.
Sikkefio-Tarufi, 326.
Silésie, 9, 145, 194.
Silvestre (l'abbé de), 244, 312.
Silvestre (Marie de), 312.
Simon, 272, 313.
Simplice, 313.
Socard, 313.
Soleure, 25.
Solignac (l'abbé de), 57, 58, 145, 148, 254.
Solms (général comte de), 10, 140, 154, 239, 311.
Sophie de France, 86, 104, 109, 223.
Sophie de Hesse, 312.
Sophie de Nassau-Saarbruck, 312.
Sorbonne, 88.
Soret, 313.
Sorets, 313.
Soubise (maréchal de), 88, 102, 103, 104.
Sourches (vicomte de), 291.
Soyecourt (de), 183.
Speizer, 313.
Spinola, 262.
Spinucci (famille de), 112 à 127.
'Stachelberg (baron de), 239.

Stakelberg (comte de), 157.
Stanislas Leczinski, roi de Pologne, duc de Lorraine, 85, 89, — Accident qui lui est arrivé à Lunéville, 91, — 142.
Starhemberg (comtesse de), 141.
Staurelberg (comte de), 239.
Stemberg, 313.
Stemkelberg, 313.
Stockolm, 320.
Strasbourg, 54, 95, 284, 319.
Suède (roi de), 232.
Suisses (gardes), 236.
Sully, 230.
Supot, 313.
*Sylvestre (l'abbé de), 56. — Lettre, 57, — 154.
Stain (Frédéric de), 239.

T

Taboureau des Réaulx, 239.
Talents (les deux), opéra, 265.
Talmont (princesse de), 313.
Tanhausen, 145.
Tapin, 314.
Tarbes, 26, 313.
Targa, 43.
Tarin, 314.
Tarquhanson, 314.
Tauenzien (général de), 194.
Taylor, 156.
Tehmen, 314.
Teichenan, 9, 45.
Tellers (Romanus), 323.
Tellière (de la), 314.
Tercier, 8 (note).
Terray (l'abbé), 230, 240.
Teutchler (Jules-Ferdinand), 323.
Teutonique (ordre), au sujet de la grand'maîtrise, 11, 14, 41, 201, 226, 237, 238.
Thaden, 194.
Thann, 284, 318.
Théatins, 99.
Théâtre-Français (affaire des comédiens du), 185, 186, 187, 188, 267.
Thévenon, 314.
Thérèse d'Autriche, 110.
Thierreux, 314.
Thierry, 314.

Thomas, 314.
Thomas, de l'Académie française, 228.
Thomas Spinucci, 31, 41, 101, 120, 122, 123, 124, 126, 127, 241, 298.
Thomazon, 314.
Thorn, 97, 157.
Timbrune-Valence (marquis de), 27, 222, 240.
Tissot, médecin, 27, 46, 313.
Tolben (comte de), 323.
Torgau, 45, 82.
Toscane, 84.
Tottleben (général), 74.
Touchard, 31.
Toutin, 314.
Toulouse, 25, 60.
Toulouse-Lautrec (comte de), 240.
Touquet (général), 73.
Tour-du-Pin (la), ministre de la guerre, 240.
*Tournaire (l'abbé), 58, 59.
Tourville (de), 32.
Trautgott (Carl-Rehniz), 323.
Trartig (Abraham), 323.
Trécourt (de), 313.
Trémouille (duc de la), 278.
Trente-Quatre, 141, 142, 143, 144.
*Trèves (archevêque-électeur de), V. Clément-Vinceslas.
Trèves (ville de), 73.
Tronchin, 216.
Tronson, 257.
Trouard-Kiolle, 314.
Troussard, 314.
Troyes, 222.
Troyes (évêque de), 42, 44.
Trudon, 314.
Trutzchler (Julius-Ferdinand), 323.
Tuileries, 87, 88.
Turenne, 54, 55.
Turgot, ministre, 41, 198, 199, 240, 262.
Turin (comte de), 311.
Turin (ville de), 15.
Turpin de Crissé (comte), 314.
Turpin de Crissé (comtesse), née comtesse de Lowendal, 315.
Turski (comte), 25.

INDEX ALPHABÉTIQUE. 347

U

Ukraine, 156.
Unger, 241.
Uzès (duc d'), 258.

V

Vaillant, 317.
Valcôme (de), 317.
Val-de-Grâce, 88.
Valence, 25.
Valentinois (duchesse de), 191.
valet (O.-A.-F.), 314.
Valladolid, 170.
Vallet de Viriville, 17.
Vallet, oiseleur, 297.
Vallière, 317.
Vallin, 317.
Valther (Carl-Adolp), 323.
Vandenesse (de), 317.
Vansbeck (Mlle), 70, 302.
Vannes (de), 317.
Varon, 317.
Varsovie, 8, 9, 45.
Varsovie (diètes de), 176, 177.
Vaudreuil (chateau de), projet d'acquisition, 17, 220, 254, 308.
Vaudreuil (vicomte de), 171, 291.
Vaudrimé, 317.
Vaudry, 317.
*Vauguyon (duc de la, 55. — — Lettre, 241, 301.
Vaulx (comte de), 241.
Venevault, 317.
Venise, 15.
Verdelin (l'abbé), 44.
Vergani (Donato), 326.
Vergennes (comte de), ministre, 29, 41, 43, 198, 199, 232, 234, 242, 303, 304.
Verges (hôtel de), 31, 257, 262.
Verneuille, 317.
Verrier, 317.
Versailles (château, cour et ville de), 8, 19, 20, 45, 46, 85, 90, 92, 94, 106, 189, 223, 237.
Vésuve, 16.
Vialard, 317.
Viard, 317.
Victor (l'abbé), 317.
Victoire de France, 105, 106, 109.
Vienne (cour et ville de), 71, 158, 161, 176, 177, 179, 237.

Viet, 317.
Vigny (de), 165, 242.
Vigogne, 317.
Villain de Maizières, 315.
Villars, 221.
Villenauxe, 290.
Ville-Neuve, 45.
Villeneuve-de-Bère, 49.
Villeneuve-le-Roi, 250, 251, 261.
Villepatour (de), 242.
Villereau (chevalier de), 317.
Villers-Coterets, 175, 176.
Villeroy (de), 232.
Villette (moulins de la), à Quincey, 268, 273.
Vilman 131.
Vincent, curé de Quincey, 315.
Vincent, 317.
Vincent-Ofrais, 317.
Vinot, 317.
Vintel, 317.
Vivani (Domenico), 326.
Vital-Lefèvre, 31.
Volf, 317.
*Voltaire, — Son retour à Paris, 79, 96 ; — Détails sur sa fin, 231 ; — Epigramme sur sa mort, 232 ; — Sa translation à Scellières, 258, 267 ; — Statue érigée par les gens de lettres, 278, 279 ; — Epître à Mme Necker, 280 ; — Lettre à Mme Dubarry, 281.
Vrais principes sur le mariage (les), 50.
Vrillières (de la), 199, 242.
*Vulpian, avocat, 34, 315. — Lettres, 316.
Vurmb, 242.

W

Waast, 317.
Waida, 283.
Waldelin, 317.
Wambold (de), 317.
Wariomon, 317.
Weichs, 317.
Weilnau (comte de), 196.
Weimer (Ott de), 317.
Wendessen, 194.
Wentzel (Anton), 323.
Werlé, 10, 45.
Werrembert, 317.

Werthem (comte de), 227.
Wesel, 9, 163.
Weser, 80.
Wickède, 242.
Willemann, 317.
Wilsdorf, 5.
Wirth (Frantz), 324.
Wolskehl, 83.
Wurtzbourg, 128, 129, 130, 133.
Wurtzbourg (évêque de), 14.
Wys (de), 317.

X

Xavière d'Esclignac, 60.

Y

Ysembourg (Maurice, prince d'), 10, 45, 70, 104, 243.

Z

Zabelitz (château de), 15, 18, 153, 176, 255.
Zapt, 243.
Zarimba, 194.
Zastrow (général), 10.
Zauwyskein (comte de), 243.
*Zeis, secrétaire, 283. — Lettre sur la mort et les obsèques de la princesse Christine de Saxe, 317 à 220.
Zimmer (Paul), 324.
Zinzendorf (Frédéric, comte de), 70, 320.
Zurheim (baron de), 197, 243.
Zurich, 25.

FIN DE L'INDEX ALPHABÉTIQUE.

TABLE.

	PAGES.
AVANT-PROPOS	V
NOTICE SUR LE PRINCE XAVIER DE SAXE.	3

INVENTAIRE SOMMAIRE
DE LA CORRESPONDANCE DU PRINCE XAVIER DE SAXE.

Première Section.

Correspondance intime	39
1º Minutes de la correspondance générale du Prince. .	39
2º Enfants du Prince et leurs gouverneurs	47
3º Frères et Sœurs du Prince.	70
4º Neveux et Nièces du Prince	109
5º Famille de Spinucci	112
6º Maîtresses du Prince.	127

Deuxième Section.

Correspondance politique et militaire	145

Troisième Section.

Correspondances diverses	244
1º Correspondance française	244
2º Correspondance allemande.	321
3º Correspondance italienne.	324
INDEX ALPHABÉTIQUE.	329

FIN DE LA TABLE.

www.ingramcontent.com/pod-product-compliance
Lightning Source LLC
Chambersburg PA
CBHW050753170426
43202CB00013B/2409